ハーバート・A・サイモン
Herbert A. Simon

【新版】

経営行動

Administrative Behavior Fourth Edition
A Study of Decision-Making Processes in Administrative Organizations

❖

経営組織における意思決定過程の研究

❖

二村敏子
＋
桑田耕太郎
＋
高尾義明
＋
西脇暢子
＋
高柳美香
［訳］

ダイヤモンド社

Administrative Behavior, 4/E
by Herbert A. Simon

Japanese translation rights arranged with
THE FREE PRESS,
a division of Simon & Schuster, Inc.
through Japan UNI Agency, Inc., Tokyo

訳者まえがき

本書はHerbert A. Simon, *Administrative Behavior: A Study of Decision-Making Processes in Administrative Organizations*, Fourth Edition, 1997 の全訳である。H・A・サイモンは冒頭で、*Administrative Behavior* はこの第四版で五〇回目の誕生日を迎えたと記している。この書物は、一九四七年の初版の出版以来半世紀生き続けてきた。[1] しかも、歴とした現役としてである。

初版の後、*Administrative Behavior* は、第二版、第三版と少しずつ形を変えて、最新の第四版に至った。第四版では、また形が新しくなった。サイモンは一九一六年生まれだが、残念にも二〇〇一年に没している――八四歳であった――ので、第四版が少なくともサイモン自身による *Administrative Behavior* の最終版となった。第四版は、第1章から第11章までのいわゆる「本論」部分があって、それに、各章ごとに「コメンタリー」が付け加えられている。初めての形である。第1章から第11章の本論部分は、一九四七年の初版の内容そのままである。第二版、第三版でも、これは本論としてそのまま引き継がれていた。[2] 邦訳は第二版からあり、邦訳題はいずれも『経営行動』（ダイヤモンド社）であった。

この第四版においても、初版の内容をそのまま本論として残した理由について、サイモンは、「本質的にはここに私がとり消したいと思うものはなにもないから」と述べ、初版の「ベーシックス」を守りたければ、ここを読めばよいとする。しかし、五〇年の歳月は、古くからのテーマおよび新しいテーマについて、各章に手広いコメンタリーを付け加えることにさせたという。[3] サイモンにとって、「コメンタリー」の重要な役割は、初版以来の「組織の変化と組織理論の変化」を議論することであった。

さて、サイモンは『経営行動』の本論で何を述べたか。それは、すでに多くの人々が知るところかと考えるが、簡潔には、副題にみるように、「経営組織における意思決定過程の研究」である。サイモンは、一九七八年にノーベル経済学賞を受賞している。受賞理由は、当時のプレスリリースによると、「経済組織における意思決定過程の先駆的研究」であった。[4]『経営行動』は、このタイトルが示すように、経営行動の分析ともいえるが、そこでは人間行動は行為そのものではなく、行為に先立つ選択、すなわち「意思決定」としてとらえられているのである。決定的な特質である。サイモン自身、『経営行動』は組織の意思決定過程の観点から組織がどう理解できるかを示そうとしており、意思決定過程こそ組織の理解にとって鍵だと考えてきた、と指摘している。[5]

『経営行動』にみるベーシックスはどのようなものか。次のように約言できる。組織とは、情報のやりとり、すなわち情報の授受を媒介とする意思決定のシステムである。しかし、意思決定は、それ以上分析不可能な基本単位ではなく、「決定の諸前提から結論を引き出す過程」とされている。[6] 決定前提には「価値前提」と「事実前提」がある。事実前提は事実を主張するが、価値前提は義務あるいは「当為」を主張する。価値前提と事実前提の完全な一組の諸決定前提が与えられれば、合理性に合致する決定はただ一つしかない。しかし、人間はこのような合理性すなわち「客観的合理性」を達成することができない。客観的合理性を達成するには、決定に先立って、(1)全代替的選択肢から一つを選び出す基準としての価値体系をもつこと、(2)可能な代替的選択肢を網羅すること、(3)各選択肢から生じる諸結果のすべてを知ること、ができなければならないが、人間はこのいずれも不完全あるいは部分的にしか実行できないからである。人間は「限定された合理性」を達成することができるのみである。「人間が達成できる合理性は非常に限定されたものだということである。[7]」

しかし、現実に個人の合理性に限界があっても、それは克服できないものではない。組織は、解剖学的にいえば、組織目的のもとでの意思決定の手段―目的のハイアラーキーであり、生理学的にいえば、こうしたハイアラーキーにさまざまな意思決定前提を伝えるコミュニケーションのネットワークである。そこでは、第一には、こうした手段―目的のハイアラーキーをどのように形成するか、すなわち組織の意思決定機能を組織内にどのように配分するかによって、第二には、その意思決定に対してどのように影響を与えるかによって、組織の意思決定はある高度の合理性を達成することが可能になる。サイモンは、こうした二つの決定を「経営的」決定であるとし、ここに経営の課題（task）を求めた。

「ベーシックス」では、組織目的について、多くを論じていないが、次のようにいう。個人は、組織でのその活動が直接あるいは間接に自身の個人的目的に貢献するとき、組織メンバーになる。組織メンバーは、組織が提供する「誘因」と引換えに組織に「貢献」する。組織が存続し成長するには、貢献の総量が、量と種類において、貢献に必要とされる量と種類の誘因を提供するのに十分でなければならない。そうでなければ、「組織均衡」が達成されず、組織は縮小しついには消滅する。個人は自分の目的を達成するために組織のメンバーとなるから、組織目的は、直接あるいは間接に、すべての組織メンバーの目的が反映されたものである。

サイモンは『経営行動』の後、J・G・マーチと共著で一九五八年に著名な組織理論『オーガニゼーションズ』[8]を公刊している。しかし、その少し以前に、研究の方向を変化させた。関心が「人間の問題解決の心理学」へと急速に向かい、間もなく「認知心理学」と「コンピュータ・サイエンス」に集中していった、という。[9] サイモンは、こうして経営理論や組織理論に対する直接的な「注意と努力」を和らげるが、限定された合理性しかもたない人間の問題解決に、終生、限りない関心をもち続けたということができよう。[10]

さて、本書のコメンタリーでは、上述のように、初版後の組織と組織理論の変化を議論しようとして、組織の新たな課題の出現と組織理論の発展の模様を、サイモンがどうとらえたかが描き出されている。コメンタリーでは、最近のテキストに登場しそうなテーマ、たとえば、コンピュータの出現とコミュニケーションや情報処理の新しいシステムの導入、組織構造と過程の環境と技術への依存、組織目標の概念、組織学習などもとりあげられているが、通常のテキストにはあまりみられないテーマが論じられていて、興味が尽きない。たとえば、エモーションと理性、アジェンダの設定と機会の気付き、問題の表現（representation）問題、直観についての洞察、自然淘汰と利他主義の理解、環境および組織と組織文化の関係、などである。

これまで『経営行動』は、学説史の中で、経営理論や組織理論の革新に画期的な貢献をしたとされるC・I・バーナードの理論[11]を受け継ぎ、発展させ、体系化して、近代組織論の基盤を築いた中核の理論として高く評価されることが多かった。しかし、他方で批判も浴びてきた。

どんなに優れた理論も、歴史の制約を逃れることはできにくい。理論が確立して時が経てば、新しい理論が登場し、以前の理論は批判の対象となりうる。以前の理論に新たな理論の内容が欠けていることがあっても、それはやむをえない。サイモンは、科学の理論は次第に変化するが、主要な理論を覆すような科学の進歩はめったにないし、組織理論のこれまでの発展に進歩はみるが、いまだどんな「概念的地殻変動」も見出しえないとする。そして、これまでの組織理論の発展は、むしろ「単一の概念的フレームワーク」の諸展開としてうまく調和させうるとみていた。サイモンは、*Administrative Behavior* で述べたフレームワークはその方法に一定の不公平はあるとしながら、われわれの科学が累積的方法で構築されることがいっそう重要だと指摘し、その第四版出版の時点で、サイモンの後に、その理論を含めた主要理論を覆すような組織理論の進歩は、まだないとみていた様子である。相対性理論や量子力学の革命があっても、ニュートン力学やマックスウエル方程式は、物理学の理論の枢要な地位から追い出されることはなかった、とサイモンは述べている[12]。

Administrative Behavior 第四版が出版された翌年の一九九八年に高柳暁教授が、また一九九九年に松田武彦教授がこの世を去られた。お二人は、『経営行動』第二版および第三版の訳者であられた。お二人を相次いで失って、第三の共訳者であった二村は途方に暮れ、その後事情が重なって、本翻訳の出版は大幅に遅れた。今回幸い若い共訳者の人たちの協力を得ることができて、出版に至った。

翻訳作業では、八〇~九〇程度の言葉――原語の「訳語指針」をあらかじめ決めておき、各訳者は、妥当の範囲でこれに従うこととした。また第三版と原文が同じ場合でも、訳語指針にも沿って、今回訳文を全面的に見直した。全体として、訳文は、できるだけ原文から離れず、しかも読みやすい文章であるよう全員が心がけた。「訳語指針」は、二村と桑田の責任で作成した。

翻訳の分担は、次に示すとおりである。そして、最後の訳者校正の段階などで桑田と二村が全体的な調整をした。

第四版への序文、初版への序文、謝辞　　高柳美香・桑田耕太郎
第1・2・3章　　二村敏子

第1章　コメンタリー　高柳美香・桑田耕太郎
第2・3章　コメンタリー　高柳美香・二村敏子
第4・5章　高尾義明
第4・5章　コメンタリー　高尾義明
第6・7章　西脇暢子
第6・7章　コメンタリー　西脇暢子
第8・9・10・11章　二村敏子
第8・9・10章　コメンタリー　高柳美香・桑田耕太郎
第11章　コメンタリー　高柳美香・二村敏子
付録　二村敏子

本翻訳の話がダイヤモンド社との間で始まって以来長い時間が経過し、あわや立ち消えになる寸前で、ダイヤモンド社と同社の書籍編集局の石田哲哉氏、吉田俊一氏のご好意とご尽力で出版が可能となった。両氏は通常の編集者を超えるご助力とご協力で本書の出版を実現させて下さった。ダイヤモンド社と石田氏、吉田氏に対して、こころから感謝申し上げる。

二〇〇九年　六月

共訳者代表　二村敏子
共訳者代表　桑田耕太郎

注

1　この書物の初版の出版がいつかは、多少わかりづらいところがあった。一九四五年版があることが知られているが、これは、版権はサイモンが所有しており、表紙に「予備版」（Preliminary Edition）と記されたタイプ印刷の冊子であるとされる。東京大学大学院清水剛准教授が、イエール大学図書館でこの一九四五年版を発見され、このようにご教示下さった。氏のご許可を得て、ここに記させていただいた。

2　『経営行動』第三版（平成元年）の「第三版への序文」および本書の「第四版への序文」も参照。

3　同序文参照。本段落引用文も同序文（xi頁）より。

4　本書「第1章のコメンタリー」参照。

5　『経営行動』第三版の「第三版への序文」および本書の「第四版への序文」参照。

6　たとえば『経営行動』第三版の「第三版への序文」参照。

7　H・A・サイモン（安西祐一郎・安西徳子訳）『学者人生のモデル』岩波書店、平成一〇年、一三六頁（Herbert A. Simon, *Models of My Life*, The MIT Press, 1996）。

8　James G. March and Herbert A. Simon, *Organizations*, John Wiley & Sons, Inc. 1958（土屋守章訳『オーガニゼーションズ』ダイヤモンド社、昭和五二年）.

9　サイモン『学者人生のモデル』第12章参照。

10　同書参照。

11　バーナードの主著は、次のものである。Chester I. Barnard, *The Functions of the Executive*, Harvard University Press, 1938（山本安次郎・田杉競・飯野春樹訳『新訳 経営者の役割』ダイヤモンド社、昭和四三年）.

12　本書「第1章のコメンタリー」参照。

第四版への序文

この第四版で、『経営行動』は五〇年目の誕生日を迎える。われわれがつねに世のなかの光のような変化の速さに気付いているように、二〇世紀の半ばに書かれたもののなかで二一世紀へのアプローチとして通用するものがあるかどうか、という疑問があるのは当然であろう。もしもわれわれのトピックが、電子コンピュータや分子遺伝学を扱ったものであれば、一九四七年版に書かれたことは一九九七年版ではほとんど意味をなさない。しかしながら、われわれのトピックは組織である。人間の組織、これは非常に大きなものであり、少なくとも四千年はわれわれと共にある。現代の軍隊の物理的な技術は、ニネベやエジプトや西安の軍隊の技術とは全く異なるが、人々がこれらの古代の軍隊で意思決定や人々を管理するために使った諸過程は、われわれには深く慣れ親しんだものにみえるし、何世紀もの間ほとんど変わらなかった。基本的な組織過程は、深刻な革命の経験はまだ経ていない。せいぜい、それはわれわれの時代になって、社会的そして技術的に大きな変化に直面し始めたばかりなのである。

それゆえ第四版における本書の任務は二つある。最初の任務は、人間の組織が出現してから有効な活動の中心であったこれらの過程——意思決定と人々の管理——を明確に述べることである。二つ目の任務は、現代の技術——社会的価値と実践における変化ならびに電子コミュニケーションと情報処理の新しい技術における変化——がいま、管理と意思決定をどのように変えているか、ということである。最初の任務に対しては、われわれは主として初版の『経営行動』に頼ることができる。本文の不足を埋め、いくつかの強調点は修正し、われわれが得てきた新しい知識と組織が直面している新しい問題と機会について検討するためには、かなり初版を増補しなければならない。

本書の目的

『経営行動』は、基本的に組織の監視者と設計者のための本である。初版への序文で説明したように、本書の目的は、どのようにして意思決定過程の観点から組織が理解できるか、を示すことである。われわれの多くは、組織の監視者としての資格がある。なぜならわれわれは目覚めている多くの時間を組織環境のなかで過ごしているからである。われわれの多くにはまた、組織の設計者としての資格もある。というのは、われわれは組織を維持して修正していくことに対して、多かれ少なかれ管理責任をもっているからである。

われわれはさらに全員が、市民としての役割において組織の監視者である。近年、われわれの社会のもっとも大きな組織、大企業と政府の機能に注目（と批判）が集まるようになった。それゆえ、本書はまた全ての人のために書かれた本であるということもできる――というのは、本書はわれわれの全てに関係のある組織の問題についての考え方を建設的に提案しているからである。今の社会における悲観主義に比べると、『経営行動』は基本的には組織に対し楽観的であり、欠点にも注意はしているが、組織がどのように経営されているかに、とりわけ上手に経営できる諸条件に焦点をあてている。

本書の構成

この第四版においても、第三版と同様に、初版の内容についてはそのままである。というのは、本質的にはここに私がとり消したいと思うものはなにもないからである。『経営行動』は、人間の意思決定における発見の航海に出るための有用で信頼できる港として私の役に立ってきた。それらは組織構造の意思決定への関係、オペレーションズ・リサーチや経営科学による意思決定のモデル化、そして最近では個々の人間の思考と問題解決活動といったものである。そしてあきらかに多くのほかの人々にとっても本書は同じような機能を果たしてきた。というのも、本書は広く読まれ引用され続けているからである。

しかし内容をとり消す必要は全くないとしても、私はその内容をそれなりに充実させたい。いくつかの重要な課題を発展させ説明するために、また今の興味と関心における新しい問題をとり入れるために、初版の各章にこれらの古くからの課題そして新しい課題についての手広いコメンタリーを付け加えた。読者は、この形式は第三版の三部構成（長い序説、本文、最近の論文の増刷）よりも首尾一貫していると感じるであろう。初版における「ベーシックス」のみを習得したい読者は、コメンタリーを無視して本文である十一章分を読んでもらえばよい。初版での論述と変化の激しい世のなかにおいてつくり出された新しいトピックや問題についてのギャップに関心のある読者は、いくつかまたは全ての章のコメンタリーを読めばよい。コメンタリーの多くは、私が何年にもわたって出版してきた論文を使っている。しかしこれらは第四版の本文の内容に合うように全て書き直し、再整理したものである。

それゆえ、本書における基本的な構成は、ごく簡単にはつぎのように描くことができよう。第1章での一般的な序説と要約とコメンタリーに続いて、五つの層のトピックスが順番に組み立てられる。そしてそれぞれの層はつぎの層の問題の基礎を提供している。

(1) 第2章と第3章（第11章に続く付録と共に）は人間による選択の構造の基本となるいくつかの概念の問題を説明する。

(2) 第4章と第5章は、組織環境において意思決定に関係していく影響を理解するのに必要不可欠となる人間の意思決定の現実を記述し説明する理論を構築している。

(3) 第6章は、個人と組織の動機的関心を展開している――なぜ組織の影響が、とりわけ権限という影響が、人間の行動を形づくるのに効果的な力となるのか、を説明する。

(4) 第7章から第10章は、組織がどのようにして意思決定過程に影響を及ぼすかを説明するために、主たる組織の影響過程――権限、コミュニケーション、能率、そして組織への忠誠――を詳細に検討する。

(5) 第11章では、これまでの分析を組織構造の問題に適用する。

私は何世紀にもわたる人間の組織行動の基本的な連続性を強調してきたが、公式の組織研究は比較的新しいものである。『経営行動』はおそらくフレデリック・テイラー（Frederick Taylor）、ファヨール（Fayol）、そしてギューリック（Gulick）とアーウィック（Urwick）によって提唱された、いわゆる「古典的」理論に続く、現代の組織研究の第二世代に属するであろう。初版が出版されてから、人間関係についての夥しい数の論文や研究があふれ出て、また組織における権限の行使についての初期の見解（第一世代と第二世代の両方での）について絶えず疑問が投げかけられてきた。

同じ時期に、人間の思考と決定過程の研究も精力的に行なわれており、その結果、ここで展開した限定された合理性の理論は、五〇年前よりもずっと強固に、実証的基盤の上にしっかりと築かれている。さらに、コンピュータが出現し、ビジネスの世界に広がり、コミュニケーションと情報処理の新しいシステムが導入された。そしてついに、組織構造と過程の、環境と技術への依存は、いまやより明確に理解されている。これらは本書の補足された部分で議論されている新しいトピックの一部である。

『経営行動』は、意思決定過程が組織を理解する鍵である、という前提のもとに書かれた。今述べたような発展は、意思決定を今日、二五年前よりもよりいっそう組織の中心的存在にしている。私は、新しくコメンタリーを付した本書が、これらの複雑な社会システム、つまり、われわれが働いている組織をより深く理解し、より効果的に管理したい、と思っている人々を援助し続けることを願っている。

お詫び：『経営行動』の初版が書かれたのは、もちろん性中立的な書き方の規範が確立されるずっと以前であり、非常に多くの男性的な代名詞が使われているという罪を犯している。私はこの歴史的事実に対して謝罪をすることができるだけであるが、全ての新しい題材——初版の各章に対するコメンタリー——では性中立性を保つことによって罪を償おうと努力したことをお伝えしておく。

初版への序文

この研究は、行政管理の分野での私自身の研究に役立つ道具をつくりあげようとする試みを示している。それは、この分野では、簡単な経営組織についてすら、現実的かつ意味のある説明をする――すなわち、その構造と活動の有効性を科学的に分析するための基礎を与えるように説明する――ための適切な言語上および概念的な道具がまだない、という私の確信からきている。私が読んだ経営組織研究のうち、組織の真の骨肉をとらえ、言葉にいいあらわしたものはほとんどないし、それらの組織の有効性についての結論や、組織改良のための提案が、提示された証拠から正当に推論されたと私を確信させたものはさらに少なかった。

本書の予備的出版と、それをもとにして書かれたいくつかの公表論文に対する反応は、このような疑問を、私だけではなく、経営の分野での実務家や研究者の多くが同じようにもっていることを示している。このような事態は、われわれの科学や科学者としてのわれわれ自身に対する重大な告発となっている。化学実験は、その有効性――その科学的権威――をその再現可能性から引き出す。そしてもう一度繰り返すのに十分なだけ詳細に説明されていなければ、それは役に立たない。経営においては、われわれは経営「実験」においてなにが起きたかを話すには――ましてその再現可能性を確保するには――まだ、きわめて不完全な能力しかもちあわせていない。

われわれは、経営についての不変の「原則」を構築することができるためには、経営組織がどのようなものであり、どのように働くのかについて、正確に言葉で記述できなければならない。経営についての私自身の研究の基礎として、そういった説明を可能にするような用語をつくりあげようと試みた。そして本書には、私が到達した結論が記してある。これらの結論は経営の「理論」を構成してはいない。というのは、仮説として出された若干の言明を除いて、経営の諸原則はまだ主張されていないからである。もしなんらかの「理論」が含まれているとしたら、それは意思決定こそが経営の核心であること、そして経営の理論の用語は、人間の選択の論理と心理学から導き出されねばならない、ということである。

私は本書がつぎにあげるような三つのグループの人々、まずは、経営の科学に携わっている人、彼らは組織に関する説明と分析をするのに適用できるなんらかの方法を本書から見出すであろう、第二に、バーナード氏がはしがき*で述べている──一般化の第三の水準に立って経営を考えることがときには役に立つと考えている実際の経営者たち、第三には、経営を実際に織り成す行動の諸過程に関するもっと詳しい勉強によって、教科書を補いたいと考えている大学院あるいは学部の諸君、という三つのグループの人々の役に立ってくれればと願っている。

一九四六年一二月

ハーバート・A・サイモン

＊ 訳注＝バーナード氏のはしがきは、この第四版には所収されていない。第二版、第三版にはあった。

謝辞

「そして確かに多くのほかの人々がいた……私が言葉やきらめきを吸収した人、しかし人間として何一つ覚えていない人。書物というのは、多くの場合、墓石に刻まれた名前が消し去られる、偉大なる墓地なのである。」

マルセル・プルースト（Marcel Proust）, *Time Regained*

本書とその改訂諸版を準備した何年もの間、私を助け、批判し、そして勇気付けてくれた恩義のある人々のリストが管理できない規模になってしまったという状態にあった。私が頻繁に助けを求めた何人かの人々の名前が載り、その他の私を助けてくれた多くの人々の名前が載せられないことに許しを請いたい。

◆初版への謝辞

最初に、私がそこで研究していたときにキャンパスを知的刺激のイラクサの野原のようにしてくれたシカゴ大学の教授陣、特にクラレンス・E・リドレイ（Clarence E. Ridley）、故ヘンリー・シュルツ（Henry Schultz）教授、レオナルド・D・ホワイト（Leonard D. White）教授に恩義を受けたことを示したい。本書の初期段階の下書きや予備的出版を読んで批判してくれたりした同僚や他の人々のなかでは、リンドン・E・アボット（Lyndon E. Abott）、ハーバート・ボナート（Herbert Bohnert）、ミルトン・チェルニン（Milton Chernin）、ウィリアム・R・ディヴァイン（William R. Divine）、ハーバート・エマーリッヒ（Herbert Emmerich）、ビクター・ジョーンズ（Victor Jones）、アルバート・レパウスキー（Albert Lepawsky）、リーマン・S・ムーア（Lyman S. Moore）、リチャード・O・ニエホフ（Richard O. Niehoff）、チャーナー・マルキス・ペリー（Charner Marquis Perry）、C・ハーマン・プリチェット（C. Herman Pritchett）、ケニス・J・セイグワース（Kenneth J. Seigworth）、エドウィン・O・スティーン（Edwin O. Stene）、ジョン・A・ヴィエグ（John A. Vieg）、ウィリアム・L・C・ウィートン（William L. C. Wheaton）諸氏と、行政管理ディスカッショングループのメンバーをあげなければならない。ハロルド・ゲツコウ（Harold Guetzkow）は、とりわけ私にとってはつねに厳しく、そして助けとなる批判者であった。

故チェスター・I・バーナード（Chester I. Barnard）には特に恩義を感じている。一つに、彼の著書 *The Functions of the Executive*（『新訳 経営者の役割』ダイヤモンド社刊）は、私の経営についての考えに多大なる影響を与えてくれたこと。二つ目に、彼は本書の予備版に対して、非常に入念な批判を与えてくれたこと。そして最後に、彼が書いてくれた初版のはしがきに対してである。

◆第二版から第四版までへの謝辞

本書の多くの章、そしてコメンタリーの重要な箇所がすでに出版された論文からの引用である。参照した原典はそれぞれの箇所に記してある。

五〇年以上、多くの同僚が、経営的そして組織的な事柄についての私の継続的な教育のために貢献してくれた。多くの名前は脚注に示されているが、私がもっとも親しく交際し、私が学んだことに対してもっとも責任を果たしうる人々については特別に名前をあげたいと思う。イリノイ工科大学に、私と*Public Administration*を共同執筆した、ビクター・トンプソン（Victor Thompson）と故ドナルド・スミスバーグ（Donald Smithburg）がいた。一九五〇年代には、当時はまだカーネギー工科大学であったが、私の組織研究におけるおもなパートナーは、最初は、ハロルド・ゲッコウ（Harold Guetzkow）、ジョージ・コツメツキー（George Kozmetsky）とゴードン・ティンダル（Gordon Tyndall）であり、後にはリチャード・サイヤート（Richard Cyert）、ジェームズ・マーチ（James March）、ウィリアム・ディル（William Dill）であった。一九五〇年代の間と一九六〇年代にかけて、われわれは幅広い経験的研究を行ない、ビジネス組織とその決定過程について深い洞察を得ることができた。私はデウィット・C・ディアボーン（DeWitt C. Dearborn）が、一体化についてのわれわれの共同研究を第10章のコメンタリーで使うことに同意してくれたことを感謝している。私はこれらの同僚に多大なる恩義を受けていると同時に、少なくとも他の二十数人はいる教員仲間、そして当時、カーネギー工科大学の産業経営大学院（Graduate School of Industrial Administration）の大教室に集まった優秀な大学院生たちに対しても同様である。

もちろん組織研究が、私の知識の唯一の源であるわけではない。それは、私が生きて働き、そして調査プロジェクトのディレクター、学部長、学部長補佐、コンサルタント、評議員といったさまざまな役割でその管理に参加してきた組織に対する広範囲にわたる観察からも得られてきた。これらの組織は四つの大学（シカゴ大学、UCバークレー、イリノイ工科大学、そしてカーネギーメロン大学）、と経済協力局（マーシャル・プラン組織）、私がコンサルタントとして関係をもった多くの企業や政府機関、そして二五年近く会員であったカーネギーメロンの評議会を含んでいる。とりわけ、産業経営大学院の初代の大学院長であった故リー・バッハ（Lee Bach）、また私が終身在職権を得てからの大部分の間のカーネギーメロン大学の学長であったジェイク・ワーナー（Jake Warner）、ディック・サイヤート（Dick Cyert）、ロバート・メラビアン（Robert Mehrabian）と働くことができてうれしく思う。

書籍をつくり上げるのは多くの仕事を要する。そしてこの第四版を出版するにあたっては、全ての段階において私の時間を他の仕事から確保してくれることに多大なる努力をしてくれた助手であるジャネット・ヒルフ（Janet Hilf）、そしてこのプロジェクトの編集者として働いてくれたThe Free Pressのベス・アンダーソン（Beth Anderson）とフィリップ・ラパポート（Phillip Rappaport）たちの親切で有能な援助を受けることができた。

初版でその援助に対して私が感謝の念を表した人々の名前を読み返してみて、長い友情に対して特別の祝福を捧げたい二人の友人がいることに気付いた。私ほど最初の先生に恵まれた若者はいないであろう。回想してみると、私は、クラレンス・E・リドレイ（Clarence E. Ridley）の理論的洞察と実務的明敏さの組合わせに、計画を立ててその計画の実施を監視する能力に、そして彼の協力者にその頭をうまく使わせるように指導する才能に驚嘆している。私は特に、若さゆえの乱暴を我慢してくれて、若者に責任を委譲することを意に介さずに喜んでくれたこと、そして彼の温かい友情に、感謝の気持ちを捧げたい。

私とハロルド・ゲッコウ（Harold Guetzkow）との友情は、私たち二人がシカゴ大学の新入生として一九三三年にシカゴに行く列車に乗り合わせたことに始まった。私たちがまだ学部の学生であったときに認知心理学にはじめて興味をもたせてくれたのはハロルドであった。この興味は二〇年間温められていたけれども、一九五〇年代の中頃以降、とりつかれていたわけではないが、私の主要な没頭すべき研究課題となってきた。他の多くの事柄のなかで、私がこれらの期間にもちえた深い知的な喜びの多くは、ハロルドのおかげである。

そして『経営行動』の初版と第二版、第三版と同様に、この第四版を捧げようと思っている私の妻、ドロシア（Dorothea）についてはなにをいうべきであろうか。クロード・バーナード（Claude Bernard）はかつて「もしも私が人生を一言で定義付けないといけないとしたら、それは、人生は創造である、だろう」と述べている。『経営行動』が出版される十年前に、ドロシアと私は共に人生を創造することを決断した。そして私たちはそうしてきた。本書が芽吹き、書かれ、出版され、そして引き続く五〇年という間、私たちはそうしてきた。

目次■経営行動

第6章 組織の均衡 221

第6章のコメンタリー 237

第1章　意思決定と経営組織

経営は、通常、「物事を成し遂げること」の技法として論じられる。特に、機敏な行為を保証するための過程や方法が強調される。人々の集団から一致した行為を確保するために、諸原則が提示される。しかしながら、この論議の全てにおいて、全ての行為に先立つ選択——現に行なわれることよりも、むしろなにがなされるべきかを決定すること——に対して、あまり注意が払われない。本書の研究が扱おうとすることは、この問題——行為に導く選択の過程——である。序論的なこの章では、問題の提起を行ない、また、他の諸章でとりあげられる論題について概観しよう。

実際のどんな活動も「決定すること」と「行為すること」の両方を含むのであるが、経営の理論は、行為の過程と同様に決定の過程にもかかわるべきことが、一般に認識されてこなかった。[1] この決定過程の無視は、おそらく、意思決定は組織全体の政策の形成に限られるという考えからきている。それどころか、決定の過程は、組織の一般目的が決められたときに終了に至るものではない。「決定する」という仕事は、「行為する」という仕事と全く同様に、経営組織全体のどこにでもある——まさに、両者は完全に結び付いている。経営の一般理論は、有効な行為を保証する諸原則を含まなければならないのとまさに同じく、正しい意思決定を保証する組織の諸原則を含まなければならない。

意思決定と決定の執行

組織の目的を遂行する実際の物理的な仕事が、管理階層の最下層の人々によって担われることはあきらかである。物理的客体としての自動車は、技師や経営者によってではなく、アセンブリー・ラインにいる機械工によってつくられる。火事は、消防署長や消防隊長によってではなく、炎にホースで水をかける消防士のチームによって消される。

また同様にあきらかなことであるが、管理階層のなかでこの最下層ないし作業階層より上の人々は、単なるよけいなお荷物ではなく、機関の目的の達成において、また、必須の役割を担わなければならない。物理的な原因と結果に関するかぎり、戦闘をするのは部隊長ではなく機関銃手であるが、部隊長は機関銃手一人一人のだれよりも、おそらく、戦闘の結果により大きな影響を与える。

それでは、組織の経営者および監督者たちは、どのように、その組織の仕事に影響を与えるか。経営組織の非現業員は、現業員——管理階層の最下層の人々——の決定に影響を与えるかぎりで、組織の目的の達成に参加している。部隊長は、彼の頭脳が、機関銃手の手を指揮できるかぎりで、戦闘に影響を与えることができる。戦場で彼の部隊を展開し、下位の単位に特定の任務を課すことによって、彼は機関銃手のために、彼がどこに陣どり、彼の目的がなんであるかを決める。きわめて小さい組織では、全ての監督的従業員の現場従業員に対する影響は直接的であるかもしれない。しかし、どんな規模の組織単位でも、最高位の監督者と現場従業員との間には数階層の中間監督者が介在している。これらの中間監督者は、かれら自身、上からの影響を受け、この影響が現業員に届く前に、それを伝達したり、精巧にしたり、修正したりする。

もしこれが経営過程の正しい記述であるならば、能率的な経営組織の建設は、社会心理学における一つの問題である。それは、現業員を決め、行動が調整された有効なパターンをとるように現業員グループに影響を与えることのできる監督者層をかれらの上に置く仕事である。ここでは「指揮する」よりむしろ「影響を与える」という言葉が用いられる。なぜなら、指揮――すなわち経営権限の行使――は、経営者が現業員の決定に影響を与えうるいくつかの方法の一つにすぎないからである。また、したがって、経営組織の建設には、単なる職能の割り当てや、権限の配分以上のものが含まれる。

組織の研究においては、現場の従業員に注意の焦点を合わせなければならない。なぜなら、組織の成功は、そのなかの現場従業員の成果によって判断されるだろうからである。組織の構造と機能は、そのような従業員の決定と行動が、その組織のなかで、またその組織によって、影響されるその仕方を分析することによって、もっともよく洞察されうる。

選択と行動

全ての行動には、行為者にとって、および彼から影響や権限の行使を受ける人たちにとって、物理的に可能な全ての行為から特定の行為を意識的または無意識的に選択することが伴う。「選択」という言葉は、ここでは、意識的あるいは熟考的過程という含意は全くなく用いられる。それは、単に、もし個人が一つの特定の行為のコースをとれば、彼がそれによって断念する他の行為のコースがあるのだという事実をいうにすぎない。多くの場合、選択の過程は、単に確立された反射作用を意味するにすぎない

――タイピストは、印刷された頁の文字と特定のキーとの間に反射作用が確立されているために、指で特定のキーを打つ。この点で、この行為は、少なくともある意味で合理的（すなわち、目標志向的）である。しかし、意識的あるいは熟考の要素は、全く含まれていない。

他の場合においては、選択はそれ自身、「計画設定」とか「デザイン」活動と呼ばれる複雑な一連の活動の産物である。たとえば技師は、広範な分析を基礎にして、ある橋は、片持ち梁の設計であるべきだと決めるかもしれない。彼の設計は、さらに構造のための詳細な計画によって実施の手段が与えられて、橋を建設する人々の行動の全連鎖が生み出されることになる。

この書物では、あらゆる種類の選択の過程について多くの実例が示されよう。これらの実例は全て共通して以下の特徴をもっている。すなわち、いかなる瞬間においても、数多くの代替的で（物理的に）可能な行為群が存在している。所定の個人はその代替可能行為のいずれの一つをもとることができる。ある過程によって、この数多くの代替可能行為は、実際にとられる一つの行為へとしぼられる。この過程を指す場合、「選択」と「決定」の言葉は、この研究では、同義語として用いられる。これらの言葉は、通常使われているように、自覚した熟考した合理的な選択という意味あいをもつので、上述の諸要素がどの程度存在するかに関係なく、ここで用いられるように、いかなる選択の過程をも含むことが、強調されなければならない。

決定における価値と事実

多くの行動、特に経営組織内の個人の行動は、合目的的である――目標とか目的を志向している。この合目的性によって、行動のパターンに統合がもたらされる。この統合がなければ、経営は無意味であろう。なぜならば、もし経営が人々の集団によって「物事を成し遂げること」であるならば、目的は、どんなことがなされるべきかを決定する主要な基準となるからである。

特定の行為を支配する細かな決定は、必然的に、目的と方法に関しての、より大きな決定の適用の具体的な事例である。歩行者は一歩を進めるために彼の足の筋肉を収縮させる。彼は、彼の行き先へ向かうために一歩を進める。彼は、彼の行き先である郵便箱へ、手紙を出すために行く。彼が手紙を出すのは、別の人にある情報を伝えるためである、等々。それぞれの決定は、目標の選択とそれに適した行動を含んでいる。この目標は、また、いくぶんより遠い目標に対しての中間目標であり、相対的に最終的にめざすものが達成されるまで、これがつづく。[2] 決定が最終目標の選択につながるかぎり、それを「価値判断」と呼び、決定がそのような目標の実行を意味するかぎり、それを「事実判断」[3] と呼ぶことにしよう。

不幸なことに、問題は、経営者にとって、価値的要素と事実的要素にきれいに分類され、注意深く別別に区分されて生じてくるわけではない。一例をあげると、政府の組織と活動の目標あるいは最終目的は、通常きわめて一般的で曖昧な言葉――「正義」「一般の福祉」あるいは「自由」――で定式化される。そうであれば、また、明確に述べられる目的は、より最終的にめざすものの達成にとって単に中間的であるかもしれない。たとえば、ある範囲内の行為では、人々の行動は、一般的に「経済的動機」にもとづいて方向付けられる。しかし、大部分の人にとって、経済的利得は、通常はそれ自体目的ではなく、より最終的な目的、すなわち、安全、安楽、そして名声を達成するための手段である。

最後に、ある場合には、価値要素と事実要素が単一の目的に結合されることもある。犯人の逮捕は、普通、市の警察部門の目的として決められる。ある程度までは、この目的はそれ自体目的として考えられる。すなわち、法律の違反者の逮捕と処罰をねらっていると。しかし、他の観点からは、逮捕は市民を守り、犯罪者を更生させ、潜在的な犯罪者を思いとどまらせる手段と考えられる。

決定のハイアラーキー　合目的性の概念には、決定のハイアラーキーの考えが含まれている——ハイアラーキーにおいて下に向かう各段階は、そのすぐ上の段階で示された目標の実施である。行動は、それが一般的な目標あるいは目的によって導かれるかぎり合目的的である。行動は、それがあらかじめ選ばれた目標の達成に貢献する代替的選択肢を選択するかぎり、合理的である。[4]

実際のどんな行動においても、この目標のハイアラーキーやピラミッドが、完全に組織されたり統合されたりしていると推断すべきではない。たとえば、政府機関は同時にいくつかの異なった目的を志向しうる。レクリエーション部門は、子供の健康増進、かれらの余暇の有効な利用、また未成年犯罪の防止をはかり、同時に地域社会の大人に対して同様の目標を達成しようとするかもしれない。

これらの目標の意識的あるいは熟考した統合が、決定にさいして行なわれないときでさえも、統合は、一般に、実際には行なわれることに注目すべきである。自分の機関のために意思決定しようとするとき、レクリエーションの行政管理者は、種々の、またときに互いに矛盾する目的を、その相対的な重要性の観点から相互に比較考慮はしないかもしれないが、しかし、彼の実際の決定と彼が彼の機関の政策に与える指導は、実際には、これらの諸目的に対して、ある特定の重みを与えることになる。もし計画が青春期の少年の運動を強調していれば、この目的には、その計画を立案した行政管理者の意識の有無にかかわりなく、実際には、現実の重要性が与えられている。それゆえ、行政管理者は、彼の諸目的の体系を、意識的かつ慎重に統合する仕事を拒否するかもしれないし、あるいはそれを遂行できないかもしれないが、彼は彼の実際の決定がもつ含蓄された意味を無効にすることはできず、それによって、事実上、そのような統合が達成される。

決定における相対的要素　重要な意味で、全ての決定は妥協の問題である。最終的に選ばれた代替的選択肢は、決して目的の完全無欠な達成を許すものでなく、その状況下で利用できる最善の解決であるにすぎない。環境の状況は、必然的に、利用できる代替的選択肢を限定し、したがって、目的の達成可能水準に最高限度を設ける。

達成におけるこの相対的な要素――この妥協の要素――のために、行動が同時にいくつかの目的をめざしているときは、共通の分母を見出す必要性はいっそう避けられなくなる。たとえば、もし、公共事業促進局のような組織が、同時に、救済事業と公共土木事業を、どちらの目的にもハンディキャップをつけずに遂行できることが経験から示されるならば、その機関は、これらの目的の両方を同時に達成しようとするであろう。他方、もし組織がこれらの目的のいずれかを達成すると他の達成がいちじるしく妨げられることが経験からあきらかならば、一つがその機関の目的として選ばれ、他は犠牲にされなければならないであろう。一つのめざすものを他と比較し、共通の分母を発見しようと試みるさいには、二つのめざすものそれ自体を最後の目的として考えることをやめ、その代わりに、あるより一般的な目的に対する手段として、考えることが必要であろう。[5]

決定過程の実例　実際の経営問題に存在する価値と事実の判断の間の密接な関係を、よりあきらかに理解するために、市政の分野からの実例を研究することは、助けになろう。

新しい街路の開通と改善において、価値と事実についてどんな問題が生ずるか。(1)街路のデザイン、(2)基本計画に対する街路の適切な関係、(3)プロジェクトの資金調達の手段、(4)プロジェクトを民間との契約ですべきか、あるいは市が直接労働力を雇ってすべきか、(5)改善の後で必要とされるかもしれない建設(たとえば、公共事業のためのこの特定街路の掘割)と、このプロジェクトとの関係、(6)同様の性質の他の多くの問題、について決める必要がある。これらは、答えが見出されなければならない問題である——各問題は、価値と事実の要素を結び付けている。この二つの要素を部分的に分離することは、プロジェクトの目的とその手続を区別することによって、達成されうる。

一方、これらの問題に関する決定は、その街路の意図されている目的、およびその建設によって影響される社会的価値——なかんずく、(1)輸送の迅速性と利便性、(2)通行の安全性、(3)街路の設計の財産価値への影響、(4)建設費、および、(5)納税者間の費用分配、にもとづかなければならない。

他方、その決定は、これらの価値を実現するのに特定の手段がもつ効果についての、科学的かつ実際的な知識に照らして行なわなければならない。ここには、(1)各種の舗装の相対的な平坦さ、耐久性、費用、(2)費用と通行の利便性の観点からの代替的諸ルートの相対的強み、(3)総費用および資金調達の代替的諸方法に対する費用配分、が含まれる。

こうして、最終的な決定は、異なる目的に与えられる相対的な重みと、所定の計画がそれぞれの目的を達成する程度についての判断の両方に依存するであろう。

この簡単な説明は、決定過程の基本的な特徴のいくつか——この諸特徴は後にこの研究でさらに詳しく論じられる——を示すのに役立つであろう。

経営過程における意思決定

経営活動は集団活動である。一人の人が自分自身の仕事を計画し実行するという単純な状況は、よく知られている。しかし、仕事が増して、それを完成するために数人の努力が必要なまでになると、これはもはや不可能である。そして集団の仕事に対して組織化された努力を適用するための過程を開発することが必要になる。この適用を容易にする技術が、経営過程である。

経営過程は、決定の過程であることに注意すべきである。これらの過程は、組織のメンバーの決定における一定の要素を分離すること、および、これらの要素を選択し決定し、それを関係のメンバーに伝達するための正規の組織手続を確立することにある。もし、集団の仕事が船を建造することであれば、船のデザインが組織によって描かれ、採用され、そしてこのデザインが、船を実際に建造する人々の諸活動を限定し、導く。

組織は、したがって、個人から決定の自治権を一部とりあげ、それに代えて、組織の意思決定の過程を与える。組織が個人のためになす意思決定は、通常、(1)彼の職能すなわち彼の職務の一般的な範囲と性質をあきらかにし、(2)権限を配分し、すなわち、組織のなかのだれがその個人に対してさらなる意思決定を行なう権力をもつべきかを決め、かつ(3)組織のなかの数人の活動を調整するために必要とされるような他の制限を個人の選択に課す。

経営組織は、専門化——特定の仕事は組織の特定の部分へ委譲される——によって特徴付けられる。この専門化が、「垂直的」分業の形態をとるであろうことは、すでに述べた。権限のピラミッドあるいはハイアラーキーは、多かれ少なかれ公式に確立され、意思決定の機能は、このハイアラーキーのメンバー間で専門化されるであろう。

組織についての大部分の分析は、組織化された活動の基本的な特質として「水平的」専門化――分業――を強調してきた。たとえば、L・ギューリックは、彼の『組織理論についてのノート』のなかで、「分業は組織の基礎である。実に組織の存在する理由である」[6]と述べている。この研究では、われわれは「垂直的」専門化――現業員と監督者の間の意思決定職務の分業――を主としてとり扱うつもりである。一つの課題は、現場の従業員が、なぜ意思決定の自治権の一部を奪われ、監督者の権限と影響力に従っているかの理由を探ることであろう。

組織における垂直的な専門化には、少なくとも三つの理由があるように思える。第一に、もしなんらかの水平的専門化が存在するなら、現場の従業員間の調整を達成するために垂直的専門化が絶対に不可欠である。第二に、水平的専門化が、その仕事の遂行において、現業員集団にいっそうの熟練と専門能力を発展させうるのと全く同様に、垂直的専門化も、意思決定におけるいっそうの専門能力を可能にする。第三に、垂直的専門化は現業員に、企業組織の場合には取締役会に対して、公共機関の場合には立法府に対して、決定の責任をもたせることを可能にする。

調整　集団行動は、正しい決定の採用のみならず、集団の全てのメンバーが同じ決定を採用することを必要とする。一〇人の人が協力して船をつくろうと決めると仮定しよう。もし各人が各自の計画をもち、かつ、互いにその計画を伝え合わなければ、その結果できた船は、おそらくあまり航海に適さないであろう。たとえかれらがきわめて平凡なデザインを採用したとしても、そこで全ての者がこの同じデザインに従うならば、かれらはおそらく前者よりは成功を収めるであろう。

権限や他の形態の影響力の行使によって、仕事の全般的な計画が組織の全てのメンバーの活動を支配するように、決定の機能を集中させることが可能である。この調整には、その性質が手続的なものと、実体的なものとがあろう。手続的な調整の意味するものは、組織それ自体の明細書――すなわち、組織のメンバーの行動と関係の一般的記述――である。手続的調整は、権限のラインを確立し、組織の各メンバーの活動分野の大要を決める。他方、実体的調整は、各メンバーの仕事の内容を特定する。自動車工場において、組織図は手続的な調整の一局面であり、製造中の自動車のエンジン・ブロックの青写真は、実体的な調整の一局面である。

専門能力　実際に仕事をする階層において、専門的技能による利益を得るには、特定の技能を必要とする全ての過程が、その技能を有する人々によって遂行されうるように、組織の仕事がさらに分割されなければならない。同様に、意思決定において専門能力による利益を得るには、特定の技能を必要とする全ての意思決定が、その技能を有する人々によって行なわれるように、決定の責任が配分されなければならない。

決定を分割することは、実行を分割することより、むしろ複雑である。なぜなら、ある特定の作業をより正確に行なうために一人の作業者の鋭い目と別の作業者の確かな腕とを結び付けることは、通常不可能であるのに対し、特定の決定の質を高めるために、エンジニアの知識に法律家の知識を加えることは、しばしば可能だからである。

責任　権限の政治的、法律的側面について書いてきた者たちは、組織の主要な機能は、集団によってあるいはその権限を行使するメンバーによって設定された規範に、個人を従わせることである、と強調してきた。部下の自由裁量は、経営のハイアラーキーの頂点に近いところで決定された政策によって、限定される。責任の維持が関心の中心であるときには、垂直的専門化の目的は、経営者（行政管理者）に対する立法的統制を確保することである。そのさい、素人から構成される立法府が決定できないであろう技術的問題を扱うために、適切な自由裁量の余地を経営者層（行政管理者層）に残しながら。

組織の影響の諸様式

組織のハイアラーキーのより高い階層において行なわれた決定は、それが下へと伝達されなければ、現業員の活動になんの影響も与えないであろう。その過程を考察するには、現業員の行動が影響されうる方法を調べる必要がある。これらの影響は、およそ二つの範疇に分かれる。(1)組織にとって有利な決定にいたるようにさせる態度、習慣、心的状態を現業員自身のなかに確立すること。(2)組織のほかの場所で決められた決定を、現業員に課すこと。第一の型の影響は、従業員に組織への忠誠心と能率への関係を教え込むことによって、また、より一般的には従業員を訓練することによって、効果が生じる。第二の型の影響は、主として権限に依存し、また助言と情報のサービスに依存する。これらの範疇が網羅的であるとか互いに排他的であるとかを、主張するわけではない。しかし、それらはこの序論的議論の目的に役立つであろう。

実をいうと、ここでの議論は、上述の示すところよりややさらに一般的である。なぜなら、議論は現業員に対してだけでなく、組織のなかで意思決定をする全ての個人に対する組織の影響に関係があるからである。

権限 権限の概念は、経営の研究者たちによって詳細に分析されてきた。われわれはここで、C・I・バーナードによって主張された定義と、本質的に等しい定義を用いよう。[7] 部下が、上司の決定の真価を独立に検討することなしに、その決定によって彼の行動が支配されるままにするときはつねに、その部下は権限を受け入れているといわれる。権限を行使しているとき、上司は部下の納得を求めるのではなく、単に部下の黙認を求める。もちろん、実際の場合には、権限は、通常、提案と説得をかなり含む。

同意が得られないときでさえ、意思決定がなされそれが実施されるのを可能にすることが、権限の重要な機能であるが、おそらく権限のこの専横な側面は強調されすぎてきた。とにかく、部下の「受容の範囲」といいうるある点をこえて権限を行使しようと試みるなら、不服従が生じるであろう。[8] この受容の範囲の大きさは、権限がその命令を強いるために利用できる制裁によって決まる。「制裁」という言葉は、ちなみに、広く解釈されなければならない。なぜなら、積極的および中性的な刺激——目的の共有、習慣、リーダーシップのような——も、少なくとも、物理的あるいは経済的な処罰の脅威と同じように、権限の受容を確保するのに重要だからである。

ここで定義した意味での権限は、組織のなかで「下へ」と同じく「上へ」も「横へ」も作用しうることとなる。もし経営者が、彼の秘書にファイル・キャビネットについての決定をゆだね、決定の真価を再検討することなく彼女の意見を受け入れるとすれば、彼は彼女の権限を受容している。しかしながら、組織図に示されている「権限のライン」は、まさに特別の重要性をもつ。なぜなら、それは、特定の決定について一致に達することが不可能とわかるとき、討議を終結させるために普通頼られるからである。権限をこのように上訴的に使用するには、一般に制裁が有効でなければならないので、組織のなかの公式な権限の構造は、通常、人々の任命、懲戒、そして免職に関係する。これらの権限の公式なラインは、組織の日常の仕事における非公式な権限関係によって、通常は補足される。一方で、公式なハイアラーキーは、主として論争を終結させるために用意されている。

組織への忠誠心　組織された集団のメンバーがその集団に一体化する傾向があることは、人間行動の一般的な特徴である。意思決定をする場合、組織への忠誠心によって、かれらは、集団に対するかれらの行為の結果の観点から、代替的な行為のコースを評価するようになる。それが「アメリカのためになる」という理由である特定の行為のコースをとるときは、その人は自分自身をアメリカ人に一体化させている。彼が「バークレイの事業活動を押し上げる」ためにそれをとるときは、彼は自分自身をバークレイ人に一体化させている。国家および階級への忠誠心は、近代社会の構造において基本的に重要な一体化の例である。

経営の研究において、特に興味のある忠誠心は、経営組織あるいはそのような組織の一部分に与えられる忠誠心である。連隊の軍旗は、武官行政におけるこの一体化の伝統的なシンボルである。文官行政においてしばしば見かける忠誠心の証拠は、「われわれの部局にもっと資金をよこせ!」の叫びである。

この、一体化あるいは組織への忠誠心の現象は、経営においてきわめて重要な一つの機能を果たす。もし経営者が、彼が決定に直面するたびに、あらゆる範囲の人間的価値の観点からそれを評価せざるをえないなら、経営における合理性は不可能である。もし、彼が限られた組織目的に照らしてのみ決定をよく考える必要があるとすれば、彼の仕事は人間の力の及ぶ範囲により近づく。消防士は火事の問題に、健康管理の役人は病気の問題に、無関係な考慮をすることなく、集中できる。

さらに、このように限られた範囲の価値に集中することは、もし経営者が彼の決定に責任をもつべきなら、ほとんど絶対に必要である。組織の目的があるより上位の権限によって決められるとき、経営者の決定のおもな価値前提はそれによって与えられ、彼にはこれらの目的の実行だけが残される。もし消防署長が、人間的価値の全分野にわたってあれこれ考えること――消防車よりも公園がより重要であると決め、その結果、彼の消防部門をレクリエーション部門につくり変えること――が許されるとするならば、混乱が組織に取って代わり、責任は消滅するであろう。

しかしながら、組織への忠誠心は、また過小評価すべきでないある困難をひき起こす。一体化がひき起こす好ましくないおもな効果は、彼自身が一体化している限定された範囲の価値が、その範囲外の他の価値と比較考量されなければならない場合に、制度化された個人は、一体化により正しい意思決定をすることが妨げられることである。これが、どんな大規模経営組織にも特徴的な、部局間の競争と口論のおもな原因である。全体の組織ではなく、一部局へ自身を一体化させている組織のメンバーは、全体と部局の利害が衝突するとき、全体の繁栄より部局の繁栄をより重要だと考える。この問題は、「スタッフ的」機関の場合にしばしばあきらかとなる。そこでは、標準的な手続にラインの諸機関を従わせようとする努力のために、その機関の促進的・補助的な性格が見失われる。

組織への忠誠心は、また、ほとんどどの部門の長についても、彼の部門の財務上の要求と他の部門の財務上の要求を均衡させる仕事をできなくしてしまう――したがって、このような心理的歪みをもたない中央予算機関が必要とされる。経営のハイアラーキーのなかで高い地位になればなるほど、また、経営者の視界にはいらなければならない社会の価値の範囲が広くなればなるほど、価値的歪みの影響はより有害となり、経営者がより狭い一体化から解放されることがいっそう重要となる。

能率の基準　権限の行使と組織への忠誠心の開発は、個人の価値前提に組織が影響を与える二つの主要な手段であることをみてきた。では、彼の決定の基礎となる事実的な諸問題はどうであろうか。これらは、全ての合理的な行動において意味される原則、すなわち能率の基準によって大部分決定される。そのもっとも広い意味においては、能率的であることは、単に、望んでいる目標の達成に向かって、最短の道をとり、もっとも安い手段をとることを意味する。能率の基準は、どんな目標が達成されるべきかには全く無関心である。「能率的に！」という命令は、どんな経営機関のメンバーの決定に対しても、組織の主要な影響力であり、この命令が守られてきたかどうかを見分けることが、レビューの過程の主要な機能である。[9]

助言と情報　組織がそのメンバーに行使する影響力の多くは、われわれが議論してきたものに比べて、公式な性格をもたない。これらの影響力は、おそらく、もっとも現実的にみれば、内部的な広報活動の一形態である。なぜならば、組織のなかのある場所で生まれた助言は、コミュニケーションのラインがその伝達のために適切でない場合や、それが説得的な形で伝達されない場合には、組織のなかの別の場所でなんらかの効果をもつ保証はないからである。本社においては、内部の助言機能とは、正確な言葉で説明された報告をつくり、適当な部数を用意し、それが「配達仕分け設備」の適当な仕切りのなかに置かれることを確保することにあるのだという誤った考え方が、広がっている。情報が発行されてから、それによって現業員の作業が改善されたと思われるまでに、本社のコミュニケーションは、通常うまくゆかない度合いが高く、この率より高い死亡率をもつ疫病は、かつてなかった。

情報や助言は組織のなかで——単に上から下ばかりでなく——全ての方向に流れる。決定にかかわる事実の多くは、急速に変化する性質があって、決定の瞬間においてのみ、またしばしば現業員によってのみ、確かめうる。たとえば、軍事行動では、敵軍の配置についての知識が決定的に重要であり、軍隊組織では、意思決定をすべき人に、その人の地位では個人的に確かめることのできない全ての関連事実を伝えるために、精緻な手続を発達させてきた。

訓練　組織への忠誠心や能率の基準と同じように、そしてわれわれが議論してきているその他の様式の影響力とは異なって、訓練は「内側から逆に」決定に影響を与える。すなわち、訓練は、権限あるいは助言をたえず行使する必要なしに、組織メンバーが満足できる決定に彼自身で到達できるようにする。この意味で、訓練の手続は、部下の決定を統制する手段として、権限あるいは助言の行使に代わるものである。

訓練は、就職後または就職前のどちらの性格をももちうる。特定の教育上の資格をもつ人が、ある職務に採用されるときには、組織は、その仕事において正しい決定を確保するおもな手段として、この就職前の教育をあてにする。訓練と従業員に許されるであろう自由裁量の範囲との相互関係は、経営組織をデザインするさい、考慮に入れるべき重要な要素である。すなわち、監督を少なくしても仕事を遂行することができるように部下を訓練することによって、一定のレビューの過程を最小に、あるいは全くなくしてしまうことが可能になることがしばしばあろう。同様に、特定の地位への応募者に必要とされる資格を定める場合には、半熟練の従業員を選抜し、かれらを特定の職務のために訓練することによって人件費を低減させうる可能性を考慮すべきである。

訓練は、多数の決定に同じ要素が含まれるときには、つねに決定の過程に適用できる。訓練は、訓練を受ける者に、こうした決定を扱うさいに必要な事実を提供できるし、彼に思考のための準拠枠を与えることができる。訓練は、彼に「承認された」解決を教えることができるし、あるいは、彼の意思決定がその観点から行なわれるべき諸価値を、彼に教え込むことができる。

組織の均衡

つぎに、なぜ個人はこれらの組織の影響を受け入れるのか――なぜ彼は組織が課した要求に彼の行動を適応させるのか――という疑問が生じるであろう。個人の行動がどのようにして組織の行動システムの一部となるかを理解するには、個人の個人的モチベーションと、組織の活動がめざす目的との間の関係を研究する必要がある。

さしあたって、一つの典型として企業組織をとりあげるとすれば、企業家、従業員、顧客の三種類の参加者が区別されうる[10]。企業家は、その決定が最終的に従業員の活動を統制するという事実によって区別され、従業員は、かれらが賃金と引換えにかれらの時間と努力（相互に切り離せない）を組織に与える事実によって、また顧客は、その製品と引換えに貨幣を組織に与える事実によって、区別される（実際の人間はだれも、もちろん、組織に対するこれらの関係の二つ以上に参加することができる。たとえば、赤十字のボランティアは、まさに顧客と従業員の混合したものである）。

こうした参加者はそれぞれ、こうした組織の活動に携わる自分自身の個人的動機をもっている。この動機を単純化し、経済理論の見地を借用するならば、企業家は利益（すなわち支出をこえる収入の超過分）を求め、従業員は賃金を求め、そして顧客は（ある価格で）心引かれる製品と貨幣の交換をする。企業家は、従業員と雇用契約を結ぶことによって、従業員の時間を自由にする権利を得る。企業家は、顧客と販売契約を結ぶことによって、賃金を支払う資金を獲得する。もし、この二組の契約が十分に有利なものであれば、企業家は利益をあげ、そして、われわれの目的にとっておそらくより重要であるのだが、その組織は存続する。もし、これらの契約が十分に有利でなければ、企業家は、他人を彼とともに組織化された活動に引き止めるための誘因を維持できなくなるし、組織に対して努力をつづけるための彼自身の誘因さえ失うであろう。どちらの場合も、活動のある水準で均衡が達せられないかぎり、組織は消滅する。もちろん実際の組織においては、企業家は、上述した純粋の経済的誘因のほかに、名声、「信用」、忠誠心などの多くの他の誘因に依存している。

いま述べたような組織には、その参加者の個人的目的に加えて、組織の目的ないし諸目的がみられる。たとえば、靴の工場を例にとれば、その組織は靴をつくることが目的である。これは、だれの目的であろうか――企業家のものか、顧客のものか、それとも従業員のものか。この目的が以上のいずれかに属することを否定することは、それを構成する個人を超越するある有機的実体、すなわちある「集団精神」を仮定することに思える。真の説明はより簡単である。すなわち組織の目的は、間接的には、全ての参加者の個人的目的である。それは、参加者自身のさまざまな個人的な動機を満足させるために、組織活動にまとまりを与える手段である。企業家が利益を得るのは、靴をつくる労働者を雇い、その靴を売ることによってであり、従業員が賃金を稼ぐのは、靴をつくるさいに企業家の指揮に従うことによってであり、また顧客がその組織から彼の満足を得るのは、完成した靴を買うことによってである。企業家は利益を欲するので、また、彼は従業員の行動を（それぞれの受容の範囲内で）統制するので、彼は「靴をできるだけ能率的につくる」という基準によって、従業員の行動を導く必要がある。したがって、彼が組織における行動を統制できるかぎり、彼はこのことを、組織における行動の目的として確立する。

注意すべきなのは、顧客の目的は、組織の目的に非常に密接に、むしろ直接的に関係していること、企業家の目的は、組織の存続に密接に関係していること、一方、従業員の目的は、このどちらにも直接には関係しないが、彼の受容の範囲の存在によって、組織の体系に組み込まれていること、である。純粋の「企業家」「顧客」「従業員」は存在しないとしても、さらに、この体系が、ボランタリー組織、宗教組織、および政府組織に適するには、多少修正される必要があるとしても、経営組織における行動にわれわれが認める特有の性格を与えるものは、やはりこうした三つの型の役割の存在である。

本書の構成

次章以下で行なわれる研究の枠組は、いまや示された。さまざまな論題がとりあげられる順序について簡単に概要を述べることで、この章を終える。

第2章も、ある意味で序文的である。本書は、一つには、現在の経営理論の文献にみられうる、いわゆる「経営の諸原則」に対する著者の不満の結果として企てられた。第2章では、これらの諸原則の不適切さを示し、ここで示される方向に沿ってそれらを発展させる必要性を示す目的で、諸原則の批判的な分析がなされる。

第3章の説明は、正確にいえば、経営的決定における価値の問題と事実の問題によって演じられる役割の分析から始まる。続いて第4章では、経営組織における行動も含めて、社会行動のシステムの記述と分析のために、本書全体を通じて使われる概念的用具の説明が行なわれる。

第5章は、組織のなかの個人の心理と、組織が個人の行動を修正する仕方を考察する。第6章では、組織は、諸個人の行動が——前に示された方向に沿って——ある種の均衡を保っているという、諸個人のシステムとみなされる。第7章は、組織における権限の役割と垂直的専門化、および、こうした専門化を有効にする組織過程、について詳細に分析する。第8章は、組織の影響力を伝達するコミュニケーションの過程を扱う。第9章では、能率の概念が詳細に検討され、第10章では、組織への忠誠心あるいは一体化が詳細に検討される。

第11章では経営組織の構造を概観し、経営理論での研究が直面する諸問題を論議して、本書を終わる。

注1　意思決定が一般的に無視されることに対する二つの注目すべき例外として、C. I. Barnard, ***The Functions of the Executive*** (Cambridge: Harvard University Press, 1938)(山本安次郎・田杉競・飯野春樹訳『新訳・経営者の役割』ダイヤモンド社、昭和四三年)とEdwin O. Stene, "An Approach to a Science of Administration," *American Political Science Review*, 34: 1124-1137 (Dec., 1970)を参照。

2　第4章で、中間目標と最終目標の間のこの区別が詳細に論じられ、また、その必要性があきらかにされよう。

3　「事実的」という言葉は、おそらく誤解を招くが、よりよい言葉がないために用いられている。実際の決定にもとづく「事実」が、通常、事実の実証的かつ確実な表現というよりむしろ推定とか判断であることは、あきらかである。この混乱に加えて、「評価」という用語が、事実を判断し推定するこの過程をさすものとして著者たちによってしばしば用いられている。読者がもしこの研究において、「価値」は、それがどんなに確実であっても当為に関連し、「事実」は、それがどんなに推測的であっても現実に関連することを記憶されるなら、混乱は避けられよう。

4　「合理的」のこの定義は正確ではない。第4章でより詳細に論じられよう。

5　MacMahon, Millett, Ogden による、WPAの企画の段階についての記述によると、基本的な意思決定がなされた時点で、この統合についての思考は、組織のなかでむしろ原始的な水準にあったようである。Arthur W. MacMahon, John D. Millett, and Gladys Ogden, ***The Administration of Federal Works Relief*** (Chicago: Public Administration Service, 1941), pp. 17-42.

6　Luther Gulick and L. Urwick, eds., ***Papers on the Science of Administration*** (New York: Institute of Public Administration,1937), p.3.

7　Chester I. Barnard, ***The Functions of the Executive*** (Cambridge: Harvard University Press, 1938), pp. 163ff（山本安次郎・田杉競・飯野春樹訳『新訳・経営者の役割』ダイヤモンド社、昭和四三年）.

8　Barnard (*op. cit.*, p.169) はこれを「無関心圏（zone of indifference）」と呼んでいる。しかし、私は「受容」という言葉をむしろ好む。

9　能率概念についてのいっそうの議論では、つぎをみられたい。Clarence E. Ridley and Herbert A. Simon, *Measuring Municipal Activities* (Chicago: International City Managers' Association, 1943)（本田弘訳『行政評価の基準――自治体活動の測定』北樹出版、平成一一年）.

10　われわれは、ここでは Barnard(*op. cit.*) に従って、顧客は組織行動のシステムの構成要素であると主張する。顧客が「メンバー」であるかないかは、特に重要ではない用語上の問題である。原材料の供給業者たちも、第四の種類の参加者として前記で加えられたが、しかし、かれらは、本質的にはなんら新しい要素を議論につけ加えないであろう。

第1章のコメンタリー

第1章のコメンタリーでは、この章で議論がなされたいくつかのトピックスについて詳しく述べていく。まずは意思決定がしっかり組み込まれている組織の本質について言及し、現代の産業社会における調整行動での組織と市場のそれぞれの役割について論じる。そしてコンピュータが組織に与えてきた、そして現に与えている影響、これについては後半の章で展開されるが、について紹介する。さらにこの章で紹介された意思決定の「垂直的」専門化についてさらに詳しく述べる。最後に『経営行動』が初めて出版されてからあきらかになってきた組織研究と理論の輪郭、特に意思決定過程に関連する部分について簡単にコメントを述べる。

組織とパーソナリティ

最近、組織の評判はあまりよくない。大規模な組織、とりわけ大企業や大きな政府は、仕事と社会から労働者と経営者双方を広く「疎外」し「官僚体制」と組織の非能率という結果をもたらしたということを含めて、あらゆる種類の社会的な病の源として非難を受けている。疎外が組織によるものであるというどんな証拠もないように、後にみるように、疎外や非能率が以前よりも、また他の社会においてよりも広がったという経験的証拠はない。しかしながらこのような批判にも一つの価値がある。それは組織のことを真剣に考えるようになり、そして組織はそこに所属している人々の行動に影響を及ぼすのだということを認識するようになるからである。

組織に対するやや異なった懐疑的な見方は、それはしばしば管理者によるものであるが、問題は組織にあるのではなく人間にある、というものである。「私はかつて組織が重要であると思っていた。しかしいまはパーソナリティのほうがより問題であると思っている。重要なのはオフィスで働く個人である。やる気、能力、想像力のある人は、およそどのような組織においても働くことができるのである」というような話を読者も何回も聞いたことがあるに違いない。「パーソナリティ」が有用なコンセプトであることは確かである。しかし個人の特性が組織の活動にとって重要であるということは、組織の特性が重要でないということを意味しているわけではない。人間に関する諸事の複雑な世界は、このように単純な一変数だけで動いているわけではないのである。

さらに、パーソナリティは真空では形成されない。ある人の言語は、その人の両親の言語から影響を受けないわけではないし、態度はその人の仲間や先生の態度と切り離せるものではない。また人は、コミュニケーションの流れにさらされながら、他人から隔離されつつ、その人が知り、信じ、注意し、希望をもち、望み、重視し、恐れ、そして提案するということに非常に深い影響を受けることもなく、組織のある特定の地位に数か月か数年の間とどまって生きることはできない。

もしも組織が必須でないならば、必要なのは人間だけであるならば、なぜわれわれは人に対する地位をつくり出すことを主張するのであろうか。どうしてかれらに自分の能力や資質に合ったかれら自身の地位をつくらせないのだろうか。どうして上司は、彼または彼女の創造的な活動力が組織によって増幅されうる以前に上司と呼ばれなければならないのか。そして最後に、もしもわれわれが管理者たちにかれらの資質が効果的な影響力に変換される前に、なにかしらの権限を与えなければならないとしたら、この有効性は他の人々が組織化される仕方にどのように依存するのであろうか。

答えは簡単である。第一に、組織は個人の資質や習慣を形づくり発展させる環境を提供するという理由で（特に第5章と第10章を参照のこと）重要である。第二に、組織は責任のある地位にいる人々に、他の人々に対する権限や影響力を行使する手段を提供するから重要である（特に第7章を参照）。第三に、組織はコミュニケーションを構築することによって、意思決定がなされる情報環境を決定するから重要である（詳しくは第8章を参照）。われわれは、経営者が働いている組織を理解することなしに、かれらの「インプット」も「アウトプット」も理解することはできない。かれらの行動とそれが他の人々に及ぼす効果は、かれらの組織状況の関数なのである。

「組織」の意味

経営者の行動における組織的要因を軽視する傾向は、「組織」という言葉を誤解していることに起因する。多くの人々にとって、組織とは、組織図や職務記述書に関する複雑なマニュアルそして公式な手続に具体化されたものである。そのような組織図やマニュアルにおいては、組織は人間が住む家というよりも、抽象的な建築学的な論理にもとづいた、整理整頓された小部屋の連なりという様相を帯びる。そして大会社や政府機関でみられる組織部門における組織図やマニュアルを書くという仕事は、この固定観念を追い払うのではなく、しばしばよりいっそう助長している。

本書では、組織という言葉は、意思決定とその実行の過程を含めた、人間集団におけるコミュニケーションとその関係のパターンを意味する。このパターンは組織のメンバーに、意思決定に投入される情報と仮定、目標、そして態度の多くを提供するし、また組織のほかのグループのメンバーがなにをしていて、かれらが他人の言動に対してどのように反応するか、といったことに関する安定的で理解可能な一組の期待を与える。社会学者はこのパターンを「役割システム」と呼んでいる。われわれは「組織」として知られる役割システムの形態に関心がある。

経営者が組織において行なうことの多くは、日々の業務に重要で短期的な影響を及ぼす。経営者は製品の価格、原料の契約、工場の立地、あるいは従業員の苦情について意思決定する。それぞれの決定はどれもが、手近の特定の問題を解決するのに直接的な効果がある。しかしこの一連の決定と決定の拒否のもっとも重要な累積的な影響は——たとえば水が少しずつつねに流れることによって起こる浸食のように——経営者をとり巻いている組織における行為のパターンにあらわれる。つぎの契約はどのようになされるべきだろうか。いったいこれらは経営者に渡されるべき契約であろうか、それとも部下だけで扱ってよいのだろうか。経営者に渡される前にどのような準備がなされるべきで、どのような政策にもとづいて人々はそれを扱うのであろうか。そしてつぎの契約の後、つぎの一〇のそしてさらにつぎの一〇〇の契約はどうすればよいのであろうか。

全ての経営者は一方の目で手近の問題に注意を払いながら、もう片方の目でこの決定が将来の型への——すなわち、組織の諸結果に与える影響を考えながら、意思決定し、行為を遂行する。

組織と市場[11]

現代社会におけるもう一つの力をもった調整機構を語らずして、組織を人間行為の調整者として議論することはできない。それは市場である。事実、最近一般的な組織に対する中傷は、市場を経済と社会の統合の理想的なメカニズムとして賞賛することとの反対の面である。ソビエト連邦の崩壊は、社会主義のまとめ役としての中央集権化された計画よりも市場のほうが優位である、ということをはっきりと証明したものとして広く歓迎された。その後続いて起きたさまざまなできごとは、問題はより複雑であるということを教えてくれた。市場は確かに現代の産業経済下においては、中央による計画よりも効果的に機能しているようにみえる。しかしロシアの経験、われわれ自身の経験でさえもが示しているように、市場は健全なインフラストラクチャ、とりわけビジネスの会社や他の組織が効率よく管理されている環境においてのみ効果的に働く。市場は組織を補完するものであり、代わりとなるものではないのである。

他の星からの訪問者は、われわれの社会が市場経済と呼ばれているのを聞いて驚くであろう。そしてかれらはおそらくどうしてわれわれが組織経済と呼ばないのか、と尋ねるであろう。つまりかれらには、非常に多くの人々が組織のなかで働いているようにみえる。かれらは大企業、公機関、そして大学を目のあたりにし、工業化された社会で働く人々の八〇％あるいはそれ以上が組織という殻の内側で働いていて、ほとんどが、社員として、市場との直接的なかかわりをもっていない、ということを学んだ。消費者は市場を頻繁に使うが、多くの製造者は大きな組織に組み込まれている。われわれの訪問者は、少なくともわれわれが自分たちの社会を組織と市場の社会と呼ぶべきだと提案するであろう。

新古典派経済学においては、組織は「企業の理論」のなかで扱われている。しかし経済理論における企業は、哀れなほど簡略化された抽象概念となっている。企業は、生産量と価格の選択によって企業の利潤最大化を追求する「企業家」にすぎないような者から成り立っていて、そうするために、生産関数（アウトプットをインプットに結び付ける）と費用関数（これらのアウトプットとインプットを生産量の関数として評価する）が使われる。その理論は、企業の生産関数の根底にある技術、管理者や従業員の決定に影響する動機付け、あるいは最大化の意思決定に導く過程については、なにも触れていない。とりわけ、どのようにして行為者がこれらの決定に必要な情報を入手するのか、どのようにしてかれらは必要な計算をするのか、そしてこれは問題の核心であるのだが――かれらが、効用最大化理論や利潤最大化理論を前提とするような意思決定をすることができるであろうか――といったことは尋ねていない。経済理論の「企業家」は、固定的な枠組みのなかで、静学的な意思決定を行なう。それは新しい企業を起こしたり、新しい道を切り開いていくような活動的な革新者とはかけ離れている。

本書の多くの部分は、組織についてのこのような貧弱な記述をより完全なものにする（そして間違いを正す）ことに向けられている。主として注目されているのは（第4章と第5章から始まるが）、人々が実際に意思決定を行なう方法、そして、どのようにして意思決定過程がかれらの限られた知識や計算能力（限定された合理性）によって形成されるのか、ということである。他の章（特に第6章と第9章）ではどのようにして組織のメンバーが組織の目標を支持する行動をとるよう動機付けられるのか、そしてどのようにしてかれらが組織への忠誠心を得るのか、説明しようとする。

最近「新制度派経済学」という名前の下に、経済学理論のなかに現実の組織を位置付けようとする、いくつかの試みがなされている。そこでの鍵となる考え方は、ほとんどの組織現象を、単にもう一つ別の種類の市場行動、すなわち雇用者と従業員の間の市場での相互作用である、とみなすということである。この見方は、雇用契約に焦点をあてている。新制度派経済学は、雇用契約や個人が組織と交わす他の明示された契約や暗黙の契約を分析することによって、どのようにして組織が経営されているのかを説明しようとしている。

このアプローチは、それが置き換えようとする骨組みに多少の改善をもたらすけれども、それにも深刻な限界がある。現実には、組織の従業員であるわれわれの全てが、目の前の個人的な利益によってだけではなく、（重要な程度まで）組織の目標の達成に貢献したいという意志によって、その行為を左右されている。組織は、ほとんどの場合、もしも組織の従業員の大部分が、問題に対処したり意思決定をしたりする際、自分たちの私的な目標のことだけを考えているのではなく、組織の目標のことも考慮している場合においてのみ、経営を成功に導くことが可能である。かれらの究極の動機がなんであれ、組織の目標は、なにがなされるべきかという従業員や管理者の考えにおいて重要らしくなければいけないのである。

新制度派経済学はこれらの動機付けを、雇用契約が、権限や優れた業績に与えられる報酬を通して強化されることによって、生み出されるものである、と説明しようと試みている。しかし、制裁と報酬のシステムはそれだけでは、最小限の生産的な業績しか生まない、ということはよく知られている。それゆえ現実的な組織の理論は、組織の目標を推進するための動機付けのその他の源を説明しなければならない。つぎに続く章では、これらの動機付けの問題、特に組織の忠誠心についての本質と心理学的な根源について、多くが語られるであろう。

意思決定とコンピュータ

本書の初版は、最初の現代的電子コンピュータが誕生してすぐあと、そしてもっとも平凡な使われ方でコンピュータが経営に利用されるということがわかる数年前に出版された。今日、組織においてコンピュータはさまざまな場面で使われているにもかかわらず、われわれはコンピュータの発展段階のなかの、馬なし馬車の段階に非常に近いところにいる。それは、つまりわれわれが、以前は加算機やタイプライターで行なっていたのと同じ機能において、コンピュータをより速く、安く使っているということである。リニアプログラミング（オペレーションズ・リサーチによる）やエクスパート・システム（人工知能による）などが広く用いられている中間管理職のある決定分野を別にすれば、コンピュータは経営者の意思決定過程や組織デザインの形態については、ほんの少しの変化をもたらしたにすぎない。

しかしながらわれわれは、過去から将来を推測することには慎重にならなければいけない。自動車も最初に登場したときはやはり小さな影響しか及ぼさなかった。つまり馬や馬車が果たしていた役割に取って代わっただけであった。われわれの将来の全ての輸送システムや、実際、われわれの社会全体への計り知れない影響――郊外化、移動住宅、長距離家族旅行などがあきらかないくつかの事例であるが――を知る手がかりをそれはほとんど与えなかったのである。

われわれはこれまでに、コンピュータがまた大きな加算機とは非常に異なったものであり、われわれの社会にとって想像以上に重要なものであることを学んだ。[12] しかしその重要性は、まだ出現し始めたばかりである。そして約一〇年前のパーソナルコンピュータの登場は、おそらく決定的なターニングポイントであっただろう。コンピュータがどれほど重要で新しい役割を果たせるかを推測する一つの方法は、コンピュータに適用されている多くのメタファーを検討することである。まず一番目は、コンピュータは膨大な数の数値の高速処理機である。もちろん、特にエンジニアリングやサイエンスの分野ではすでに、数値の高速処理によってなにができるかの発見に関してかなり前進してきたが、われわれはコンピュータの力が増強し続けるに従って新しい利用法をみつけるであろう。二番目は、コンピュータは巨大な記憶装置であり、われわれはどのように膨大なデータベースが、それが保有していて特定の仕事に関係のある情報をとり出すために、選択的そして安価にアクセスできるように編成されるべきであるか、を探索し始めたばかりである（たとえばWWW上で）、ということである。

三番目に、コンピュータは、医療診断、エンジニアリング・デザイン、チェス、法律調査のいくつかの分野や、他にも増えつつある専門分野で、人間の専門家レベルの業績と張り合うことのできるエキスパートであるということである。四番目に、コンピュータは新しい世界的なネットワーク・コミュニケーションの核、「インフォメーション・スーパー・ハイウェイ」となるものである、ということである。今、全ての人は「だれとでも」ほとんど瞬時にコミュニケーションがとれる。五番目は、コンピュータは、思考し問題解決をし、そして、そう、意思決定をする「巨大な頭脳」であるということである。われわれは、コンピュータが重要な役割を果たし、あるいはときには全てのタスクを成し遂げるような、決定の新しい分野――信用のリスクを評価したり、ファンドに投資をしたり、工場のスケジュールを調整したり、会社の財務問題を診断したり――をつねに探し続けている。

コンピュータが大量の情報を送り出す能力をもっているために、コンピュータをより十分に使いこなすための中心となる条件は、コンピュータの情報記憶装置と普及能力を増強させることにある、といった間違った結論に簡単に達してしまいがちである。反対に、コンピュータが教えてくれる中心的な教訓は、情報はもはや足りないこともないし、差し迫って広めるべきものでもない、ということである。これまでの時代と比較して、われわれは今、情報が豊富な世界にいるのである。

無限の情報をもったグローバル・ネットワークをわれわれが望むために、われわれは、新たな不足が生み出されてきたということ、つまり情報の絶え間ない流れのなかで人間が情報に注意する時間が不足しているという事実、をしばしば忘れがちである。情報革命によって、一人の人間が組織もしくは世界中にばらまくことができる情報の量は飛躍的に増加した。それは一人一人の人間が情報を消化する一日の時間を増やしたのではなかった。組織におけるコミュニケーション・システムのデザインにおける主要な要件は、情報の不足をなくすことではなく、供給過剰と戦うことである。そうしてわれわれは自分たちの仕事にもっとも関連した情報に注意する時間をみつけるであろう――これは、もしわれわれが、われわれの情報システムに含まれる無関係なものの泥沼を素早く抜ける道をみつけることができるときにのみ可能なものである。

第8章とそのコメンタリーは、情報が不足しているのではなく、注意する時間が不足している世界におけるコミュニケーションの問題と組織のデザインの問題について探求している。そのコメンタリーでは、第一世代そして第二世代でさえ、どうして経営情報システムと経営者の決定支援手段があまり大成功を収めたといえないかを説明し、そしてより効果的な情報システムが将来とると期待されうる形態についての概略を述べている。

「垂直的」意思決定：決定過程の解剖学

第1章では、「垂直的」専門化、すなわち現業員と監督者の間の意思決定職務の分割について言及している。さらに、意思決定をさらに下位の要素に分けようという下位分割の動きが加速しているということについても触れた。どのような重要な決定も、多くの価値、副次的な条件、そして制約と同様に、夥しい数の事実（もしくは事実の推測）にもとづいている。われわれは、これらの全ての事実と価値を最終決定の前提として考えることができる――いわば、決定それ自体で終わる組み立て過程への原材料インプットのようなものである。

物的な製品の製造は、原料を加工し、それらを最終製品の部品にし、部品を組み立て、そして製品を仕上げる、といった数多くの専門部門によって運営されている。同様に一つの決定もいくつかの要素に分けることができる。個々の部分を一人の専門家や専門家のグループが担当し、最終的に一つの調和のとれた全体像にまとめあげるのである。たとえば、新しい製品を市場に導入するための決定に到達するためには、デザイン担当のエンジニア（製品を改善したり、コストを下げたりする）、製造担当のエンジニア（再デザインによって製造工程を簡潔化する）、マーケティングのスペシャリスト（予想される市場の大きさと特性を予測する）、財務のスペシャリスト（新しい工場を建てるための資金調達の代替案をつくる）、法律のスペシャリスト（予想される特許の問題や、製造物責任の問題をあきらかにする）、といったところから事実と目標が提示されることが必要となろう。本書のあらゆる場面で、われわれはこの決定組立て過程、つまり事実発見、デザイン、分析、推論、交渉、これらの全てに多大なる「直観」

や推測が伴うのであるが、こうした過程に導入される事実や価値に言及するさいに、決定前提という言葉を使うであろう。

組織化することのおもな仕事は、第一に、決定が必要とするさまざまな種類の事実前提を供給することのできる知識が組織のどこに配置されるかを決めること、第二に、どこのポジションに対して、実現されるべき目標を特定し、決定が満たすべき制約と副次的な条件を特定するために責任を確実に割り当てるべきか、を決定することである。諸前提を決定に組み立てる有効な過程をデザインすることは、組織において製品を製造して流通させる有効な過程をデザインするのと同じくらい重要である。本書のかなりの部分は、異なった種類の決定前提の起源を特定して、それらを組み立てる過程を描き出すことに関心を向けている。

組織の社会学と心理学

意思決定過程という観点からの組織の分析が果たして「社会学的」なのか「心理学的」なのか、という質問がしばしばなされる。しかしながらこの質問は少しおかしい。分子生物学が生物学なのか化学なのかといっているようなものである。正しい答えは、いずれの場合も「両方」ということになる。本書は、組織の参加者の意思決定行動という点から組織を分析しているが、それに特別な性質を与えるのはまさにこの行動をとり巻く組織のシステムなのである。組織のメンバーの役割はかれらが一体化した目標によって形成され、そして目標への一体化は順に、組織の場所とコミュニケーションの型に大きく依存しているのである。

役割の概念は、行動における標準的な社会学的説明を提供する――たとえば、船長は船長としての役割を引き受け、またそれがわれわれの文化において船長がなすべきことであるがゆえに、船長は彼の船と共に沈む、といったことである。しかしながら、役割の代わりに決定前提という観点から組織における行動を説明する理由がある。劇で使われるような本来の意味では、「役割」は、ある非常に狭い、特定の行動パターンを暗に意味している。母親は決められたせりふを話すわけではない。彼女の役割行動は、彼女自身がみつけた状況に適合し、それに大きく依存する。さらにいえば、社会的役割を演じる際には、全ての特異な違いに対する余地があるということである。

役割理論におけるむずかしさは、われわれが社会的影響を決定前提への影響としてみたときに解消する。役割は個人の決定の基礎となる前提の、全てではないが、ある部分をあきらかにしたものである。多くのほかの前提もまた、情報的前提や人格の差をあらわす特異な前提をも含んで、同じ決定に入り込む。ある目的にとっては、選択を予測するためには役割の前提を知れば十分であるかもしれない。他の目的にとっては、情報や他の前提を知ることがきわめて重要かもしれない。

前提を構成単位とみなすのでなければ、役割理論は経済理論が犯した誤りとちょうど反対の誤り――合理性の余地を全く残さない――を犯す危険にさらされている。もしも役割が行動の一つのパターンであるならば、その役割は社会的立場からみて機能的であろう。しかしその役割を演じる人は合理的な行為者にはなりえないし、さらには意志力をもった行為者にもなれない――ただ単に彼もしくは彼女の役を演じる演技者にすぎない。その反対に、もしも役割が価値前提と事実前提を詳述することにあるならば、役割の演者は、しばしば、これらの価値を獲得すべくこれらの事実を利用するために、思考し問題を解決しなければならない。諸前提という観点から定義付けされた役割は、行動における計算と行為者の知識、欲求、そして情緒の関与のための余地を残しているのである。

もちろん意思決定分析は、生化学が有機体研究へのただ一つのアプローチではないように、組織研究へのただ一つのアプローチではない。多くの研究者、とりわけ社会学者は組織のよりグローバルな特徴をみることを好むし、その特徴を組織の大きさや環境と関連付けることを好む。このような研究は、組織研究において重要な位置を占める。しかし究極的にはわれわれは、もちろん研究のさまざまなレベル間のつながりをみつけ出したいのである。もしも異なった産業で活動をしている組織が（たとえば、鉄鋼企業と広告代理店とを比べて）典型的に異なった構造的特徴をもつならば、われわれは意思決定の要件における根本的な違いという観点からこの違いを説明したい。要件における違いというのはまた、組織が活動をしている環境の違いを反映しているのである。

組織における意思決定は孤立した人間によって行なわれるものではない。一人のメンバーのアウトプットは他の人間のインプットになる。それぞれのステップにおいて、その過程は従業員の記憶、および組織のデータベースとコンピュータ・プログラムの両方に蓄積されている知識と技術に頼る。部分的には公式化されているが部分的には非公式なコミュニケーションの豊富なネットワークに支えられたこの相互関係性のゆえに、意思決定は組織化された諸関係のシステムであり、組織化とはシステムデザインにおける問題なのである。読者は本書のページをめくり続けながら、「心理学」について読んでいるのか「社会学」について読んでいるのか、それともそんなことは関係ないのか、自分たち自身で決めればよいであろう。告白すれば、私は、関係ないという立場をとっている。

組織とその理論における発展

この第四版に付け加えるコメンタリーのおもな役割は、第一版が出版されてからいまもなお起き続けている組織の変化と組織理論の変化について議論することである。理論の変化は、もちろん組織における変化とは異なるものであり、理論の変化というのは組織の変化が起こらなかったとしても起きるであろう（逆もまたしかりである）。いずれにしても、われわれは両者を区別し、つねにどちらについて議論しているのかを明確にする必要がある。

◆組織理論における〝学派〟

組織理論の研究はしばしば、言及している著作物を「学派」に従って分類する。最近の組織に関する著作物の集積[13]は、八つのそのような「学派」に分けられている。古典学派、新古典学派、組織行動学派（または人的資源学派）、「近代」構造学派、システムズ、コンティンジェンシー、ポピュレーションエコロジー学派、多様構成者／市場組織学派、権力と政治学派、組織文化とシンボリックマネジメント学派、である。これらの学派によってわれわれはなにをしようとしているのであろうか。

科学の分野において適用されてきた「学派」の概念は、経営管理理論や組織理論においては役に立たないことが示されてきた時代遅れの考え方である。生物学や地質学ではわれわれは「学派」をもたないが、専門化された知識と理論の領域をもつ。たとえば、分子遺伝学、細胞生物学、発生生物学、生物学における集団遺伝学、地球物理学、古生物学、海洋学、そして地質学における石油地質学などである。これらの領域は「学派」とは異なり競合する理論ではなく、少なくとも多くの目的のために独立して研究することができ、そしてより大きな構造のなかで関係を見出し、適切な場所を与えられる、十分に分離可能な一連のそれらについての現象と知識である。

科学における諸理論は徐々に変化していくが、いつにおいてもそれらのなかのほんの少しが推論と論争のフロンティアにあるだけである。さらにいえば、主流となっている理論を覆すことができるような科学の進歩はほとんどない。われわれが通常みているのは、新しい多くの事実と現象に直面している理論が、強調され、拡大され、修正されていく着実な累積である。相対性理論や量子力学といった偉大な「革命」でさえも、ニュートンの力学やマックスウェルの方程式を物理学理論の枢要な地位から追い出すことはなかったのである。

右にあげた「学派」によって代表されるような組織理論の発展においては、私はいかなる概念的な地殻変動も見出さないが、注意深い観察と、ときには実験によって引き起こされる本質的で継続的な進歩をみる。シャフリッツ（Shafritz）とオット（Ott）によれば本書もその一例と思われている、いわゆる新古典学派と呼ばれる理論は、古典派理論の一般化されすぎた「法則」に疑問をもち、意思決定という観点から、幾分新しいしかし前例がないわけではないアイデアで組織分析を行なうことを提唱した。しかしわれわれが『経営行動』をそれ以前および以後の理論と比較する場合、権限のハイアラーキーと組織部門化の形態は二つの重要な例として未だに組織理論の中心的概念であることを知るのである。第2章の後半であきらかになるが、これらの概念は引き続き今日までこの中心的役割を担ってきている。

たとえば、「近代」構造組織理論とコンティンジェンシー理論は共に部門化について検証し続けている。前者は純粋なハイアラーキーと命令の一元性（すでに「新古典学派」によって疑問をもたれているが）に代替するものについて、マトリックス組織やプロジェクト組織といった形態を提唱しながら、探究している。コンティンジェンシー理論は、部門化の、テクノロジー、市場、また他の組織の環境による方法について、探究し続けている（本書の第2章の「格言」議論ですでに始められている）。

同様に、システムズ、多様構成者、権力と政治、そして組織文化、これらの概念は全て、きわめて自然に、参加者のさまざまな集団に与えられた誘因とかれらから受ける貢献のバランスによってまとまっている、複雑な相互性をもつ構造としての組織の概念から生まれ出たものである——これはバーナードによって始められ、本書の第6章においてまたその他の「新古典学派」によってもさらに展開されている概念である。とりわけ組織文化という観念とシンボリック組織理論は、本書において誘因—貢献ネットワークとそれが生み出す組織への一体化という観点から議論されているアイデアをさらに前進させる。

最近の文献によって紹介されたその他の用語についても、同じような比較をすることができる。私はこういった連続性を強調したい。なぜなら、経営理論における用語の激増は、これらの言葉が意味する新しい概念の数をとうに越えている状態で、研究者たちにとって深刻な事態となっている。多分、むしろ簡単なことを複雑で混乱したものにするからである。孔子は「名前の修正」——物事に正しいラベルをつけること——を非常に重要視していた。われわれは名前を修正することよりも、名前の増加を避けることにより気をつけるべきである。どこでその概念が使われようと、同じ名前をつけることが必要である。もしもこれを行なえば、われわれは組織理論の八つの「学派」のためにそれぞれの表現を必要とせずに、八つの学派はむしろ単一の概念的枠組みの発展としてうまく調和するということを発見するであろう。もちろん、私は『経営行動』においてその枠組みが述べられているその方法に、ある種の思いいれをもっているが、より重要なことは、科学についてのどの特定の系統的記述が生き残るかよりも、累積的方法によってわれわれの科学を構築していくことを学ぶことである。

◆組織の変化

先に私は、今日の組織に存在している人々が、二千年前の組織、あるいは、将来の全く未知である組織のどちらも知ることはないであろう、という見解を述べた。しかしながら、この見方は最近挑戦を受けている。とりわけ、仕事と組織の本質における偉大なる革命の前兆として現代の電子コンピュータとコミュニケーション・ネットワークをみた者たちによってである。[14] 多くの新しい考え方は、遠隔コミュニケーションの可能性から、仕事を通常の仕事場から分離することに焦点をあてている。

たとえば、仕事が組織のメンバーにとって通常の仕事場と結び付けられていない場合は、人々にとっていくつかの組織で同時にパートタイムの雇用を受け入れることがより易しくなる。その仕事は雇用とコンサルテーションの間の形態であったり、織布や他の産業で工場システムに先立った問屋システムに似せるといったものである。入手できるデータはこの種の仕事の型が増えていくことを示しているようである。これはあきらかに組織への一体化と忠誠心にとって重要な含みを示しているようにみえる。

一つの関連するアイデアは、場所に関係なく全員がお互いに簡単にコミュニケーションができるところでは、意思決定をしたり問題を解決したりするのに、より多くのグループ参加があろうというものである。このアイデアはすでに「グループウェア」という形態の新しい製品を産み出している――グループの人間が一緒に働いたり、レポートや同じような製品をつくるときに協力したり、また共通のデータバンクへのアクセスを共有するのをより簡単にするはずの電子ソフトウェアである。もちろん、ネットワークは一つの組織内に制限される必要はない。それゆえ組織間コミュニケーションと協力（たとえば、Eメールや WWW）は容易になりえよう。

もう一つの関連したアイデアは、新しいコミュニケーション・ネットワークは伝統的な組織のハイアラーキーの重要性を減じる、というものである。メッセージは水平にも垂直にも全ての方向に流れることが可能だからである。何人かの観察者は、最近の中間管理職の人員削減を、権限とコミュニケーションのただ一つのハイアラーキーを維持することの重要性が弱まってきていることに原因があると考えている。

全ての予測された変化がネットワーキングの結果ではない。いくつかは社会の権威に対する態度の変化や、伝統的な権威関係の民主化の要求に起因している。

私は、ここでこれらの発展とその展望についてコメントをしようとは思わない。しかしここで触れたことのほかは、後の諸章のコメンタリーで適切にとりあげられるであろう。

注11　このセクションのトピックは、"Organizations and Markets," *Journal of Economic Perspectives*, vol. 5, no.2, Spring 1991, pp.25-44,（*Models of Bounded Rationality*, vol.3（Cambridge: MIT Press, 1996）に再掲されている）で十分に議論されている。

12　ほかのところで、すなわち *The New Science of Management Decision*（New York: Engelwood Cliffs, N.J.: Prentice-Hall, revised edition, 1977）（稲葉元吉・倉井武夫訳『意思決定の科学』産業能率大学出版部、昭和五四年）のなかで、私は、コンピュータとORにおける発展と管理と組織にとってのその意味——現在と将来における——を検討している。*New Science* はすでに出版されてから二〇年が経っているが、新しい技術が意思決定に与える影響についての現実像を与え続けている。本書の第8章のコメンタリーで、われわれを将来に導く、この領域の引き続く発展について議論を行なっている。

13 Jay M. Shafritz and J. Steven Ott, eds., *Classics of Organization Theory* (Pacific Grove, Calif.: Brooks/Cole, 1992).

14 これらの予想される新しい発展に対する見方に関しての二つの優れた調査は、E.H. Bowman and B. M Kogut, eds., ***Redesigning the Firm*** (New York: Oxford University Press, 1995) と、D. M. Rousseau, "Organizational Behavior in the New Organizational Era," ***Annual Review of Psychology***, vol. 48 (1997), Palo Alto, Calif.: Annual Reviews Inc. である。

第2章 経営理論の若干の問題点

本書の内容は、通常の「経営の諸原則」[1]の提示とはむしろかなり異なるので、おそらく、この違いについて多少の説明がなされるべきであるし、また、この違いを必然的にした現在の理論の欠陥が多少述べられるべきである。この章ではまず、「諸原則」の批判的検討を行ない、続いて、経営行動の健全な理論をどのようにしてうちたてることができるかを議論する。したがって、この章は、後の諸章のための方法論的基礎を築くものである。

現在の経営の諸原則の致命的欠陥は、格言がそうであるように、それらが対《つい》になっていることである。ほとんど、どの原則についても、矛盾するが同じようにもっともらしく容認できる原則が存在する。この対になっている二つの原則に従えば、組織について全く逆の改善案が出ることになるが、このどちらを適用するのが適切かについて理論はなにも示していない。この批判を実証するために、おもな原則のいくつかについて簡単に検討することが必要である。

一般に認められたいくつかの経営原則

経営の文献に出てくるよく知られた「諸原則」のなかに、つぎのものがある。

一、経営能率は、集団の間で仕事を専門化することによって増大する。
二、経営能率は、集団のメンバーを明確な権限のハイアラーキーに配列することによって増大する。
三、経営能率は、ハイアラーキーのなかのどの場所でも統制の幅を少人数に限ることによって増大する。
四、経営能率は、統制のために仕事をする人々を(a)目的、(b)過程、(c)顧客、あるいは(d)場所、に従ってグループ分けすることによって増大する（これは、実際には、第一の原則の精緻化であるが、別々の論議に値する）。

これらの原則は比較的単純で明瞭のようにみえるので、経営組織の具体的諸問題への適用ははっきりしているし、またその妥当性はたやすく経験的なテストにかけられるであろうようにみえる。しかし、事実はそうであるとは思えない。

◆専門化

経営能率は、専門化が進めば増大すると考えられている。しかし、これは、い
かなる場合にも専門化が進めば能率が増すことを意味しているのであろうか。もしそうであれば、以下に示す二つのいずれがこの原則の正しい適用であろうか。

(A)　看護師が各地区ごとに配置されて、その地区内で、学校の身体検査、学童家庭への訪問、結核の看護を含む全ての看護の仕事を行なうという看護計画が実施されるべきである。
(B)　学校の身体検査、学童家庭への訪問、結核の看護の仕事に、それぞれ違う看護師を配置するとい

う機能別の看護計画が実施されるべきである。地区ごとの全般看護という現在の方法は、三つの非常に異なる計画における専門的技術の発達を妨げている。

これらの経営の方法はどちらも、専門化の要求を満たしている。第一の場合は、場所による専門化であり、第二の場合は、機能による専門化である。専門化の原則は、この二つの選択肢のどちらを選ぶかについてなんの役にも立たない。

専門化の原則の単純性は、ごまかしの単純性——基本的な曖昧さをかくす単純性——であると思われる。なぜなら「専門化」は、能率的な経営の条件ではなく、全ての集団的努力に、それがどんなに能率的であろうとなかろうと、必然的にあらわれる特徴なのである。専門化は単に、違う人が違うことをしている——そして、二人の人が同じ時間に同じ場所で同じことを行なうのは物理的に不可能であるため二人の人はつねに違うことをしている——ことを意味するにすぎない。

そこで、経営の真の問題は、「専門化する」ことではなく、経営能率を高めることになる特定の仕方で専門化することであり、そうした特定の方向に従って専門化することである。しかし、経営のこの「原則」をこのようにいいなおすと、その基本的曖昧さが明確に露呈されることになる。「経営能率は、いっそう能率を高めることになる方向に、集団の間に仕事を専門化することによって、増大する。」

競合する専門化の諸基準のいずれを選択すべきかのいっそうの議論は後に行なうが、その前に少しの間、他の二つの経営の原則を検討しなければならない。

◆命令の一元性

経営能率は、「命令の一元性」を保つために明確な権限のハイアラーキーに組織のメンバーを配置することによって、高められると考えられている。

この「原則」を分析するには、「権限」という言葉が意味することを明確に理解する必要がある。部下の行動が、他人によって達せられた決定の真価についての部下自身の判断とは無関係に、それに支配されるままになっているときはつねに、この部下は権限を受け入れているということができよう。

ある意味では、命令の一元性の原則は、専門化の原則と同様に、破られることはない。なぜなら、一人の人が矛盾する二つの命令に従うことは物理的に不可能だからである。おそらく、もし命令の一元性が経営の原則であるならば、それはこの物理的な不可能性以上のなにものかを主張しているはずである。たぶんそれが主張することは、組織のメンバーを二人以上の上司から命令を受ける地位につけることは、望ましくない、ということである。これはあきらかに、ギューリックがつぎのように述べるとき、この原則に与える意味である。

> 調整と組織の過程におけるこの原則の意義が見失われてはならない。調整の構造を形成するさいに、二つ以上の関係をもつ仕事をしている人に、二人以上の上司を置くことはしばしば魅力的である。テイラーのような偉大な経営の哲人でさえ、それぞれが個々の作業者に直接命令する権力をもつ職長を、機械、材料、速度などを扱うためにそれぞれ置くことにより、この誤りに陥った。命令の一元性の原則を厳格に固守することは不合理となることもあろう。しかしながら、この原則を侵害することから間違いなく生ずる混乱、非能率、無責任にくらべれば、こうした不合理は取るに足りない。[2]

確かに、命令の一元性の原則は、このように解釈すれば、明瞭性に欠けるとか、曖昧であるからという理由では批判されえない。前述のように「権限」を定義すれば、それはどんな具体的状況においても、この原則が遵守されているかどうかの明確なテストになるはずである。この原則について知られなければならない真の欠陥は、これが専門化の原則と両立しないことである。組織における権限のもっとも重要な活用の一つは、それぞれの意思決定がもっともうまく行なわれうるような組織の場所で行なわれるように、意思決定の仕事に専門化をもたらすことである。その結果、権限を用いることによって、現場の各従業員が彼の活動がもとづく意思決定の全てを行なわなければならない場合に可能であるよりもより高度な熟練が、意思決定において得られることになる。個々の消防士は、二インチのホースとか消火器を使うかどうか決めはしない。それは彼のために彼の上司たちによって決められ、その決定が命令の形で彼に伝達される。

しかしながら、ギューリックのいう意味において命令の一元性が守られるならば、管理階層のどの位置においても、一人の人の決定は、権限のただ一つの経路のみを通じて影響を受ける。もし、彼の決定が一つの分野の知識をこえる専門知識を必要とするような種類のものであれば、そのときは、その組織の専門化の様式では認められない分野の諸前提の提供については、助言および情報サービスにたよらなければならない。たとえば、学校部門の会計係が教育者の部下であり、かつ命令の一元性がまもられる場合には、財務部門は、その会計係の仕事の技術的、会計的な側面に関して、彼に直接命令を出すことはできない。同様に、公共土木事業部門の自動車部長は、消防車の運転手に対して車の保全に関して直接命令を出すことはできないであろう。[3]

前に引用した叙述のなかでギューリックは、命令の一元性がまもられない場合に直面する困難をはっきり指摘している。ある程度の無責任と混乱は、まず間違いなく生ずる。しかし、おそらくこれは、決定に適用しうるより高度な専門知識にくらべれば、それほど大きな犠牲の支払いではない。この問題を解決するのに必要とされるものは、この二つの行為のコースの相対的な有利性を比較考量できるようにする経営の原則である。しかし、命令の一元性の原則も、専門化の原則も、この論争を裁定するのに役立たない。これらの原則は、矛盾を解決する手続をなんら示すことなく、互いに矛盾するのみである。

もしこれが単に学問的な論争であるならば——もし、たとえ専門知識を失っても、命令の一元性は全ての場合に保たれなければならないことが一般に合意されており、また、一般に論証されてきたならば——二つの原則の間にコンフリクトがある場合には、命令の一元性を優先させるべきだと主張することもできよう。しかし論点は少しもあきらかでなく、専門家はこの論議のどちらの側にも立つことができる。命令の一元性の側には、ギューリックや他の者の見解が引用されよう[4]。専門化の側には、テイラーの職能別監督の理論、マクマホンとミレットの「複監督制」の考えや、軍隊組織における専門的監督の実践がある[5]。

ギューリックが主張するように、テイラーなどの考えは「誤り」であるかもしれない。そうであるとしても、それが誤りである証拠が整えられたりあるいは公表されたりすることは決してなかった——前に引用したような厳密でない実践的議論は別として。等しく著名な経営の理論家たちのいずれを選ぶかは各人にまかされている。そしてこの選択をするための、証拠にもとづく根拠はなにもないのである。

現実の経営の実践の証拠が示すところによれば、専門化の必要性には、命令の一元性の必要性よりはるかに大きな優先権が与えられているようである。事実、ギューリックのいう意味での命令の一元性は、どんな経営組織にも決して存在しなかったといっても、いいすぎにはならない。もしラインの職員が、請求書をつくる手続に関して会計部門の規則を受け入れるとすれば、彼は、この範囲において、会計部門の権限のもとにいないということができるだろうか。実際の経営の事態では、どんな場合も、権限には区分された一定の範囲がある。そして、この区分が、命令の一元性の原則と矛盾しないようにし続けるには、ここで用いられているのとは非常に違う「権限」の定義が必要になる。このようにラインの職員が会計部門に従うことは、作業者が仕事の計画に関してはある職長の命令に従い、機械の操作に関しては他の職長の命令に従うというテイラーの勧めと、原理的には決して違っていない。

命令の一元性の原則は、もしつぎのように制限されるならば、おそらくもっと擁護できよう。二つの権威ある命令が矛盾する場合、部下が従うべき一人の最終的な人物がいるべきであり、権限の制裁は、この一人の人物に対する服従を強いるためにのみ部下に対して適用されるべきである。

命令の一元性は、このように限定された形で述べられる場合いっそう擁護できるとしても、それはまた、より多くの未解決の問題をもつことになる。まず第一に、それは、権限のコンフリクトを解決するため以外は、権限の単一のハイアラーキーをもはや要求しない。その結果、特定の組織のなかで権限がどう区分されるべきか（すなわち専門化の様式）と、どの経路を通じて権限が行使されるべきかの、きわめて重要な問題を解決せずに残すことになる。最後に、命令の一元性のこのより狭い概念でさえ専門化の原則と矛盾する。なぜなら、不一致が生じて、組織メンバーが権限の公式の系列に立ちもどるときにはつねに、権限のハイアラーキーにあらわされる型の専門化だけが決定に影響を与えうるからである。もし、ある市の訓練の職員が警察の訓練職員に対して職能的な監督だけをするとすれば、警察署長との間に不一致が生じる場合には、警察問題の専門的知識が成行きを決することになり、一方では、訓練問題の専門的知識は軽視されるか無視されるであろう。こうしたことが実際に起きていることは、職能的監督者が制裁を加える権限を欠くときに非常によくみせる欲求不満によって、あきらかにされる。

◆統制の幅

経営能率は、一人のどんな管理者に対しても、直接に報告する部下の数を少数に――たとえば六人に――制限することによって高められると考えられている。「統制の幅」は狭くなければならないとするこの考えは、争う余地のない第三の経営原則として、確信をもって主張されている。統制の幅の制限に賛成する通常の常識的な議論はなじみ深いものであり、ここで繰り返す必要はない。一般にそれほど認識されていないことは、矛盾した経営の格言がありえて、それが、統制の幅の原則ほどなじみ深くないが、同じようにもっともらしい議論によって裏付けられうることである。問題の格言はつぎのものである――ある事柄が実行されるまでに、それが通過しなければならない組織の階層の数を最小にすることによって、経営能率は高められる。

この後者の格言は、手続を簡素にするさいに、経営の分析家に影響を与える基本的な基準の一つである。それにもかかわらず、多くの状況で、この原則がもたらす結果は、統制の幅の原則、命令の一元性の原則、および専門化の原則の要求に直接的に矛盾する。現在の論議は、これらのコンフリクトの第一のものにかかわる。この問題を説明するために、小さな保健部門の組織についての二つの代替的な提案を示してみよう――一つは統制の幅の制限にもとづく案であり、他の一つは組織階層の数の制限にもとづく案である。

(A) この部門の現在の組織では、保健担当長の管理の負担が重すぎる。それは、この部門の十一人の従業員全員が直接彼に報告することになっており、さらに、このうちの幾人かは適切な技術的訓練を欠いているという事実のためである。その結果、性病の臨床処置や他の細かい問題によって、保健担当長の個人的な注意が過度に求められている。

性病と胸部疾患の診療所および小児衛生の仕事の全てに責任をもつ、指名された医療担当長を置くことが、まえもって勧告されてきた。さらに、つぎのことも勧告されている。すなわち、検査員の一人を主任検査員に指名し、この部門の検査活動全体の責任をもたせる。また看護師の一人を主任看護師に任命する。このことによって、保健局長は、細かい問題の多くからまぬがれ、全体として保健計画を立案監督し、保健教育を指導し、この部門の仕事と他の地域社会諸機関の仕事との調整をする、より大きな自由を得るであろう。もし部門がこのように組織されるならば、全従業員の効率は大いに向上しうるであろう。

(B) この部門の現在の組織は、非能率と過度の官僚的形式主義を招いている。それは、保健担当長と実際の仕事をする従業員との間に不必要な監督層が介在しており、また、技術的にもっともよく訓練された十二人の従業員のうちの四人が、主として「間接的」な管理的職務に従事しているという事実のためである。その結果、保健担当長の注意を必要とする事柄について彼の承認を得るために不必要な遅れが生じたり、また検閲あるいは再検閲を求める事柄があまりにも多くなる。

医療担当長は、性病と胸部疾患の診療所、小児衛生の仕事の責任をもたされるべきである。しかしながら、主任検査員と主任看護師の地位を廃止し、現在これらの地位にある従業員は、正規の検査と看護の仕事をすることが勧められる。これら二人の従業員によって現在とり扱われている仕事の予定の計画の詳細は、保健担当長の秘書がより経済的に処理できる。また政策のより幅広い事項が、いずれにしても保健担当長の個人的注意をつねに必要としてきたので、これらの二つの地位を廃止することは、全く不必要な検閲の段階を除き、検査と看護サービスの拡張を可能にし、さらに、勧告されている保健教育のプログラムに、少なくとも着手することを可能にするであろう。保健担当長に直接報告する人の数は九人に増加しようが、前に述べた仕事の予定や政策問題以外には、これらの従業員の調整を必要とする事柄はほとんどないので、この変革は、保健担当長の仕事の負担を実質的には増加させないであろう。

ジレンマはつぎのようなものである。メンバー間に相互関係のある大きな組織では、限られた統制の幅は必ず過度の官僚的形式主義を生み出す。なぜなら、組織メンバー間の交渉は、いずれも、共通の上司が見出されるまで上へ上へともち上げられなければならないからである。もし組織がともかくも大きければ、これは、そのような事柄が全て、決定のために職員の数階層を通過して上にもち上げられ、つぎに再び、命令や指示の形をとって下へと運ばれることを意味しよう——やっかいな、そして時間のかかる過程である。

これに代わる方法は、各長の指揮下にある人の数を増加させることである。そうすれば、中間の階層が少なくなり、より速くピラミッドの頂点に達する。しかし、これもまた困難を生む。なぜなら、もし上司があまりに多数の従業員の監督を要求されれば、部下に対する彼の統制力が弱まるからである。[6]

そこで、統制の幅を広めても狭めても望ましくない結果がもたらされると仮定すれば、どこが最適点なのであろうか。限られた統制の幅を支持する者は、適切な人数として三人、五人、十一人さえを提案している。しかし、かれらが選んだ特定の人数にかれらがいたった論拠は、どこにも説明されていない。原則は、ここで述べたように、このようにきわめて重大な問題に対してなんら解明の光を与えない。

◆目的別、過程別、顧客別、場所別組織[7]

働く人々を、(a)目的、(b)過程、(c)顧客、あるいは、(d)場所別、にグループ分けすることによって経営能率は増大すると考えられている。しかし、専門化の論議から、この原則が内部に矛盾を含むことはあきらかである。なぜなら、目的、過程、顧客、場所は、組織編成の相競合する原理であり、区分のどの特定の点においても、第四の原理による利益を確保するには他の三つの原理の利益を犠牲にしなければならないからである。たとえば、もし市の主要部門が主要目的に従って組織されるならば、全ての医者、法律家、技師、あるいは統計家は、それぞれの専門の人々のみで構成される単一部門に配置されずに、かれらのサービスを必要とする市のさまざまな部門にばらばらに配属されるであろう。過程による組織の利益は、それによって一部失われよう。

これらの利益のいくつかは、この主要部門内で過程別に組織されることによって取りもどすことができる。こうして、公共土木事業部門のなかに技術局が存在するかもしれないし、あるいは教育委員会が学校の保健サービスをその仕事の主要部門にするかもしれない。同様に、より小さな部課内では、地域あるいは顧客別に区分が行なわれるかもしれない。たとえば、消防部門は市のいたる所に別々の消防隊を配置し、一方、福祉局はさまざまの場所に採用やケースワークの事務所をもつ。しかしながら、再び、これらの専門化の主要な諸形態は同時には実現されえない。なぜなら、組織のどの点においても、つぎの階層での専門化が、主要目的、主要過程、顧客あるいは地域のいずれの特質によって行なわれるかが、決められなければならないからである。

目的と顧客の競合　このコンフリクトは、保健部門の組織において、目的による専門化の原則が顧客による専門化といかに異なる結果をもたらすかを示すことによって、説明されよう。

(A)　公衆衛生行政は、病気の予防と健康的な状態を維持するための、つぎの諸活動から成る。(1)人口動態統計、(2)小児衛生――出生前、出産時、出生後、幼児期、学齢期前、学齢期、の保健プログラム、(3)伝染病の制御、(4)ミルク、食品、薬品の検査、(5)衛生検査、(6)試験所サービス、(7)保健教育。

保健部門が悩むハンディキャップの一つは、この部門が学校保健に対して統制力をもたないという事実である。学校保健は、郡の教育委員会の活動に属しており、地域社会の保健プログラムのこの非常に重要な部分と、このプログラムのその他の部分との間の調整が、ほとんどかあるいは全く行なわれていない。このプログラムは、市―郡の保健機関が受けもっているのだが。市や郡は教育委員会と交渉を始め、全ての学校保健業務と、したがってその予算を合同の保健機関へと移すことが望ましい。

(B)　現代の学校部門は、児童たちが両親の家から離れているほとんど全ての時間、児童たちのめんどうをみるようまかされている。それは、かれらに対して三つのおもな責任をもっている。(1)有用な技能と知識および人格の教育の要求に応じる。(2)授業時間外に健全な遊びをさせる。(3)かれらの健康を気にかけ、栄養の最低基準の達成を保証する。

教育委員会が悩むハンディキャップの一つは、学校給食以外には、この委員会が児童の健康と栄養について統制力をもたないという事実である。児童発達プログラムのこの非常に重要な部分と、このプログラムのその他の部分との間の調整は、ほとんどかあるいは全く行なわれていない。このプログラムは教育委員会が受けもっているのだが。市や郡は交渉を始めて、学齢期の児童の保健業務の全てを教育委員会へと移すことが、望ましい。

ここに、再び、同じくもっともらしい代替的な経営原則のどちらを選ぶかのジレンマが提起されている。しかし、これが、この場合のただ一つの困難ではない。なぜなら、状況をより正確に研究すれば、「目的」「過程」「顧客」「場所」の主要用語の意味に、基本的な曖昧さがあることがわかるからである。

主要用語の曖昧さ　「目的」は、それをめざして活動を行なう対象あるいは目当てとして、ほぼ定義できよう。「過程」は、目的を達成する手段として定義できよう。したがって、目的を達成するために過程が展開される。しかし、目的はそれ自体、一般に、ある種のハイアラーキーを形成していよう。タイピストは、タイプするために彼女の指を動かす。タイプするのは手紙を書くためであり、手紙を書くのは照会に答えるためである。したがって、手紙を書くことがタイプを打つ目的である。一方、手紙を書くことは、また、照会に答えるという目的を達成する過程でもある。したがって、同じ活動を目的であるとも、あるいは過程であるとも、いうことができることになる。

この曖昧さは、行政組織の事例で簡単に説明される。地域社会の保健を担当することがその仕事である組織単位として考えられる保健部門は、目的組織である。同じ部門も、その仕事を遂行するために医学の技術を利用する単位として考えられれば、それは過程組織である。同様にして、教育部門は目的（教育するための）組織、あるいは顧客（子供）組織ともみることができよう。森林サービス機関は、目的（森林の保全）、過程（森林の管理）、顧客（公有林を利用する材木切出し人と牛飼い）、あるいは地域（公有の森林地）の、いずれの組織ともみることができよう。この種の具体的な例をとってみると、これらの範疇の間の境界線は、きわめてぼんやりした不確かなものとなる。

ギューリックによれば、[8]「主要目的別の組織は、一つの特定のサービスを提供しようと努力して仕事をしている人々全てを、単一の大きな部門に所属させるのに役立つ」。しかし、なにが一つの特定のサービスであるのか。防火は、単一の目的であるか、あるいは、公衆の安全という目的の単に一部なのか。あるいは、それは防火と消火の両方を含む複合目的なのか。目的組織とか、単一機能（単一目的）組織というようなものは存在しないと結論されなければならない。なにが一つの単一機能として考えられるべきかは、全く、言語と技術による。[9]もし、英語が、二つの下位目的の両者にわたる包括的な言葉をもつならば、この二つを合わせて単一の目的として考えるのは自然である。もし、そのような言葉がなければ、この二つの下位目的は、それぞれ当然、目的となる。他方、単一の活動が数目的に貢献することがある。しかし、それらの目的は技術的に（手続的に）切り離すことができないために、その活動は単一の機能、あるいは目的として考えられる。

諸目的がハイアラーキーを形成し、各下位目的があるより究極のより包括的な目的に貢献するという前述の事実は、目的と過程の間の関係を明確にするのに役立つ。「主要過程別の組織は、……単一の部門に、一定の技能とか技術を使って仕事をしている人々や、一定の職業のメンバーである人々を全て所属させる傾向がある」とギューリックは述べている。[10]タイプすることという、この種の単純な技能を考えてみよう。タイプすることは、筋肉の運動を手段―目的に整合する技能であるが、しかし、この整合を手段—目的のハイアラーキーの非常に低いレベルで引き起こす。タイプされる手紙の内容は、それを生む技能にとってはどうでもよい。この技能は、単に、内容によってtの文字が必要とされるときはいつでも迅速にtの文字を、また、aの文字が必要とされるときはいつでもaの文字を打つ能力を意味している。

そういうわけで、「目的」と「過程」の間に本質的な違いはなく、程度の差があるだけである。「過程」とは、手段と目的のハイアラーキーの下層に、その直接の目的がある活動のことであり、一方、「目的」は、手段—目的のハイアラーキーの上層に、そのめざす価値やねらいがある活動の集まりのことである。

つぎに、組織編成の根拠として、「顧客」と「場所」を考えてみよう。これらの範疇は、実際には目的と別個のものではなく、その一部分である。消防部門の目的を完全に表現すれば、それは、消防部門が奉仕する地域をも含んでいなければならないであろう。すなわち「X市の火災による財産の損失を減少させること」というように。行政組織の目的は、提供されるサービスと、それが提供される地域とによって述べられる。通常、「目的」という言葉は、第一の要素のみをさすことになっているが、第二の要素もまさに同じく正当に目的の一側面である。もちろんサービス地域は、地理的な地域であるのと全く同じく特定の顧客でもありうる。「交替制」をとっている機関の場合、時間は目的の第三の次元——一定の時間帯に、一定の地域で（あるいは、一定の顧客に対して）、一定のサービスを提供する——であろう。

つぎの課題は、この用語法で、組織の仕事を専門化する問題を再び考えてみることである。「目的」組織か「過程」組織か、「顧客」組織か「地域」組織か、について語ることはもはや妥当ではない。同じ組織単位が、それが属するさらに上の組織単位の性格によって、これらの四つの範疇のどれにも属しうるであろう。公衆衛生と医療サービスを、マルトノーマー郡内の学齢期の児童に提供する組織単位は、以下のいずれとも考えることができよう。(1)もしそれが、同様のサービスをオレゴン州全体に提供する組織の一部であるならば、それは「地域」組織である。(2)もしそれが、全ての年齢の児童に同様のサービスをする組織の一部であるならば、「顧客」組織である。(3)もしそれが、教育部門の一部であるならば、「目的」あるいは「過程」組織(このどちらであるかをいうのは不可能であろう)である。

A局が過程別の局であるというのは、正しくない。正しいいい方は、A局は、X部門内での過程別局であるということである。[11] この後者のいい方は、X部門のどの特別の下位目的、下位地域、あるいは下位顧客に関係なく、A局はX部門におけるある種の過程の全てをもっていることを、意味するであろう。つぎに、特定の組織単位がある種の過程の全てをもっているかもしれないが、これらの過程が部門目的のうちのある特定の下位目的にだけかかわるかもしれないことが考えられる。この場合——上述した教育部門の保健の組織単位に相当するが——においては、組織単位は、目的と過程の両者によって専門化されよう。保健単位は、教育部門のなかで、医療技術(過程)を使用した保健(下位目的)にかかわる、ただ一つの組織単位であろう。

専門化のための基準の欠如　「目的」「過程」「顧客」および「地域」の言葉を適切に用いるという問題が解決されるときでさえ、経営の諸原則は、この競合する四つの専門化の根拠のどれがどの特定の状況に適用されうるかについて、なんの指針も与えない。イギリス政治機構委員会は、この問題についてなんの疑いももたなかった。この委員会は、組織編成のありうる二つの根拠として、目的と顧客を考え、もっぱら前者を信用した。他の者は、目的と過程のどちらを選ぶかについて、同等の確信をもってきた。これらの明白な結論に到達するまでの論証には、いくらか不十分な点がある。イギリス政治機構委員会は、その選択にあたってつぎの議論しか示していない。

さて、この（顧客別）組織の方法の必然的結果として、狭量な行政になる傾向がある。各部門が社会に与えなければならない専門的サービスは、その仕事が、同時に特定の階層の人々に限られ、かれらにあらゆる種類で与えられるように拡大される場合に、その部門が、だれでもそれを必要とする人に、特定のサービスだけを与えることに専念し、比較的小さな階層の利害をこえるようにみえる場合と同じほどに高い水準となりうることは、ありえない。[12]

この分析における誤りは、全く明白である。第一に、どのようにして、ある一つのサービスが認識されるべきかを決める試みがなされていない。第二に、児童保健の組織単位が、たとえば児童福祉部門にあれば、それが保健部門に置かれる場合と「同じほどに高い水準」のサービスは提供できないと、全く証拠もなしに、つまらない仮定をしている。組織単位を一つの部門から別の部門へ移転させることが、どのようにその仕事の質を高めたり低めたりするかが全く説明されていない。第三に、目的と過程の競合する要求を裁定する基準が示されていない――両者は、「サービス」という曖昧な言葉のなかに没して消えている。ここで、この委員会の勧告が正しいか間違っているかを決める必要はない。重要な点は、この勧告が、はっきりしたなんの論理的あるいは経験的根拠もなしに、相矛盾する経営の原則の間の選択を示したことである。

非論理性のさらに顕著な例は、目的対過程の論議の大部分に見出すことができる。もし、それらが、重大な政治的、行政的討議のなかで通常使われないのならば、引用するのは、あまりにもばかげているのだが。

たとえば、農業教育はどこに配置すべきか。文部省にか、それとも農務省にか。それは、われわれが、おそらく古い方法によってではあるが、最良の農業を教えさせたいのか、あるいは、もっとも近代的でしかも強制的な方法で、おそらく時代おくれの型の農業を教えさせたいのか、によるのである。問題が自らに答えている。[13]

しかし、本当に問題が自らに答えているであろうか。農業教育局が設立され、たとえばそれが農業研究あるいは農業学校の管理者として広い経験をもつ人によって率いられ、また同様に適切な経歴をもつ人を職員とした、と仮定しよう。文部省に属する場合には、かれらは新式の方法で旧式の農業を教えることになり、一方、農務省に属する場合には、旧式の方法で新式の農業を教えることになると、どんな理由で信じることができようか。そのような局の行政管理問題は、新式の方法で新式の農業を教えることであろう。その組織単位の部門上の配置がどのようにこの結果に影響を及ぼすかを知ることは、いささかむずかしい。機関の活動の方向を変える手段として、部局の組み替えに効果があるとむしろ神秘的に信じている場合にのみ、「問題が自らに答えている」のである。

このような矛盾と競合は、最近の数年間に、経営の研究者たちからしだいに注目されるようになってきた。たとえば、ギューリック、ウォレス、ベンソンは、専門化のいくつかの様式の確かな利点と不利点を述べ、それぞれの様式を採用することが最善である諸条件を考察している。[14]この分析は全て――データが、それぞれの様式が求められるよりすぐれた有効性を示すために使われてきていない意味で――純理的水準にある。しかし、純理的ではあるが、その分析は理論を欠いている。論議が、そのなかで行なわれる包括的な枠組がつくられていないために、その分析は、前述した諸例に特徴的であるように、論理的だが一方的なものになるか、結論に達しないかになる傾向があった。

◆経営理論の袋小路

この章の初めに示した四つの「経営原則」は、いまや批判的分析にさらされた。この四つの原則のどれ一つとして見事に批判に耐えることはできなかった。なぜなら、それぞれの場合に、意味の明瞭な原則ではなくて、あきらかに等しく経営の状況に適用できる互いに矛盾する二つあるいはそれをこえる原則が、見出されたからである。

さらに、全く同じ異議が、「集権」対「分権」のいつもの論議に対して主張されうることを、読者は容易に理解しよう。集権と分権の論議は、要するに、「一方において、意思決定機能の集権は望ましいが、他方、分権にもはっきりした利点がある」と、通常結論する。

経営理論の建設に役立つなにかを、救い出すことができるだろうか。実際のところ、ほとんど全てのものを救い出すことができる。問題は、実際には、経営の状況を記述し診断するための基準にすぎないものを、「経営の諸原則」としてとり扱うことから生じてきた。よい家の設計では、押入れの広さは確かに重要な事項である。しかしそれでも、押入れの広さを最大限に確保しようとするだけで設計された家――他の考慮は全くなされていない――は、控えめにいっても、いくぶん釣合いを欠くと考えられるだろう。同様に、命令の一元性、目的別専門化、分権化、これら全ては、能率的な経営組織の設計で考慮されるべき事項である。これらの事項はいずれも一つだけでは、指導原則として経営の分析家を満足させるだけの十分な重要性をもっていない。経営組織の設計においては、その運営におけると同じように、全体的能率が指導基準でなければならない。互いに両立しがたい利点は、互いに釣合いをとらなければならない。ちょうど建築家が、居間を大きくする利点と、押入れを広くする利点とを比較考量するように。

この立場がもし妥当なものであれば、経営問題についての最近の多くの著述は告発ものである。この章であげた例が十分に示すように、多くの経営の分析は、単一の基準を選択することから始まり、それを経営の状況に適用して、一つの勧告にいたる。ところが一方、それと同等に妥当であるがしかし相矛盾する基準が存在し、それは同等の理由で適用できるが異なる結果をもたらすという事実は、都合のよいことに無視される。経営の研究に有効なアプローチをするには、関連する診断的基準の全てをあきらかにすること、この全ての基準によってそれぞれの経営の状況を分析すること、そして、通常よくあるようにいくつかの基準が互いに矛盾する場合には、それらに重みをどのように割り当てうるかを決めるために研究を始めること、が必要とされる。

経営理論へのアプローチ

このプログラムは、一歩一歩考えられる必要がある。第一に、そのような分析のためには、経営の状況の記述になにが含まれるか。第二に、全体的な観点からしてさまざまな基準が正しい位置を占めるには、それらに重みをどう割り当てうるか。

◆経営状況の記述

科学は、原則を展開しうるには、その前に、概念を所有しなければならない。引力の法則が定式化されうる以前に、「加速度」と「重さ」の概念をもつ必要があった。経営理論の最初の仕事は、経営状況をこの理論に適切な言葉で記述することを可能にするであろう一組の概念を開発することである。これらの概念は、科学的に有用であるためには、オペレーショナルでなければならない。すなわち、それらの概念の内容は経験的に観察可能な事実や状況に対応していなければならない。この章の初めのほうで行なった「権限」の定義は、オペレーショナルな定義の一例である。

なにが組織についての科学的に適切な記述であろうか。それは、組織のなかの各人に、その人がどんな意思決定を行なうかということと、これらの意思決定のそれぞれを行なうさいにその人が受ける影響とを、できるかぎり明確に示す記述である。経営組織についての現行の記述は、この標準にとうてい達していない。大抵の場合、それは、職能の配分と権限の公式の構造に限られている。それは、その他の形の組織の影響あるいはコミュニケーションの体系について、ほとんど注意を払っていない[15]。

たとえば、「その部門は、三つの局から編成されている。第一は——の機能をもち、第二は——の機能をもち、第三は——の機能をもつ」ということは、なにを意味するのか。そのような記述から、組織構成の実行可能性について、なにを知ることができるのか。実際、ほとんどなにも知ることができない。なぜなら、この記述からは、決定が局の段階ないしは部門の段階で集権化されている程度について、なんの考えも得られないからである。局に対する部門の（おそらく無制限の）権限が、実際に行使される範囲についても、また、それがどんな機構によってかについても、なんの考えも与えられない。コミュニケーションの体系が、三つの局の調整を助ける程度についても、また、その点ではさらに、それらの仕事の性質によって、どの程度まで調整が必要とされるかについても、なにも示さない。局のメンバーが受けてきた訓練の種類についても、またこの訓練によって局の段階での分権化が可能になる程度についても、なんの記述もない。要するに、ほとんど職能と権限の系列のみによって経営組織を記述することは、経営の分析のためには全く不十分である。

「集権」という言葉を考えてみよう。特定の組織の活動が「集権化」されているか、「分権化」されているかは、どのようにして決められるのか。現地に事務所が存在するという事実が、分権化のなんらかの証拠になるか。同じ分権化は、中央にある事務所の局ではとりえないのだろうか。集権化の現実的分析は、組織における決定の配分の研究、および、下位の階層での決定に影響を与えるために上位の階層が用いる影響の諸方法の研究を含まなければならない。このような分析は、さまざまなレベルの組織単位の地理的な所在のどんな列挙よりも、はるかにより複雑な意思決定過程の姿をあきらかにするであろう。

経営の記述は、現在、皮相的で、単純化されすぎており、現実性に欠けている。それは、あまりにも権限の機構にのみ限定されており、組織行動に対する同等に重要なその他の様式の影響を、その範囲内に取り入れることができないできた。それは、意思決定機能の実際の配分の研究というやっかいな仕事を始めるのを拒んできた。それは、「権限」「集権」「統制の幅」「職能」について、これらの言葉のオペレーショナルな定義を求めることなく語ることで満足してきた。経営の記述がより知的に洗練されないかぎり、妥当な経営の諸原則のつきとめと検証をめざして急速な進歩がなされると期待できる理由はほとんどない。

◆経営状況の診断

なんらかの積極的な提案をするには、その前に、少しわき道にそれて、経営理論の命題の正確な本質をより綿密に考えることが必要である。経営の理論は、組織が、その仕事を能率的に成し遂げるために、いかにつくられ運営されるべきかに関係している。経営の基本的な原則は、「よい」経営の合理的性格からほとんどそのまま出てくるのであるが、それは、同じ費用を伴ういくつかの代替的選択肢のなかから経営目的の最大の達成をもたらす一つがつねに選択されるべきであること、また、同じ成果をもたらすいくつかの代替的選択肢のなかから最小の費用を伴う一つが選択されるべきであること、である。この「能率の原則」は、稀少の手段を用いてある目的の達成を合理的に最大にしようとするどんな活動にもある特徴であるから、この原則は、経営理論の特徴であるのと同じく経済理論の特徴でもある。「経営人」は古典的な「経済人」と席を並べているのである。[16]

実際には、能率の「原則」は、原則というよりはむしろ定義と考えられるべきである。それは、「よい」あるいは「正しい」経営行動が意味することの定義である。それは、どのようにして成果が最大にされるべきかを述べるのではなく、この最大化が経営活動の目的であること、また、どんな条件のもとでこの最大化が起こるかを経営理論があきらかにしなければならないこと、を述べるにすぎない。

さて、経営組織によって達成される能率の水準を決定する要因はなんであるか。その網羅的なリストをつくることは不可能であるが、主要な範疇は列挙できる。おそらく、もっとも単純なアプローチの方法は、経営組織のなかの一人のメンバーを考え、彼のアウトプットの量と質にどんな限界があるかをたずねることである。この限界には、(a)実行する能力の限界と、(b)正しい意思決定をする能力の限界、が含まれる。これらの限界が取り除かれるほど、経営組織は高い能率の目標へと近づく。二人の人間が、もし同じ技能、同じ目的と価値、同じ知識と情報を与えられるならば、合理的には同じ行為のコースだけを決定することができる。それゆえ、経営理論は、どんな技能、価値、および知識をもって組織メンバーがその仕事を引き受けるかを決める諸要因に、興味をもたなければならない。これらは、経営の諸原則が扱わなければならない、「合理性の限界」である。

第一の側面として、個人は、もはや意識の領域には存在しない技能、習慣、反射運動によって制限される。彼の行為は、たとえば、彼の手の器用さ、彼の反応時間、彼の体力によって制限されるであろう。彼の意思決定過程は、彼の精神過程の速度、初等算術の能力、などによって制限されるであろう。この分野においては、経営の諸原則は、人体の生理学、技能訓練の法則、および習慣の法則に関心をもたなければならない。これは、テイラーの後継者たちによってもっともうまく開発された分野であり、そこでは、時間―動作研究やサーブリックが展開された。

第二の側面として、個人は、彼の抱く価値および意思決定のさいに彼に影響を与える目的の認識によって制限される。もし組織に対する彼の忠誠心が高ければ、彼の決定は、組織のために設定された諸目的を誠実に受け入れていることを立証するだろう。もしその忠誠心がなければ、個人的動機が彼の管理能率をそこなうだろう。もし彼の忠誠心が彼が雇用されている局に対するものならば、彼はしばしばその局が属しているより大きな組織単位には有害な意思決定をするかもしれない。この分野においては、経営の諸原則は、忠誠心とモラールの決定因、リーダーシップとイニシャティブ、および個人の組織への忠誠心がどこに結び付けられるかを決める影響力、に関心がなければならない。

第三の側面として、個人は、彼の職務に関連した事柄の彼の知識の程度によって制限される。このことは、意思決定に要求される基礎的知識に対して――橋の設計者は力学の基本を知らなければならない

――と、与えられた状況に適切な意思決定をするのに必要な情報に対しての、両方にあてはまる。この分野において、経営理論はつぎのような基本的諸問題に関係がある。人間の知性が蓄積し使用しうる知識の量にはどんな限界があるか。いかに早く知識は吸収されうるか。経営組織における専門化は、社会の職業構造にゆきわたっている知識の専門化と、どのように関係付けられるべきか。コミュニケーションの体系は、適切な決定点に、どのように知識や情報を伝達すべきか。どんなタイプの知識が容易に伝えられ、どんなタイプの知識が容易に伝えられないか。情報の相互交換の必要性は、組織における専門化の様式によってどのように影響されるか。このことは、おそらく経営理論の未知の領域であろう。そして、それを注意深く探求することは、疑いなく、経営の格言の正しい適用に大きな光を投げかけるであろう。

おそらく、この三つの限界が合理性の領域を完全に制限するのではなく、他の側面も、考慮に加えられる必要がある。いずれにしても、このような列挙は、妥当な矛盾のない経営の諸原則の建設にいたるはずの考慮の種類を示すのに役立つであろう。

心に留めるべき重要な事実は、合理性の限界は変わりうる限界であることである。なかでももっとも重要なことは、限界の自覚が、それ自体、限界を変えるであろうことである。たとえば、特定の組織において小さな組織単位に向けられた忠誠心が、有害なまでの組織内競争をしばしば招いたことが、発見されたとしよう。その場合、組織のメンバーに、かれらの忠誠心を意識させ、より小さい集団への忠誠心をより大きい集団への忠誠心に従属させるように訓練するプログラムは、その組織のなかの限界を大きく変化させることになろう[17]。

これに関連する一つの点は、「合理的な行動」という言葉は、ここで用いられているように、その行動がより大きな組織の目的の観点から評価されるときの合理性を意味することである。なぜなら、いま指摘したように、個人の目的とより大きい組織の目的の方向性の違いは、経営理論がとり扱わなければならない不合理性の要素のまさに一つだからである。

◆基準への重みの割当

それゆえ、経営についての格言のオーバーホールの第一段階は、いま示唆された方向に沿って、経営組織を記述するための用語を開発することである。第二の段階は、これも概略は述べたが、経営組織を評価するさいに比較考量しなければならない基準を完全かつ包括的に列挙するために、合理性の限界を研究することである。現在の格言は、これらの基準の単に断片的な、無体系の部分をあらわすにすぎない。

これら二つの課題が達成された後は、基準に重みを割り当てることが残る。基準あるいは「格言」は、しばしば互いに競合したり矛盾したりするので、それらをあきらかにするだけでは十分ではない。たとえば、統制の幅が、組織の特定の変更によって狭められるであろうことを知るだけでは、その変更を正当化するのに十分ではない。この利益は、ハイアラーキーの高い階層と低い階層の接触がおそらくそこなわれることになることと、比較されなければならない。

それゆえ、経営の理論は、これらの基準に適用されるべき重みの問題――全ての具体的状況におけるそれらの相対的な重要性の問題――にも、関心がなければならない。この問題は経験的なものであり、本書のような書物では、その解決を試みることさえできない。必要とされるものは、代替的な経営構成の相対的な望ましさを決定するための経験的な研究や実験である。この研究のための方法論的枠組は、すでに手近に能率の原則のなかにある。その活動が客観的に評価されやすい経営組織が研究されるならば、そのときには、こうした組織での経営構成を修正することから生じる業績の実際の変化を観察し、分析することが可能になる。

こうした方向に沿って研究を成功させるために欠くことのできない、二つの条件がある。第一に、経営組織の目的によってあらわされる結果が正確に測定されうるように、研究対象となっている経営組織の目的を、具体的な言葉で定義することが必要である。第二に、十分な実験の統制が行なわれて、研究対象となっている特定の結果を、同時に組織に作用しているかもしれない他の攪乱的要素から、切り離しうることが必要である。

この二つの条件は、いわゆる「経営実験」において、部分的にさえ満たされることはほとんどなかった。立法機関が、行政機関を設立する法律を通過させ、この行政機関が五年間運営され、ついにそれが廃止され、そしてそこでその運営についての歴史的研究がなされる、という単なる事実では、その行政機関の歴史を「行政管理実験」とするには不十分である。現代アメリカの立法は、近隣の州にいる申立人たちに、同様の問題がかれらの専門領域で生じたとき、豊富な資料を提供するといった「実験」に満ちているが、それらは、どちらにしても、科学的研究者には客観的な証拠という点ではほとんどかあるいは全くなにも提供しない。

経営の文献においては、ほんの一握りの調査研究のみが、これらの基本的な方法論上の条件を満足させている――そして、それらの研究は、大部分が組織問題の周辺を扱っている。まず、能率の技術的条件を決めることを探究した、テイラー・グループの諸研究がある。おそらく、これらの研究のどれをとっても、金属の切削についてのテイラー自身の研究以上の、骨の折れる科学の方法の好例はないであろう[18]。

経営の人間的および社会的側面をとり扱った研究は、技術的研究よりさらにまれでさえある。より重要なもののなかに、第一次世界大戦中にイギリスで始まり、ウェスターン・エレクトリックの実験で頂点に達した、疲労についての一連の研究がある[19]。

行政管理の分野では、ソーシャル・ワーカーに対する適切な取扱い件数を決定するために公共福祉の分野で行なわれた一連の研究が、ほとんどただ一つのこのような実験の例である[20]。

こうした散在する例を別とすれば、行政機関についての研究は、統制の便益も、あるいは結果の客観的測定の便益もなしに行なわれてきたために、それが勧告や結論を出すには、「経営の諸原則」に由来する先験的な推論に頼らざるをえなかった。なぜこのようにして引き出された「原則」が「格言」以上でありえないかの理由は、この章ですでに述べた。

おそらく、ここに概要を述べたプログラムは、野心的、あるいは空想的なものにさえ思えるだろう。確かに、それを始めるさいに、その道の長さや曲折について幻想があるべきではない。しかしながら、代わりにどんな選択肢が入手できるかを知ることはむずかしい。確かに、経営の実務家も理論家も、格言の提供する貧弱な分析用具には満足できない。また、ここに概要を述べたものほどには徹底的でない転換が、それらの用具を有用なものにつくりなおすであろう、と信ずるどんな理由もない。

経営は「科学」であることをあこがれるはずはないし、その主題の性質上、それは「技法」をこえるものではありえない、という反対がでるかもしれない。この反対は、真実であろうとなかろうと、現在の議論には関係がない。経営の諸原則をどれほど「精密」にしうるかの問題は、経験のみが答えうる問題である。しかし、それらが論理的であるべきか非論理的であるべきかについては、論争の余地はありえない。たとえ「技法」といえども、格言に根拠を置くことはできない。

すでに指摘したように、本書は、経営理論の再建――適切な用語と分析の体系の建設――の第一歩を試みているにすぎない。他の歩みが続かなければならないというときに、この第一歩の重要性あるいは必要性を過小評価しないよう注意しなければならない。確かに、経営の文献は、記述的および経験的研究に欠けていなかったと同様に、「理論」にも欠けていなかった。欠けていたものは、これら二つを結び付ける橋であった。これによって、理論は、「不可欠な」実験と研究のデザインに指針を与えうることになり、一方、実験的研究は理論の厳しいテストと改善の方策を提供しうることになろう。本書は、もし成功しているならば、こうした橋の建設に貢献するであろう。

注1　一般に認められた「諸原則」の体系的記述については、以下をみられたい。Gulick and Urwick, ***op. cit., or L.*** Urwick, ***The Elements of Administration*** (New York: Harper & Brothers, 1945)(堀武雄訳『経営の法則』経林書房、昭和三六年).

2　Gulick, "Notes on the Theory of Organization," in Gulick and Urwick, *op. cit.*, p. 9.

3　この点は、つぎの文献で論じられている。Herbert A. Simon, "Decision-Making and Administrative Organization," ***Public Administration Review*** 4: 20-21 (Winter, 1944).

4　Gulick, "Notes on the Theory of Organization," p. 9; L. D. White, ***Introduction to the Study of Public Administration*** (New York: Macmillan Company, 1939), p. 45.

5　Frederick W. Taylor, ***Shop Management*** (New York: Harper & Bros., 1911), p. 99（上野陽一訳編『科学的管理法』改訂版、産業能率短大出版部、昭和四四年、所収）; MacMahon, Millett, and Ogden, ***The Administration of Federal Work Relief*** (Chicago: Public Administration Service,1941), pp. 265-268, and L. Urwick, "Organization as a

"Technical Problem," Gulick and Urwick, eds., *op. cit.*, pp.67-69. アーウィックはここで英国陸軍の実践を述べている。

6 統制の幅を制限するための一つの典型的な弁明はL. Urwick. *op. cit.*, pp. 52-54が行なっている。

7 Schuyler Wallace, ***Federal Departmentalization*** (New York: Columbia University Press, 1941), pp.91-146を参照。

8 *op. cit.*, p. 21.

9 もしこれが正しければ、一定の諸活動が単一の目的に関係するゆえに単一の部門に属することを証明しようという試みは、どんなものでも失敗する運命にある。たとえばつぎをみられたい。John M. Gaus and Leon Wolcott, ***Public Administration and the U. S. Department of Agriculture*** (Chicago: Public Administrative Service, 1941).

10 *op. cit.*, p. 23.

11 この区別は、専門化についてのギューリックの分析の大部分で(*op. cit.*, pp. 15-30)、に暗にいわれていることに注意すべきである。しかしながら、彼は、例として市の単一(基準別)諸部門をあげており、また、彼は通常、「仕事を分割すること」よりむしろ「活動をグループ分けすること」について語るので、これらの範疇の相対的な性格は、この論議のなかで必ずしもあきらかではない。

12 ***Report of Machinery of Government Committee*** (London: His Majesty's Stationery Office, 1918), p.7.

13 Sir Charles Harris, "Decentralization," ***Journal of Public Administration***, 3:117-133 (Apr., 1925).

14 Gulick, "Notes on the Theory of Organization," in Gulick and Urwick, *op. cit.*, pp. 21-30; Schuyler Wallace, *op. cit.*; George C. S. Benson, "Internal Administrative Organization," ***Public Administration Review***, I:473-486 (Autumn,1941).

15 MacMahon, Millett, and Ogden. (*op. cit.*) による論文は、おそらく、公表された他のどの経営の研究より、経営の記述に必要とされる精巧さをよく備えている。たとえば、本部と現場の関係についての二三三～二三六ページの論議をみられたい。

16 能率の原則の精緻化と経営理論におけるその位置については、つぎをみられたい。Clarence E. Ridley and Herbert A. Simon, ***Measuring Municipal Activities***(Chicago: International City Managers' Assn., 2nd ed., 1943)（本田弘訳『行政評価の基準――自治体活動の測定』北樹出版、平成一一年）. 特に、第一章と第二版への序文をみられたい。

17 そのような訓練を用いる例については、つぎをみられたい。Herbert A. Simon and William Divine, "Controlling Human Factors in an Administrative Experiment," ***Public Administration Review***, I:487-492（Autumn, 1941）.

18 F. W. Taylor, ***On the Art of Cutting Metals***（New York: American Society of Mechanical Engineers, 1907）.

19 Great Britain, Ministry of Munitions, Health of Munitions Workers Committee, ***Final Report***（London: H. M. Stationery Office, 1918）; F. J. Roethlisberger and William J. Dickson, ***Management and the Worker***（Cambridge: Harvard University Press, 1939）.

20 Ellery F. Reed, ***An Experiment in Reducing the Cost of Relief***(Chicago: American Public Welfare Assn., 1937）; Rebecca Staman, "What Is The Most Economical Case Load in Public Relief Administration?" ***Social Work Technique***, 4: 117-121（May-June, 1938）; Chicago Relief Administration, ***Adequate Staff Brings Economy***（Chicago: American Public Welfare Assn., 1939）; Constance Hastings and Saya S. Schwartz, ***Size of Visitor's Caseload as a Factor in Efficient Administration of Public Assistance***(Philadelphia: Philadelphia County Board of Assistance, 1939）; H. A. Simon et al., ***Determining Work Loads for Professional Staff in a Public Welfare Agency***（Berkeley: University of California, Bureau of Public Administration, 1941）.

第2章のコメンタリー

組織理論には二つのアプローチがありうる。一つには、われわれは、いかなる科学とも同じように、組織と呼ばれる存在について、その行動の説明とともに、事実として正しい記述を確立しようと試みることができる。それは、組織が有効なまたは有効でない行動をとる状況、そして特定の組織のデザインが有効であるかないかということが、その組織が適応しなければならない環境とどのように関係しているのか、ということを含んでいる。これは組織理論への「基礎科学」的なアプローチであり、第2章でとりあげられているものである。

他方でわれわれは、組織理論を組織をデザインする道しるべとして考えることもできる——それは、建築学が建物をデザインするのを指導し、そして工学が機械と構造をデザインするのを指導するのと同じことである。基礎科学と工学との間に対立はないが、視点はあきらかに異なる。科学は、さまざまな種類の行動システムを支配する法則を確立することに関係がある。それに対して工学は、望ましい目的を達成するであろうシステムをデザインすることに関係がある。このコメンタリーでは、組織理論を工学やデザインといった視点から、いま一度みてみたいと思う。

「格言」と組織デザイン

第2章においてわれわれが大いに注目した「格言」を考えてみよう。古典的理論は、組織はそのデザインが「格言」を満足させる限りにおいて有効であると主張した。われわれは、これらの古典的な原則は、あい矛盾するものであり、それゆえ、研究を通してどのような状況下でどの程度それぞれが優先すべきかを決めることができるのでなければ、科学のためにすぐれた基礎を提供しないということを示してきた。

もしもわれわれが同じ疑問を、科学の問題ではなく工学の問題として考えるなら、それはそれほどの妨げにはならない。この新しい視点からは、格言は破ることのできない原則ではなく、デザインのガイドラインである。たとえば、「あなたが専門化のための計画を評価するとき、同じ目的をめざす諸活動が、どの程度一緒に集められるか、同じ過程を使っている諸活動についてはどうか、同じ場所で続けられている諸活動についてはどうか、などを考慮してみよう。」

デザイナーがこれらのガイドラインを聡明に用いるためには、かれらは依然第2章で必要とされた科学的知識を必要とする。この知識とは、ある状況下でどちらのガイドラインが特に重要であるかを見極める知識である。古典的組織理論における中心的な問題点は、どのようなときにも無条件に全ての組織に適用できる、組織の絶対的な「原則」をみつけることに没頭していたことであった。この「組織の諸原則」はいまだに組織理論のテキストに変わることなくあらわれているが、批判と実証研究の流れによって次第に相対化されてきている。その流れは、異なった環境における異なった機能には、異なった組織デザインが必要であるということを示してきたのである。

コンティンジェンシー理論：組織の状況への適応

この種の初期の研究でウィリアム・ディルが示しているように、いくつかの産業で広範な種類の製品を顧客のために製造している会社は、もし生き残って成功しようとするならば、単一系統の製品を均質の顧客グループのために製造している会社とは、異なった組織化をしなければならない。[21] すでに組織環境への適応について豊富な情報を提供するさらなる研究が、ジョーン・ウッドワード、トム・バーンズとジョージ・M・ストーカー、チャールズ・ペロー、ジェームズ・D・トンプソン、ポール・R・ローレンスとジェイ・W・ローシュ、そして多くの他の人々によって進められてきた。[22]

この流れに沿ったいくつかの研究は「コンティンジェンシー理論」と呼ばれる。ここで中心となる考えは、効果的な組織構造を構成するものは諸目標と社会的そして技術的状況に依存する、というものである。このテーマは、『経営行動』を通して繰り返される。たとえば、第11章のコメンタリーでは組織形態の環境およびタスクとの関係を扱っている。そこでは西ヨーロッパ諸国を援助するマーシャル・プランを運営するために一九四八年に組織化された連邦機関、経済協力局（ECA：Economic Cooperation Administration）のケースをとりあげている。このケースは、どのように目標が組織構造に影響するか、またその逆について、強力な実例を示している。私はここでそれについていくつかの予備的なコメントを述べておきたい。

ECAの研究は、他のいかなる問題を解決するのとも同じように、組織のデザインは、問題状況の適切な表現をみつけ出すことから始まることを強調している。デザイナーが出来合いの表現(たとえば、問題が以前に出合ったことのある種類のもの)で問題にとり組むのでなければ、かれらの最初の関心はそのような表現をみつけ出すことであるに違いなく、その後にのみ問題解決へと注意を移していくことができる。[23] ＥＣＡにおいては、機関の目標の最初の曖昧さと代替的な目標間でのコンフリクトが、競合的な諸表現の形成へと導いていった。このような競合的諸表現が機関のタスクの要求に応えられるかどうかが試されて、意見の一致に達したときにのみ、ＥＣＡの組織は確定した形態をとった。組織における決定の過程を安定化させるには、その過程にある大部分の参加者が、その組織と目標の一般像を共有していることを必要とするのである。

第11章のコメンタリーで論じられている二つ目の事例はビジネス・スクールの組織である。そこではタスクの一つの表現が、ビジネス実践の基礎となり知識を与える科学(たとえば、経済学、社会学、オペレーションズリサーチ、心理学、コンピュータサイエンス)からきている。一方、これとは非常に異なった表現が、科学的知識が応用されるはずの「実際の」組織とマネジメントの世界からきている。ビジネス・スクールだけでなく、他のどのようなプロフェッショナル・スクールも、科学の世界出身の教員と実務の世界出身の教員がもたらす企業の諸像の間に、高度の調和を保つタスク表現が必要なのである。

デザインにおける構造と過程

解剖学と生理学が有機体を研究するのに補完的なアプローチを提供しているのと全く同じように、構造と過程は組織研究に補完的なアプローチを提供する。組織を環境と関係付ける研究の多くは、組織の安定的な構造的特徴を強調している。本書では、われわれは、意思決定過程とコミュニケーションのシステムが、組織とその環境の間をどのように調停するのか、という適応のメカニズムをより詳細にみていく。つぎにあげる二つの簡単な例が、いかにこの視点がビジネスにおける組織デザインに用いられうるかを示してくれるであろう。

◆会計組織[24]

数年前、経営者が意思決定をし問題を解決するのにもっとも役立つためには、会社の会計システムはどのように組織化されるべきか、を決定しようと大規模な研究が行なわれた。この質問に答えるためには、ラインの経営者によってなされる決定にはどのような重要な種類のものがあるのか、これらの決定を行なうのにどれくらい会計データが役に立つのか、そして意思決定過程のどこの時点でこのデータが提供されるのがもっとも効果的であるのか、を決定することが必要であった。実際に意思決定過程を詳細にかつ多くの会社で観察することによって、重要な組織階層——たとえば副社長の階層、工場長の階層、そして工場の部長の階層(そこでは、会計部門に対してそれぞれが全く異なるコミュニケーションの問題をもっている)——で必要とされる特定のデータがあきらかになった。

特定の場所でのデータの必要性を分析した結果、ラインの経営者に効果的なデータを提供するような、会計部門組織の一般的なパターンが開発された。たとえば、工場の部門レベルでは、月ごとの原価報告書によってコストを解釈し追跡するという面で部門長を援助することのできる、業務に完全に精通している一人かその程度の会計アナリストを置くことが提案された。他方、より高い階層では、定期的な報告よりも主として特別な研究——作業方法や設備の可能な変更におけるコストや節約の分析——に携わるような、少ない人数の戦略的に配置されるアナリストのグループを設けることが提案された。われわれの現在の興味は、研究の結果にあるというよりは、むしろ組織のデザインや再組織の技術に対して研究がもつ意味にある。

1. 研究の基礎は、意思決定が実際に行なわれる方法と場所の調査であった。
2. 会計のために提案された組織パターンは、業務上の決定に情報と影響を与えるというタスクを中心として組み立てられた。
3. 組織変更の提案は、――組織図の変化よりも、むしろ――だれがだれに、どのくらい頻繁に、なにについて、というパターンにおける変化をもたらすことによって実行されるべきであるとされた。

◆製品開発

初めに革新的な新技術にもとづいて起こった産業は、製品の開発と改良に関するいくつかの段階を通過するのが典型的である。最初の段階では、製品改良のおもな源は、普通、新しい技術そのものと、その基礎をなす科学にある。したがって、コンピュータ産業がその最初の段階にあったとき、産業のリーダーシップはコンピュータのメモリーと回路の基礎的な技術の改良によるところが非常に大きかった。この改良は、順々に、固体物理学の進歩とコンピュータのハードウェアシステムの組織の基礎的探究からもたらされた。もっと後の段階においては、製品改良は大幅に最終利用への適応という問題となっていった――たとえば顧客が利用できる適切なコンピュータソフトウェアを提供することである。

この二つの段階における新しいアイデアの源の分析は、異なった種類の研究開発の技術が必要とされ、また同様に技術部門とその環境との間に異なったコミュニケーションのパターンが必要とされることを示すであろう。長い間には、いろいろな出来事によって、大部分の会社（生き残った）が適切な組織上の変更を強いられることになった。しかし製品開発過程の体系的な組織分析をしていたら、多くの場合、これらの変化をより早く有利に行なうことができたであろう。

研究開発を組織化するさいの主要な問題は、全く異なった二つの源、つまり用いられる基礎的技術の基礎にある科学的な学問、および最終用途のための製品の諸条件を決める環境、からの情報を集めることにある。しかしこのことは、まさしく、このコメンタリーの前のセクションで述べた組織の問題にわれわれを立ち戻らせることになる。つまり、プロフェッショナル・スクールの組織は研究開発の組織とほとんど同じ問題を抱えているのである。すなわち、決定のための非常に重要な情報が異なった離れた源で生じるとき、いったいどのようにしてその情報を統合すればよいのであろうか。

これらの例が示唆しているように、本書で提案されている、鍵となる分析の方法は、組織活動に必要とされる決定とこれらの決定に貢献する前提の流れについての、注意深く現実的な描写を展開させることである。これをするには、過去において組織の分析として通ってきた日常的な知恵よりも、より基本的な方法で組織問題を扱う用語と概念が必要なのである。

注21　W. R. Dill, "Environment as an Influence on Managerial Autonomy," *Administrative Science Quarterly*, 2:409-443（1958）をみよ。
22　この文献に対する優れた紹介が W. H. Starbuck, ed., *Organizational Growth and Development*（Harmondsworth, Middlesex, England: Penguin Books, 1971）によってなされている。特に Starbuck による導入部分の論文、

"Organizational Growth and Development," と、D.S. Pugh, D. J. Hickson, C. R. Hinings, による第9章、C. Turner の "The Context of Organization Structures," および Starbuck の巻末の文献目録を参照のこと。

23 問題解決と他の認知的タスクにおける表現は *Human Problem Solving, op. cit.*, 第3章と、L. W. Gregg, ed., *Knowledge and Cognition*（Potomac, Md.: Erlbaum Associates, 1974）の中の J. R. Hayes and H. A. Simon, "Understanding Written Problem Instructions, " で論じられている。

24 この議論は Harold Guetzkow, George Kozmetsky, Gordon Tyndall との共同研究の報告、*Centralization v. Decentralization in Organizing the Controller's Department*（New York: Controllership Foundation, 1954）にもとづいている。

第3章　意思決定における事実と価値

第1章において、どの決定にも、それぞれ「事実的」と「価値的」と呼ばれる二種類の要素が含まれていることが指摘された。この区別は、経営にとってきわめて基本的な区別であることがわかる。まず第一に、それによって、「正しい」経営的決定とはなにを意味するかを理解することが可能になる。第二に、それによって、経営の文献でしばしば行なわれている政策の問題と経営の問題の区別があきらかになる。これらの重要な諸問題がこの章の主題となろう。

論理学でいう第一原理にもとづいてこれらの諸問題に解答するには、さらにより長い哲学的論文を、この経営の書物に前置きする必要があろう。必要な考えは、すでに哲学の文献のなかに見出すことができる。それゆえ、近代哲学の特定の一学派――論理実証主義によって得られた結論が出発点として受け入れられ、そして、決定の理論に対するその意味が検討される。こうした学説の基礎となっている論拠を検討することに興味のある読者には、章末の注記にその文献が示されている。

事実的な意味と倫理的な意味の区別

事実的命題は、観察できる世界とその動き方についての言明である。[1] 原則として、事実的命題は、それが真実か虚偽かを——それが世界について述べていることが実際に起きるか、あるいは起きないかを——確定するためにテストすることができよう。

決定は、事実的命題以上のなにものかである。確かに、それは、将来の事態についての記述であり、この記述は、厳密に経験的な意味において、真実か虚為かでありうる。しかし、加えて、それは命令的な性質を有している——一つの将来の事態を他に優先して選択し、その選択した事態をめざして行動をとる。要するに、決定は事実的内容とともに倫理的内容をもつ。

決定が正しい、正しくない、ということがありうるかどうかの問題は、したがって「べきである」「よい」「好ましい」のような倫理的な言葉が、純粋に経験的な意味をもつかどうかの問題に解消される。倫理的な言葉は、事実的な言葉に完全には変ええないということが、この研究の基本的前提である。ここでは、倫理的命題に対するこの見解の正しさを決定的に示そうとはされないであろう。その正当化は、論理実証主義者や他の者たちによって十分に示されてきている。[2]

簡単に述べれば、その議論は以下のようになる。ある命題が正しいかどうかを決めるには、それは直接に経験——事実——と比較されなければならない。あるいは、それは経験と比較することのできる他の命題に、論理的な推論によって導かれなければならない。しかし、どんな推論の過程によっても、事実的命題を倫理的命題から引き出すことはできないし、また、倫理的命題を直接事実と比較することはできない——なぜなら、倫理的命題は事実よりむしろ「当為」を主張するからである。それゆえ、倫理的命題の正しさを経験的あるいは合理的にテストしうる方法は存在しない。

この見地からすれば、もしある文章が、ある特定の事態が「そうあるべきである」、あるいはそれが「好ましい」あるいは「望ましい」と言明していれば、その場合、この文章は命令的機能を果たしている。

決定も、この種の価値評価を含むゆえに、正しいあるいは正しくないと客観的に記述することはできない。

賢者の石を求めたり、また円に等しい面積の正方形を求めることが、純粋に事実的な文章の結果として倫理的な文章を引き出そうとする企て以上に、哲学者の研究の人気をとることはなかった。比較的近代の例を述べると――ベンサムは、「幸福」を心理学的な言葉で定義し、「よい」という言葉を「幸福のためになる」と同意義であるとした。[3]

したがって彼は、特定の事態が幸福のためになるかならないかを考え、それによって、よいかどうかを考えた。もちろん、この手続に対して論理的な反対を唱えることはできない。ここでそれが拒否されるのは、ベンサムによってこのように定義された「よい」という言葉は、倫理学における「よい」という言葉に必要とされるつぎのような機能を果たすことができないからである。すなわち、一つの代替的選択肢が他のそれより道徳的に好ましいことを表現する機能である。そのような過程によって、ある環境にいるほうが他の環境にいるよりも人々は幸福であるという結論を引き出すことは可能であるかもしれないが、しかしこのことは、人々がより幸福であるべきであることを証明はしない。アリストテレスの定義――人間にとってよいこととは、合理的な動物としての人間の本性に、より近く人間を一致させることである――[4]も同様の限界をこうむっている。

このように、「よい」という言葉を適当に定義することによって、「そのような事態はよい」という形の文章をつくることは可能であろう。しかし、このようにして定義された「よい」から、「このような事態であるべきだ」と推論することは不可能である。倫理学の任務は、命令文――当為の文章――を選ぶことである。そして、この任務は、もし、「よい」という言葉が、存在物を指摘するにすぎないような仕方で定義されるならば、達成されることはありえない。したがって、この研究においては、「よい」や「べきである」のような言葉は、それらの倫理学的機能のためにとっておかれ、純粋に事実的な意味でのどんな事態も意味しないであろう。決定は、「よい」ということはありうるが、無条件に「正しい」あるいは「間違いがない」ということはありえないことになる。

◆決定の評価

厳密な意味では、経営者の決定は科学的手段によって評価されえないことを、われわれは知っている。それでは、経営の問題には科学的内容がないのか。それは純粋に倫理学の問題なのか。全く逆である。どの決定にも倫理的要素が含まれると主張することは、決定は倫理的要素のみを含むと主張することではない。

米国陸軍の歩兵戦場マニュアルから抜粋したつぎの一節を考えてみよう。

> 不意打ちは、攻撃を成功させる不可欠の要素である。大きな作戦と同様に小さな作戦でも、その効果を求めて努力がなされるべきである。歩兵は、攻撃の時間と場所を秘密にすること、その配備をかくすこと、作戦的行動の迅速さ、あざむき、そして型にはまったやり方の回避、によって不意打ちの効果をあげる。[5]

これらの三つの文章が、どの程度まで事実的命題のつもりでいわれているか、また、どの程度まで命令すなわち決定として意図されているかをいうのは、むずかしい。第一の文章は、攻撃を成功させるための必要条件の表現として純粋に読むことができる。第三の文章は、不意打ちの状態を生む条件の列挙として解釈されうる。しかし、これらの事実的文章を合わせると――いわば、結合組織をそれらの文章に与えると――つぎのようにいい換えうる一組の、あきらかなおよびそれとはない命令となる。「うまく攻撃せよ！」「不意打ちを利用せよ！」「攻撃の時間と場所を秘密にせよ、配備をかくせ、迅速に動け、敵をあざむけ、型にはまったやり方を避けよ！」

実際、この一節は、第一の文章を倫理的なもの、他の二つを純粋に事実的なもの、と三つに分けることによって、別の仕方でいい換えることができる。

一、うまく攻撃せよ！
二、攻撃は、不意打ちによって行なわれるときにのみ成功する。
三、不意打ちの条件とは、攻撃の時間と場所を秘密にする、などである。

このことからいえることは、軍隊の指揮官が彼の軍隊の配備をかくす決定には、事実的と倫理的の両方の要素が含まれるということである。なぜなら、「不意打ち」の効果をあげるために彼は配備をかくすのであり、これは攻撃を成功させるためである。それゆえ、ある意味において、彼の決定の正しさを判断することができる。彼が彼の目的を達成するためにとる手段が適切な手段かどうかは、純粋に事実的な問題である。この目的自身が正しいか否かは、事実的な問題ではない。ただし、この目的が、より究極の目的に、「順序正しく」手段として、つながっているかぎりでは別である。

決定は、つねに、こうした相対的な意味において評価することができる――それがめざしている目的が与えられれば、それが正しいかどうかを決めることができる――しかし、目的の変化は、評価の変化を意味する。厳密にいえば、評価されるのは、決定それ自体ではなくて、決定とその目的の間に存在が仮定される純粋に事実的な関係である。[6] 不意打ちをするために特定の手段をとるという指揮官の決定は評価されない。評価されるものは、彼のとる手段が実際に不意打ちを成し遂げるであろうという彼の事実的判断である。

この議論を少し違った仕方で示すこともできる。つぎの二つの文章を考えてみよう。「不意打ちをせよ！」と「不意打ちの条件とは、攻撃の時間と場所を隠すことである。」最初の文章は命令的あるいは倫理的要素を含んでおり、それゆえ真実でも虚偽でもないが、第二の文章は純粋に事実的である。もし、論理的な推論の概念を、文章における事実的要素と同様に倫理的要素にも適用されるように拡張するとするならば、この二つの文章から第三の文章が導き出されえよう。すなわち、「攻撃の時間と場所を隠せ、など！」こうして、事実的前提（第二の文章）の媒介によって、一つの命令が別の一つの命令から導き出されうる。[7]

◆倫理的言明の混合的性格

すでにあげた例から、ほとんどの倫理的命題は事実的要素を混合していることがあきらかになったはずである。ほとんどの命令は、それ自体が目的というのではなくて、中間の目的であるために、それがめざしているより最終的な目的に対するその適切性の問題は、依然事実的な問題である。実施の連鎖をずっとたどって、「純粋の」価値――純粋にそれ自体が望まれる目的――にまでいたることが果たして可能であるかどうかは、ここで決着をつける必要のない問題である。現在の議論にとって重要な問題は、中間的にせよ最終的にせよ、倫理的要素を含む言明は、いずれも、正しいあるいは正しくないと記述できないことであり、意思決定過程は「与件」とされるある倫理的前提から出発しなければならないことである。この倫理的前提は、問題になっている組織の目的を記述している。

行政管理の分野では、倫理的な「与件」のこの混合した性格は、通常かなりはっきりしている。ある市の部門は、市の住民にレクリエーションを与えることをその目的とするかもしれない。その場合、この目的は、さらに分析すれば「より健康な身体をつくる」「余暇を建設的に利用する」「少年少女の非行を防止する」および他の多くのことがらにとっての手段であり、ついにはこの手段と目的の連鎖は「よい人生」と名付けられる漠然とした領域にまでいたる。ここにいたると、手段—目的のつながりはあまりにも推測的になり（たとえば、レクリエーションと人格の関係）、また価値の内容もあまりに不十分にしか定義されない（たとえぼ、「幸福」）ので、分析は行政管理の目的にとっては無価値となる。[8]

この最後の点は、より明確に述べることができる。倫理的な命題が合理的な意思決定に役立つためには、(a)組織の目的とされる価値が明確でなければならない。そうすれば、どんな状況においても、その実現の程度を評価できる。(b)特定の行為がこうした目的を達成する可能性について、判断することが可能でなければならない。

◆決定における判断の役割

決定の前提を倫理的なものと事実的なものに分けることは、意思決定において判断の働く余地を残さないようにみえるかもしれない。この問題は、「事実的」という言葉に与えられてきた非常に広い意味によって避けられる。観察できる世界についての言明は、もしそれが原則として真実であるか虚偽であるかをテストできるなら、事実的である。すなわち、ある事象が起きるならば、われわれは、その言明は真実であったといい、他の事象が起きるならば、虚偽であったという。

このことは決して、それが真実であるか虚偽であるかを、われわれがまえもって決めうることを意味しない。ここに判断が介入するのである。経営的意思決定を行なう場合には、真実か虚偽かがはっきりとわからず、また決定にいたるために利用できる情報と時間をもっては、事実か虚偽かを確信をもって決めることができない、という事実的前提を選択することが頻繁に必要である。

特定の歩兵隊の攻撃がその目的を達成するかどうかは、純粋に事実的な問題である。それでも、これは判断を含む問題である。というのは、それが成功するか失敗するかは、敵軍の配備、砲兵隊の支援の正確さと強さ、地勢、攻撃軍と防衛軍のモラールおよび他の多くの要因によるが、これらの要因を、攻撃の命令を出さなければならない指揮官が完全には知ることができない、あるいは完全には評価することができないからである。

日常の言葉では、決定における判断の要素と倫理的要素の間にしばしば混同がある。手段—目的の連鎖をたどっていくほど、すなわち倫理的要素が大きくなるほど、この連鎖の階段がますます疑わしくなり、かつ、どの手段がどの目的に役立つかを決めるさいの判断の要素がますます多くなる、という事実によって、この混同はひどくなる。[9]

判断が形成される過程は、きわめて不完全にしか研究されてきていない。実際の経営においては、判断の正しさに対する確信が、判断がもたらす結果を基礎として判断を体系的に評価するというまじめな試みにしばしば代わる、ということが恐れられよう。しかし、意思決定の心理のいっそうの考察は、後の章に譲るとすべきであろう。[10]

◆私経営における価値判断

この章でこれまで用いてきた例は、大部分、行政管理の分野から引用されている。この一つの理由は、価値判断の問題が――特に、行政管理的自由裁量と行政管理的規制との関係で――私的分野においてよりも公的分野において、より十分に探究されてきたからである。実際には、この二つの分野の間には、この論題について本質的な相違は存在しない。私経営における決定も、公経営での決定のように、組織のために設定された目的を、その倫理的な前提として受け取らなければならない。

もちろん公経営と私経営の間には、設定される組織目的の型およびその目的を確立する手続と機構において重要な相違がある。行政管理においては、目的を決定する最終責任は立法府にある。私経営においては、それは取締役会にあり、究極的には株主にある。[11] どちらの分野においても、これらの支配機関の責任を遂行するさいに用いる手段に関して重大な問題が生じてきた。[12] われわれがつぎに取りかかるのはこの問題である――再び、特に行政管理分野に注意を向ける。この議論の大部分は、少し用語を修正すれば、株主と経営者の関係に十分適用できるはずである。

政策と経営

実際には、判断における倫理的要素と事実的要素の分離は、通常、ほんの少しだけにできる。経営的決定に伴う価値は、どんな心理学的あるいは哲学的意味でも最終的価値であることはめったにない。大部分の目的や活動は、それ自体で価値をもつ目的あるいは活動にそれらを結び付けている手段―目的の関係から、それらの価値を引き出す。予期の過程によって、望まれる目的に内在する価値は、手段へ移される。製造工程からの製品は、その生産者によれば、貨幣（それはまた交換においてのみ価値をもつ）への転換可能性によって評価され、また購入者によれば、その消費から得られる価値によって評価される。全く同様に、消防部門あるいは学校制度の諸活動は、究極的には人間生活と社会生活への貢献によって評価されるのであり、これらのより最終的な目的に役立つかぎりでのみ、それらはその価値を保つ。

これらの中間的価値が含まれているかぎり、評価には、倫理的要素と同様に重要な事実的要素が含まれる。経営的活動の結果は中間的な意味においてのみ目的と考えられうるので、これらの結果に与えられる価値は、これとより最終的な目的との間にあると信じられている経験的な結び付きに依存する。これらの中間的価値を正しく評価するには、その客観的な結果を理解することが必要である。

決定の過程は、せいぜい二つの主要部分に区分されうると期待できるにすぎない。第一の部分は、中間的諸価値の体系化とそれらの相対的な重要性の評価を含むであろう。第二の部分の本質は、この価値体系の観点から行為の可能な諸方針を比較することにあるであろう。第一の部分は、あきらかに倫理的考慮と事実的考慮の両方を含んでいよう。第二の部分は、ほとんど事実的な問題に限られうる。

すでに指摘したように、この種の区分をする理由は、決定における倫理的要素と事実的要素に適用されなければならない「正しさ」の異なる基準があるためである。命令に適用されるとき、「正しさ」は、主観的な人間的価値の観点からのみ意味をもつ。事実的命題に適用されるとき、「正しさ」は、客観的経験的真実を意味する。もし、二人の人間が事実的問題に対して異なる答えをするとすれば、二人がともに正しいことはありえない。倫理的問題ではそうではないのである。

◆「政策と行政管理」の区別の曖昧さ

「正しさ」の意味についてこの区別を認識することは、政治学の文献のなかで一般に行なわれる「政策の問題」と「行政管理の問題」の区別を明瞭にするのに役立つであろう。これらの後のほうの用語は、一九〇〇年に出版された、グッドノーの古典的論文『政治と行政管理』[13]以来通用するようになった。けれども、グッドノーの研究にしても、その後の無数の論議のいずれでも、「政策の問題」を一見して認識できるような、あるいはそれを「行政管理の問題」から区別できるような、どんな明快な識別の基準あるいは標識も示されていない。あきらかに、この区別は自明である――ほとんど議論を必要としないほど自明である――と仮定されてきている。

『新しい民主政治と新しい専制政治』のなかで、C・E・メリアムは、民主政治の五つのおもな仮定の一つとしてつぎのことを示している。「社会の方向と政策の基礎的問題について、要するに民衆が決定することが望ましいし、そのような決定を政策として表現し有効化するための一般に認められた手続があることが望ましい。[14]」これらの「基礎的問題」の正確な範囲と性格に関しては、彼はそれ程はっきり述べていない。すなわち、

なにが「基礎的問題」かをだれが決めるのだろうか、大衆の意志を表現する方法と手段が適切であり効果的であるかどうかを、だれが決めるのだろうか、と問われるかもしれない。われわれは、社会の「一般的な了解」――それは、つねに、そのなかで制度が設定されている法的な秩序の形態と機能についての審判者なのである――以上にさかのぼることはできない。[15]

同様に、グッドノーも、統治における政策と行政管理の役割の初めの言明では、この両者の綿密な区別はできていない。実際、彼は危険にも、「政策」を「決定すること」と、また「行政管理」を「行なうこと」と、同一視するのに近い立場をとっている。たとえば、

……政治的機能はそれ自体、自然に二つの見出しのもとに、グループ分けされる。その両方とも、自覚ある人間の精神活動および行為に等しく適用できる。すなわち、政治実体としての国家の行為は、その意志の表現に必要な活動であるか、あるいはその意志の執行に必要な活動である。[16]

そしてそのうえに、

統治のこの二つの機能は、便宜のため、それぞれ、政治および行政管理と呼ぶことができよう。政治は、政策あるいは国家の意志の表現に関係する。行政管理は、これらの政策の執行に関係している。[17]

しかしながら、グッドノーも、その議論の後のほうでは、この極端な立場から退却し、一定の決定要素が行政管理機能に含まれることを認めている。すなわち、

実際、こうして、行政管理には、政治と関係がない大きな部分があって、したがって、それは、政治体の統制から、全くとはいわないまでも、ほとんど解放されるべきである。行政管理の大部分が政

治と無関係であるのは、それが半科学的、準司法的、準企業的ないし営利的活動の分野――国家の真の意志の表現に、多少はあるとしても、ほとんど影響を与えない仕事――を含むからである。[18]

行政管理のある部分を政治的な統制から切り離すことの望ましさに関するグッドノーの結論を採用しなくても、正しさの内部的基準をもつために、外部的統制を必要としないある部類の決定を分離しようとするグッドノーの側の試みを、われわれはこの第三番目の文章に認めることができよう。本書の認識論的立場からすると、この内部的基準は事実的な正しさの基準と同じであり、またこの基準をもつ一群の決定は、本質的に、事実的な決定と同じであるとみなされることになる。

行政法の見地からの行政管理的自由裁量の議論では、どんな部類のものにせよ、独自の認識論的地位をもつ事実的問題が存在することを否定する傾向がしばしばあった。フロインドにしても、ディキンソンにしても、つぎの場合を除いては、行政管理的自由裁量を正当化する状況を見出すことはできないでいる。すなわち、決定の具体的事例への適用の場合か、法の支配がまだ浸透していない不確実性の分野に限られる一時的な現象の場合である。[19]

確かに、この二人は、この不確実性の領域を徐々に除去することに対して、異なる示唆を与えている。フロインドは、立法府がその政策決定の機能を遂行することによって自由裁量を制限しうる、としている。[20]ディキンソンは、行政管理的自由裁量は、一定の一組の諸問題から諸原則がしだいにはっきりしてくるにしたがって、裁判所が策定する一般的規則によってしだいに取って代わられうると考えている。[21]両人とも、法の適用に含まれる事実的要素と規範的要素の間のどんな基本的相違も認めようとしないし、その相違のなかにある、自由裁量の行為を正当化する状況をみようともしない。

裁判所は、この区別の認識では幾分ましな立場をとってきた。とはいえ、裁判所が、「事実の問題」を「法律の問題」から切り離しても——特に、「司法的事実」と「立憲的事実」が「法律の問題」となる場合には——法律問題の範疇に非常に多くの事実的問題を含める。[22] しかしながら、ここは、司法審査の全ての問題を議論する場所ではない。こうした短いコメントは、行政法の分野において、事実的問題と価値的問題の間の基本的な相違に関して、どんな一般的合意もないことを説明するのに役立つにすぎない。

自由裁量は本来好ましくないという見解とは逆に、全ての行政管理的決定は、正しさの内部的基準によって安全に管理されうる、また、立法的統制は、科学者の集団によって行なわれる統制によって取って代わられうる、とする同様に極端な見解がある。[23] われわれ自身の分析は、決定は全て倫理的だと断言する議論を反駁するのと同様にはっきりと、それは全て事実的だと断言する議論の誤りをあきらかにする。

この研究の方法論的仮定によってわれわれが到達する立場は、つぎのようである。事実的な命題を正当と認める過程は、価値判断を正当と認める過程とは全く異なっている。前者はそれが事実と一致することによって、後者は人間の認可によって、正当と認められるのである。

◆立法者と行政管理者

民主的な制度は、価値判断を正当と認めるための手続として、もっとも正当化される。そのような判断を行なう「科学的」あるいは「専門家的」方法というものはない。それゆえ、どんな種類の専門能力も、決してこの機能を遂行する資格とはならない。決定における事実的要素が、実際に、倫理的要素から厳密に分離されうるならば、民主的な意思決定の過程における代議士および専門家の固有の役割は簡単であろう。二つの理由から、これは可能ではない。第一に、すでに注意されたように、ほとんどの価値判断は、それ自体事実的問題を含む中間的な価値の観点から行なわれる。第二に、もし事実的決定が専門家にまかされるならば、民主的に定められた価値判断に専門家が誠実に従うことが、制裁があることによって保証されなければならない。

責任を強要するための現行の手続に対する批判は、実際にこれらの手続の有効性が低いことを示している[24]。しかし、その手続はもともと価値がないと結論する理由は存在しない。第一に、すでに説明した理由によって、行政管理者の自己責任は決して問題に対する答えとはならない。第二に、立法の仕事の重圧によって、行政管理的決定はわずかしか検閲されないとしても、この事実が制裁の有用性を打ち壊すことはなく、この制裁によって、立法府は行政管理者に対して、彼の決定のどれに対しても責任をもたせることが可能である。立法府が調査や検閲をするかもしれないという予想は、たとえこの検閲が実際に行なわれるのはほんの二、三の場合だけとしても、行政管理者に対して強力な統制的効果をもつであろう。決定する機能は、統治体においては、異議を唱えられた決定に解決を与える最終的権限とは非常に異なって、分散して存在しているであろう。

非常に議論の余地があり、しかも非常に不完全にしか探究されてない問題に関して、なんらかの最終的な原則を策定することは、多分不可能であろう[25]。それにもかかわらず、もし倫理的な問題から事実的な問題を区別することが妥当な区別ならば、つぎのような結論が出るように思われる。

一、価値決定に関する民主的制度への責任は、決定における事実的要素と倫理的要素を、いっそう効果的に分離しうる手続的工夫を考え出すことによって、強化されうる。後の諸章で、こうした考え方に沿っていくつかの示唆が与えられよう。

二、ある問題の決定を、立法府と行政管理者のどちらに配分するかは、そこに含まれる事実的問題と倫理的問題の相対的重要性と、前者に議論の余地がある程度によるべきである。前述の第一点がうまく実現されるならば、立法府に過大な負担をかけることなく、適切な配分がしだいに可能となろう。

三、立法府は、必然的に多くの事実判断をしなければならないので、情報や助言がすぐに入手できるようでなければならない。しかしながら、これは、単に、行為のための勧告の形をとるのみでなく、立法府が当面する諸代替的選択肢の客観的な結果についての事実的情報の形もとらなければならない。

四、行政管理機関は、必然的に多くの価値判断をしなければならないので、明白に立法化されているものをはるかにこえて、社会の価値に対して敏感でなければならない。同様に、価値判断をする機能は、特に議論の余地のある問題が含まれない場合には、行政管理者に委譲されることが多いかもしれないが、意見不一致の場合にも、彼が完全に責任を負わなければならない。

「政策」と「行政管理」の言葉を残すことが望まれるなら、ここに示唆された方針に従って決定機能を分割すれば、それに、これらの言葉がもっともよく当てられうる。こうした分割は、「価値」を「事実」から切り離すことと全く同じではないが、この基本的な区別にあきらかに依存するであろう。

現実の公共機関のいずれにおいても、立法府と行政管理者の分業が、ほとんどいま示唆されたとおりにいつも行なわれるといえば、おそらく単純すぎよう。まず第一に、立法府は、しばしば、政治的な理由から、明確な政策決定を避けて、それを行政管理機関に回すことを望むだろう。[26] 第二には、行政管理者は、ここに描いたような中立的な従順な個人とは非常にかけ離れた存在であるかもしれない。彼は（通常そうなのだが）非常にはっきりとした彼自身の一組の個人的な価値をもっているかもしれない。彼は、その価値が彼の属する行政管理組織によって実現されることを望んでいる。そして彼は、立法府が政策決定の機能を完全に引き受けようとする企てに抵抗するかもしれないし、あるいは彼は、立法府の決定を彼のやり方で遂行することによってそれを故意に妨害するかもしれない。

それにもかかわらず、現代の政治において民主的な責任を果たすには、先に概説したような立法府と行政管理者を区分する方針に近づく必要があるということは、おそらく正しいであろう。

◆術語に関する覚書き

この章を終わるまえに、「政策」の言葉が、ここで与えられた意味よりもずっと広い、またずっと曖昧な意味でしばしば使われていることを指摘しておくべきである。特に、私経営の文献においては、「政策」は、(a)部下の自由裁量を制限するために組織に制定されたあらゆる一般的な規則（たとえば、全ての手紙の写しを問題ごとにファイルすることはB部門の「政策」である）、あるいは、(b)トップ・マネジメントが公表する規則のうち、少なくともより重要なもの（たとえば、従業員は一年に二週間病気休暇をとってよい）、のいずれかを意味することが多い。これらの用法のいずれにおいても、政策がなんらかの倫理的内容をもつことは含意されていない。もし、これら三つの概念――前に議論された概念と、いまあげた二つの概念――に対して、相異なる用語が使われるならば、ひどく曖昧になることは避けられるであろう。おそらく、管理の倫理的前提は、「立法的政策」と、トップ・マネジメントによって制定される幅広いが倫理的でない規則は「管理政策」と、そして他の規則は「業務政策」と、呼ぶことができるであろう。

こうしたいくつかの種類の政策あるいは命令的に出される規則に加えて、ほとんどどの組織にもみられる数多くの「慣例」がある。こうした慣例は、命令あるいは規則として確立されておらず、また制裁によって強制されないが、それでも慣習の力か他の理由によって組織で遵守されている。組織がその全ての政策を文書にするという「慣例」（あるいは「政策」）をとらないかぎり、政策と慣例の境界線は、しばしば曖昧である。

結　論

この章は、意思決定における価値的要素と事実的要素の区別の説明にあてられた。さらに、この区別が、政策の問題と行政管理の問題の間に通常引かれる境界線の基礎であることが示された。

次章においては、特に意思決定における「合理性」の概念と関連して、さらに、決定の解剖学的構造が検討されよう。決定の心理的側面よりもむしろ論理的側面に、依然重点が置かれよう。

注1　科学的命題の性質についての実証主義者の理論は、つぎの文献で詳細に論じられている。Charles W. Morris, ***Foundations of the Theory of Signs, and*** Rudolf Carnap, ***Foundations of Logic and Mathematics,*** in International Encyclopedia of Unified Science, vol. 1, nos. 2and 3（Chicago: University of Chicago Press, 1937 and 1938）; P.

W. Bridgman, ***The Logic of Modern Physics***（New York: Macmillan, 1937）（今田恵・石橋栄訳『現代物理学の論理』創元社、昭和一六年。今田恵訳、新月社、昭和二五年）; Rudolf Carnap, "Testability and Meaning," ***Philosophy of Science***, 3: 420-471（Oct., 1936）, and 4: 2-40（Jan., 1937）; Rudolf Carnap, ***The Logical Syntax of Language***（New York: Harcourt, Brace, 1937）; Alfred J. Ayer, ***Language, Truth, and Logic***（London : Victor Gollancz, 1936）（原書の改訂版に和訳がある。吉田夏彦訳『言語・真理・論理』岩波書店、昭和三〇年）.

2 最近の二つの論述に、Ayer, ***op. cit.*** および T. V. Smith, ***Beyond Conscience***（New York : McGraw-Hill, 1934）がある。

3 Jeremy Bentham, ***An Introduction to the Principles of Morals and Legislation***（Oxford : Clarendon Press, 1907）, p.1（山下重一訳「道徳および立法の諸原理序説」『ベンサム／ミル』世界の名著三八、中央公論社、昭和四二年）.

4 Aristotle, "Nicomachean Ethics," bk. I, chap. vii, 12-18, in ***The Basic Works of Aristotle***, ed. by Richard Mckeon（New York: Random House, 1941）.

5 ***Complete Tactics, Infantry Rifle Battalion***（Washington : Infantry Journal, 1940）, p.20.

6 この見解は、つぎの文献に展開されている。Jorgen Jorgensen, "Imperatives and Logic," ***Erkenntnis***, 7: 288-296（1938）.

7 実際、通常の推論の法則は、一つの命令から他の命令を導き出すことに厳密に当てはまるようには思えない。命令文のための論理演算の可能性についてのいくつかの議論、および厳密な計算論法を建設しようとするいくつかの試みについては、つぎの文献をみられたい。Karl Menger, "A Logic of the Doubtful :On Optative and Imperative Logic," ***Reports of a Mathematical Colloquium***（Notre Dame, Indiana,1939）, series 2, no.1, pp. 53-64; K. Grue-Sörensen,"Imperativsätze und Logik : Begegnung einer Kritik," ***Theoria***, 5:195- 202（1939）; Albert Hofstadter and J. C. C. McKinsey, " On the Logic of Imperatives, " ***Philosophy of Science***, 6: 446-457（1939）; Kurt Grelling, "Zur

Logik der Sollsätze," *Unity of Science Forum*, Jan., 1939, pp.44-47; K. Reach, "Some Comments on Grelling's Paper," *ibid.*, Apr., 1939, p. 72 ; Kalle Sorainen, "Der Modus und die Logik," *Theoria*, 5: 202-204 (1939); Rose Rand, "Logik der Forderungssätze, " *Revue internationale de la Theorie du droit* (Zurich), New Series, 5 : 308-322 (1939).

8 この点については、Wayne A. R. Leys,"Ethics and Administrative Discretion," *Public Administration Review*, 3:19 (Winter, 1943) のすぐれた論議をみられたい。

9 Lcys, *op. cit.*, p. 18 は、この混同は経営的自由裁量についての文献の大部分にみられると指摘している。

10 Barnard, *op. cit.*, 付録 "Mind in Everyday Affairs, " pp.299-322 で、経営的決定における「直観的」要素について、興味深いがおそらくあまりにも楽天的な見解を示している。

11 第6章において、立法府に真に類似するものは、株主よりむしろ顧客であるという議論が示されよう。

12 この論題についての私経営の文献は、大部分は比較的最近のものだが、急激にふえつつある。たとえば Beardsley Ruml, *Tomorrow's Business* (New York: Farrar & Rinehart, 1945); Robert A. Brady, *Business as a System of Power* (New York: Columbia University Press, 1943); あるいは、Robert Aaron Gordon, *Business Leadership in the Large Corporation* (Washington: Brookings Institution, 1945) (平井泰太郎・森昭夫訳『ビジネス・リーダーシップ』東洋経済新報社、昭和二九年) をみられたい。

13 Frank J. Goodnow, *Politics and Administration* (New York: Macmillan, 1900).

14 Charles E. Merriam, *The New Democracy and the New Despotism* (New York: McGraw-Hill, 1939), p. 11.

15 *Ibid.*, p. 39.

16 Goodnow, *op. cit.*, p.9.

17 *Ibid.*, p.18.

18 *Ibid.*, p. 85.

19 Ernst Freund, ***Administrative Power over Persons and Property*** (Chicago: University of Chicago Press, 1928), pp. 97-103 ; John Dickinson, ***Administrative Justice and the Supremacy of Law in the United States*** (Cambridge: Harvard University Press, 1927) の諸所に。

20 Freund, *op. cit.*, pp. 98-99.

21 Dickinson, *op. cit.*, pp. 105-156.

22 Freund, *op. cit.*, pp. 289-299 ; Dickinson, *op. cit.*, pp. 307-313.

23 C. J. Friedrich は、責任を強要するさいの「科学者の集団」の価値を強調する。しかしながら、彼は立法的統制という方策をなしですますことを提案しているのではない。"Public Policy and the Nature of Administrative Responsibility," in ***Public Policy*** (Cambridge: Harvard University Press, 1940), pp. 3-24. をみられたい。John M. Gaus, "The Responsibility of Public Administration," in ***The Frontiers of Public Administration***, ed. Gaus, White, and Dimock (Chicago: University of Chicago Press, 1936), pp. 26-44. を参照。

24 Cf. Friedrich, *op. cit.*, pp. 3-8. Friedrich は、民主的な統制をなしですますのではなく、それを他の制裁で補うことを提案している。このことが、再び指摘されるべきである。

25 I. G. Gibbon は、"The Official and His Authority," ***Public Administration***, 4:81-94 (Apr., 1926) においてこの問題を論じ、本質的にはここでの結論と一致した結論に達している。

26 この点は、Leys, *op. cit.*, pp.20-22 にたくみに論議されている。

第3章のコメンタリー

第3章の前半は「である」と「べきである」の根本的な論理的な違いについて、後半は主として組織と民主的な政府の運営にとってこの二つの違いが意味するところについて扱っている。そのため、この章はおそらく行政管理に関係のある読者にもっとも興味があろう。そこには政策と行政管理の関係についての議論の長い歴史があり、そこでは「である」と「べきである」の区別が中心的な役割を果たしている。

しかしながら、だれが組織のなかで基本的な目標——基本的な「べきである」——を決めるのかという根本的な疑問は、公的組織だけでなく私的そして非営利をも含めたあらゆる組織において問題となっている。行政管理においては、目標設定の論議は、行政管理者の立法府や投票者への責任に、ビジネス経営においては、従業員や経営者の株主に対しての責任に、そして私的非営利組織の経営においては、マネジメントやクライアント（たとえば、教育機関における学生や卒業生、寄贈者）との関係での理事会の役割に、焦点を合わせる。

「である」と「べきである」

第3章の二段落目で、論理実証主義について「である」と「べきである」の扱いの哲学的な基礎を提供するものとして言及したが、それは幾人かのコメンテーターを混乱させてきて、人の注意を間違った方向へ導くものであることがあきらかになった。論理実証主義は、今日では一般的に信用のできない哲学的立場であると考えられており、その名前はいまや学問の専門用語というよりも、見くびったあだ名としてより多く使われている。私は論理実証主義を擁護するつもりではないが、もしもわれわれが「論理実証主義」を「経験主義」という言葉に置き換えたとしても、また、もしも単にこの議論がいずれか特定の哲学の学派に属すると分類することをやめるとしても、この章の全議論は、まさに同じく前に進むことがわかるだけであろう。

純粋に「である」の集合だけからどんな注意深い推論によっても「べきである」は得られない、というのが基本的な点である。結果として「べきである」に到達するためには、少なくともある「べきである」が最初の前提に隠れていなければならない。世界が実際にどうであるかという知識の集積は、それだけだけでは世界がどうあるべきかを教えてはくれない。どうあるべきかを知るためには、われわれはどのような世界が欲しいのかをすすんでいわなければならない。つまりわれわれは事実を超えたある価値を提案しなければならないのである。

われわれが、たとえば組織の目的や目標でよいが、「べきである」という観念をもって思考を始めると、そのときその「べきである」は全てのその後の結果に影響を与える。それは第3章の言葉でいえば「事実的要素と融合した倫理的言明」になる。さらに、組織の目的を構成する「べきである」は、普通はすでに完全に事実的要素と混ざり合っている。「われわれはより安い新しい製品ラインを導入すべきである」は、おそらく事実そのような製品ラインに関係する有望な市場があり、もしも導入したならば利益があがる（組織の目的である）であろうことを意味している。

もしも目的が挑戦を受ける場合には、その目的がめざすあるより基本的な目的を示すことによって、また前の目的を達成することは後の目的を達する手助けになるという確信（根拠が確実であるかもしれないし、確実ではないかもしれない仮定の事実）を示すことによって、まもられる。消防署は火事による被害を少なくしたり（事実、消火活動は被害を減らしている）、価値のある資産を保全する（建物は価値があり、有用である）などのために――連鎖の終わりはおそらく美徳、真理、そして美といった最終的な価値であろう――火と戦うのである。

私はこれらの簡単なコメントが、まだ残されていた「である」「べきである」の違いの混乱を一掃し、論争を減じることを期待している。

「事実の」は必ずしも「真実」を意味しない

「事実前提」という言葉は経験的に正しい記述を意味するのではなく、確信、つまり事実の主張を意味する。主張は証拠によって支えられる場合もあるし、そうでない場合もありうる。そして存在する証拠は多かれ少なかれ正当性があるであろう。人間の意思決定は確信を利用する。それは世界がほんとうはどうであるのかを述べているかもしれないし、そうでないかもしれない。われわれは真実であっても虚偽であっても、このような確信を「事実前提」と呼ぶ。

テクノロジーとテクノクラシー

この一〇〇年間でのわれわれの世界での急速なテクノロジーの役割の増大は、T.C.Pits――通りを普通に歩いている人――が、大部分ではないとしても多くの重要な決定にとって中心となる技術的な問題を正しく判断することをますますむずかしくしてきた。日々の新聞からそういった例は、ほぼ手当り次第に選ぶことができる。たとえば、大気中の窒素酸化物のさまざまなレベルの健康への影響はなんであり、そしてそのレベルを下げるコストはどのくらいであるのか、といったことである。

われわれはときどき、事実をほんとうに知っていてその含意を計算できる「専門家」に決定をゆだねることを示唆される。もちろんこのテクノクラシー的な問題の解決に誤信があることはあきらかである。なぜなら、大部分の決定前提は事実と価値を混ぜ合わせていて、われわれは、結果の計算だけでなく、価値の選択も専門家にまかせることなしに決定を完全にかれらにゆだねることはできないからである。第3章はこの問題、特に公的組織への適用の場合について述べている。[27] 私はこの問題について、それが営利組織と非営利組織の両方の私的組織に当てはまるために、ここでいくつかのコメントを付け加えておこうと思う。これからの章とそのコメンタリーで、この側面についてより多くを述べていきたい。

私的組織における自治

事実と価値の区別は、私的組織に二つの疑問を投げかける。一つは、組織がめざしている基本的な価値をだれが選択し、その選択者はどのようにしてその選択を実施するのか、という疑問。もう一つは、私的組織によって選ばれて追求される目標と組織が運営されている社会が望むであろう目標との適合性を、どのようにして維持できるのか、ということである。

一つ目の疑問に対する通常の答えは、法で定められた範囲内で私的営利組織においては所有者が基本的な価値を選択し、非営利組織においては被信託人が選択する、というものである。この答えは所有者と被信託人はどのようにしてかれらの選択を実施するのか、という新しい疑問を産む。ある重要な文献が、管理者がその地位から個人的な利益を受けとる誘惑（その可能性がある）に直面した場合、どの程度まで株主が企業政策をコントロールできるか、また実際にするか、を検討している。同じ疑問は非営利組織にもある。しかしそれは、おそらく同じほど十分には調査されてきていない。この問題が重要であるという認識を越えて、これに対する長い議論は本書の範囲外である。[28]

新古典派経済学は、私的組織の目標と社会の目標の適合性についての二つ目の疑問に、つぎのような主張とともに答える。自由競争市場の環境下において、その利益を最大にしたい、あるいは少なくとも生き残りたいと望んでいる組織は、その社会の消費者が買うことを選択する商品やサービスをできるだけ効率的に生産する以外の選択肢はないのだ、という主張である。自由市場と完全競争は、各人の購買力によって重み付けされた消費者の行動によって表現される社会的価値に反応することを強いる。それらは私的組織にほとんど価値の選択を許さないのである。

所得分配の問題そして結果としての個人の購買力の違いの問題を別にしたとしても、どのような現実の社会においても、この答えには相当な留保が必要である。完全競争からのどのような逸脱も、組織に異なった価値の間で選択する余地を与える。そして利益を最大にすることと、市場において表現される価値を達成することとを仲たがいさせる。同じように深刻なのは、「外部性」――市場価格に反映されない組織活動の結果――の存在は、他の社会的価値を傷つけて利益に貢献する活動をまた促進するということである。マイナスの外部性に関する古典的な事例は、工場がその周りに撒き散らす煙である。同様に「プラスの外部性」を生み出す活動――市場価格に反映されない、コミュニティに与えられる利益――は市場メカニズムによって妨げられているのである。

もちろん、マイナスの外部性を生み出す活動は、法律によって禁止されるか、税金がかけられるか、そうでなければ規制されうる（そしてプラスの外部性を生み出す活動は政府から援助される）。しかし、外部性の存在は、私的組織活動の社会的統制の普遍的な手段としての市場の単純性を蝕む。しかしながら、営利であれ非営利であれ、社会に対して力を及ぼし、他の人々の価値の代わりに自分自身の価値を求める組織の能力は、もしもかれらが自らの財務的最低ラインに頼らなければならないとしたら――もしもかれらが商品やサービスを社会のメンバーに提供することによって得ることのできるような資金だけしか支出できないかもしれず、またそうしながら、同じ地位にあるほかの組織と競争しないといけないとしたら――厳しく制限される、ということは依然として事実である。

混合した競争と独占のシステムにおける不完全さの存在は、マイナスとプラスの外部性によってつくられた複雑さと一緒になって、現代社会が、市場、大小の組織、そしてさまざまな種類の法律と他の政治的規制と介入を含んだ、複合システムになるであろうことを保証している。そのような介入の可能性は、次には典型的な新しい問題を生み出す。たとえば、組織は補助金と政府の資金援助による緊急救済によって、自分たち自身の先見の明のなさの結果から救われるかもしれないということである。われわれ自身の社会で、クライスラー社と建築貸付組合の政府による緊急救済が行なわれ、そして農業への補助金がいかに長く維持されているか、を思い起こすとき、このことが想像上の危険性でないことは明白である。社会組織は単純科学でもなければ、精密科学でもない。

注27 そして私はこの問題については ***Reason in Human Affairs*** (Stanford University Press,1983)(佐々木恒男・吉原正彦訳『意思決定と合理性』文眞堂、昭和六二年)の第3章でいくらかより十分に議論している。

28 古典的な参考文献は、A. A. Berle, Jr. and Gardner C. Means による, ***The Modern Corporation and Private Property*** (New York: Macmillan, 1934)(北島忠男『近代株式会社と私有財産』文雅堂書店、昭和三三年)である。より最近の議論については、H. Demsetz and K. Lehn, "The Structure of Corporate Ownership: Cause and Consequences," ***Journal of Political Economy***, 93: 1155-1177 (1985)とO.E. Williamson, ***The Economic Institutions of Capitalism*** (New York: The Free Press,1985)を参照のこと。

第4章 経営行動における合理性

第3章において、経営管理上の決定の正しさは相対的な事柄である――ある指定された目的に到達するための適切な手段を選択したならば、その決定は正しい――という結論に達した。合理的な経営者は、このような有効な手段の選択にたずさわる。経営理論の構築には、さらに合理性の概念について吟味し、特に「有効な手段の選択」によって意味されていることについて、完全な明瞭さを獲得することが必要である。この観念を明瞭にする過程によって「能率」と「調整」の概念――両方とも経営理論にとって中心的な重要性をもつものであるが――が、順次あきらかにされていくことになるだろう。

意思決定をする人間の心のなかで何が行なわれているかについては、この章ではほとんど触れないことにする――心理学的観点からのこの問題のとり扱いは、第5章に残しておく。この章は、決定の客観的環境――選択に続いて生ずる現実的な結果――をとり扱う。選択とは、それが合理的であり、その客観的な条件を認識しているかぎりにおいて、いくつかの代替的選択肢のなかから一つの代替的選択肢を選択することを意味している。代替的選択肢は、それに続く結果の観点からみて異なっている。そのため、意思決定の客観的側面における分析は、選択によって変わってくるそうした結果におもにかかわることになる。

このように結果に力点を置くことは、この章にはっきりした「合理主義的な」バイアスを与えることになるけれども、人間行動の合理的側面を集中的にとり扱うことが、人間はつねに、または一般に合理的であるという主張として解釈されるべきではない。この誤った考えは、功利主義の政治理論や古典派経済学の大部分に浸透していたが、心理学と社会学の最近の発達によって、決定的に論破された。[1]

ちょうど「よい」事業というものが利益を実現するために正確に計算された経済的行動であるのと全く同様に、「よい」経営とは、経営の諸目的に現実的に適した行動である以上、経営の決定の理論は必然的に選択の合理的側面に多少なりとも集中することになる。この研究の後の章では、経営行動の現実にいっそう注意を払うことになるだろう。この章がそうした現実的な分析に対して有している関係は、ビジネスの原理や理論についての議論が、経済制度や現実の市場行動の記述に対して有している関係と同様である。すなわち、それは、どのように経営者が決定しているかを記述したものではなく、むしろ、よい経営者はどのように決定をしているのかについての記述である。[2]

手段と目的

事実と価値は、第3章ですでに述べたように、手段と目的に関係している。決定の過程においては、望む目的に到達するのに適した手段であると考えられるような代替的選択肢が選ばれる。しかしながら、目的それ自体は、より最終的な目的に対する単なる手段にすぎないことがしばしばある。こうして、われわれは、目的の系列あるいはハイアラーキーという概念に導かれることになる。合理性は、この種の手段と目的の連鎖の構築と関係しているはずである。[3]

◆目的のハイアラーキー

生理学的水準においてさえも、手段―目的関係は行動を統合するのに役立っている。この水準においては、筋肉の緊張は単純な生理学的行為の遂行――目的物に目を向けながら、歩いて、対象物に到着し、それをつかむこと――のために（の手段として）調整される。大人の場合はこれらの単純な運動は大部分無意識で自動的なものである。しかし子供はこのことを非常に苦労して学ばなければならない。この学習は、熟考という水準ではないが、手段―目的状況に置かれた大人の学習と全然似ていないわけではない。

しかし、一歩あるくことや対象物をつかむことは、通常はそれ自体がより大きい目的に対する手段である。どちらの目的がそれ自体のために追求され、どちらがより遠い目的の手段として有効であるために追求されているかを判定するもっとも確実な方法は、選択の主体を、矛盾した目的のどちらかを選ばなければならない状況に置くことである。

諸目標が、おそらくはその力を他のもっと遠い目的に依存しているという事実から、これらの目標をハイアラーキーに整列させることが導かれる。各階層は、下の階層からみれば目的と考えられ、上の階層からみれば手段として考えられる。目的のハイアラーキー的構造を通じて、行動は統合され一貫したものとなる。なぜなら、一連の代替的行動の各々が、価値の包括的尺度――「究極の」目的――の観点から重み付けされるからである。実際の行動においては、高度の意識的な統合はほとんど行なわれていない。単純に分岐するハイアラーキーの代わりに、意識的な動機の構造は、通常、絡み合ったくもの巣状になっており、より正確にいえば、弱くまた不完全にしか互いが結ばれていない各要素の、まとまりのない集合体である。さらに、これらの要素の統合は、ハイアラーキーのより高い階層――より最終的な目的――に近づくにつれて、しだいに弱まる。

手段と目的のハイアラーキーは、それが個人の行動の特徴であるのと同様に、組織の行動の特徴でもある。実際に、第2章で「目的別組織」と呼ばれた専門化の形態は、その目的の達成にかかわる手段と目的のシステムと対応した組織構造の編成以外のなにものでもない。たとえば、消防庁は火災の損失を少なくすることをその目的としているが、しかし、この目的を達成する手段は、火災の予防と消火である。これら二つの主要な手段は、しばしば組織構造のなかで、それぞれ火災予防局と消火隊として具象化される。消火隊は、その目的を成し遂げるために市全体に分散配置されなければならないので、つぎの段階では、組織の単位が地域別に専門化されていることがわかる。

手段―目的のハイアラーキーが、統合された、すなわち完全に連結された連鎖であることがめったにないのは個人の行動についてと同様に組織の行動についてもあてはまる。組織の活動と究極の目的との間の結び付きは、しばしば漠然としたものとなっている。または、これらの究極の目的は不完全にしか定められていないか、あるいは、究極の目的相互間、またはそれらを達成するために選択された手段相互間に、内部的なコンフリクトや矛盾がある。たとえば、公共事業促進局における意思決定は、その機関の目的として、失業者への直接的な援助をするか「呼び水式経済政策」をとるかの両立しえない要求によって、むずかしいものとなってくる。戦時生産局の意思決定においては、軍需と民需との釣合いをとることが必要であった。

ときとして、組織のなかでの手段―目的のハイアラーキーの統合の欠如が、政策決定機関が政策における重大な課題の決定を拒絶していることに起因することもある。たとえば、徴兵猶予にあたって家柄と職業のそれぞれにどれだけ相対的な重み付けをするかを、選抜徴兵のために決定することを議会が拒絶することがあげられる。ときには、手段―目的のつながりそれ自体が不明瞭であることもある。たとえば、敵を打ち破ることが軍隊の目的であるというだけでは、この目的を達成するための適切な戦略に関してきわめて大きな論争と不一致の余地を残すことになる（このことと関連して、わが国における「ドイツを最初に」派と「日本を最初に」派の間の論争が思い出される）。

このように、組織と個人の両方とも、手段―目的関係の考察を通じての行動の完全な統合を達成できているわけではない。それでも、それらの行動に合理性を残しているものは、まさしく、これまでに記述してきた不完全でしばしば相矛盾するハイアラーキーである。

◆手段―目的図式の限界

このような手段―目的のハイアラーキーの観点からの合理的行動の分析は、ある一定の注意が払われないならば、不正確な結論を導くことになるだろう。

第一に、特定の代替的行動の選択による目的の達成は、他の行動を選択することによって達成されたであろう他の諸目的を斟酌しないために、しばしば不完全にしか、または不正確にしか記述されない。ある川に渡す橋のために、片持ち梁のデザインを選択する場合、このデザインがその川に橋をかける目的にかなっているということを知っているだけでは十分ではない。選択の良否は、この片持ち梁のデザインが、つり橋や高架橋その他のデザインよりも有効性が高く、かつ経済的に川に橋をかけることができるかどうかにかかっている。合理的な意思決定は、代替手段が導こうとする目的それぞれに関して、各々の代替手段を比較することをつねに必要とする。第8章で後述するようにこのことは「能率」――限られた手段で最大の価値を達成する――が、経営上の決定における指導的基準でなければならないことを意味する。

第二に、実際の状況のもとでは、手段を目的から完全に分離することは、通常不可能である。なぜなら、代替的な手段は通常、価値的に中立ではないからである。「目的が手段を正当化する」かどうかについて非常に多くの無益な論争が生じるのは、このようなむずかしさがあるためである。たとえば、禁酒法の改正の場合には、そこで用いられる手段があまりに多くの価値的問題——個人の自由、適正な警察の取締り方法の問題など——を含んでいるので、これらの問題が、まもなく、禁酒という「究極」の目的をしのぐほど重要となってしまった。それゆえ、禁酒という非常に望ましい目的に対する単なる手段として禁酒法について語ることは、誤りのあることだった。この特定の目的を達成するために用いられた特定の手段は、追求されたその特定の目的以外の多くの結果をもたらしたのであり、これらの多くの求められていなかった諸目的も、その特定の手段をとるのが望ましいか否かを考慮するさい、適正な重み付けがなされるべきであったのである。

第三には、この手段—目的という術語は、意思決定において果たす時間という要素の役割を曖昧にしがちである。もしも、目的がある状態や状況を実現することであるとするならば、ある一時点では一つの状態しか生じないかもしれないが、ある期間にわたれば多くの状態が存在しうるわけであり、選択は、特定の目的によって影響されるだけでなく、異なった時点でどの目的が実現されるかについての期待によっても影響される。選択によって以下の二つの問題が課される。⑴もしある目的が特定の時点に実現されるならば、その時点にどんな代替的目的が放棄されなければならないか。⑵もしある目的が特定の時点に実現されるならば、この目的の実現が、他の時間において実現するであろう目的をどのように制約するか。ルイ十五世が「我亡き後に洪水きたらん」といったときには、彼がもつある短期の目的の遂行が、なんらかの遺憾な長期的結果を随伴するという事実的判断を、彼は表明したのである。また、彼は、同時に価値的判断——長期の結果に対する無関心という一つの価値的判断も表明している。経済学者は、彼は時間というものを割り引きすぎたというだろう。

　時間という要素は、さらに他の方法でも意思決定に入り込んでくる。決定のなかには、新しい状況をつくり出し、そうした状況が、今度は後続する決定に影響を与えるという意味で、とり返しのつかないものがある。経済的状況では、こういったことは、固定費の存在によって説明されている。もしある製造業者が、靴をつくる工場を建てるかどうかを決めようとしているならば、彼にとっての問題は、靴を売ることによって彼が得るであろう収益で、彼の支出を回収できるかどうかを判断することである。しかし、もしも彼がすでに靴の工場をもっているならば、この工場建設の費用は、もはやとり返すことのできない「埋没」費用であり、もし彼の収益が靴をつくるために支払わなければならない新しい追加的費用をカバーするならば、全体としては損失となっていても、彼は靴をつくり続けるだろう。それゆえ、工場を建設するという決定は、後続する彼の決定に影響を与える。ある期間にわたって、個人および組織の行動の両方にある程度の一貫性が生じる理由としては、他のなによりも、これらの長期的で取消しのできない決定の存在があげられる。これはまた、新しい状態へと適応する際にみられる、ある種の「慣性」の原因でもある。

　これらの難点があることは、目的と手段という術語が役に立たないことを意味するものではない。単に、十分な注意をもって学問的に洗練されたかたちで使われなければならないことを意味するだけである。ある状況では、他の術語のほうがより明確かもしれない。そうした術語を提案することが本章の次節の目的である。

代替的選択肢と結果

手段—目的図式に対して提起されてきた難点は、(a)それが意思決定における比較の要素を漠然としたものにすること、(b)決定における事実的要素を価値的要素から分離することに十分に成功していないこと、(c)目的志向行動における時間という変数に対する認識が不十分であること、である。代替的行動の可能性とそれらの結果の観点からの決定理論は、これらの難点全てに対応している。

◆行動の代替的選択肢[4]

どの瞬間においても、行動している主体、あるいは数多くのそうした個人で構成されている組織は、非常に多くの代替的行動に直面している。それらは意識に上るものもあれば、そうでないものもある。決定、あるいは選択は、ここで用いられる術語としての意味では、おのおのの瞬間における行動のための代替的選択肢のうちの一つが、実行のために選択される過程のことである。ある期間にわたる行動を決めるそうした決定の一連の系列を、戦略と呼びうる。

可能な戦略の一つが選択され、それに従って行動がとられるならば、なんらかの結果が生ずるだろう。合理的決定というタスクは、好ましい一連の結果が生ずるような戦略の一つを選択することである。その正しさの評価には単に予想された結果のみでなく、その選択された戦略から生ずる結果の全てが関係してくることは強調されなければならない。

決定というタスクは、以下の三つのステップを含む。⑴全ての代替的戦略を列挙すること。⑵これらの戦略の各々から生ずる結果の全てを確定すること。⑶これらの結果の集合を比較評価すること。ここでは「全て」という言葉は慎重に用いられている。個人にとって、代替的選択肢の全てや、さらにはそれらの結果の全てを知ることは、あきらかに不可能である。そしてその不可能性が、客観的合理性のモデルから実際の行動が逸脱することになる非常に重要な分岐点となっている。このことについては第5章でさらに詳細に論じられるだろう。

◆時間と行動

主体あるいは組織が、月曜日にある戦略を選択し、火曜日に異なる戦略を選ぶことを妨げるものは、なにもない。しかし、月曜日の決定は、再検討がなされる前にその一部が実行に移されているならば、火曜日に選択できる戦略の範囲をすでに狭めている。このことは、靴工場の例で先に指摘したことである。それゆえ、ある行動方針をひとたび開始してしまえば、すでに実行してしまった部分を完全に放棄するよりは、むしろそれを続けることが好ましいように思われるという事実によって、個人あるいは組織はその行動方針にコミットしてしまうこともありうる。

戦略のこの時間拘束性については強調しすぎるということはない。というのは、その属性があることで、行動のなかに少なくとも多少は合理性が可能となるからであり、その属性がなければそうした合理性が全く考えられないからである。たとえば、人生のうち七年間を医者になるための勉強に費やし、さらに一〇年の間その職業に従事していた個人は、彼が医者であるべきか否かを決めるために時間をさらに使うことは通常ありえない。他の職業につくという選択肢は、これまでにずっととってきた戦略においてすでに行なってきた投資によって、彼にとっては事実上閉ざされている。

同様に、靴を製造している組織は、靴の代わりに自動車事業を始めるべきかどうかを毎日再考する必要はない（ときどきは再考する必要はあるだろうが）。このことは、各瞬間において個人が考慮しなければならない代替的選択肢の範囲をかなり狭めている。そして、このことは、合理性の十分条件ではないが、確かに必要条件である。

◆知識と行動

意思決定過程における知識の機能は、代替的戦略のどれをとればどういった結果が生ずるのかを特定することである。知識のタスクは、起こりうる結果の全集合から、より限定された結果の部分集合を選び出すこと、あるいは、（理想的には）各戦略と相関している結果の唯一の集合を選び出すこと、である。もちろん、行動している主体は、彼の行動から生ずるであろう結果を直接的に知ることはできない。もし、彼が知ることができるならば、ある種の逆の因果関係がここで働くことになるだろう。すなわち、将来の結果が現在の行動の決定要因となってしまうだろう。彼がしていることは、将来の結果の期待形成である。そうした期待は、既知の経験的関係および現存する状況についての情報にもとづいている。

このことを、典型的な経営上の決定過程——人員の選抜——のケースで示すことができる。ある地位の各候補者について、試験、勤務評定、その他からデータが集められる。これらのデータは、どの候補者がその職務をもっとも適切に遂行するかを判定するための比較予測の基礎として用いられる。その予測が正確ならば、正しい決定がなされうる。

すでに述べてきたように、主体が、この図式において完全な合理性をもって行動するためには、各代替的戦略から生ずる諸結果の完全な記述をもっていなければならないし、また、これらの諸結果を比較しなければならないことになるだろう。彼は、他の行動の代わりにある一つの行動をとることによって、どのように世界が変化するのかを、あらゆる事項について知っていなければならない。同時に彼は、無限の時間の広がり、無限の空間の広がり、無限の価値集合について、くまなく、行動の結果を追わなければならないだろう。そうした条件のもとでは、実際の行動における合理性へのアプローチはたったの一つでさえ想像がつかない。幸運なことに、選択の問題は、自然の規則性を相対的に独立した部分集合に整序するように記述する傾向が経験法則にあるので、通常は非常に単純化されている。二つの行動についての代替的選択肢が、それらを比較した場合、ほんの二、三の点でのみ異なっており、その他の点では同じであるという結果をもつことが、しばしば見出されている。すなわち、ある行動が、ある代替的行動に対して異なった結果をもたらすことは、短い範囲の時間内と限られた種類の範囲内だけで生じうる。もしも、釘一本の不足のために王国が滅びるということがきわめて頻繁に起こるとするならば、実際の生活において出会う結果の連鎖は非常に複雑になり、合理的行動は事実上不可能となるだろう。

一つの点において、民間組織においての決定問題は、公的な機関の決定よりもずっと単純である。民間組織は、自分の組織に影響を与える決定の結果についてのみ考慮すればよい、と期待されている。これに対し、公的な機関は、公共またはコミュニティの価値についてのなんらかの包括的な体系という観点から決定の重み付けを行なわなければならない。たとえばある民間企業の社長が彼の息子をその会社のなかのある地位につけようと決める場合、社長はその任命がその企業の能率に与える影響を考慮する。しかし、公的なサービス機関で同じような立場にある人は、このやり方が「公共サービスにおける機会均等」に対して与える影響についても、同様に気遣わなければならない。民間の経営と公的な経営との間のこの区別は、黒と白を分けるようには、はっきりしない。というのは、「なんらかの公共の利益によって影響を受ける」ようになった民間企業が増大しているし、また、法律が課している限界を超えてすらも、コミュニティに対する受託者としての責任に考慮を払う民間の経営者が増加しているからである。

諸結果が通常「孤立した」システムを形成するという事実は、科学者と実務家のどちらにとっても合理性に近づく強力な助けとなる。なぜなら、科学者は彼の実験室のなかでそうしたクローズド・システムを孤立させ、それらの行動を研究することができるからであり、一方、実務家は、状況の他の部分をいちじるしくかき乱すことなく、ある環境条件を変化させるために科学者によって発見された法則を使用することができるからである。

科学的な発見の問題と決定の問題との間に、まだ二つの重要な区別が残っている。まず第一に、ある単純化した仮想条件下であてはまる経験的法則を導き出すことは、たとえそうした状況が成り立たないとしても、妥当な科学的問題である──理論的な科学者は「剛体」、「完全な真空」、「摩擦のない流体」などについて語ることが可能である。しかし実務家は、弾力性や空気圧や摩擦が実際に存在し、重要であるならば、たとえ正しい代替的選択肢を選び出すという問題が複雑になろうとも、それらの影響を考えなければならない。第二に、科学者は、システムの結果のなかから彼が関心があり研究したいシステムのいくつかの結果だけを研究し、その他の結果を無視することができる。「ある特定の設計変更が、その飛行機の全重量にどのような影響を与えるか」を問うことは、妥当な科学的問題である。しかしながら、実際の決定の問題は、可能な重量節約策と、費用の増加や操縦性能の悪化やその他の品質変化とのバランスをとることにある。実務家が、単にそれらが彼の理論の範囲外にあるという理由だけで、結果を左右する事実や結果を無視することを選ぶということは、決してありえない。

◆集団行動

二人以上の個人が含まれている場合には、さらに状況は複雑となる。なぜならば、この場合には、他人の決定が、各個人が決定に達する際に考慮しなければならない条件に含まれてくるからである。すなわち、各個人は、彼の行為の結果を独自に予測するために、他人の行為がどのようなものかを知らなければならない。このことは、経営の意思決定の全過程にとって、根本にかかわる重要な要素である。

実は、ここには重大な循環性が含まれている。Aが合理的に彼の戦略を選ぶことができるには、その前にBがどの戦略を選んだかをAは知っていなければならない。同様に、Bが彼の戦略を選ぶことができるにはAの戦略を知っていなければならない。このことは、コインの表裏合わせゲームで例示できる。二人の参加者がいるとする。第一の人は、もう一人のみていないところで、机の上にコインの表か裏を上にして置き、それを手で隠す。第二の人は、表と裏のどちらが上かを当てる。第一の人は、第二の人がどちらを選ぼうと考えるのか結論を下さなければならない。そして、反対の側を上にして、コインを置かなければならない第二の人は第一の人がその状況についてどちらの推測をしたか結論を下さなければならない。両者ともが正しいことはありえない。というのは、もし第一の人が第二の人の選択を正しく推測するならば、第二の人は第一の人の選択を間違って推測することになり、逆もまた同様だからである。結果として生ずる行動のシステムは、非常に非確定的な性格のものである。なぜなら、行動の選択についての各々の不安定性は、他方の不安定性を導くことになるからである。

この例示はとるに足りないことに思えるかもしれないが、少し深く考えてみれば、このゲームが、二人の参加者を含んでいるあらゆる純粋に競争的な活動――軍隊の戦略がおそらくもっとも重要な実際の例だろう――についての一つのモデルであることを、読者は確信することになるだろう。

純粋に競争的な状況の対極にある状況は、二人またはそれ以上の参加者が共通の目的を共有し、他の人が行なおうとしていることについて各人が十分な情報をもっていることで、各人が正しい決定を下すことが可能となるような場合である。これは、まさしく「チームワーク」という言葉が意味するものである。フットボールにおけるサインや、トランプのブリッジにおけるビッドの目的は、同一チームの各プレーヤーに対し、彼のチームメイトがなにをしようとしているかについて正確な期待を形成できるようにし、それによって、共通の目的に達するために仲間と協働するための適切な手段を決めることができるようにすることである。あらゆる経営活動に先行する計画設定や組織化の主要な目的は、単に各参加者をもっとも適した職務につけることだけではなく、他の人がなにをしようとしているかについての正確な期待を各参加者が形成することができるようにすることである。「協働」という術語を、参加者が共通の目標を共有して行なう活動に対して使用し、「調整」という術語を、他の人々の計画された行動について各人に通知するという過程に対して用いることは、おそらく、経営理論の議論を明確にしてくれるだろう。調整が行なわれないならば、協働は通常有効ではない――参加者の意図がどのようなものであろうとも、その目的に到達しない――だろう。

もし、活動が競争的であるならば、ある種の不安定性があらわれるだろう。なぜなら、各個人は、もし彼が敵対者の意図をみつけ出したならば、自分の行動を再調整するだろうし、あるいは、防衛的な戦術として、自分自身の意図を敵対者に見出されることを防ぐために行動を再調整することさえあるだろう。しかし、参加者が十分に情報を知らされていないならば、活動が協働的であったとしても、こうした不安定性が結果として生じるだろう。たとえば責任が十分に明確に配分されていない組織では、二人の経営者が同じ事柄について、同じ人に対して相矛盾する手紙を書くことがありうる。またある場合には、互いにもう一人が書くだろうと思って二人とも手紙を書かないままにしてしまうかもしれない。問題をフォーマルに述べると、協働的なパターンでは、参加者は両者とも同じ一連の結果を求めるということになる。それゆえ、もし各参加者が、他の者の行動を正確に予測するならば、両者ともがこれらの結果が確実に実現するように行動する。競争的なパターンでは、第一の参加者にとっての最適の結果は、第二の参加者にとっては最適のものではない。それゆえ、第一の参加者が自分の求める結果を実現することは、他の参加者を失望させることになる。たとえば、市場の法則は、安く買い入れ高く売ることにあるが、しかし、もし買い手が安く買えば、売り手が高く売ったということはありえない。協働的なパターンでさえも、もし各参加者が他の者がなにをしようとしているかを予測できないならば、不安定となることもある。こうした場合には、両者がともに求めている可能性を実現するために、二人の参加者の行動を調整することが必要である。ここでは、目的の間のコンフリクトではなく、不完全な知識が問題である。

経営組織は協働的行為のシステムである。[6]組織のメンバーには、「組織の目的」として採用されているある目標に向けて、自身の行動を方向付けることが期待されている。これだけでは、まだ互いの行動の調整の問題——彼自身が決定をする基礎となる、他の人の行動についての知識を各人に提供するということ——が残っている。協働システムでは、全ての参加者が達成すべき目的について合意していたとしても、これらの目的に達するような戦略の選択についてそれぞれにゆだねられることは、通常ありえない。というのは、正しい戦略を選択するには、他の人によって選択される戦略について、各人が知識をもっていることが必要だからである。[7]

意思決定における第三の要素が議論されずに残っている。すなわち、諸結果間の選好を定める過程である。この過程は、価値付けと名付けることができるだろう。各戦略に対して、独自の結果の集合が対応している。合理的な行動には、選好の順序に従って諸結果をリストすること、さらに、そのリストで最上位にある代替的選択肢に対応する戦略を選択することが含まれる。

価値と可能性

◆価値のシステム――効用曲面

種々の代替的選択肢のなかに存在している価値は膨大かつ多様なので、個人は、選好にさいしてそれらを重み付けし、そこから選ばなければならない。経済学者は、ここで用いられているものと非常に似ている概念的図式を、こうした過程を記述するために開発してきた。

競合する価値の間の個人の選択は、一群の無差別曲線によって記述することができる。これらの曲線は、どういった起こりうる結果の集合が互いに等価値であるのか、すなわ選択において「無差別」であるかを示したものである。経済学者が好んで用いる商品――ナッツとりんご――で例示してみれば、無差別曲線は、十個のナッツと五個のりんごの組合わせが、五個のナッツと七個のりんごの組合わせより、ある個人にとってより好ましいのか、それとも最初の組合わせは後者よりも望ましくないのか、あるいはその個人にとっては両者の組合わせの間では無差別なのか、を教えてくれる。

選択に対する経験的な制約は、個人の財貨の手持ち量および価格構造という形で、経済学者の概念図式にとり入れられている。個人は、特定の数のナッツとりんごをもつところから出発し、特定の交換率で一方を他方に交換でき、そして彼の選好が最大になるような交換量を選択するように試みることが、そこでは仮定されている。[8]

◆価値、経験、行動の関係

ここまでで「手段―目的」の関係の意義はより明確なものとなった。「手段―目的」の区別は、事実と価値の間の区別に対応していないことはあきらかである。それでは、この二つの術語の組合わせの間の関係はどのようなものだろうか。簡単にはこうである。手段―目的の連鎖とは、価値とそれを実現する状況を結び付け、同様に、そうした状況とそれを生み出す行動とを結び付ける予期の系列である。この連鎖のなかの全ての要素は、手段と目的のどちらにでもなりうるが、それは連鎖の価値的な側との結び付きと連鎖の行動的な側との結び付きのいずれが問題となっているのかによる。

手段―目的の連鎖におけるある要素は、それが連鎖の行動的な側に向かっているならば、その要素の手段としての性格が顕著であるといえるだろう。逆に、その要素が行動の結果を記述しているものならば、目的の性格が優勢といえる。もしそうだとするならば、行動の結果を記述している言葉は、その行動に結び付いた価値のしるしと受けとることができるだろう。経済学者は、経済的財を、経済活動の目的である価値であるというが、もちろん、実際には、経済的財は、単にそこから価値を得ることができる状態が存在しているしるし――財を消費する可能性――にすぎない。[9]

代替的選択肢を評価する心理的行為は、なんらかの価値指標の観点からこれらの代替的選択肢を評価することから成り立っている。だが、そうした価値指標は、実際には、価値自身の実現と一般的に関連付けられていることが見出されている――たとえば、貨幣は、貨幣が購買できるものの価値の指標となってくる。これらの価値の指標は、重要な事実的要素を含んでいる。というのは、高い価値指標という特徴をもつ代替的選択肢は、それに対応して高い価値を所有するだろう、と仮定されているからである。たとえば、もし連邦資金貸付機関が、その貸付金の管理のためにその資金全体に対しほんのわずかの比率の費用しか使わないとすれば、これは能率の指標だろう。なぜなら、他の全ての条件が同じとすれば、管理費が低いほうが望ましいからである。しかし、もちろんこの場合において、総費用に対する管理費の比率がよい価値指標であるとはかぎらない。なぜなら、貸付調査の質が変化しないという明確な証拠がなければ、管理費が引き下げられたときに他の要素全てが同じままであると仮定するのは非常に危険だからである。

　もし手段―目的関係をこのように定義するならば、それは価値と事実を明確に区別していないことになる。なぜならば、同じ行動が、結果として二つ以上の価値をもつこともあるからである――その行動は、複数の手段―目的の連鎖の一部であるかもしれない。たとえば、生活保護を受けている人々に、みずから職を求め、職に就こうとするインセンティブを与えるために家庭当たりの予算を非常に低い水準に定めている生活保護政策によって、この保護を受けている人々の家族に栄養失調や病気がきわめて起こりやすくなるという結果がもたらされるかもしれない。納得できる政策というものは、単に手段―目的の連鎖のうち一つだけを考慮し他の連鎖を無視することによって決定されることはありえない。

合理性の諸定義

この章の主たる目的は「合理性」の概念について明瞭な理解を打ち立てることのできる基礎をつくることにあった。しかしながら、明瞭性は必ずしも単純性を意味しない。大ざっぱにいえば、合理性とは、それによって行動の諸結果を評価できるなんらかの価値システムの観点から、望ましい行動の代替的選択肢を選択することに関係している。このことは、適応の過程が意識的なものでなければならないことを意味しているのだろうか。それとも無意識的な過程も同様に含まれるのだろうか。数学上の発明――おそらく、これ以上に合理的なものはありえない――における多くのステップは、潜在意識的であることがあきらかにされている。[10]また、これは、方程式を解くというより単純な過程についても確かに真実である。さらに、もし合理性の要素として意識的であることが求められないとしても、意図的な適応過程のみが合理性をもつと認められるのか、それとも意図的ではない過程にも同じく合理性が認められるのだろうか。タイピストは、特定の文字という刺激に反応して特定のキーを打つよう、自分自身を訓練する。いったん学んでしまえば、その行為は無意識のものであるが、意図的でもある。他方、どんな人でも、やけどしそうになったら、本能的に指をひっこめるだろう。この行動は、それが有用な目的に役立つという意味において「合理的」であるが、しかし、意識的でも意図的な適応でもないことは間違いない。

　またさらに、その行動の基礎となっていた情報が間違いだったというだけのために誤った行動をとったときに、その行動を「合理的」と呼んではいけないだろうか。主観的な基準を適用すれば、もしある個人が、その薬が自分の病気を治すと信じているならば、その病気に対してその薬を使うことは、その個人にとっては合理的なことである。客観的な基準を適用するならば、その薬が実際に有効である場合にのみ、その行動は合理的である。

最後に、どのような目的やだれの価値から合理性が判定されることになるのだろうか。組織における個人の行動は、それが個人的な目的に役立つときに合理的なのだろうか、それとも組織の目的に役立つときに合理的なのだろうか。二人の兵士が、敵の機関銃座に相対した塹壕のなかにいたとする。一人は覆いの下にとどまっている。もう一人は、身の危険をおかして手榴弾で機関銃座を破壊する。どちらが合理的だろうか。

おそらくこれらの複雑性を避け明瞭にする唯一の方法は、適切な副詞と連結して「合理的」という言葉を用いることである。もし、実際に、所与の状況のもとにおいて所与の価値を極大にするための正しい行動であるならば、その決定は「客観的に」合理的であるといえるだろう。もし、本人が実際にもっている知識に応じて成果を極大化するものであるならば、その決定は「主観的に」合理的である。手段の目的への適合が意識的な過程である程度に応じて、それは「意識的に」合理的である。手段の目的への適合が（個人によって、または組織によって）意図的に行なわれた程度に応じて、それは「意図的に」合理的である。もし、ある決定が組織の目標に向けてなされたならば、その決定は「組織にとって」合理的である。同様に、それが個人の目標に向けてなされるならば、それは「個人にとって」合理的である。これからの議論においては「合理的」という言葉は、その意味が文脈から明白でなければ、これらの副詞のうちどれか一つをつけて限定されるだろう。

結論

この章の目的は、経営上の決定の現実的な研究を可能にする分析のための術語とフレームワークを確立するという観点で、決定の解剖学を探究することにあった。この目的のために、選択をめぐる客観的な環境が考察された。この環境は、代替的行動の集合として記述されたが、各々の行動は一定の予期された諸結果を導く。

知識は、ある行動をとることによって起こりうる全ての結果のうち、実際にはどの結果が生ずるのかを発見するための手段である。知識が選択の過程の一部であるかぎりにおいて、知識の究極の目的は、各々の代替的行動の結果として生じる唯一単独の可能性を発見することである。もちろん、実際には、この目的は不完全にしか達成されない。

このように行動の諸結果に関する知識は、選択に対する一次的な影響力とみなされる。第二の影響力は、行動している個人がもつ、他の結果の集合と比較された上での、ある結果の集合に対する選好にあることが認められる。選択の問題とは、諸結果を記述し、それらを評価し、それらを代替的行動の各々と結び付けるというものである。

手段と目的は、事実と価値にそれぞれ完全には対応していないが、この二組の用語の間にはある種の関係があることがあきらかにされた。手段―目的の連鎖は、行動からその結果として生じる価値にいたるまでの一連の因果的に関連した諸要素、として定義された。そうした連鎖における中間的目的は、価値指標として役立っている。そして、この価値指標を用いることによって、われわれは代替的選択肢を、そこに内在している最終的目的あるいは価値を完全に吟味することなしに評価することができる。

代替的選択肢という考えは、個人間行動のパターンにもかなりの光を投げかけている。相互作用する個人のもつ価値とかれらの共同行動の結果との関係から、行動パターンが競争的であるか協力的であるかが決まる。行動パターンにおける不安定性は、そのパターンが競争的であるとき、または、このパターンのなかの参加者それぞれが他者の行動を予測し誤ったときに、結果として生じるということがわかった。

最後に、いくつかの定義が、合理性のさまざまな意味、すなわち客観的、主観的、意識的、意図的、組織的、個人的、の意味を区別するために定められた。

この章は、選択の心理的側面にほとんど触れなかった。次章においては、選択過程における心理的要素と論理的な要素とを比較対照する試みがなされるだろう。この研究のもっと後の章では、本章と次章で開発した分析ツールが、経営上の決定にとって中核的である概念のいくつか、すなわち権限、能率、一体化、影響力、そしてコミュニケーションを研究するために用いられるだろう。

注1　素朴な功利主義的な見解は、Jeremy Bentham, *op. cit.*, pp. 1-7 の諸所にもっとも顕著に示されている。一方、Adam Smith においては、合理主義は明示されているというよりも暗黙のものとなっている。これについては、***An Inquiry into the Nature and Causes of the Wealth of Nations*** (New York: E. P. Dutton, 1914), pp.12-15 をみよ。合理主義の批判は、おそらくフロイト派によってもっとも強力に推進されたが、社会学と心理学における現代のほとんど全ての学派で一般的に受容されている。たとえば、以下の文献をみよ。Harold D. Lasswell, "The Unconscious," ***Psychopathology and Politics*** (Chicago: University of Chicago Press, 1930), pp. 28-37; Sigmund Freud, "The Unconscious," ***Collected***

Papers (London: L. and V. Woolf, 1925), 4:98-136; Vilfredo Pareto, *The Mind and Society* (New York: Harcourt, Brace, 1935), passim.

2 付録では、経営の実践的科学（経営者がなにを「すべき」かについての研究）と経営の社会学（経営者はなにを「している」のかについての研究）との違いについて詳細に論じている。

3 Talcott Parsons は、以下の書籍において、これらと同じ術語の助けを借りて、社会的行為システムについて分析している。*The Structure of Social Action* (New York: McGraw-Hill, 1937), pp. 44, 49, 228-241.

4 ここで提示されている理論は、著者が一九四一年につくり上げたものである。ここでの再構成にあたっては、John von Neumann と Oskar Morgenstern の *The Theory of Games and Economic Behavior* (Princeton: Princeton University Press, 1944)（銀林浩・橋本和美・宮本敏雄監訳『ゲームの理論と経済行動 1—5』東京図書、昭和三三〜三四年）の第二章に大きく影響を受けている。von Neumann が、彼の理論でここでの議論に関連する部分について最初に出版したのは、一九二八年であることを指摘しておいたほうがフェアだろう。"Zur Theorie der Gesellschaftsspiele," *Math. Annalen* 100: 295-320 (1928).

5 Col. J. F. C. Fuller, *The Foundations of the Science of War* (London: Hutchinson, 1925), p. 183.

6 なぜ、また、どの程度、そのような組織の参加者が共通の目標を共有するかについては第6章で論じられる。

7 このことは、アナーキズムの理論がいつも対応できない根本的な批判点である。アナーキズムの理論では、共通の目標が与えられるならば、ある社会的組織のなかの参加者は、自動的にかれら自身のもっとも効果的な役割をみずから選択すると仮定されているように思われる。

8 Henry Schultz, *The Theory and Measurement of Demand* (Chicago: University of Chicago Press, 1938), pp. 12-35.

9 Frank Knight は、古典派経済学の主要な弱点は、経済的利得を、「威信」や「安楽」を導く手段—目的連鎖の純粋に中間的な連結物と認めないこと、さらには、利得を導く経済的活動そのものを、それ自身価値がある目的と認めないことにあると考えている。彼の著書 *Risk, Uncertainty, and Profit* (Boston: Houghton Mifflin, 1921), pp.xii-xx（奥隅栄喜訳『危険・不確実性および利潤』文雅堂書店、昭和三四年）をみよ。

10 Jacques Hadamard, *Essay on the Psychology of Invention in the Mathematical Field* (Princeton: Princeton University Press, 1945)をみよ。

第4章のコメンタリー

第4章と第5章は、人間の合理的な意思決定をとり扱っている。なぜ、これらの章が合理的な行動に関する内容で占められており、また合理性の限界を強調したのかについて、簡単に説明しておくことが有益かもしれない。

合理的行動と経営

社会科学は合理性の扱いについて、深刻な分裂状態に悩まされている。一方の極では、経済学者が、非常識的なほどの全能の合理性が経済人にあるとしている。経済人は、完全で矛盾のない選好体系をもっており、それによって、彼にとって開かれている代替的選択肢から選択することがいつも可能になっている。さらに、彼はいつも、これらの選択肢がどういうものであるかを完全に知っており、どの選択肢がもっともよいか判断するために行なうことのできる計算の複雑さに関する制約はなにもない。確率計算は、彼にとって驚くべきことでもなければ、神秘的なものでもない。これまでの世代で、競争的ゲーム状況（たとえば、ゲーム理論）や不確実性下の意思決定（たとえば、合理的期待）へと拡張されるなかで、この理論の主要部分は、トマス主義的な洗練の状態に到達し、知的かつ審美的な魅力を備えるようになったが、生身の人間による実際の行動または可能な行動との関係はほとんど認められない。

　他方の極には、全ての認知を情動に縮減しようとする社会心理学の傾向があり、それらの多くはフロイトにさかのぼることができる。たとえば、コインは貧しい子供には金持ちの子供よりも大きくみえる[11]とか、社会集団の圧力によって実際にない点がみえるように人々が説得される[12]とか、集団の問題解決過程には緊張の蓄積と解消が含まれる[13]、といったようなことをあげることができる。これまでの世代の行動科学者は、フロイトに続いて、人間は自分で思っているほどには合理的ではないということを示すことに励んでいた。おそらく、次世代の行動科学者は、人間は、われわれが現在記述しているよりはずっと合理的である――ただし、経済学者が述べているほどの偉大な合理性をもってはいないが――ことを示さなければならないだろう。

　こうした分裂状態は、第4章と第5章に反映されている。第4章は、経済学やフォーマルな意思決定理論で展開されてきたような合理性の概念を明瞭にすることにとりかかっている。第5章は、人間の制約された認知能力によって、合理性の行使に限界が課されていることを議論している。それゆえ、合理性を、現実の生活においてみられると実際に思われるよう描いているのは、第4章ではなく第5章である。第4章を読み終えたばかりの読者は、続く第5章を読み終えるまで、合理性が経営管理上の意思決定でどのように実現されているのかについて、判断を差し控えなければならない。

　組織を観察したことがある人々にとっては、組織における人間行動は、完全に合理的ではないとしても、少なくとも大部分は合理的であることが意図されている、ということはあきらかであるように思われる。組織における多くの行動は、タスク志向的――同時に、しばしば目標達成に有効――である、もしくはそのように思われる。それゆえ、もし組織における人間行動に心理学的な説明を与えるならば、われわれの理論には、合理的な行動にしかるべき位置を与えなければならない。同様にあきらかに思われるのは、組織においてみられる合理性は、経済人がもつとされているような全知全能なものではないということである。それゆえ、われわれは、単に心理学をとり出して捨て去り、経済学的な基礎の上に組織の理論を据えるということはできない。実際――ここから段々とあきらかになってくるように――組織と経営管理の真の理論がなりたつ場所は、人間の行動が、合理的であろうと意図されているが、その合理性が制約されているような現実世界に、まさに存在するのである。

最後に、組織における行動は合理性が制約されていると主張することは、行動がいつも組織の目標を実現する方向に向けられているということを単に意味しているわけではない。個人は、彼自身の目標達成を進めるためにも合理的に努力するが、そうした個人の目標は組織の目標と全面的に調和しているわけではないし、しばしばそれに反するものでもある。さらに、組織内の個人やグループは、しばしば、かれら自身の目標や、かれら自身が思い描く組織のあるべき姿を達成するためにパワーを得ようとする。組織を理解するためには、われわれはこうした行動様式や合理性の目標の全てを、われわれが描き出す像に含めなければならない。われわれは人間の利己性やパワーを求める闘争を含めなければならない。

人々が非合理的にふるまっているとわれわれがいうとき、一般的にわれわれが意味していることは、つぎのようなことである。かれらの目標がわれわれの目標ではないということ、または、かれらが妥当ではないもしくは不完全な情報にもとづいて行動しているということ、または、かれらが行動の将来の結果を無視しているということ、または、かれらの感情が判断を曇らせたり、感情によって注意がその場限りの対象に集中されていること、などである。われわれは、かれらの行動が、不可解で説明できないほど、あきらかにランダムであるということを意味していないことが多い。合理性が意図されているが、制約されているというこうした性質は、第5章とそのコメンタリーの中心的なトピックである。

意図的および習慣的合理性

第4章の最後では、合理性のいくつかの異なったタイプが簡潔に論じられた。特に、ある選択が合理的とみなされうるのはどういうときかが問われた。ある目的に役立つならば、合理的と見なしうるのか(たとえば、指を熱いストーブから引っ込める)、それとも意図的な目的をもってなされたときなのか(熟練したタイピストがある特定のキーを打つ)、それとも——いっそう厳密な基準で——意図的かつ意識されたものであるときのみなのか。これらの全ての種類の合理性は組織で見出される。多くの行為は意識的かつ意図的に始められる。しかし、それ以外の多くの行為の基礎となっている目的や理由は、その行為者には知られていないかもしれない。たとえば、事務員のタスクは単に、ある書類を口座番号に従ってファイルすることかもしれない。その理由を考えるのがタスクではない。ある行為者がきわめて意図的かつ意識的に、ある手続を開発したとしても、それは時とともに全く習慣的なものになるかもしれないが、同じ効用と目的を維持する。

習慣やルーティンは、そうした目的に有効であるだけでなく、希少でコストのかかる意思決定のための時間と注意を温存している。この理由から、組織の活動(または個人の活動)の大部分は、確立されたルールやルーティンに従って進められるが、それらは、ありうる改訂のために、短期間もしくは長期間のインターバルを経て再検討されるかもしれない。そうしたルールやルーティンの確立は、それ自体合理的な決定である。われわれは組織的意思決定における合理性を語るときには、そうしたルールやルーティンおよびそれらを確立する過程を含めなければならない。[14]

組織についての最近の研究のなかには、組織で習慣やルーティンが大きな役割を果たしているために、組織行動を意思決定の術語で記述するのは適切ではないと提案するものもある。[15] しかしこれはほとんどの場合、思い違いである。われわれがこれまでみてきたように、ルーティンそれ自体は、一度きりの決定が具現化したものであり、それを特定の環境で適用することは、それがしばしばルーティンな決定であるとしても、一つの決定である。ルーティンをとりあげるときには、われわれの分析は、それをつくり出す過程、さらには、ときどきはそれに疑問を向け、再検討し、定期的に改訂することを導く過程に向けられなければならない。バーナード以来、意思決定する（もしくは意思決定しない）機会を決めることそれ自体が意思決定過程の鍵となる要素であることを、われわれは知っているのであるから。

意思決定におけるモチベーションと感情[16]

人間行動についての日常の思考において、われわれは理性と感情をしばしば対極のようにとり扱い、感情が、われわれの行動を合理的であることから（たぶん限定的に合理的であることからすら）妨げており、また、合理性が、われわれの真の感情を表現することからわれわれを妨げている、といった表現をしている。この一般的な見方に存在する真実の程度を確かめるために、われわれは感情の機能および感情が行動において果たしている役割について吟味しなければならない。

人間は、他の複雑な生物と同様に、同時には一つもしくはごくわずかのものごとしか意識的に処理できない。もちろん、なにかしているときでも、呼吸をし、心臓は脈打ち、食物を消化しているが、思考を要求する行動は、いっときには、だいたい一つしかできない。交通量が少ないときには、運転することとさほど集中を要しない会話との間で心をタイム・シェアリングできる。しかし交通量が増えてくると、われわれは道路に注意を集中したほうがよいだろう。注意のボトルネックによって、われわれはものごとをおもに順次処理することになる。すなわち、より多くの注意がタスクに求められるほど、われわれはより一つのことに集中するようになる。

しかしながら、一日の間、とりわけ長い時間間隔の間に、われわれは多くのニーズに目を向け、多くの目標を達成しようと努めなければならない。われわれはこうした多くのアジェンダ項目の間で時間を共有する。あるものには即座の注意が求められ、別のものはもっと柔軟に注意を向けることでよい。それゆえ、われわれは注意を特定のタスクに配分すると同時に、あるタスクがリアルタイムな緊急性をもって現れた(レンガがこちらに向かって飛んできている)ときに、注意を迅速に切り替えることを可能とするようなメカニズムをもたなければならない。モチベーションと感情はこうした注意の配分を担うメカニズムである。

素早く動く物体は、視野の端にあるときでさえ妨害的な刺激であり、騒々しい音も同様である。注意を妨げることによって、切迫したリアルタイムなニーズに注意を向けることを可能にする。こうした刺激は、われわれの注意を妨げると同時に、攻撃または逃走に備える感情を喚起する。そうした喚起は、内的な、すなわち自律的な神経系によって実現されるが、それは、神経系が、なによりもアドレナリンの大幅な流入増加を刺激するからである。飢渇やその他の多くの感情はもう少し緩やかに作用するが、究極的には同じような注意妨害効果をもつ。

大幅に簡略化すれば、感情は、外的な刺激に直接的に関連付けられているとともに、過去の経験によって貯蔵された記憶の特定の内容とも関連付けられているということができる。こうした刺激があらわれたとき、もしくはそうした記憶が出来事や思考によって呼び起こされたとき、関連付けられている恐怖、怒り、愛、幸福、悲哀、空腹、性的衝動などを感じる。そして、こうした感情は、これまでに注意を払ってきたことを妨げるとともに、それらの感情を呼び覚ました状況や思考に注意を縛りつける。

感情と理性の間には、本来的には対立するものはない。すなわち、感情はモチベーションの主要な源泉であり、われわれを特定の目標に集中させるものである。そうして、感情に喚起された目標に、思考という大きなパワーを向けることができる。とり組んでいるタスクを妨害するように感情がかき立てられたときに、すなわち感情が合理性を別の目標に向けたときに、われわれはときとして、感情を思考に反する（同時に思考を感情に反する）ものと考える。だが、ある主題について真剣に考えること、とりわけわれわれの思考の妨げに抵抗することができるためには、強力なモチベーションの力で注意を固定することが必要である。

しかしながら、感情が強烈なときには、注意の焦点は非常に特定された、おそらくその場限りの目標に狭められ、あるいは行動の前に考慮したであろう重要なことがらを無視してしまうかもしれない（それゆえ「十まで数えて落ち着きなさい」というアドバイスがある）。こうした焦点の狭さが生み出されるなかでは、感情はときとして理性の反対に位置することになる。しかし、われわれはそのように評価を下す際、大変慎重に行なわなければならない。というのは、別の環境のもとで、非常に複雑な問題を解決することやきわめてむずかしい状況へ対処することにわれわれが集中できるようにしているのは、同じような想念の強さだからである。

たぶん、組織における経営や意思決定との関係で感情を考えるためのもっとも有益な方法は、特定の目標およびその実現手段に注意を保つことによって、行為をそうした目標に向けて方向付ける助けとなる力として感情を考えることだろう。感情が理性とともに働くのは、行為が狭く考えられないことを保証するように、それが広範で恒久的な目標に結び付くときである。逆に、感情が理性と対立して働くのは、それが過度に意思決定をせき立て、決定過程で考慮がなされる可能性と結果の範囲をあまりに狭くするようなときである。

注11 J. S. Bruner and L. Postman, "On the Perception of Incongruity: A Paradigm," *Journal of Personality*, 18: 206-223 1949.

12 S, E. Asch, "The Doctrine of Suggestion, Prestige, and Imitation in Social Psychology," *Psychological Review*, 55: 250-276 1948.

13 R. F. Bales, *Interaction Process Analysis* (Cambridge: Addison, Wesley, 1951).

14 R. Nelson and S. Winter, *An Evolutionary Theory of Economic Change* (Cambridge: Harvard University Press, 1982)(後藤晃・角南篤・田中辰雄訳『経済変動の進化理論』慶應義塾大学出版会、平成一九年).

15 この点についての、短いがバランスのとれた議論は、つぎの文献を参照のこと。M. D. Cohen and Lee S. Sproull (eds.), *Organizational Learning* (Thousand Oaks, Calif.: Sage Publications, 1996), pp. xii-xiii).

16 より一般的なモチベーションおよび感情と認知の関係について、すでにつぎの二本の論文で議論している。"Motivational and Emotional Controls of Cognition," *Psychological Review*, 74: 29-39 (1967); "Bottleneck of Attention: Connecting Thought with Motivation," in W. D. Spaulding, ed. *Integrative Views of Motivation, Cognition, and Emotion* (Lincoln: University of Nebraska Press, 1994).

第5章　経営決定の心理学

この章の議論は、きわめて簡単に述べることができる。一人の孤立した個人の行動が、多少なりとも高い合理性に達することは不可能である。彼が探索しなければならない代替的選択肢の数は非常に多く、彼がそうした代替的選択肢を評価するために必要とする情報はあまりにも膨大であるため、客観的な合理性に接近することとさえ想像しがたい。個人の選択は、「所与の」環境――選択の基礎として選択の主体に受容された諸前提――のなかで行なわれ、行動は、この「所与のもの」によって定められた限界内でのみ適応的になる。

もし、選択の心理的環境、すなわち「所与のもの」が、なんらかの偶然的な方法で決められるならば、大人の行動は子供の行動よりもごくわずかのパターンや統一性しか示さないことになるだろう。しかし、より高度の統一性および合理性は達成されうる。なぜなら、選択の環境自体を選択し、意図的に修正することが可能だからである。部分的には、これは個人的な問題である。すなわち個人は、ある刺激やある情報項目が彼に影響を与えるような状況にみずからを置く。しかし、かなりの程度、それは組織の問題である。組織が遂行している一つの機能は、組織メンバーの決定を組織の目的に適合させ、決定を正しく行なうために必要とされる情報をかれらに提供するような心理的環境のなかにかれらを置くことにある。

この章の題材は、三つの部分で示されている。第一の部分では、個人の行動が、必然的に合理性の基準からほど遠いところにとどまらざるをえない理由を詳細に述べる。

第二の部分では、選択の心理的環境が実際にどのようにして形成されるのかを検討する。この環境が、時々刻々と行なわれる一連の選択の全体を首尾一貫したパターンへと整合させる統合化要素であることが示されるだろう。

最後の部分においては、選択の心理的環境の確立において組織が果たす役割についての検討がなされる。すなわち、どのようにして組織は個人の目的を選択するのか、どのようにして組織は個人にスキルの訓練をするのか、また組織はどのように個人に情報を与えるのかが考察される。この議論を進める間に、組織によって、個人が客観的な合理性にある程度近づくことが可能になることがしだいにあきらかにされるだろう。[1]

合理性の限界

前章で定義されたように、客観的な合理性とは以下のことを意味している。行動する主体が、(a)決定の前に、行動の代替的選択肢をパノラマのように概観し、(b)個々の選択に続いて起こる諸結果の複合体全体を考慮し、(c)全ての代替的選択肢から一つを選び出す基準としての価値システムを用いる、ことによって、みずからの全ての行動を統合されたパターンへと形づくることである。

実際の行動は、それが「合理的」過程と通常考えられている場合でさえ、こうした理想的な姿にはない、多くのつじつまの合わない要素を含んでいる。もし行動がある期間にわたって観察されるならば、その行動はモザイク状の性格を示す。その行動のパターンの各部分は、共通の目的への志向によって他の部分と統合される。しかし、これらの目的は、知識と注意の変化とともに時々刻々と変化し、選択の総合的基準のどんな概念によってもごくわずかにしか結合されない。行動は合理性の「部分」を示す――すなわち、行動は各部分のなかでは合理的な構成を示すが、部分は互いの間に強い相互連結をもっていない。

実際の行動は、前章で定義したような客観的合理性に、少なくとも三つの点において及ばない。

(1) 合理性は、各選択に続いて起こる諸結果についての完全な知識と予測を必要とする。実際には、結果の知識はつねに断片的なものである。

(2) これらの諸結果は将来のことであるため、それらの諸結果と価値を結び付ける際に想像によって経験的な感覚の不足を補わなければならない。しかし、価値は不完全にしか予測できない。

(3) 合理性は、起こりうる代替的行動の全てのなかから選択することを要求する。実際の行動では、これらの可能な代替的行動のうちのほんの二、三の行動のみしか心に浮かばない。

◆知識の不完全性

実際の行動における合理性の第一の限界は、すでに第4章で言及されている。[2] 合理性には、各選択の正確な諸結果についての、完全で実現しがたい知識が含まれている。しかし、実際には、人間は彼の行為をとりまく状態について、断片的な知識以上のものは決してもっていないし、また、現在の環境についての知識から将来の結果を導き出すことを可能にする規則性や法則についても、わずかばかりの洞察以上のものをもっていない。

たとえば、ある都市の防火問題に対して財源を完全に有効に利用するためには、消防局のメンバーは、その都市の各部分——実際には各建造物——における火災発生の確率、および、管理手続を変化させたり消防隊を再配置したりした全ての場合に起こる火災損失に対する正確な影響を、細部まで包括的に知る必要がある。

このような形で問題を述べることでさえ、完全な合理性が知識の不足によって制限されている程度を認識することにつながる。もしも、全ての火災が出火と同時に消防部門へ通報されるならば、火災の損失は奇跡的に減少するだろう。実際の消防部門はこのように全知ではないので、特別の警報システムその他の方法によって、消防活動を必要とする状況が生じたかどうかの情報をできるだけ迅速に手に入れるために、相当な努力を払わなければならない。[3]

この点をやや詳細に論じてきたのは、このことが行政のきわめて実際的な問題——決定がなされる地点に関連知識が結集されるように、意思決定過程の機構を確保すること——を呈示していることを強調するためであった。これと同じことは、企業組織に関しても例示しうるだろう——たとえば、企業組織では決定が市場価格の正確な予測に依存しているといった具合である。

合理性を求めるが、その知識の限界内に制約されている人間は、この困難を部分的に克服するいくつかの作業手続を発達させてきた。これらの手続は、人間が、限られた数の変数と限られた範囲の結果のみを含んでいるクローズド・システムを、世界の残りの部分から分離することができると仮定することで成り立っている。

ある統計学者が、あるときに、イギリスのいくつかの異なる地方で、未婚婦人の数とクローバーの産出高との間に非常に高い相関関係があることを発見した、という趣旨の物語がある。しばらくの間、この関係について頭を悩ましたあげく、彼は因果関係の連鎖と思えるものを捜し出すことができた。未婚婦人は猫を飼うようである。猫はねずみを食べる。野ねずみはマルハナバチの天敵である。そしてマルハナバチはクローバーの花の受精の主たる媒体となっている。もちろん、これの意味することは、イギリス議会が結婚奨励のボーナス支給の法律を立法化する場合には、まず未婚女性の人口を減少させることによるクローバーの収穫への影響を評価すべきである、ということである。

実際の意思決定においては、この種のもってまわった結果というものは、必然的に無視されなければならない。[4]原因と時間においてその決定にもっとも密接に関連する要素のみが考慮されうる。いかなる所与の状況のなかでも、どんな要素が重要であり、どんな要素が重要でないかを発見するという問題は、関連しているものとして最終的に選び出された諸要素を支配している経験的法則についての知識と同様に、正しい選択にとってきわめて重要である。

合理的な選択は、決定の基礎となっている限られた要素の集合がその性質上、変数のクローズド・システムに合致する範囲において、すなわち、重要な間接的な影響が存在しない範囲において、実現可能なものとなる。きわめて重要な決定の場合にのみ、諸影響の非常に入り組んだ連鎖を解明するために十分な資源を投入することが受け入れられる。たとえば、ある国の政府の財政政策が、その経済における雇用に与える間接的な影響をはっきりさせるための研究に非常に多くの金を支出したとしても、もしそれが目的を達したとすれば、有効に使われたといえるだろう。他方、患者を治療している医者が、彼の患者が生きるか死ぬかでこの社会にどんな相違が生ずるかを判定するために彼の時間を費やすことはない。

◆予測の困難性

予測された喜びが、現実化した喜びとは非常に異なった種類のものであることは、よくある経験である。実際の経験は、予測された経験よりも望ましいか、もしくは逆にそれよりも望ましくないものである。

これは、単に結果の予測ができなかったことによって生じているわけではない。選択の諸結果がむしろ完全に記述されているときでさえも、その結果の予測が、実際の経験と同じような強さでもって感情に作用することはほとんどありえない。一つの理由は、人間の心は、一瞬の間にその結果全体を完全にとらえることはできないからである。そうではなくて、選好の変化とともに、注意がある価値から他の価値へ移動する。

それゆえ、評価の正確性と一貫性は、想像した結果におけるさまざまな価値要素を突き止め、予測の場合にも実際に経験する場合と同じような重みをそれらの諸要素に与える能力を、個人がどのくらいもっているかによって、制約されている。

これは、おそらく「リスキーな」行動における重要な影響である。リスキーな投機的企てにおいて、損失という結果をより鮮明に心に描けるほど――そうした結果を過去に経験していることやその他の理由で――リスクを引き受けることが望ましくないように思われてくる。損失の経験があると、損失の発生がより高い確率で生ずると予測するよりは、むしろ損失という結果を避けようとする欲求が強化される。

◆行動の可能性の範囲

個人がなすことが可能な行動のパターンの全てを思いつけるだけの想像力さえも、人間はもっていない。一分間というようなごく短い時間内においてさえ、物理的および生物学的な限界だけに制約されているる人間がなすことのできることがらの数は、想像もつかないほど多い。人は、二本の足、二本の腕、頭、二つの目、首、胴、十本の指、十本の足指、および、それら各々を支配している随意筋をもっている。これらの器官の各々は、それぞれにあるいは協同して複雑な運動を行なうことができる。

これらの実行可能な運動の全てのうち、実行可能な代替的行動として心に浮かぶのは、いつなんどきでも、ほんのわずかにすぎない。この各代替的行動はそれぞれ別個の結果を伴っているがゆえに、多数の生起可能な結果群は、評価の段階に達しないということになる。というのは、それらが、実行可能な代替的行動によって生じうる結果であることが認識されないためである。

もちろん、相対的にいえば、人間は、他のどんな動物よりも、ずっとその生理学的運動能力を目的志向的行為へ役立てるようになっている。大型類人猿が行なうことのできる比較的単純な「道具行動」は、人間の基準から判断すれば、非常に初歩的なものである。[5]

いくつかの分野において、行動の可能性を開拓する方法を生み出すことにおいて、人間は相当な創意を示している。唇と舌の運動を観察し正しくするための精巧な仕掛けが、音声学ではつくり出されている。製造工程における手の運動を非常に詳細に観察し、これらの運動を改善し、さらに工程の改良によってそうした改善を容易にするために、時間—動作研究が行なわれた。同じカテゴリーに、道具の発明とスキル・トレーニングの全分野が属するといえるだろう。両者とも、行動過程の綿密な観察と、その結果として生じる選択のために役立つ代替的選択肢の拡大を含んでいる。

個人の目的志向行動

実際の行動が合理性の規範から離脱していることに関するこれらの見解は、選択の心理的過程の特徴のいくつかの点を指摘するのにすでに役立っている。そろそろ、これらの特徴をより体系的に考察していくことにしよう。

◆順応性

第4章で指摘されたように、もっとも単純な動作——一歩進む、ある物体に目の焦点を合わせる——は、実際には目的志向的であり、もっとも初期のランダムで無目的な運動から、幼年期の間に徐々に発達してきたものである。統合を達成する際に、人間は順応性を示す。すなわち、動作の結果を観察し、望む目的を達成するために動作を調節する[6]。

それゆえ、順応性は、適応の段階が後に続く、探求と調査の段階によって特徴付けられる。それは個人の行動にも、組織の行動にも観察されるものである。天井クレーンの操作を学習する男は、まず最初に、操作に熟練しているだれかから、そのクレーンをどのように制御するのか、また種々の計器やレバーの機能はどういったものであるかについての情報を得なければならない。そして彼は実際にそのクレーンで試してみることによって情報を補い、実際の操作から徐々に、ある特定の方法でクレーンを操作するときにどんな反応をその装置が起こすかを学ぶことになる。彼がこの技術水準に到達したとき、彼は彼の目的を達成するためにクレーンを使うこと——彼の目的に操作を適合させること——ができる。

同様に、新しい出版社は、自社の経験または他の企業の経験から、ある本がどのくらいの部数売れそうかということと、どんな種類の広告がそれを売るために効果的であるかということを学習しなければならない。特定の広告技術がどのような結果を生むかを学ぶことによって、その組織は、それが達成しようとしている特定の目的にその技術を巧みに適合させることができる。この最後の例は、判断と推測が多くの実際の状況での適応過程において果たしている大きな役割をも例証している。

◆人間の順応性の特徴

順応性は、もちろん、人間行動と同様に高等動物の行動においても特徴的なものである。しかし、動物と人間の順応性の間には、数多くのきわめて顕著な差異がある。動物の学習は、基本的に試行錯誤の性格をもっている。すなわち、実際に経験することによって、行動の結果を観察する機会をもってはじめて学習があらわれる。実際、きわめて一般的な種類の規則性を見出し、他の人間とコミュニケーションする人間の能力は、こうした学習過程を実質的に短縮する助けとなっている。

まず第一に、(同種類の)他の選択をした過去の経験から、いま直面している特定の選択の性質についてのなんらかの推測が行える。同様に、人間は、実際の行動においてよりも、むしろ観念的に実験をしてみることができる。すなわち、頭のなかで各代替的行動の結果を思い描き、そして、それらのどれも実際に試みることなく、そのうちの一つを選ぶことができる。たとえば、エンジニアは下水道設備のいくつかの計画を彼の頭の中または紙の上で検討し、それらのどれも実際に試してみることなしに、それぞれの計画のパフォーマンスをかなり正確に判断することができるだろう。[7]

第二に、コミュニケーションにより、学習において人間は動物よりはるかに大きな利益を得ている。

舗装道路をデザインしているエンジニアは、観念上にせよ実際上にせよ、実験に全面的に頼って計画するのではなく、参考資料、すなわちこの分野において他の人が長期の実験と研究にもとづいて到達した結論の記述を利用する――もっとも彼は、彼自身の成功と失敗の基準から、こうした蓄積された経験を選別し、修正するかもしれないが。さらに、ある環境のもとでは、学習はもっぱらコミュニケーションによって行なわれ、学習に引き続く成功／失敗の検証が、その個人には得られないことさえある。このことは、多くのプロフェッショナルな分野においてあてはまる。たとえば、医学の分野において、個々の開業医は、彼の患者に起こった狭い範囲のことからある特定の治療方法の効能を判断することはほとんど不可能であり、彼がたまにしか出会わない病気の場合にはとりわけそうである。彼は、統制された研究を行なうための特別の実験施設を備えた医学研究者たちが発展させた学説にもとづいて、治療を行なわなければならない。研究、特に実験的研究の機能は、実験室の統制された条件から出てしまうと行動の結果が容易に評価できないときに、行動を目的に適合させることにある。

それゆえ、目的志向行動の可能性は、特定の行動から生じる結果の認識から生じる。人間の強みは、彼が直面している個々の決定ごとにそれぞれの結果を特定する必要がないことである。実験的な方法の利用、知識の伝達、結果の理論的予測によって、比較的わずかな経験が、広範囲の事柄の決定に対する基礎として役立ちうる。その結果、思考および観察の著しい節約が達成される。

◆記憶

合理的な行動において記憶の果たす役割については、ほとんど論評を必要としない。同様の問題が再び起こったときに、初めの問題を解決するために集められた情報やそのときに到達した結論を蓄積し、そして、同種のつぎの問題に当面したとき、新しく探索することなしにこれらのものを利用できるのは、記憶によってである。

記憶は自然的あるいは人工的のどちらでも可能であるということが、しばしば述べられてきた――情報は頭のなかに蓄えられるか、あるいは、すぐアクセスできるような方法で紙に記録することもできる。書庫、ファイル、記録文書からなる人工的な種類の記憶は、組織においてもっとも重要な類のものである。

自然的であるにせよ人工的であるにせよ、どのような種類の記憶でも、それが使用されるためには、必要になったときにすぐに引き出せるようなメカニズムがなければならない。ファイルのなかでどこにあるかわからなくなった手紙や忘れてしまった数字は、それらが探し出されないならば、どちらも同様に役に立たない記憶項目である。それゆえ、人間の合理性は、意思決定をするために必要となったときに記憶の蓄積へアクセスできるようにする、心理的および人工的な連想法やインデックスをつける道具に非常に頼っている。

◆習慣

有用な行動のパターンを保存する助けとなるメカニズムとして同様に重要なものは、習慣である。[8] 習慣は、意識的な思考の領域から、繰り返して生じる状況の側面を抜き出してしまうことによって、心的な努力の保持を可能にする。

タイプを習う際に、学生は彼の指の一つ一つの細かい運動および紙の上の各文字と機械の各キーとの関係に細心の注意を払おうとする。ゆっくりとした手探りの運動の調整によってのみ、目と手との必要な協同を達成する。練習によってスキルがある地点に到達したときには、こうした最低水準の統合に注意を払うことはもはや必要でなくなる。行為の目的——手紙をタイプする——を達成したいと単に欲すれば、それ以上の意思作用なしにその行為がもたらされる。この段階に到達したときに、習慣またはスキルが、はじめは注意と学習しようとする欲求によって達成されていた統合に、取って代わる。

習慣は目的志向行動においてきわめて重要なタスクを遂行している。というのは、習慣は、同様の刺激や状況に対して適切な行為をもたらした決定を意識的に再考する必要なしに、同様の反応で対応することを可能にするからである。習慣は、決定を必要とする状況の新しい局面に注意を集中することを可能にする。フットボールのチャンピオンチーム、ボートチーム、軍の大隊、あるいは消防隊をつくるためのトレーニングの大部分は、急速に変化する状況に対してただちに反応することを可能にする習慣的な反応をつくりあげることに費やされている。[9]

記憶と同様に、習慣にも、ステーネによって「組織ルーティン」と名付けられた人工的な組織上の対応物がある。[10] 頻発する問題をとり扱う方法が組織での慣例となり、おそらくは慣行と手続のマニュアルで具体的に述べられているようになっているかぎり、これらの問題が生じたとき、その方法は再考の対象ではなくなる。個々の人間の習慣の場合のように、習慣と記憶との密接な関係は組織の場合でもあきらかである。もしも形式的な基準が必要であるならば、以下のようなときに、その事柄が組織のルーティンの一部になったといえるだろう。すなわち、ある事柄が、長所の面から代替的選択肢を考慮することよりも、受容された、または承認された慣行を参照することによって解決される場合である。

習慣は、行動（個人でも組織でも）において、純粋に受動的な要素として考えられるべきではない。なぜなら、ひとたび習慣が確立されれば、単にある刺激が存在することによって、いっそうの意識的な思考を行なうことなく、習慣的な行動が解き放たれる傾向があるからである。このような状況のもとでは、環境の変化によってその習慣的反応が不適切となった場合でさえも、その反応が起こるのを防ぐために意識的な注意を必要とするだろう。危険が近づいたときにブレーキを踏むのが習慣となっている自動車のドライバーは、凍りついた道の上で車が横すべりしたとき、ブレーキを踏むという反応を抑えることはむずかしい。このことは組織にとって重大かつ広範な含意をもっており、十分詳細に考察されなければならない。

◆積極的刺激の役割

もし合理性が達成されるものであれば、行動の代替的選択肢、環境的諸条件や諸結果に関係のある知識および予測される価値が注意の焦点に入り込むための躊躇の時間が選択に先立つに違いない。心理学的にいえば、そうした躊躇は、比較的複雑な行動の水準に特徴的なものである。より単純な行動のパターンは、ある刺激が示されたことによって、ほとんどあるいは全く躊躇なしに生ずる刺激に対する反応である、と記述できる。

行動のこの刺激―反応型と、躊躇―選択型との間の区別が、完全な行動のパターンにおける、非合理的／合理的、それぞれの役割を理解する手がかりを与えてくれる。すでに述べたように、合理性の要求を満たそうとする人間の能力には限界があることを考慮するならば、選択に先立つ躊躇が長びき、ついには行為を成せなくなってしまうこともありうる。個人は、彼の能力では彼の選択に関連する全ての要因を考慮することはできないと悟り、合理性に絶望してしまい、行動をとれる時間が終わってしまうまで、どの代替的行動を実行するか決めかねてしまうことになるかもしれない。実際には、その状況のなかですでに理解している要素にすら注意を払うよりずっと前に、選択や行為が通常は行なわれてしまう。

刺激は、外的なものであれ内的なものであれ、その状況のなかの選び出された諸側面に注意を向けさせ、選択を他の方向へと変えてしまうかもしれない競合的諸側面を除外する。人体の中枢神経系のなかには、この中枢系統の大部分を乱すことなく、刺激を行為へと変換することを可能にする経路がつくられている。

この過程において、意識的な注意は必要な要素というわけではない。「驚愕型」の行動に付随する意識は、その反応の原因ではない——それは、単にその反応に付随しているか、あるいはその後に続いて起こっているにすぎない。しかし、われわれは基本的には、決定するポイントと新しい状況に対する反応に関心をもっているので、選択過程における——すなわち刺激の経路づくりにおける、注意の役割を第一に考慮することになるだろう。

行動主義的疑念にわずらわされることのなかったウィリアム・ジェイムズは、注意についてつぎのように記述している。

だれもが、注意とはなんであるかを知っている。それは、心が、いくつかの同時に存在することが可能な諸対象や一連の思考から、一つだけを明確で鮮烈な形態でとりあげることである。意識の焦点化や集中がその本質である。ある事柄を効果的にとり扱うために、別のいくつかの事柄を無視することを、それは意味している。そして、フランス語で放心 distraction と呼ばれ、ドイツ語では Zerstreutheit と呼ばれているような、混乱しぼうっとした注意散漫な状態であるのとまさに反対の状態である。[11]

トールマンは、より慎重にその言葉を避けることを好み、その代わりに、「刺激に対する選択的反応性」といっている。[12]

その場合、注意は、一定の時間に意識に入ってくる要素の集合に向けられる。意識が順応性にとって必要な前提条件でないこと、および注意の焦点にない行動でさえも目的志向的な調整が可能であるということは、あきらかである。確かに、意識や注意は、非常に単純なタイプの条件付けられた反応——たとえば、運動技能の発達の場合——には含まれない。しかし、ほとんどの場合には、注意の領域と合理性の領域との間には密接な関係があると思われる。すなわち、順応性は、(1)注意の範囲、および、(2)技能や他の適切な行動が習慣化される領域、によって大きく制限される。それゆえ、かなりの程度まで、前述した合理性の限界は、注意の範囲の限界の結果である。

行動の一部が習慣によって支配されているかぎりにおいては、それは、意識的な注意の範囲の外を通過するものであることはすでに述べた。たとえば、代替的行動を考慮する際に、通常は、注意が個々の筋肉がどのように運動するかに向けられることはない。そうではなく、実際に注意の対象となる代替的行動は、まとまった単位の運動——歩くこと、書くこと、発音することなど——が習慣的に統合されたものである。異常な環境のもとにおいてのみ、これらの統合を分析しようとする意識的な試みがなされる。そのような運動が始められる刺激がいったん受け入れられたならば、さらに考慮が払われることなく、その運動は完了へと向かうことになる。

刺激に対する習慣的な方法での同様の反応は、統合のより高次の段階においてさえ生ずる。印刷物を受けとったタイピストは、なんらかの意識的な決定あるいは独自の決定をすることをほとんど必要とすることなしに、その印刷物をタイプされた形に変える。組み立てラインで働いている男にとって、部分的に完成されている製品が彼の前のベルトの上にあらわれることが、その製品の製造に対しての彼の貢献に相当する一連の熟練運動の全体を開始するのに必要な唯一の刺激である。食卓に座っている個人は、彼の前にある食事から、食べるという複雑な過程を始めるに十分な刺激を受けとり、意識的な注意を払うことなしにこの過程を行なうことができる――その間、彼の注意を会話に集中させることができる。

したがって、実際の行動においては、客観的に合理的な行動とは区別されるように、一定の方向に注意を向けさせる刺激によって決定は創始され、さらに、刺激に対する応答は、一部は熟慮されたものであるが、大部分は習慣的であるようである。もちろん、習慣的な部分は、必ずしも非合理的とは限らず、さらにいえば、通常は非合理的ではない。なぜなら、それは、事前に条件付けられた、行動の目的への調整や適応のあらわれであるかもしれないからである。

職業柄非常に多忙なのが特徴である経営者の地位においては、決定を求める非常に多くの刺激が個人の外部からやってくる。むずかしいケースは再検討を求めて上位にゆだねられる。たとえば、訪問者、すなわち別の組織の人間が、問題について「トップ」とディスカッションすることを主張する。数多くの他の人間、問題、そして物事があらわれて、絶えず彼の注意を求める。こうした地位では、ある問題が決定されるかどうかは、どのような刺激が呈示されているかという偶然によってかなり左右される。

刺激は、経営管理者がどんな決定を行なうかを決めると同時に、彼が到着する結論にも相当な影響を与える。このようになる重要な理由は、その決定を創始する刺激それ自体がまた、状況の選ばれたある側面に注意を向けさせ、他の側面を排除することにある。たとえば、消防署長は、火災の損失がほとんどない都市――それは彼にとってよいことと思われる――を思い描く。彼は彼の知識にもとづいて、この望ましい状態へ向かっての前進は、ある新しい設備を購入することによって実現しうると考える。もちろん、合理性の要求に従うならば、新しい設備が必要かどうかを決める前に、金を使いうる他の目的——街路の修理、市営病院の拡充、その他のこと——を考慮することになるだろう。この叙述が、経営管理行動の現実からそれほどかけ離れたものではないということは、これから後の章で十分に示されるだろう[13]。

ほとんど全ての人間は、かれらがやりたいと思っている事柄が、それをするための時間よりもたくさんありすぎる、としばしば感じている。すなわち、多くの刺激が全て同時に存在して注意へと向けられているならば、実行することができるよりも多くの行動への刺激が存在することになる。合理性は、注意を方向付ける刺激の気まぐれに選択をゆだねるのではなく、意識的な選択が競合する「価値」の間でなされることを要求する。

◆心理学的な環境の決定要素

よって、偶然で恣意的な刺激が個人に作用することによって選択が始められるかぎりにおいては、大人の統合された多忙さは、子供のランダムな運動や絶えず変化していく注意よりも、単に、よりパターン化された忙しさにすぎないように思われる。そうした大人の忙しさを構成している有機的な全体は、より広く複雑であるが、全体としては、いかなる総合的な価値システムとの関係でも、子供の場合と同程度の密接さしかない。合理的な活動としての経営管理行動の研究は、個々のメンバーの観点ではなく、むしろ組織全体の観点から眺めるとき、選択をひき起こす刺激が恣意的でない、あるいは少なくとも恣意的である必要はないということを示すことによって、この困難をとり除くことができなければ、ほとんど有用なものとなりえないと思われる[14]。

したがって、考察されなければならないつぎの問いは、決定過程を開始するきっかけとなる刺激自体が、どのように生まれてくるかである。

本でいっぱいになった本棚のある部屋に入った男は、本の題名をみわたして、一時間ほど読もうとする本をそのなかから慎重に選ぶだろう。いったん彼が本を開いてしまうと、もしその本があまりにも退屈でなく、また途中で邪魔されなければ、彼の目の前にうつる記号が、その後に続く時間の間、彼の注意を引きつけるもっとも重要な、おそらくは唯一の刺激となるだろう。それゆえ、彼がある本を選択したことが、そのような後続の刺激を決めたことになる。

それでは、もう少し実際的な例を考えてみよう。ある男が、毎朝、彼のオフィスに出勤したとき、カレンダーをみる習慣をもっていたとしよう。ある木曜日、彼は手紙を受けとった。その手紙にはつぎの火曜日に返事をする必要がある。彼は彼のカレンダーにメモをした。このメモがつぎの火曜日に行動を起こす刺激となることを知っているからである。

第三の例は、熟練を意図的に発達させた例である。ときどきしかタイプライターを使わない人は、「雨垂れ式」でのタイプ方式をとってしまうだろう。なぜなら、彼がタイプしようと思う瞬間においては、これが文字を綴るもっとも速い方法だからである。しかし、もし長期間にわたってタイプライターをかなり使用することが予想されている場合には、彼はブラインドタッチ法の習慣をつくり上げる苦痛をいとわないだろう。そうしたならば、長い目でみれば、彼がタイプを打ちたいと欲する刺激は、もしこの熟練を事前に発達させておかなかった場合よりも、より効果的な反応を起こすようになるだろう。

最後の例は、経営組織におけるコミュニケーションのラインである。組織のなかの各メンバーは、彼が責任を負っている決定を正しく行なうために、一定の情報を必要としている。必要な情報が各メンバーに確実に提示されるようにするために、記録と報告についての定例システムが考案され、それによって、自動的にそうした刺激が適切な経路へ流される。

これらの例示から、われわれは、一つの広いパターンに行動の統合を成し遂げるメカニズムについてある程度理解することができる。このメカニズムは二つの主要なグループに区別できるだろう。それは、(1)いったん行動がある特定の方向へと向けられたならば、その方向に行動を持続させるようにするものと、(2)ある特定の方向への行動を開始させるもの、である。前者は、大部分は——決して全てではないが——内的なものである。それらの原位置は人間の心であり、そしてこのかぎりにおいては、その記述と機能は心理学の問題であり、本研究ではただ簡単に言及することができるだけである。

他方、行動開始メカニズムは、通常、特定の刺激に対して個人が感受する能力を含んではいるものの、大部分は個人にとって外的なものである。外的であるがゆえに、そのメカニズムはインターパーソナルなものとなりうる——そのメカニズムによって影響を与えようとした人とは異なる他のだれかによって喚起されることも可能であり、その結果、そのメカニズムは経営組織において中心的な役割を果たすのである。

行動開始のメカニズムについては、当面の目的のためにはすでに十分に例示されてきた。続くわずかのページで、行動を持続させるメカニズムについて簡単に片付けておくことにする。それを行なっておけば、統合のメカニズムに中心的な地位を与えながら、合理的行動の像を再構成することが可能となるだろう。

◆行動持続のメカニズム

注意や行動は、いったんある方向へと起動されると、かなりの時間にわたってその方向に持続される傾向がある。このことは、活動の最初の選択が比較的どうでもよい事柄であったときですらあてはまる。

行動持続の一つの重要な理由はすでに第4章で論じられた。活動は、同じ方向に活動を持続することを有利とさせるなんらかの「埋没費用」を生じさせることが非常に多い。ある経営管理者は、ある特定の活動が着手されるべきかどうかかなり疑わしく感じているかもしれない。しかし、ひとたび責任を引き受けた場合には、すでに費やされた時間と努力を無駄にするよりは、むしろ続行するのが有利だと考えるだろう。このことを別な形で述べるならば、活動は、少なくともそれが「完成」の地点――埋没費用によって生み出された価値が実現する地点――に達するまで、通常は継続される。

持続の第二の理由は、活動それ自体が、注意を活動の継続と完成に向けさせるような刺激をつくり出すことである。これはすでに指摘されたことである――よく書かれた書籍は、それを読み終わるまでの間、その表表紙から裏表紙の範囲内に注意を固定する傾向をもっている。しかし、同じことは、ほとんど全ての経営管理の状況においても例示されうる。あるエンジニアは、オフィスに到着したとき、彼が前日に仕事をしていた一連の街路計画の書類が机の上にあるのをみつける。ただちに彼の注意は、これらの計画とそれを完成するための諸問題に向けられる。そして、彼にその日の残りの時間をその計画立案の仕事にとり組ませ続けるのにそれ以上の外的な刺激は必要とされないだろう。

こうした刺激の大部分は「内的」であり、心のなかに築かれてきた連想経路に沿って進行すると思われる。もし連想のパターンが十分であるならば、心はある種の閉回路のように働き、思考が脱線しようとするたびに関心事へと思考を繰り返しひき戻す。よく知られているように、かなりの程度の意識の集中（すなわち、内的刺激）は、外的刺激に対する個人の感受性を実際に弱めるだろう。[15]

持続させる第三の要因は、「埋没費用」と密接に関連しているものだが、「準備完了」費用と、おそらく名付けられるようなものである。多くの反復的な仕事の場合において、その仕事を遂行するための準備に時間がかかったために、および、その仕事から他の仕事へと転換するのに時間がかかるために、異なった仕事を遂行するよりも、一つの仕事を持続することが有利になる。

行動の統合

統合を可能にするメカニズムから、これらのメカニズムの作動から結果として生じる行動のパターンへと目を転じてみよう。この過程は三つの主要なステップを含んでいる。

(1) 個人（または組織）は、つぎのことに関する広範な意思決定を行なう。彼が自分の活動を方向付けようとする諸価値、これらの諸価値を達成するため彼が用いようとしている一般的な方法、および、設定された政策の限界内で特定の決定を行ない、その決定を実行するために彼が必要とする知識・技能・情報、についてである。いま記述した決定活動は、実体的計画立案と呼んでよいだろう。

(2) 彼は、その実体的計画と適合するような日々の具体的な決定が生じるようにみずからの注意を向けさせ、情報や知識などが伝達されるようなメカニズムをデザインし、確立する。この決定活動を、手続的計画立案と呼ぶことができるだろう。また、この活動は、「決定の心理的な環境を構築する」ものとして先に記述された活動に相当する。

(3) 彼は、(1)と(2)のステップによって提供された枠組に適合した日々の決定や活動を通じて、その計画を遂行する。

実際には、この過程はちょうど三つだけのステップだけではなく、階層化したステップの全体を含んでいる。すなわち、ある一般的な段階における決定は、そのすぐ下のレベルのより詳細な決定に対する環境を提供している。もっとも高次のレベルにおける行動の統合は、非常に広い意味において、考慮が払われるべき価値・知識・可能性を決める決定によって達成される。一つ下のレベルにおける統合は、これらの非常に一般的な決定要素を特定化するが、それは、どのような活動がとられるべきかを定める決定から生じてくる。それ以下の段階も同様であり、上位のレベルの領域内にある部分領域をより詳細に定めていく。

高いレベルの統合においては、状況に関してのきわめて一般的な側面のみが考慮されるだけである。注意がより詳細な可能性や結果に向けられているときにのみ、特定化が行なわれる。それゆえ、経営理論における基本的問題は、この決定の複合体をいかに構築すべきか——広範な「計画立案の」決定と、より狭い範囲の「執行的な」決定との間の適切な分業はどのようなものであるか——を決定することである。第二の基本的問題は、手続的計画立案の問題である——すなわち、計画立案の決定によって執行的決定のコントロールを有効に行なうメカニズムを案出することである。

◆一般的決定の形態

実際の出来事は、現下の行動のために現場にある代替的選択肢のなかから選択することによって決まっている、ということがあきらかにされるべきである。厳密な意味では、決定が将来に影響を与えることができるのは、たった二つの方法においてのみである。(1)現在の行動は、この決定によって決められ、それが将来の可能性を制約するかもしれない。[16]そして、(2)将来の決定は、多かれ少なかれ現在の決定から導かれるかもしれない。現在の決定によって将来の選択が影響を受ける可能性から、まさに、相互連結した決定の複合体という考え方が出てくる。第一のタイプの影響については、すでに議論した。しかし、第二のタイプについては、さらに考察が必要である。

決定の際にある特定の問題が幾度も登場するときには、以下のような一般的な疑問が生ずるだろう。「この種の問題が生じたときにはいつでも選択の基礎として用いることのできる基準を発見できないだろうか。」たとえば、経験を積んだ消防士は、「私が従事する多くの火災の状況に適用できる、消火作業の基本的原理がなにかないだろうか」と疑問をもつだろう。

その問題が提示されて解決法が見出された場合、この問題についてのそれ以降の全ての決定を導く決定がなされたことになる。このことは、その決定がつぎの三つ、すなわち、(1)それ以降の決定の基準としての特定の価値、(2)それ以降の決定に関連した特定の経験的知識、(3)後の選択で考慮する必要がある唯一の選択肢群としての特定の代替的行動、を選ぶことによってなされる。

(1) 経営職能の専門化は、各々の職能がそれ自体の「目的」を持ち、組織のそれぞれの部門が特定の限られた価値の集合の実現に向かっていくように方向付ける。消防部門の目的として「火災の損失の減少」を受け入れることは、消防部門の管理者が全ての自身の決定の際に手引きとする価値基準を確立したことになる。

(2) 多くの分野において、どのような副次的な決定を行なう際にも考慮されなければならない諸事実に関して、一般的決定がなされている。たとえば、エンジニアは、ある橋の設計が負荷に耐えられるだけの安全性の要求水準を満たしているかどうかを測定するためのルーティン的な計算手続をもっている。

(3) 同様に、多くの分野において、一般的決定は、ある特定の選択に直面した場合に考慮されるべき代替的諸行動を決定している。フットボールのチームは、適切な瞬間に呼び出して使用することができる一定の「プレー」のレパートリーをもって競技している。警官は、法律違反をみつけると、「逮捕」「警告」あるいは「通報」の見地から反応するように訓練されている。

事前に決められたこれらの一般的な基準を目の前の選択の問題に向ける心理的なメカニズムについては、すでに記述した[17]。内的および外的刺激をつくり出すことによって、こうした事前の決定が注意の枠組を決定し、その注意の枠組によって特定の選択状況に心が反応する。この狭い注意の枠組は、状況を統制するための事前の決定がなされるときに含まれている、より幅広い参照範囲とは、明確な対照をなしている。いいかえれば、「消防部門は、火災の損失を最小にする目的をもって設立される」ことを決めたときに考慮された諸要因は、消防士が「この消化栓には二インチ半のホースをつなげるのがよい」と決めるときに影響を与える諸要因とは、全く異なっている。この決定の階層化によって、以前に行なった考察という恩恵なしに選択を「その場で」行なわなければならない場合よりも、はるかに幅広い合理性についての考慮に個々の選択が直接的または間接的に導かれることが可能となる。それゆえ、合理性を高い水準で維持するための適切な手段として、「計画された」行動という概念が導かれる。

◆計画立案過程

計画立案に含まれている心理的な過程は、選択の一般的な基準を選ぶことと、そのほかに特定の状況への適用によってその基準を特殊化することから構成される。[18] ある設計エンジニアが、山岳地帯を越えてAとBの都市の間に鉄道を延長することを仕事の目的として選んだとする。その地方の地勢を予備的に調査した後、彼は敷設可能と思われる二、三の一般的なルートを選択する。そして彼は、これらのルートの各々を彼の新しい「目的」——中間的な目的——とし、より詳細な地勢図を用いて、さらにその目的を細分化していく。

彼の思考過程は、つぎのような一連の仮説的推測として描くことができる。「もし、私がAからBへ進むとすれば、(1)、(2)、および(3)のルートが他のルートよりも実行可能性が高いと考えられる。もし私が(1)のルートをとるならば、(1a)の計画がより好ましく思われる。(2)のルートならば、(2c)の計画がよい。もし(3)のルートをとるならば、(3a)の計画がよい」、といったように進められ、二つまたは三つの代替的計画に対して、デザインのもっとも細部まで決定される。彼の最終的な選択は、これらの詳細な代替的選択肢のなかから行なわれる。

この思考過程は、全ての可能なルートからただ一回の選択をする方法と対照的である。後者の方法は、論理によって指図された方法であり、最終的に到達した決定が最良のものであることを保証する唯一の手続である。しかし他方において、この方法では、なんらかの決定がなされる前に、全ての可能な計画が十分詳細に練り上げられることが求められる。そのような手続をとることが、実際には不可能であることはあきらかである。前者の計画立案の手続は妥協的なものであり、その手続によって、もっとも「妥当性の高い」計画だけが詳細に検討される。

他の例を示すことにしよう。問題が、貯水池をつくるためのダム建設地点を選ぶことだと仮定しよう。問題を簡単にするため、絶対に要求されていることは、ある貯水量を最小の費用で確保することであり、それ以上の量を貯水してもなんの価値もないと仮定しよう。普通は、実際の問題はそれほど単純ではない。その川に沿った全ての地点において、必要な貯水容量のダムの建設費用を見積ることができる。しかしながら、正確な見積りをするためには、各地点における地盤の状態についての詳細な調査が行なわれる必要があるだろう。その場合には膨大な量の費用見積りが集められ、最小費用のダム地点が選ばれる。

実際には、エンジニアは全く違った手続をとる。地勢図を調べることによって、彼はすぐに六か所の「妥当性の高い」ダム地点を選び出し、他の地点を忘れてしまう。彼は、ダムの建設費用については十分に習熟しているので、その他の地点を選んだならば高い費用がかかることを――かなりの確かさをもって――知っている。つぎに、彼は、「正常な」地盤状態であると仮定して、妥当性の高い地点の各々について、ダム建設の費用の概算見積りを行なう。最後に、彼はもっとも有望な地点を選び、最終的な見積りの基礎として注意深く地盤の調査を行なう。

この過程の各ステップにおいて、実際にはもっとも望ましいダム地点が、完全な分析がなされないために除外されてしまう可能性がある。彼は、この手続のなかの各段階において、許容できる近似の程度の地点を決定するのに優れた技能を発揮しなければならない。

◆社会的組織の機能

この章で何回となく、行動の統合へと導くメカニズムはインターパーソナルなものである、と記述してきた。もし、組織や社会的制度が、広い意味において、集団行動のパターンであると考えられるならば、個人のこのような組織や制度への参加が、彼のなんらかの、もっとも基本的かつ広範な統合の源泉であろうということは、容易に認識できる。個人に対する組織の影響には二つの主要な種類がある。

(1) 組織や制度は、その集団に属する各メンバーが、特定の状態のもとでの他のメンバーの行動についての安定的な期待を形成できるようにする。このような安定的な期待は、社会的集団における行為の結果についての合理的な考察を行なうための不可欠な前提条件である。[19]

(2) 組織や制度は、その集団のメンバーの行動の流れを定めるとともに、行為を刺激する中間的な目的を組織のメンバーに提供する役目をもつ、全般的な刺激と注意の方向付けを提供する。[20]

もちろん、空腹、性欲、疲労などの刺激を予期して、なんらかの形でそれらを満足させるものを与えない社会的行動のパターンは、存続しえない。だが、そこから先においては、制度的なとり決めは無限の変化を受けうるものであり、人間の生まれつきの特性から生じているとはとてもいえないだろう。これらの制度は、その制度の参加者の心理的な状態をかなりの程度決定するために、順応性を行使する条件を設定し、それゆえ、人間社会における合理性の行使の条件を定める。

人間が達成する最高の水準の統合は、既存の一連の制度を一つの代替的選択肢としてとらえ、それを他の一連の制度と比較することから構成される。すなわち、自分自身の精神過程がそのなかで働いている枠組を提供している制度的環境に自分の注意を向けるときに、人間は統合の最高水準で代替的行動の諸結果をまさに考慮していることになる。この包括的なレベルでの思考は、全ての文化でありふれたものにはなっていない。われわれ西欧文明では、それは、(1)ユートピア的政治理論家の著作と、(2)近代の立法過程をめぐる思考や著作に、おそらく限られている。[21]

人間の合理性は、合理性が作用し、そこで形づくられる制度的な環境から、より高次の目標と統合を達成する。われわれの民主主義的文化では、おもに立法によってこれらの諸制度が設計され、決定される。行政組織は、家族といった古くからの伝統的な制度が所有しているような、基礎的な人間的価値を有しているものとして、同じように重要な存在であると主張することはできない。けれども、人間がしだいに経済的な相互依存関係を強めるようになり、同時に不可欠な行政サービスを社会にいっそう依存するようになるとともに、公式組織は、以前よりもずっと広い重要な役割を急速に引き受けるようになってきている。これには利点がないわけではない。というのは、行政組織は、通常、慎重な考慮と伝統からの自由をもってつくられ修正されるからであり、それによって——完璧からはほど遠いにせよ——新しい制度で新しいニーズを満たすという高い適応性をもつことができる。

われわれが組織と呼んでいる行動のパターンは、いかなる意味においても人間の合理性の達成の土台となるものである。合理的な個人とは、組織され制度化された個人であり、またそうでなければならない。熟考に対して人間の心理が課している厳しい制約を緩めるにしても、個人は、決定をする際には、彼が参加している組織化された集団の影響を受けなければならない。彼の決定は、彼自身の心的な過程の産物であるばかりでなく、組織化された集団の機能が影響を与えている、より広い考慮も反映していなければならない。

◆組織の影響のメカニズム

組織が個々のメンバーの決定に影響を与えるために用いている方法については、すでに第1章で略述している。それらについては後の章で詳細に分析される。それゆえ、ここにおいてはごく簡単な議論にとどめる。

(1) 組織は、仕事をそのメンバー間に分割する。各メンバーに達成すべき特定のタスクを与えることによって、組織はメンバーの注意をそのタスクに向けさせ、それのみに限定させる。人事担当の役員は、採用、訓練、等級付けやその他の人事の業務にたずさわる。だが、会計、購買、計画策定、あるいは生産機能には特に関心をもつ必要がない。それらは人事と同様に組織のタスクの達成にとって不可欠であるが、組織構造の他の場所で行なわれることを彼は知っているからである。

(2) 組織は、標準的な手続を確立する。ある仕事は特定の方法でなされなければならないと、きっぱりと(あるいは、少なくともある一定期間はそうすると)決めることによって、その仕事を実際に遂行する個人が、その仕事をどうやって処理すべきか毎回決める必要がなくなる。

(3) 組織は、権限と影響のシステムを確立することによって、組織の階層を通じて、決定を下に(そして横に、あるいは上にさえも)伝達する。そのもっともよく知られる形態は、公式的な権限のハイアラーキーである。しかし、同様に重要なものとして、特定の個人への公式的な助言の機能の割り当てもある。さらに、非公式的な影響のシステムの発達も、あらゆる実際の組織において劣らず重要である。それは、公式的な地位に部分的にもとづいているが、同時に社会的な関係にも部分的にもとづいて形成される。

(4)組織には、全ての方向に向かって流れるコミュニケーション経路がある。この経路に沿って、意思決定のための情報が流れる。さらに、この経路には、公式的なものと非公式的なものの両方がある。公式的な経路は、部分的には公式的な権威のラインにもとづいているが、部分的にはそれとは切り離されている。非公式的な経路は、非公式的な社会的組織と密接に関係している。

(5)組織は、そのメンバーを訓練し教化する。これは影響の「内面化」と呼ぶことができるだろう。なぜなら、それは、組織のメンバーの神経系統に、その組織が用いたい決定の基準を注入するものだからである。組織のメンバーは、知識、技能、および一体化あるいは忠誠心を獲得し、それによって、組織が彼に決定してもらいたいと欲しているように彼自身で意思決定することができるようになる。

◆調整の過程

これらの組織の影響の主要な機能の一つについては、前章と本章ですでにそれとなく触れてきた。すなわち、組織のメンバーの活動に調整をもたらすという機能である。説明してきたように、どんな社会的状況にあっても、自己の目的を達成することに関するその個人の有効性は、彼自身の活動によるだけでなく、その活動が、関係する他の個人が行なっていることとどの程度うまく関係付けられるかにもよっている。大きい組織――連邦政府は好例である――においてはどこでも、一人の個人または一部門の活動を、他の個人や部門の活動と関係付ける仕事が、もっとも重要で、もっとも複雑で、かつもっとも困難な仕事の一つになっている。戦時の活動はこのことを何回となく明確に示してくれた。飛行機のガソリン生産の責任者である経営管理者は、彼の仕事の遂行にとってきわめて合理的だが、ゴムの生産担当の他の経営管理者の仕事を妨害してしまういくつかの命令を出したいと思うかもしれない。商船の建造のために鋼材を手当てしようとすると、軍艦や戦車のための鋼材の手当てと競合してしまう。大規模な軍事作戦の遂行のためには、非常に多くの準備活動の調整を、調子を合わせながら行なうことが必要とされる。そうした例は数えあげればきりがない。

組織のなかの個人の立場からみると、調整にはいくつかの要素が含まれている。すなわち、個人の目的および中間目的と、組織の他の部分のそれらとの関係、彼および集団の他のメンバーがとりうる代替的選択肢に対する個人の評価、他者によってとられるであろう行為のコースに対する期待である。

自己調整　もっとも単純な状況では、個人の参加者は他人がなにをしているかを単に観察することによって、自分の活動を他人の活動と調整できる。いっしょに仕事をしている三人ないし四人のペンキ屋の集団では、各人が仕事の一部を受けもち、それぞれが、自分の努力がもっとも有効であり、かつもっとも他人を妨害しないように考えてお互いに場所を調整しながら、集団全体がチームとして働くだろう。時折、命令がなされるかもしれない。しかし、調整の大部分は無言のうちに議論なしに行なわれる。

非常事態に、それまで組織化されていなかった人々の集団が行動するのを観察した人はだれでも、この種の組織的な行動をみたことがあるだろう。もちろん、その集団が非常事態よりも前に組織化されていたならば、あるいは、その集団のなかの一人またはそれより多くのメンバーが「リーダー」と認められていたならば、調整のメカニズムはずっと綿密になり、声による命令も含んでいただろう。

多くの状況では、人間の集団によって仕事をうまく達成するためには、もう少し高い程度の調整を必要とする。たとえば、効果的に仕事をするために、かれら全員がそうした努力を同時に行なうことが必要となるかもしれない。そのような状況のもとにおいてさえ、調整は計画的ではなく、明示的な命令を含むものでもないかもしれない。集団のさまざまなメンバーは、単にメンバーの一人を「リーダー」として認め、自分の動きを彼の動きに合わせることができる——たとえば、重い荷物を運んでいる人々の間でそうであるように。

　自己調整が可能なこれらの状態の全ての場合において、個人がその属する組織のメンバーの行動を観察でき、彼の行動をかれらの行動に合わせることができることが求められる。こうした直接的な観察が可能でない場合には——複雑な状況の場合にはほとんどそうであるように——組織自身が、調整のための特別な準備をしなければならない。

集団の代替的選択肢対個人の代替的選択肢　個人は、自身の目的が達成できるかどうかは、自分がとる行為のコース次第であると考えている。彼がとりうる個々の行動のコースに対して、それぞれ明確な結果や帰結が考えられている。すでに説明したように、合理的な選択とは、他のものよりも好ましい結果を選び、それを実現することからなっている。

　集団状況で選択が行なわれるときには、ある行為のコースの結果は、個人の特定の代替的選択肢の選択にだけでなく、それと同様に、その集団の他のメンバーの選択にも依存している。他者の行動を「不変」と考えたときにのみ——すなわち、かれらの行動に関して期待が形成されたときにのみ——選択の問題は決定論の様式をとる。このような期待が形成されたとき、独立変数で唯一残っているのは個人自身の選択であり、決定の問題は前者のケースへと縮減される。

　それゆえ、その集団にとって利用できる代替的選択肢の集合と、個人にとっての代替的選択肢の集合とは、注意深く区別されなければならない。後者は、前者の部分集合にすぎず、集団の他のメンバーの行動の所与の集合にとっても異なる部分集合である。個人が彼自身の行動として実際に選択する代替的選択肢は、彼がその集団の他のメンバー全員の行動を決めることができたならば選ぶであろう代替的選択肢とは、全く別だろう。

もし、同僚の行動についての個人の期待が正確であれば、その期待は、同僚にこのように行動してほしいと彼が望んでいるやり方とは、通常はかなり違っているだろう。彼自身の決定は、それが合理的であるためには、彼の願望よりは彼の期待に関連付けられていなければならない。それゆえ、彼は、その集団にとって可能な全ての代替的選択肢のなかにある彼の好む選択肢ではなく、彼にとって可能な全ての代替的選択肢のなかにある彼の好む選択肢を狙っていかなければならない。

こちらが願ったような行動を敵がとることにもとづいた作戦計画と、敵が「正しい」行動をとることにもとづいた計画を区別することは、軍事戦術の基本的な原則であり、実際、他のどのような競争的活動の場合においてもそうである。最初にあげた類の計画は決して成功しえない。というのは、その成功が、こうしてくれたらよいとこちらが思う行動を敵がとるだろう、という誤った仮定の上に立っているからである。現実の世界では、以下のような計画は「ユートピア的」と断定される。それは、計画の成功が、多くの個人がこちらが希望する通りに行動することに依存しており、しかも、その希望する行動がどのように実現されるのか、あるいはできるのかを、説明できない計画である。

ところで、集団の全てのメンバーが、その集団によって実現可能な全ての価値および結果から、同じ価値と結果を好むというような、非常に特殊な状況が生じたとしよう。火事と戦っている消防士の全員は、かれらの共同行動の目的——できるかぎり早く火事を消すこと——について意見が一致している。

このような場合、全く客観的な経験的基盤にもとづいて、もっとも迅速にこの目的を達成する行動の集合が、その集団のメンバーにとって存在する。この最良の解決法がなんであるかについては、集団のメンバー間に不一致があるかもしれないが、このような不一致は事実レベルでの問題——価値でなく判断の問題——である。

「最良」の結果の達成は、集団の各メンバーが計画のなかでの自分の役割を知っており、他人とともに仕事を遂行する準備があることを前提としている。しかし、その集団の各メンバーの意図を他のメンバーに伝達できなければ、このような調整はほとんど不可能となる。各メンバーは、他のメンバーの行動についての期待にもとづいて彼の行動を決めるだろう。だが、他のメンバーの行動が彼が思い描いた計画と適合していると期待できる理由は、なにもないだろう。公式的な調整が欠けているために、結果はきわめて偶然的なものになる。

大半の実際的な条件のもとでは、自己調整は、自身の行動の基盤として他人の行動を予測するというタスクから集団の各メンバーを解放する、あらかじめ決められた行為の計画よりも全く効果的でない。

それゆえ、コミュニケーションは、非常に複雑な形態の協同行動にとって不可欠である。そうした、より複雑な状況における調整の過程は、少なくとも、三つのステップから構成される。(1)その集団の全てのメンバーにとっての行動の計画を作成すること(各メンバーの個別の計画の集合体ではない)。(2)各メンバーに、この計画のうちそのメンバーに関連した部分を伝達すること。そして、(3)個々のメンバーの側に、その計画から導かれる行動をとる意思があること。

この過程は、個人が彼自身の行動を調整されたパターンへと統合する過程と似ていなくはない。集団の統合の場合には、コミュニケーションが、個体の間にいかなる器官としてのつながりもないために存在している隙間を埋める――いわば、神経組織を提供する。

集団の計画　集団の行動について計画することは、「集団心理」といったなんらかの形而上学的な概念を意味するものではない。これは、一人の人間がいかに行動すべきかについての明細書ではなく、多くの人間がいかに行動すべきかについての明細書である。その計画は紙の上に描かれるか、あるいは、計画をつくった個々人それぞれの頭のなかにある。計画をつくる人も、多数かもしれないし、また少人数かもしれない。その集団に属しているかもしれないし、属していないかもしれない。必要なことは、その計画が実行される前に、実際に行動することになっている集団のメンバーにその計画が伝達されることである。

　これまでの議論では、集団のメンバーの間に、その集団にとって実行可能な全ての可能性のうち、かれらがどれを実現したいのかについての完全な一致があるときにのみ、計画が成立しうることが仮定されてきた。だが実際には、このことは厳密には必要ではない。各個人が「最適」について違った考えをもっている多くの場合でも、集団の調整は可能だろう。協同しない場合に個々人としてとりうる全ての代替的選択肢よりも望ましい、一つの計画を見出すことに同意することだけが必要とされる。[22]

　ここの議論は、なぜ諸個人が協同するかという理由よりは、協同を可能にしているメカニズムに関してなされているので、「集団の計画」の問題はここでは触れずに、次章でさらに十分に議論する。

コミュニケーション　一般的な組織の決定は、個々人の決定がなされるときに、その決定に関係する価値や知識をもたらす心理学的なメカニズムを通してのみ、個人の行動をコントロールできる。集団の行動においても同様に、集団の計画を、それを実施する個人へと伝達する必要性がある。このことは、その計画全体が伝達されなければならないことを意味しているわけではなく、各個人が自分はなにをなすべきかを知っていなければならないことを意味している。

経営管理過程におけるステップのなかで、決定を伝達する仕事ほど一般的に無視され、実行がおろそかにされているものはないだろう。計画がその集団の個々のメンバーの行動に影響をもたらすことができる方法を少しも考慮することなく、その計画が実施されるように「命令」されることがあまりにも多い。手続のマニュアルは、マニュアルの内容が決定の指針として個人に用いられるかどうか判断するためのフォローアップをしないまま、配布されている。組織上の計画は紙の上に書かれる。けれども、その組織のメンバーは、かれらの間の関係を記述していると称するその計画について、よく知らないのである。

個人の行動が、組織がその目的を達成する際に必要な手段である、ということを忘れたときには、つねにコミュニケーションの失敗が生ずる。どの経営管理過程に関してもなされる質問は、それはこれらの個人の決定にどのように影響を与えるのか、というものである。もしコミュニケーションがなければ、その答えはつねに、それは全く決定に影響を及ぼしていない、であるに違いない。

計画の受容　調整の最終ステップは、組織の各メンバーが、集団計画の自分に関する部分を受容することである。この受容を確保する問題が、この後の二つの章の主要なトピックとなる。

要約

この章のなかでは、人間の合理性の限界と可能性がともに検討された。合理性の限界は、人間がなにか一つの決定をするために、関連する価値、知識、および行動の全ての側面を想起することが人間の心にとって不可能であることから導き出された。人間の選択のパターンは、代替的選択肢からの選択というよりも、刺激―反応パターンに近いことがほとんどである。そして、人間の合理性は、心理的な環境の限界内でしかはたらかない。この環境は、個人が決定する際に基礎とする要因を選び出し、それを「与件」として個人に課す。しかし、決定の刺激それ自体は、より大きな目的に役立つようにコントロールされうるものであり、個人の一連の決定は、十分に練られた計画へと統合されうる。

決定の環境を意図的にコントロールすることは、選択の統合を可能にするだけでなく、選択の社会化をも可能にする。社会的な制度は、社会的に個人に課せられた刺激―パターンにその個人の行動を従わせることを通して、個人の行動を秩序化するものであるとみなすことができるかもしれない。まさにこのようなパターンにおいて、組織の意義と機能を理解できる。

注1　この章全体が、その前提として心理学に大いに依拠している。心理学の研究の成果を、自分の研究課題を扱う際に利用したいと思う社会科学者がだれしも直面しなければならない基本的な困難は、心理学者自身が対立する学派に分かれていることである。幸いにも、この研究に関連する心理学のトピックの大部分は、それらの学派の間での論争の対象になっていない。選択と目的という概念に関心を向けた数少ない心理学的理論の一つであるがゆ

えに、Tolman の ***Purposive Behavior in Animals and Men***（New York, D. Appleton-Century, 1932）の分析は、この章の術語や観点に、他のどんな研究よりもおそらく寄与している。「習慣」「注意」などのような伝統的な心理学上でのトピックに対しては、この研究の目的に十分適う分析を数多くの教科書のなかに見出すことができる。実際、ここでは、William James の ***The Principles of Psychology***（New York: Henry Holt, 1925）および John Dewey の ***Human Nature and Conduct***（New York: Modern Library, 1930）から多くを参照している。

2　第4章一一〇～一一一ページをみよ。

3　同じような考察が軍事戦術でもなされている。つぎの文献をみよ。*United States Army Field Service Regulations*, 1923（Washington: Government Printing Office, 1924）, p. 4.

4　Dewey, ***The Public and Its Problems***（New York: Henry Holt, 1927）, pp. 106-107 を参照。

5　Tolman, *op. cit.*, pp. 219-226 およびそこで引用されている文献をみよ。

6　「順応性」(docility)という用語は、ここでは、「教えやすさ」（teachability）というまさに辞書的な意味で用いられている。この言葉はよい同義語がないために、不幸にも一般的な話し言葉では、扱いやすさ(tractability)・従順さ(submissiveness)・素直さ(pliancy)といった含意を伴っている。Tolman とほぼ同じ使い方をここでの議論に用いているが、彼は、順応性(docility)を、「ある特定の環境におけるある特定の行動——行為が比較的不成功であることがわかるならば、すなわち、要求された型の目標物を全く得られないか、比較的遠い距離が進むことによってのみそれを得ることができるということであれば、続く機会に、要求された型の目標物をその有機体にもたらすであろう（諸）行為、もしくは比較的短いルートで目的への達成に導くであろう（諸）行為に取って代わる傾向がある、という事実にみられる行動の性質」と定義している。

7　実際、この点における人間と動物の違いは、本質的なものというよりは程度の問題であるだろう。たとえば、

Tolman は、ねずみがかなりの一般化能力を有していることを示している（*ibid.*, pp. 187-190）。

8 Dewey（***Human Nature and Conduct***, pp. 14-131, 172-181）は、早くから社会的行動における習慣の重要な役割を強調していた。James は、彼の *Psychology* という著書のなかできわめて優れた章（第4章）を書き上げ、それが習慣についての代表的な心理学的な文献となった。

9 John Dewey, *The Public and Its Problems*, pp. 159-161.

10 Edwin O. Stene, "An Approach to a Science of Administration," *American Political Science Review*, 34:1129（Dec., 1940）.

11 *The Principles of Psychology*, 1:403-404.

12 *Op. cit.*, pp. 35-36.

13 こうした思考の刺激—反応型についてのいっそうの実例に興味をもつ読者は、いくつかの分野で魅力的な資料をみつけるだろう。第一に、自叙伝に目を向けて、個々の主人公がどのように自分の職業を選んだかを確かめてみようとすることである。Viscount Haldane と William Alanson White の自叙伝は、ともにその点についてよく描かれている。それぞれ、*Richard Burdon Haldane: An Autobiography*（London: Hodder & Stoughton, 1931）と *The Autobiography of a Purpose*（Garden City: Double-day, Doran, 1938）である。つぎに、宣伝技術についての最近の文献に目を向ければ、宣伝屋によって広く使われる、注意を向けさせるための方策に注目するとよい。予算書の付属明細書や予算折衝での供述書は、特定の価値に対して注意を向けるように導こうという例に満ちている。

14 プラグマティストは、人間は、恣意的な刺激に対する適応的な反応という第一の意味においてのみ合理性と関係しているという立場をとっているように思われる。John Dewey は彼の著書である *Human Nature and Conduct*（pp. 261-262）でつぎのように述べている。

「すでにみたように、熟慮の行動は、ある予測される結果を選んで、現在の行動への刺激として役立たすところで成り立っている。……しかし、選択された結果は、これと全く同じように実在……する、他の諸結果の不明確な文脈のなかに置かれるのである。予見され、利用される『目的』は限りない大海のなかの一つの小島である。目的の適切な機能が現在の行動をその錯綜と混乱から解放し、導いていく以外にあるとすれば、このような限界は致命的であろう。しかし、実際には、このような役立ちこそが、目標と目的の唯一の意味を構成するものである。こうして、無視され、予見されない結果と比べて、こうした目標や目的の範囲がいかに僅かであろうと、それ自体は全く問題ではない」(河村望訳『人間性と行為』人間の科学社、二五二ページ。ただし、引用が部分的に省略されていることに対応するために変更した箇所がある)。また、*The Public and Its Problems*, p. 200もみよ。*Logic. The Theory of Inquiry*, chap. ix, pp. 159-180 (New York: Henry Holt, 1938)に示されたDeweyの最近の見解は、本研究の見方——個人の行動は、社会的組織が提供する選択の環境を通じて合理性のための、より包括的なコンテクストを獲得する——とかなり一致している。

15 この問題はここではこれ以上は追求できないが、心理学の文献に豊富な実証資料をみつけることができるだろう。たとえば、Jamesの*The Principles of Psychology*のなかの「意識の流れ」「連合」「意思」などの章(chaps. ix, xiv, and xxvi)をみよ。

16 第4章一一九～一二〇ページを参照。

17 同上。

18 MacMahon, Millett, and Ogden, *op. cit.*, p. 17を参照。

19 Steneの"organization routine"の議論を参照(*op. cit.*, p. 1129)。

20 Dewey, *The Public and Its Problems*, p. 54を参照。

21 「法の発見」とは別個の「立法」という観念は、比較的最近に発達したものであるということは、しばしば示されてきた。たとえば、C. J. Friedrich, *Constitutional Government and Politics*(New York: Harper & Bros., 1937)および Charles G. Haines, *The American Doctrine of Judicial Supremacy* (New York: Macmillan, 1914), pp. 12-13, 18-24 をみよ。それゆえ、立法行為が、他にとりうる制度の型の可能性について意識的に考慮することを含むようになったのは、近年になってからである。Karl Mannheim は、彼の最近の研究のなかで、制度的環境を熟考してつくり上げることの重要性を強調している。*Man and Society in an Age of Reconstruction* (London: Kegan Paul, 1940), pp.149-155.

22 この命題の極端な形は、Hobbes が「万人の万人による闘争」状態からさえ社会秩序は生じうるのだと論証するさいに使われている。他の社会契約説の論者——著名なのは Locke だが——は、利害の自然な一致を仮定せざるをえないと感じていた。協同の動機的基礎についての洞察に富む議論としては、つぎの文献をみよ。R. M. MacIver, *Community: A Sociological Study* (London:Macmillan, 3rd ed., 1924), 特に Bk. II, chaps. ii and iii.

第5章のコメンタリー

一言でいえば、第4章と第5章の論旨は、経営理論の中心的テーマは、人間の社会的行動における合理的側面と非合理的側面との境界にあるということである。経営理論とは、意図されているが同時に限定されている合理性に固有の理論であり、いいかえれば、最大化できるような理性をもたないために、満足化をはかる人間の行動についての理論である。[23]

『経営行動』の初版が書かれたときに、経済人のモデルは、満足化をはかる経営人のモデルよりも、より完全なものとして、かつ形式的に展開されていた。その結果として、限定合理性は、主として残余カテゴリー――合理性からの離脱――として定義され、選択過程の具体的な特性描写はあまりに不完全だった。こうした欠点を改善することが、第4章および本章のコメンタリーの意図である。

限定された合理性の経験的証拠

心理学において過去五〇年間、人間の思考に対する関心が大きく復興しつつある。結果として、『経営行動』が最初に出版されたときよりも現在のほうが、人間行動の実際の属性を組み入れ、同時に経済モデルの形式的明瞭さにある程度対応する合理的選択のモデルを構築することがより可能になっている。第4章で扱った経済人を、第5章の経営人、すなわちわれわれが日々の生活で認識している、限定された合理性をもつ人間へと変えていくためには、二つの重要な改変が必要である。[24]

(1) 経済人は最大化をする——彼の利用できる全ての選択肢のなかから最善の選択肢を選ぶ——のに対して、彼のいとこともいうべき経営人は、満足化する——満足できる、もしくは「まあまあ」の行為のコースを探す。満足基準の例としては、ビジネスマンにとってはありふれたものであるが、経済学者にとってはなじみの薄い「市場シェア」、「妥当な利益」、「適正価格」といったものがあげられる。[25]

(2) 経済人は、「現実世界」の全ての複雑性に対処しているとされる。経営人は、知覚された世界が、現実世界を構成する、せわしなく次々と生じる混乱をきわめて単純化したモデルであることを認識している。経営人は、状況を互いに緩やかに接続されたものとしてとり扱う——現実世界の事実の大半はいかなる単一の状況とも強い関連性がなく、もっとも重要な原因と結果の連鎖は、たいてい短く単純である。そのときに関連性がないようにみえる現実の諸側面、すなわち大半の側面を、考慮の対象からはずすことができる。経営人は(ついでにいえば、経済人以外の全ては)状況のごくわずかな要因だけをもっとも関連がありきわめて重要であるものとして考慮する。特に経営人は、一つもしくは二〜三の問題しか一度に扱わないが、それは、注意の制約によって全てのことがらに同時にかかわれないためである。

経営人は、最大化をはかるよりも満足化をはかるので、全てのありうる行動の代替的選択肢を最初に調べずに、また、それらが本当に全ての代替的選択肢であるのか確かめることなしに、選択できる。世界をずっと空疎に扱い、全てのことがらの間の相互関連性は無視するので（そうして思考と行動を麻痺させて）、思考の容量に対して不可能な要求をしない比較的単純な経験則で決定することができる。単純化は誤りを導くかもしれないが、人間の知識および推論の制約に直面すれば他の現実的な選択肢はない。

しかし、これが経営意思決定の正しい描写、たとえば経済人モデルよりもより正確な描写であると、われわれはどのようにしてわかるのだろうか。最初のテスト、おそらく全く重要ではないテストは、常識のテストである。限定された合理性をもつ経営人が用いる意思決定メカニズムを想像することは困難ではない。意思決定についてのわれわれの描写は、われわれの自身の判断過程についての内観的知識と非常によく適合する。

しかし、この理論は、より厳しいテストをもパスしている。すなわち、人間の決定過程について研究してきた心理学者および組織・経営研究者によってなされてきた、人間の決定過程についての大多数の観察と適合している。過去四〇年間に、「情報処理心理学」と呼ばれるようになった領域で膨大な進歩があった。困難な問題解決、概念達成、意思決定課題における人間の思考過程は、基本的なシンボル操作過程の観点からうまく記述されるようになってきた。こうした説明は、人間の行動をシミュレートするためにコンピュータ・プログラムが書けるほど十分詳細になされてきており、コンピュータ・プログラムのアウトプットと、同じタスクに従事する被験者の発話思考プロトコルとがほぼ一致してきた。[26]

ここは、そうした進展を詳細に述べる場所ではない。われわれの目的にとって重要なことは、こうした行動のシミュレーションによって支持された人間の合理性についての基本的な仮定は、本質的に先に述べた満足化をはかる意思決定者についての仮定であるということである。こうした新しい理論の検証は、実験室でのタスクに限られない。少し例をあげるならば、経営大学院の履修学生が最初の職探しをどのように行なうかについての詳細な分析が、情報処理の術語を用いて行なわれた。医療診断を可能にするプログラムがいくつか書かれ、それらの一つは市場で販売された。あるプログラムでは、熟達した会計士が財務記録の診断から企業の問題を発見するために使う過程をシミュレートしている。また、クレジットの申込書の適格審査がシミュレートされてきている。[27] 他の例はこのコメンタリーで後ほど示される。

限定された合理性と満足化という概念を現時点で支持する大量の証拠をもってすれば、第4章と第5章の人間の合理性についての記述はもはや仮説ではなく、その多くの特徴は検証されてきている。

形式的決定理論における近年の発展との関係

われわれが、合理的な人間の意思決定についての、相当に精密で経験的に検証できる理論を構築できるようになったまさにそのときに、経済人についての形式的理論化の復興が精力的になされていることは、興味深いが同時に少し皮肉でもある。この復興の動きは、一方ではノイマンとモルゲンシュタインを起源とするゲーム理論における著しい進歩に始まるものであり、同時に、他方では、ネイマンとピアソン、ウォルド、サヴェジに負う、同程度にめざましく、かつそれと密接に関連した統計的決定理論での進歩によるものである。[28]

フォン・ノイマンとモルゲンシュタインのゲーム理論には、少なくとも五つに分けることのできる明確なコンセプトがあり、それらは全て重要である。

(1) 可能な未来の行動を、個々の選択地点から分かれていく枝をもつ「木」としてあらわすということ。その結果として、個人は、そうした選択地点それぞれにおいて、とるべき適切な枝を選ばなければならないことになる。

(2) 競争状況における合理的選択の定義として、ミニマックス（競争相手に直面した際にもっともよい結果が得られるであろう枝を選択する）を採用するということ。

(3) 競争状況において、自分の動きを相手に予想されないように混合戦略（たとえば、ブラフ）を使用すること。

(4) 三人以上のプレーヤーがいる競争状況の合理的選択を、連合形成の可能性という観点から定義すること。

(5) 結果の確率分布だけがわかっている不確実性に直面した際、意思決定者は基数的効用関数をもち、期待値を最大化するように選択すると仮定すること。

本書『経営行動』における限定された合理性の理論は、このリストの(1)の項目を組み入れており、(3)および(4)の項目とは適合している。しかし、リストの残りの項目は経営人よりも経済人を特徴付けているもので、本書で使用されたモデルの一部ではない。この重要な区別は、本書の「合理的」という言葉が、古典派経済学者、ゲーム理論家や統計的決定理論家が用いているのと本質的に同じ意味であると誤って考えてきた批評家たちによって、ときには見過ごされてきた。

合理的期待という近代経済学の仮説は、ゲーム理論と密接に関連している。合理的期待の基礎にある考え方は、つぎのようなものである。全ての意思決定者が経済システムの真の均衡水準についての正確な知識を有しており、それぞれの意思決定者は、他の全ての意思決定者が、均衡水準についての同じ知識や信念を有していることを仮定し、全ての行為者が、そうした知識や信念にもとづいて未来についての期待を形成し、意思決定をする。

ゲーム理論も合理的期待のどちらも、現実の世界に直面した意思決定者の実際の知識や計算力の厳しい制約を考慮に入れていない。それらは、限定された合理性の理論から導かれる方向とは全く反対の方向に進んでいる。

古典的理論で見過ごされた要素

意思決定についての経験的研究は、意思決定過程における三つの基本的な要素が古典的理論で欠如していたことをすぐに明るみに出した。第一の欠落は、どのような決定がどのような特定の時間になされるかを定めるアジェンダを設定する過程である。二番目は、注意を向けるように選ばれた問題についての表現を獲得もしくは構築する過程である。三番目は、意思決定者がそこから選択する代替的行動を創出する一連の過程である。これらの過程は、それらが第5章でなされていたよりも、いっそう詳しく述べられる必要がある。

◆アジェンダを設定する

古典的理論では、同じ組とされた諸決定は、それぞれの時点で次々になされると仮定されていた。そうした理論では、アジェンダのようなものはなかった。というのは、どの決定問題を扱うかを選ぶ必要がなかったからである。現実の世界では、利用できる注意は、緊急性がない事柄の代わりに、タイムリーな行為が要求される事柄に向けられなければならない。すなわち、アジェンダを設定したり改訂したりする過程が存在しなければならない。

アジェンダ設定の単純な手続 もし二つまたはそれ以上のニーズが同時にあらわれたら、人や組織はアジェンダの最初にどれを置くかを決定しなければならない。こうした優先順位は、通常はつぎのような単純なルールによって決められる。それは、満足をはかるための原資がほとんど使い果たされそうになっているニーズに最初に注意が向けられる、というものである。アジェンダは、産業界の実務でよく知られているツービン在庫システム（二棚在庫法）のやり方とまさに同じように設定される。個々のニーズや不足ごとに「注文点」や「注文量」がある。より緊急のシグナルが存在するのでなければ、ある欠乏の水準で決定センターに送られたシグナルが欠乏に対する注意を確保する。もし、すぐにその事項に注意が向けられないならば、その不足がもっとも高い優先順位を得られるまでシグナルが徐々に強くなる。

このようなアジェンダを設定するシステムは、包括的な効用関数といったものを一切必要としない。探索の優先順位を設定するためにのみ、ニーズの緊急性が比較される。必要とされるものは、緊急性を知らせ、そうしたシグナルの強さを増加させていく単純なメカニズムだけである。なにものも最大化される必要がない。在庫が完全に使い果たされる前に不足を満たすための探索を実行する時間がある限り、こうした粗い手続は（最適ではなく）満足をはかるように作動する。ある程度のスラックが利用できる状態であれば、より緊急の要求に直面した場合に、探索を中断することができる。

決定を求める問題の数が単に増加しても、そうした問題全てに注意を向けることが存続のために不可欠でないのであれば、アジェンダ設定のタスクがこみ入ったものになることはない。十分に緊急度が高くないものは、アクティブなアジェンダにはならない（われわれの多くは個人生活のなかでこうした現象をよく知っている）。多くの潜在的なアジェンダ項目は、問題でも機会でもありうる。問題とは、それに注意が向けられていなければトラブルを引き起こすかもしれない項目である。機会とは、もしそれに注意が向けられれば、利益や存続の確率を高めるかもしれない項目である。

それにもとづいて優先順位が設定されるような、機会についての一定のリストがあるわけではなく、問題についてさえもそうしたものはない。問題も機会も、それらが気付かれなければアジェンダに考慮されない。内的なシグナリング・システムによって注意をひきつけるものを除いては、問題や機会は、複雑な外部の知覚環境からとりあげられなければならない。気付かれるまでは、機会は機会ではない。われわれが実際に生きている世界では、どんな特定の時間にでも、客観的に存在している機会のほんのわずかにしか、そして問題のごくわずかの部分にしか、われわれは気付かない。技術的あるいは社会的発明における主要な最初のステップ――決して保証されたものではないが――は、環境の混乱から機会と問題を抽出すること――正しい手がかりに注目すること――である。

どのように機会が気付かれるか　今日、われわれは機会（または問題）がどのように気付かれるかについての理論の初期段階にある。最大の進歩は、科学的発見の領域でなされてきた。[29] 人間の注意を重要な問題に集中させるメカニズムの一つは、驚きである。アレクサンダー・フレミングは、彼の実験室にある、バクテリアが崩壊している一つのシャーレに気付いた。彼は驚いた。バクテリアが死滅すべき明白な理由がなにもなかったからである。シャーレの端の、溶解現象が起きているところの近くに、純粋なペニシリンを含むかびがあったのだ。

このような驚きの条件はなんだろうか。ある状況に精通しており、なにか普通でない（われわれの知識に反する）ことが起きたとき、われわれは驚く。フレミングは、バクテリアやかびについて精通しており、彼のもつ知識からは、バクテリアがかびの存在によって死滅するということは全く予期されなかった。驚きによって、バクテリアがなぜ死滅するのかを説明するという問題（もしくは機会）が、フレミングの研究アジェンダになった。それは、彼がもつ知識を欠いている人には気付かれなかったであろう。もっとも重要なものの多くを含めて非常に多くの機会が、知識にもとづいた驚きを通じてアジェンダの位置を確保している。

われわれは、驚きによるメカニズムから、環境の特定部分に人間の注意を集中させるものはいったいなんなのかという、より一般的な理論を導き出すことができる。現代の世界においては、われわれ全員が、ごくわずかな部分のみにしか注意を向けることができない情報の海にとり囲まれており、それに溺れかけているとさえいえる。われわれは、入手できないある種の情報（たとえば、信頼できる予測など）を得られればと思うかもしれないが、意思決定において決定的に重要な稀少要因は、情報ではなく、注意である。計画的にであれ偶然にであれ、われわれが注意を向けるものが、われわれの決定の主要な決定要因である。

一般的に注意が不足していることを考慮に入れると、人々や組織は潜在的な情報源から、最大限の注意を払うに値し、かつアジェンダに項目を供給すると思われる情報源をみつけるために、体系的ではあるが選択的な探索を行なうことによって、意思決定の質を高めることができる。これは組織のいわゆる「インテリジェンス」部門の主要な機能であり、研究開発部門や計画部門の主要な機能でもある。

たとえば、企業の研究室は、それをもとに新しい製品が開発されるようになる基礎的発見の主要な出所であることはめったにない。たいていは、研究室は学術コミュニティや他の科学コミュニティとの知的な連結としての役目を果たしており、それらからアイデアがひき出される。研究室のタスクとは、そうしたコミュニティを観察して、コミュニケーションをとり、さらに、そうしたコミュニティによって提示された機会を知らせて、いっそうの開発を進めることである。もちろん、実験室は自然界を垣間みる窓をもつが、科学コミュニティとの密接な相互作用によって補完されないならば、それはかなり狭い窓である。

計画部門に共通の責任は、その機能の定義において必ずしも明確に認められているわけではないが、問題を早期に認識することである。問題認識のメカニズムの一つは、関心のシステムの計算モデルを構築し、予測を行なうためにそれを用いることである。環境のなかの利用できる情報を選択的に監視することは、予測よりも信頼できる早期警戒システムを提供するかもしれない。

おそらく、私はアジェンダ形成の理論、いいかえれば注意の焦点化の理論が合理的決定の議論の不可欠な部分であるということを十分に説明してきた。われわれは、意思決定にとって有用なこうしたトピックについてのアイデアを、人工知能や認知科学の文献、たとえば科学的発見の過程についての最近の研究などで見出すことができる。

◆問題を表現する

第2章のコメンタリーで、組織の構造はそれ自体タスクの表現であり、組織はそうしたタスクを扱うために設計されるということを述べた。また、表現は、意思決定の水準においても重要性をもつ。新しい決定の機会が生じたときはいつでも、決定すべき問題の表現が発見されなければならない。

おそらく今日においては、アジェンダ設定の過程よりも問題形成のメカニズムについてのほうが十分に知られていないだろう。もちろん、注意志向メカニズムによってアジェンダにされた項目がよく知られた種類のものならば、その項目を解決できる形式に整えるには、標準的な手続が通常は利用されるだろう。もしわれわれがある問題を方程式に定式化できるならば、われわれはその問題を解決する方法を知っている、といえる。

あるいは、驚きによってアジェンダとされた項目に戻ると、科学者は驚きを活用するためのかなり標準的な手続をもっている。驚いた場合、科学者は最初に、驚くべき現象の範囲を記述しようとする。かびがあることでバクテリアが死滅しつつあるのならば、どんな種類のバクテリアが影響を受けているのだろうか？（フレミングは、たくさんの種類が影響を受けていることを発見した）。どのような種類のかびが影響を与えているのだろうか（あきらかに、ペニシリンかびだけだった）。そして、現象の範囲が定義されると、そのメカニズムを発見しようとする（破砕すること、アルコール処理すること、加熱すること、結晶化すること等々によって、バクテリアへの作用を維持し、さらには高める物質を、ペニシリンから抽出できるだろうか。もし、そうした物質を発見したなら、それを精製し、化学式として記述できるだろうか。一連の実験の全ては、最初はフレミングによって、そして、ハワード・フローリーとエルンスト・チェインによって、まさにこの通り実行された）。

問題のなかには、そのままでは大変むずかしいが、適切に再定式化されると大変易しくなるものもある。MCパズルはその好例である。チェッカーボード（8×8）と32のドミノを考えてみよう。それぞれのドミノはボードの二つのマスをきっちりと覆っている。チェッカーボードをドミノで完全に覆うことができるのはあきらかである。それでは、上の左端の角と下の右端の角の二つのマスをチェッカーボードから切りとったと考えてみよう。それでは残りの62マスを31のドミノで覆うことができるだろうか。

それはできないのだが、その答えは明白ではない。われわれのだれも、全てのありうるカバーの仕方を試すことでそれが不可能であることを説明するほどの根気はない。ということで、なにか別の方法を探さなければならない。問題を抽象化し、ドミノの数と黒いマスの数と赤いマスの数だけを考えてみよう。どのドミノも、一つの黒のマスと一つの赤のマスだけをきっかりカバーする。しかし、われわれがとり除いた二つのマスは、同じ色である（これらは対角に位置する反対の角である）。それゆえ、一方の色のマスはもう一方の色のマスより二つ少なくなるだろう（たとえば、30の黒と32の赤となる）。しかし、ドミノは黒と赤のマスを同じ数だけしかカバーできない。それゆえ、全体のカバーは不可能である。

問題の表現は、問題それ自体のように、おのずからわれわれに提示されているわけではない。それらは、われわれがある状況をよく知っている種類のものであると再認したときに記憶からすくい上げられるか、または選択的な探索を通じて発見される。問題を定式化することそれ自体が問題解決タスクである。

たとえば、欧米の企業は、数年間、日本やその他の極東との競争によって引き起こされた試練について十分に認識していた。問題はアジェンダにあがっていたが、適切な問題の表現をみつけることが困難であり、また、それが十分になされてこなかった。真の問題は、品質管理の問題なのか、製造における能率の問題なのか、マネジメントスタイルの問題なのか、労働者のモチベーションの問題なのか、賃金水準の問題なのか、為替レートの問題なのか、貿易の規制の問題なのか、投資のインセンティブの問題なのか。リストは終わりがない。問題の異なった表現は、異なった解決策の提案を生み出すだろう。

現実に即した問題の表現についての理論の開発は意思決定研究のアジェンダの上位に置かれなければならないのはあきらかだろう。

◆代替的選択肢を発見し、選択する

合理的経済人の理論の際立った特徴の一つは、そこから選び出す代替的選択肢の全てが最初から所与だということである。経済人は、あらゆる種類の財や過程や行為についての固定されたレパートリーを提供された静的な（想像上の）世界に住んでいる。こうした合理性についての古典的な見方では、どこから代替的な行為のコースが生じるのかということについて説明できない。そこでは、代替的な行為のコースが意思決定者への無償の贈り物として提示されるだけである。

しかし、どんな組織においても管理者の労力の大部分は、ありうる行為の選択肢を発見することにあてられている。いくつかの明白な例をあげるならば、新しい製品、新しいマーケティング方法、新しい製造方法、さらには新しい組織構造についての探索がある。こうした探索活動の全ては、すでに知られて理解されている行為を超え、新しい行為を組織が選択できるようにすることを目指している。

第5章は「計画過程」の見出しのもとで代替的選択肢発見についての多少の議論を含んでいるが、その章でさえ代替的選択肢をつくり出すという主題をどちらかといえば軽くあしらいすぎており、これをわれわれの決定についての扱いにおける重大な欠点とみなさなければならない。

家探しや仕事探しは、通常は十分に限定されていない代替的選択肢の集合のなかで広範な探索をしなければならない市場活動である。卒業予定者は、最初の仕事を探す際、採用見込みのある雇用主を発見する手続のみならず、いつ探索を終えるかを決定するストップ・ルールや、それぞれの雇用機会についての関連情報を得るための手続ももっていなければならない。それと全く同様に、組織においても、選択のための代替的選択肢は通常は所与ではなく、選択的探索を通じて生み出される。

代替的選択肢を発見することは、ときには、すでに記述したような家や仕事を探す類の探索である。ここでは、代替的選択肢はすでに存在する。それらは探し出されなければならないだけである。しかし、たぶんもっとも重要なケースを含む多くのケースでは、組織が探索しようとする代替的選択肢は、存在しているのではなく、創造され設計されなければならない。そこでのタスクは、探索することではなく、合成、すなわち設計することである。多くの経済的な製品は一般市場向けに製造されたり、店の棚で売られたりするために製造されるのではなく、特定の顧客との契約によって特別に設計される。既製品もまた、当初は考え出され、設計されなければならないが、衣料品や医薬品のように新製品が絶えず市場に出される産業において中心的かつ継続的に実践されているのは、まさにこのようなタスクである。

近年、認知科学の研究によって設計の過程について多くのことが教えられた。[30] いかなる問題解決過程においても、われわれは一つの目標もしくは目標の組を、見込みがありそうな解決策に適用するための基準として定式化する（解決とは、こうした目標満足化の基準を満たすものである）。設計には、見込みがありそうな解決策をつくり出すためのジェネレータが必要である。もし、そうしたジェネレータが、一つずつがテストによって受容または却下とされるようなアイテムをつくり出せないならば、探索を方向付ける方法に沿った進展の基準を適用しながら、一連のステップのなかで見込みがありそうな解決策を合成しなければならない。われわれが探索している問題空間（問題の表現）について知れば知るほど、われわれはその空間から探索を方向付けるためのより多くの情報を抽出することができ、探求はより能率のよいものになるだろう。

◆意思決定における段階

意思決定過程をアジェンダ設定、問題の表現、代替的選択肢の発見、代替的選択肢の選択といった副次的過程に分割することは、ときにつぎのような批判をされてきた。それは、意思決定を誤って「線形的」過程として描写し、それによって厳密化しているという批判である[31]。もちろん、われわれがいってきたことのどこにも、こうした副次的過程が所定の順序に従わなければならないといった含意はない。アジェンダ設定——および再設定——は継続的な過程であり、それは（たとえば新製品のような）新しい決定の代替的選択肢の探索がそうであるように、決定の新しい機会とともに代替的選択肢の選択が生じる。ある決定過程で発見された代替的選択肢は、ずっと後になって有用な利用方法が見つかるかもしれないし、全く異なった決定に関連して有用な利用法がみつかるかもしれない。

加えて、意思決定における副次的過程のそれぞれは、それ自体、アジェンダ設定や代替的選択肢の発見・選択・評価を再び求めるかもしれない問題を提示する。われわれがコンピュータ・プログラムで決定を自動化し、決定を遂行する途中であらわれる目標や副次的目標の複雑なハイアラーキーを観察したときに、こうしたことはあきらかになる。ここで記述された意思決定過程は、全く「線形的」なものもないし、新しい状況が生じ新しい事実が発見されたときの柔軟性に対して何の障害も与えない。こうしたことは全て、手短ではあるけれども、第5章で指摘されている。

◆良構造／悪構造問題

われわれがもっともよく理解している問題解決とは、良構造問題に関するものである。目標のテストがあきらかで容易に適用でき、見込みのある解決策を合成するための良定義のジェネレータの集合が存在するときに、問題は良構造であるといえる。こうした特徴が欠けていくほど、問題は悪構造化する。日々の世界でわれわれが直面する問題の、大半ではないとしても多くは、悪構造化しているものである。家を設計する建築家、橋や発電所を設計するエンジニア、望ましい属性をもつ分子やそれを安く製造する方法を探索している化学者、増加している需要を満たすために新しい工場を建設すべきか判断しようとしている管理者、かれらは全て、多くの不良定義の要素をもつ問題を解決しようとしている。

われわれの現在知る限りでは、不良定義の問題を解決するために使われる基本的な過程は、良定義問題を解決するために使われるものとは異なっていない。だが、不良定義問題の解決には「直観的」「判断的」もしくは「創造的」な過程が含まれており、そうした過程は、良構造問題の解決で用いられる、ありふれた、ルーティンの、論理的なもしくは分析的な過程とは全く異なっている、と主張されることがある。

われわれはこうした議論に対して実証的に論駁を加えることができる。なぜなら、われわれは今日、直観的、判断的、創造的過程の性質について、それらがどのように働くかについてのしっかりした証拠をもっているからである。どのような領域においても熟達者は、その領域についてのきわめて大量の知識を記憶していることをわれわれは知っている。知識を量ることができるところでは、熟達者は少なくともざっと五万、もしくは二〇万もの――おそらく、五〇〇万には満たないほどの――「チャンク」（熟知している単位）の情報を保有しているようである。

こうした情報は独特の方法で記憶のなかに保持されている。すなわち、情報は、ある「インデックス」

――異なる刺激を識別する基準のネットワーク――に関連付けられている。熟達者が自分の専門領域においてある状況に直面したとき、その状況のさまざまな特徴や手がかりが注意をひきつけるだろう。たとえば、チェスのプレーヤーは、「オープン・ファイル」、「ダブルポーン」、「ピンド・ナイト」のようなよく知られた手がかりに気付くだろう。気付いたそれぞれの手がかりから、その手がかりに関連する、記憶に蓄積された情報のチャンクにアクセスできる。貸借対照表で現金残高が少なくなっていることをみつけた会計士は、キャッシュ・フローや流動性問題に関して自分が知っていることを思い出すだろう。

しばしば言及されるような、「直観的に」、そしてしばしばきわめて素早く、かなりの精度と正確さを備えて反応する熟達者の能力は、単にこのような蓄積された知識およびそれによって可能となっている再認による問題解決の産物である。直観、判断、創造性は、基本的に再認能力のあらわれであり、経験と知識にもとづく反応である。われわれが道で友人に出会ったとき、彼だと「即座に」わかり、その友人についてもっているあらゆる情報についてのアクセスが得られるのと同様に、そこにはなんら神秘的なものがない。しかしながら、直観、判断、創造性といった観念は科学的説明を超えたものであると幅広く信じられているので、少し労力をかけて、このコメンタリーのつぎのセクションで、そうした観念について知られていることを付け加える。

これからわれわれが検討するように、二つの問題解決スタイル――分析的スタイルと直観的スタイル――の存在を仮定する必要はない。分析力は、そのスピードや有効性において熟達者の知識に依拠している。再認によって利用できるようになる知識なしでは、推論において、ごくわずかの、遅い、骨の折れるステップしかとることができない。再認（直観）よりも分析に頼るかどうかに関して熟達者間で相対的な差異があることにわれわれは気付くだろう。しかし、事実上全ての熟達者の行動において、これら両方の多くの要素が密接に混ざり合っていることをわれわれは見出すことになるだろう。

直観の役割[32]

現在の意思決定理論に対して、つぎのような見地からしばしば異議が唱えられている。それは、意思決定過程の体系的で「論理的」な側面にほとんど全ての注意が向けられており、それらのなかで人間の直観や感情が果たしている大きな役割について十分に考慮していない、というものである。「論理的」意思決定対「直観的」意思決定という論争は、何年も前にまでさかのぼることができ、『経営行動』の初版の出版以前である。出発点の一つは、チェスター・バーナードによる「日常の心理」というよく知られたエッセイであり、『経営者の役割』の付録として一九三八年に出版されたものである。より最近では、意思決定フレームワークに属する「論理的」アプローチにおいて当然のように直観が無視されていることは、さまざまな書き手のなかでもとりわけ、クリス・アージリスとヘンリー・ミンツバーグによって強い批判の対象になってきた。[33]

◆バーナードによる非論理的決定過程についての主張

バーナードのエッセイは、われわれ自身の議論のためのよい出発点を供給してくれるだろう。その中心的な主題は、バーナードがいうところの、意思決定を行なうための「論理的」過程と「非論理的」過程との対比であった。

「論理的過程」とは、言葉や他のシンボルによって表現されうる意識的思考、すなわち推論を意味している。「非論理的過程」とは、言葉では表現することができない、もしくは推論として表現できない過程であり、判断や決定や行為によって知られるにすぎないものを意味している。

経営者は、いうなれば科学者とは対照的に、秩序だった合理的分析に基礎付けられて決定を行なうような余裕がないことがしばしばであり、決定することが必要な状況に対する直観的もしくは判断的な反応に大いに依存している、というのがバーナードの主張である。ここでは、非論理的もしくは直観的なものが全く無視されていない。バーナードは論理的な意思決定と判断的な意思決定を区別するような形式的基準のセットを提供しなかったけれども、少なくともかなり極端な形ではそれらを容易に見分けられるような、二つのスタイルの説明を行なった。「論理的」な意思決定においては、目標および代替的選択肢が明示的になっており、異なる代替的選択肢を追求した結果が計算され、そうした結果がどのくらい目標に接近したかという観点から評価される。

「判断的」な意思決定においては、決定に対するニーズへの反応が、通常はあまりに急であるために、そうした状況を秩序立てて順次分析をしている余裕がない。さらに、意思決定者は、その決定に到達した過程や、その決定が適切であると判断した理由について、たいていは説得力のある説明をすることができない。それにもかかわらず、意思決定者は、自分の直観的な意思決定の正しさに強い自信を抱き、そうした決定を素早くできる能力をみずからの経験によるものだと考えているようである。

多くの経営者は、おそらくバーナードによる決定過程の説明に説得力があるとみなすだろう。なぜなら、その説明が決定過程がどのように働いているかについてのかれら自身の感覚を捉えているからである。他方、経営の研究者、特に、経営決定過程を改善することをみずからの目標としている研究者には、そうした説明に居心地の悪さを感じてきた者もいる。というのは、そうした説明は、判断即決を正当化し、熟慮と計算を含んでいることがほとんどである経営科学のツールの妥当性に疑いを投げかけるからである。

バーナードは、いかなる意味でも決定の非論理的過程を魔法のように考えていなかった。それどころか、彼は、そうした過程は、大部分は知識と経験によって基礎付けられていると感じていた。

これら非論理的過程の源泉は、生理的な条件や要因、もしくは物的および社会的環境に由来し、たいてい、無意識的に、すなわちわれわれの側で意識的な努力をしなくとも、われわれの心に植え付けられる。それらはまた、多くの事実、パターン、概念、技術、抽象概念ならびにいわゆる公式的知識や信念などからも構成され、多かれ少なかれ意識的な努力と学習によってわれわれの心に刻み込まれる。この二番目の非論理的な心的過程の源泉は、統制された経験、学習、および教育によっていちじるしく増大する（三〇二ページ）。

『経営行動』を書いていたとき（一九四一～四二年）、私はバーナードの直観的判断の説明に悩まされた（第3章の注10を参照）。その主たる理由は、判断がなされているときにどのような潜在意識過程が進行しているのかについてなんの手がかりも彼が残さなかったからである。意思決定の理論は意識過程と潜在意識過程の両方についての説明を与えなければならないということには全く納得したが、私は、これらの両方の過程が本質的に同じであると仮定することでその問題にうまく対処しようとした。すなわち、これらの過程が事実前提および価値前提に依拠しており、決定となる結論を形づくるためにそうした前提にもとづいて作動しているということである。

意思決定過程を記述するために、私が論理（前提から結論をひき出すこと）を中心的なメタファーとして用いたため、『経営行動』の読者の多くは、ここで提示された理論は、「論理的」な意思決定にのみ適用され、直観や判断を含む決定には適用されないという結論を下した。これは、全く私の意図するところではなかった。しかし、いまでは、曖昧さを解消することができる。それは、判断的および直観的過程がどのようなものであるかについての確かな理解をわれわれが獲得してきたためである。このコメンタリーの前の部分で、私はすでにそうした理解についてごく短く触れてきた。この後ですぐ、私は新しい証拠をあげていくが、最初に「二つの脳」仮説について一言述べておかなければならない。それは、合理的過程と直観的過程が非常に異なっており、それらが脳の異なった部分において実行されていると議論している仮説である。

◆分離脳と思考様式

「分離脳」――大脳の両半球を接続している脳梁が切断された脳――についての生理学的研究は、意思決定には二つの質的に異なった種類――バーナードの「論理的」に対応する分析的なものと「判断的」に対応する直観的または創造的なもの――があるという考えを助長してきた。この二分法の主要な証拠は、（右利きの場合）右半球が視覚パターンの再認において特別な役割を果たしており、左半球が分析的過程や言語の使用において特別な役割を果たしているというものである。分離脳研究に加えて他の証拠も同様の半球の特化を示唆している。たとえば、脳波技術は、脳の異なった部分での相対活性を測定するのに用いることができる。大半の右利きの被験者にとって、視覚パターンの再認を含むタスクに脳が従事しているときには、左半球よりも右半球のほうが活動が活発であり、タスクが分析的になれば、パターンは逆になる。[34] こうした特化は、ＣＴスキャンやＭＲＩ技術も用いた最近の実証によっても支持されている。

分離脳説のもっと空想的なものでは、こうした証拠をもとに、分析的／創造的と銘打った二つの対極的な思考様式を推定している。それは、分析的な左半球は、脳活動のうち単調で現実的な日常的活動を実行し、一方、創造的な右半球は、偉大な音楽・文学・芸術・科学、さらには偉大な経営を生み出すイマジネーションの飛躍を担っている、といった具合である。こうした空想的な推定の証拠は、生理学的研究に由来するものであるはずがない。生理学的研究は、半球間でのある程度の特化――とりわけ、右半球が視覚パターンの再認で特別な役割を果たしている（が、脳の別の部分が、視野における位置の記録において特別な役割を果たしている）こと――を示しているだけである。

そうした生理学的な証拠が、どちらかの半球が他の半球と独立に問題解決や意思決定、または発見をすることができるということを含意しているということは決してない。二つの異なった思考様式についての本当の証拠は、本質的にはバーナードが依拠したものにある。それはすなわち、日常の出来事において人々がしばしば、素早く的確な判断を行なったり、妥当な決定に到達したりするが、体系的推論を行なったというあきらかな徴候がなく、結論へと導かれるにいたった思考過程が報告できない、という観察にある。また、ある特定の問題に直面した際、その解決において直観的な過程をおもに用いる人もいれば、分析的過程を相対的に多く用いる人もいるという非常に妥当な仮説についてのいくつかの証拠もある。

われわれの目的にとっては、重要なのは行動における差異であって、半球における差異ではない。二つの半球について言及することは、直観的で「論理的でない」思考についてのわれわれの理解を妨げるだけかもしれない回り道である。われわれにとっての重要な問いは、「直観とはなんであるか」や「それはどのように実現されるのか」であって、「脳細胞の何立方センチメートルのところでそれが生じるか」ではない。

◆直観の過程についての新しい証拠

すでにみてきたように、人間が悪構造問題を解決するためや、さらには芸術作品や科学研究を創造するために用いる過程についての多くの知見が近年得られてきた。こうした知識は、心理学の実験室において、人間の活動のある領域においてあきらかに創造的な人々の行動の観察によって、そして、コンピュータを用いた熟達者の水準の人間の思考過程のモデル化によって、得られてきた。こうしたデータを用いて、直観的判断の背後にある過程について、そうした過程の大半がそれを用いている人には意識されていないとしても、多少とも詳しい説明を行なうことができる。

認知科学や人工知能研究は、プロフェッショナル水準のタスクにおける熟達者の問題解決や意思決定の性質について多くの注意を払ってきたが、それは、熟達者と初心者の間での行動の差異の理解を得るためや、初心者がどのようにして熟達者になることができるかについての理解を得るためであった。認知科学研究の目標は、人間の思考過程をモデル化することであり、人工知能研究の目標は、「エクスパート・システム」を構築することであった。双方の研究によって、われわれの専門技能についての理解が非常に深まってきた。[35]

チェスにおける直観　チェスと経営とは関係が薄いように思われるかもしれない。しかし、チェスは高度な知性と注意深い思考を必要とするゲームであり、グランドマスターは、通常その地位を獲得するために多くの年月を費やしているフルタイムのプロフェッショナルである。チェスにおける専門技能の基礎や、ゲームにおいて非常に重要な部分を占めているように思われる直観的判断の本質を発見するために、多くの研究がなされてきた。

チェスは、それについて直観を研究することなどありえないような領域であるように思われるかもしれない。チェスをすることは、高度に分析的なアプローチを必要とすると考えられている。というのは、プレーヤーは自分の差し手と相手の差し手の結果を体系的に計算し、そのために一つの差し手に三〇分間やそれ以上の思考時間をとることもあるからである。しかし、チェスのプロフェッショナルは多面差しをすることができ、ときには五〇人の相手と対戦することがあるが、技能水準はトーナメントの状況で差しているときよりもわずかに低くなるだけである。多面差しでは、チェスのプロフェッショナルは、一つの差し手に一分間に満たない時間、しばしば数秒しかかけない。注意深く分析する時間はない。

こうした状況でどのようにしてよい差し手がみつけられるのかグランドマスターにわれわれが聞くと、敏速な決定について他のプロフェッショナルに質問したときにかれらから得たものと同じ回答が得られた。それは、「直観」による、すなわち専門的な「判断」をその状況にあてはめることによる、という答えである。駒の配置を数秒みることでよい差し手を思いつくが、そうした判断がどのように出てきたのかについての自覚はプレーヤー自身にはない。トーナメントの状況においてさえ、通常は盤面についてほんの数秒考えただけでよい差し手がプレーヤーの頭に浮かんでくる。一般的には、分析時間の残りは、妥当であるように思える差し手に隠れた弱点がないかを確かめるために費やされる。

われわれは、他のプロフェッショナルの領域でも同じような行動に遭遇している。そこでは通常、直観的な判断が、実際に実行される前にさまざまなテストにかけられている。おもな例外は、決定が期限の前になされなければならないような状況やほとんど即時になされなければならない状況である。もちろん、こうした状況下では(持ち時間がほとんどなくなっているときのプロフェッショナルのチェスでのように)、誤りがときどき生じることをわれわれは知っている。

チェスのグランドマスターが通常は数秒でよい指し手をみつけられることを可能にしている判断力や直観を、われわれはどのように説明できるだろうか。容易に繰り返すことができるある実験から、たくさんの答えを得ることができる。もし、グランドマスターと初心者が、五秒間、実際に行なわれたものであるがみたことのないチェスの対戦のある局面をみせられ、その局面を再現するようにいわれたならば、グランドマスターは通常、約九五パーセントの正確性(二五個中二三または二四個)で再現するだろう。一方、初心者は、約二五パーセントの正確性(二五個中五または六個)が平均である。これは、チェスの専門技能が、優れた視覚イメージ力にもとづいているということを意味しているのであろうか。そうではない。というのは、もしわれわれが駒をランダムに置いた盤面を提示したならば、初心者はやはり約六個を元の位置に戻すのだが、グランドマスターはわずか約七個しか戻せないからである。違いはイメージ力にあるのではなく、熟達者の知識にある。グランドマスターにとって、しっかりと対戦された盤面は二五個の駒が散らかったものではなく、六個のよく知っているパターンが配列されたものであり、いわば見覚えのある古い友達である。ランダムな盤面ではそうしたパターンはなく、二五個それぞれの駒が一つの見覚えのない配列で置かれているだけである。

グランドマスターの記憶にはパターンの集合以上のものが含まれている。記憶のなかでそれぞれのパターンと関連付けられているものは、その重要性に関する情報――どのような危険がそこにはあるか、そこからどのような攻撃的または守備的な指し手が考えられるか――である。パターンを再認することで、その局面にふさわしいであろう指し手がすぐにグランドマスターの頭に浮かぶのであり、チェスのプロフェッショナルが迅速な速度で大変強いプレーができるのは、こうした再認によるものである。インデックスがついたチェス事典を熟達者の頭のなかに蓄積した過去の学習によって、こうしたパフォーマンスが可能になっている。つまり、これがグランドマスターの直観もしくは判断の秘密である。

熟達者の記憶にある、精通しているパターンの数の推定値――ほぼ五万くらいである――についてはこのコメンタリーで先に言及した。大学卒業者の自然言語の語彙は、五万から二〇万語の範囲――ほぼ同じ範囲――と推定されている。言葉を再認するとその言葉の意味についての記憶の蓄積にアクセスするが、それと同じようにチェスのパターンを再認するとその意味についての知識にアクセスするのである。

コンピュータ化されたエクスパート・システムにおける直観　非常に多くのよくできたコンピュータのエクスパート・システムが、特定の領域におけるプロフェッショナルな人間のパフォーマンスに対抗できるようになっている。こうしたシステムは何万ものプロダクションをメモリーに蓄えている。プロダクションは、if-then のペアの形式をとるコンピュータの命令である。「if」は、再認されるべきある条件の集合またはパターンである。そして、「then」はそうした「if」に関連付けられた一連の情報であり、現在の状況のなかにそうしたパターンが再認されると必ずメモリーから呼び出される。

人間の直観とエクスパート・システム両方についての多くの研究がある医療診断においては、ＣＡＤ

UCEUSやMYCINのような診断システムは、たくさんの数のそうしたif-thenのペアから成り立っており、あまり大きくない処理能力の推論マシンと組み合わされている。こうしたシステムはいまや、それぞれの限定された領域内ではすぐれた臨床水準で医療診断をすることができる。それらの再認能力、すなわちif-thenのペアは、直観的もしくは判断的能力を説明している。同時に、それらの推論過程は分析的能力を説明している。

医療診断は、エクスパート・システムが構築された多くの領域の一つにすぎない。長年の間、電動モーター、発電機、変圧器は、大規模な電気機器メーカーによって開発されたエクスパート・システムによって自動的に設計されてきた。こうしたコンピュータ・プログラムは、プロフェッショナル・エンジニアから標準的かつ比較的ルーティンな多くの設計タスクを引き継いできた。そうしたプログラムは、人間の設計者が使用してきた経験則による手続、すなわち電気機器についての理論的および実践的情報の大量の蓄積の結果をかなり綿密に模倣している。再認はこれらのシステムで大きな役割を果たしている。たとえば、顧客の仕様書を精査することで、設計の基礎として用いられる特定の種類の装置がプログラムに呼び出される。その結果、設計のためのパラメータは、装置の性能要件に合致するように選択される。

化学では、有機分子を合成する反応経路はエクスパート・システムによって設計されうる。こうした化学合成のプログラムは、その他のエクスパート・システムで使用しているのと同じような直観と分析の混合を用いており、それは人間の熟達者においても同様である。他のエクスパート・システムの例もあげることができるが、それらは全て、推論または分析過程が再認手がかりを頼りに知識バンクにアクセスする過程と結合していることを示している。これはエクスパート・システムの――同様に人間の熟達者の問題解決の――機構についての一つの普遍的図式であるように思われる。

プロダクションにもとづく直観的もしくは判断的推論について、「非合理的」なものはなにもないことを指摘しよう。あるプロダクションのなかの条件は、一組の前提を構成する。これらの条件が満たされればいつでも、プロダクションは適切な結論を導き出す――それらの条件に含意されている情報を記憶から呼び起こしたり、運動反応を開始したりすることさえある。車の運転を学んでいる人は、赤信号に気付き、赤信号なので停止すべきであることを意識し、停止するにはブレーキをかける必要があることを意識する。熟練したドライバーは、赤信号をみると、ブレーキをかけるだけである。行為者が過程をどの程度意識しているか――逆に、反応がどの程度自動的なのか――は異なっているが、一方の反応がもう一方よりも、より「論理的」というわけではない。

経営における直観　経営とは関係が薄いプロフェッショナルの領域から得られたものが多いとしても、これまでにあげてきたような証拠を示すのは重要であると思われる。というのは、「直観的」判断が「論理的」判断とはかなり異なった属性（それも、ほとんど知られていないと考えられているが）を有しているという考えが、非常に幅広く流布しているからである。そうした証拠は、管理者の直観的技能が、チェスのマスターや医者の直観的技能と同種のメカニズムに依拠していることを強く示唆している。もしそうでなければ驚きである。経験豊かな管理者もまた、トレーニングや経験から獲得し、再認できるチャンクや関連付けられた情報に置き換えて組織化された大量の知識を記憶している。

たとえば、マリナス・J・ボウマンは、財務諸表の検査から会社の問題点を発見することができるコンピュータ・プログラムをつくり上げた。[36] そのプログラムは、財務諸表を解釈する経験豊かな財務アナリストの詳細な発話思考プロトコルにもとづいてモデルが組み立てられており、アナリストが問題を直観的に、たいてい非常に素早く突き止めることを可能にしている知識をとらえている。そのプログラムの回答と熟練した人間の財務アナリストの回答とを比較すると、たいていは非常に近いことがわかった。

別の研究では、R・バスカーは、ある経営政策のケースを分析するようにいわれたビジネス・スクールの学生と経験豊かなビジネスマンから、発話思考プロトコルを収集した。[37]学生とビジネスマンが行なった最終的な分析はかなり似通っていた。初心者と熟達者の間ではっきりと差がついたのは、ケースの鍵となる特徴を特定するのに要した時間であった。熟達者の場合、普段通りに直観が働いたため、分析が大変素早くなされた。一方、初心者は、はるかに意識的で明示的な分析を用いたために、分析が遅くなった。

いくつかの結論　熟達者の問題解決や意思決定での判断的および分析的過程の使用に関しての詳細な記述は、経営研究のアジェンダにおいて高い優先順位が与えられるに値する。しかしながら、すでになされた研究にもとづけば、（少なくともよいマネジャーに関しては）二種類のマネジャーがおり、その一方はもっぱら再認（別名、直観）に依拠し、もう一方は分析テクニックに頼っている、というのは非常に疑わしいように思われる。もっとありそうなことは、二種類の技能の密接な結合を含んだ意思決定のスタイルが連続体をなしていることである。われわれはまた、解決すべき問題の性質が、どのような混合がもっとも有効であるかの主要な決定要因であることを、おそらく発見することになるだろう。

判断的および直観的過程の有機的構造、特定の判断的タスクを実行するのに必要な特定の知識、関連した状況でそうした知識を呼び起こす手がかりについて、われわれがいっそう理解していくことで、われわれは熟達者の判断を改善するための強力で新しいツールを得ている。われわれは、ある領域の熟達者が獲得しなければならない知識および再認能力を特定することができる。さらに、そのように特定したものを適切な学習手続を設計するために用いることができる。

われわれは、ますます多くの状況で、専門技能を自動化することや、あるいは卓越したコンピュータ化されたコンサルタントを人間の意思決定者に提供することができるエクスパート・システムも設計できる。だんだん、管理者のための意思決定支援が非常にインタラクティブになり、知識と分析が人間とシステムの自動化された構成要素との間で共有されるのをわれわれはみかけるようになっている。異なった種類の管理者のタスクにおいて熟達者が使用している知識や手がかりを抽出し、目録をつくるという莫大な研究開発タスクが待ち受けている。すでにみたように、経営の領域において会社の財務諸表の分析は、エクスパート・システムの構築がある程度進んだ領域である。企業の政策や戦略の領域は、このようなシステムの早期開発のためのよい候補である。

人々を管理することを含んだ経営者の仕事のもう一つの側面——大変に重要な側面——はどうだろうか。管理タスクのこうした重要な部分を改善するために、どのような助けを期待できるだろうか。この問いの重要な側面をつぎのセクションでとりあげることにしよう。

知識と行動

管理者が、分析もしくは直観によって自分がすべきであると知っていることと、かれらが実際に行なうことは、しばしば異なっている。よくある管理者の失敗の一つが、われわれ全てが（ときにはみずからに）よく目にすることがあるように、むずかしい決定の先送りである。それでは、決定をむずかしくし、それによって先送りを引き起こすものはなんであろうか。しばしば、問題は、代替的選択肢全てが望ましくない結果を引き起こすことにある。人々は、二つの悪いもののうちましなほうを選ばなければならないとき、かれらはベイジアン統計学者のように、それぞれの確率を考慮しながら、より悪いものに対してまだましなものに重み付けをするといったように、単純にふるまうことができない。その代わりにかれらは、意思決定を先送りし、否定的な結果をもたらさない新しい代替的選択肢を探索する。もし、そのような代替的選択肢がみつからなければ、選択の先送りを続けがちである。望ましくないものの間での選択は、選択というよりもディレンマであり、避けられたり はぐらかされたりするものである。

「負の効用」の最小化は、受け入れられやすい解決策ではないことが判明している。

別のケースでは、不確実性が選択の先送りの原因である。それぞれの選択肢は、ある環境条件のもとでは望ましい結果をもたらすが、別の環境条件では望ましくない結果をもたらす。こうしたことが起こると、われわれはまたたいてい、古典的な合理的行動を遵守しなくなる。というのは、状況は、再びディレンマとして扱われるからである。予想される全ての条件のもとで、少なくとも我慢できる結果がもたらされる代替的選択肢が探索される。

決定を遅らせる一般的な三つ目の理由がある。決定を先送りするように管理者を導く望ましくない結果というものは、しばしば他の人たちにとってもよくないものである。ときには管理者は、従業員を解雇しなければならなかったり、さらに頻繁に、授業員に対して仕事ぶりが満足なものでないと告げなければならなかったりする。顔をつきあわせてそういった事柄を処理することは多くの、たぶんほとんどの経営者にとってストレスがかかるものである。その従業員が身近な仲間であったり、友人であったりするならば、ストレスはいっそう高まる。もし、そのような不愉快なタスクをだれかに委任できなければ、それは先送りされるかもしれない。

最後に、(われわれ全てが一度や二度は経験しているように) ミスを犯した管理者は、自分がストレスの多い状況に置かれていることに気付く。問題は遅かれ早かれ処理しなければならないが、なぜすぐにではなく遅くなのだろうか。さらにいえば、それに立ち向かっているとき、違うやり方でアプローチできるはずである。ある管理者は非難を避けようとして、「それは私のミスではなかった」というかもしれない。それとは違うやり方は、そうした状況に対する改善策を提案することである。非難を避けようとするか、それを改善しようとするか、それらの方向がどの程度頻繁にとられるかについての体系的データを私はもち合わせていないが、われわれの大半はおそらく、深刻な誤りが生じたときに、非難を避けようとする行動が問題解決行動よりもずっと一般的だということを認めるであろう。

◆ストレスの帰結

こうした不愉快な意思決定状況全てに共通しているのは、ストレス、すなわち行動を理性の要請からそらせてしまう強力な感情的力である。それらは、管理者がしばしば、あきらかに非生産的なやり方でふるまうような、はるかに広範な状況での事例である。時間的なプレッシャーのもとで行為がなされなければならないとき、非生産的な反応はとりわけありふれたものとなる。罪悪感、不安、決まり悪さといった感情を静める必要から、組織にとって長期的に悪い結果という犠牲を払ってでも、一時の個人的な慰めを生み出すような行動が導かれてしまう。

こうした種類の行動は、先にわれわれが論じてきた直観的な行動とは全く異なった意味で「直観的」である。それは、注意深い分析や計算がない反応をあらわしているという意味において「直観的」である。たとえば、うそをつくことは、マキャベリ流の陰謀の結果であるよりも、パニックの結果であることのほうが多いだろう。感情に動かされる管理者の直観は、われわれが先に論じた熟達者の直観とは大きく異なっている。後者の行動は、学習および経験の産物であり、大部分は適応的である。それに対して、前者の行動は、より原始的な衝動や感情によって狭められた注意の範囲に対する反応であり、しばしば不適切である。われわれは、熟達者の「非合理的な」決定——熟達者の直観と判断に由来する決定——と、ストレスがかかった感情がつくり出したであろう非合理的な決定を混同してはならない。

私は、組織的意思決定の病理の包括的な分類学をつくろうとは思わない。私は単に、ストレスが反生産的な行動を導くように、認知と相互作用するやり方についてのいくつの例をあげてきただけである。そのような反応は、個人、さらには組織にとってさえ非常に習慣的なものになりうるので、それが、認識されうる管理「スタイル」を代表することになる。次章のコメンタリーにおいてこうした事柄についてもう少し述べることにする。

要するに、管理の「分析的」スタイルと「直観的」スタイルを対照することは誤りである。直観と判断は——少なくともよい判断は、単に習慣へと固定化された分析や、なじみのあるような状況の再認を通じた素早い反応能力へと凝固した分析であるにすぎない。全ての管理者は、問題を体系的に分析できる必要がある（経営科学や人工知能によって提供される分析ツールという現代的な武器の助けを借りて）。また、全ての管理者は、状況に素早く反応できる必要があり、それには長年の経験や訓練による直観と判断の修練を必要とするスキルが求められる。有能な管理者は、問題に対して「分析的」アプローチと「直観的」アプローチのどちらをとるか選んでいる余裕はない。管理者らしくふるまうということは、あらゆる管理スキルに熟達し、適切なときにいつでもそれらを使えるということである。

注

23 編集者が"satisfce"という単語を怪しんで、それを"satisfy"に置き換えたりさえするときに、私は、ここで与えられているような意味で、*Oxford English Dictionary* の第2版に定義されていることに言及している。

24 私の書いた"A Behavioral Model of Rational Choice," *op. cit.* と"Rational Choice and the Structure of the Environment," in the *Psychological Review*, April 1956を参照。これら両方とも *Models of Thought* (New Haven, Conn.: Yale University Press, 1979)に採録されている。最近の認知心理学の発展については、*The Sciences of the Artificial*, 3rd ed. (Cambridge: MIT Press, 1996)(稲葉元吉・吉原英樹他訳『システムの科学　第3版』パーソナルメディア、平成十一年)の第3章と第4章を参照。

25 たとえば、R. M. Cyert and J. G. March, "Organizational Factors in the Theory of Oligopoly," *Quarterly Journal of Economics*, 70:44-64 (Feb., 1956)を参照。

26 *The Sciences of the Artificial, op. cit.* の第3章および第4章を参照。問題解決についての研究のより徹底した説明は、Allen Newell and Herbert A. Simon, *Human Problem Solving* (Englewood Cliffs, N.J.: Prentice-Hall, 1972)でみることができる。最近のいくつかの発展については、Allen Newell, *Unified Theories of Cognition* (Cambridge: Harvard University Press, 1990)を参照。

27 職業選択の研究はつぎの論文に簡潔に記述されている。Peer Soelberg, "Unprogrammed Decision Making," in J. H. Turner, A. X. Filley, and Robert J. House, eds., *Studies in Managerial Process and Organizational Behavior* (Glenview, Ill.: Scott Foresman, 1972). 組織的意思決定のいくつかの実証研究が、R. M. Cyert and J. G. March, *A Behavioral Theory of the Firm* (Englewood Cliffs, N.J.: Prentice-Hall, 1963)(松田武彦監訳『企業の行動理論』ダイヤモンド社、昭和四二年)に含まれている。Philip Bromiley はつぎの文献のなかで、四つの製造企業における新規投資の決定過程についての注意深い実証研究を報告している。*Corporate Capital Investment: A Behavioral Approach*

(Cambridge, Eng.: Cambridge University Press, 1986).

28 ゲーム理論については、J. von Neumann and O. Morgenstern, *Theory of Games and Economic Behavior* (Princeton: Princeton University Press, 1947)(銀林浩・橋本和美・宮本敏雄監訳『ゲームの理論と経済行動 1—5』東京図書、昭和四七～昭和四八年)を参照。統計的決定理論については、L. J. Savage, *The Foundations of Statistics* (New York: Wiley, 1954)を参照。近年のゲーム理論の発展については、*The New Palgrave Dictionary of Economics* でよくカバーされている。

29 P. Langley et al., *Scientific Discovery* (Cambridge: The MIT Press, 1987)を参照。

30 *The Sciences of the Artificial, op. cit.* の第5章と第6章を参照。

31 こうした誤解の最近の例として、Langley, Mintzberg, et al., "Opening up Decision Making : The View from the Black Stool," *Organization Science*, 6: 260-279 (1995), at p. 262 を参照。

32 このセクションは、H. A. Simon, "Making Management Decisions: the Role of Intuition and Emotion," *Academy of Management EXECUTIVE*, February 1987, pp. 57-64 に大幅にもとづいたものである。

33 最近の例としては、*Mintzberg on Management* (New York: The Free Press, 1989)(北野利信訳『人間感覚のマネジメント：行き過ぎた合理主義への抗議』ダイヤモンド社、平成三年)の特に第4章、Langley, Mintzberg, et al., *op. cit.* を参照。Argyris の位置付けについては後ほど述べることにする。こうした批評とかれらの批判する理論を比較した読者は、かれらの風刺に不正確なところが多くあることがすぐわかるだろう。しかし、批評の著者たちが誤解しているならば、かれらは不確かな説明をした責任に向き合わなければならない、と私は思う。

34 経営タスクに適用したいくつかの実験とそうした証拠の再検討についてはつぎの文献を参照。R. H. Doktor, "Problem Solving Styles of Executives and Management Scientists," in A. Charnes, W. W. Cooper, and R. J.

Neihaus, eds., *Management Science Approaches to Manpower: Planning and Organization Design* (Amsterdam: North-Holland, 1978); R. H. Dokter and W. F. Hamilton, "Cognitive Style and the Acceptance of Management Science Recommendations," *Management Science*, 19:884-894 (1973).

35 問題解決と意思決定についての認知科学研究のサーベイについては、*The Sciences of the Artificial, op. cit.* を参照。

36 *Financial Diagnosis*. Doctoral dissertation, Graduate School of Industrial Administration, Carnegie Mellon University, 1978.

37 *Problem Solving in Semantically Rich Domains*. Doctoral dissertation, Graduate School of Industrial Administration, Carnegie Mellon University, 1978.

第6章 組織の均衡

第5章では、個人の行動が所属組織の他の部分の行動に統合させるいくつかのメカニズムを説明した。しかしこれらのメカニズムは、個人がなぜ組織化されたグループに参加したがるのか、なぜ自分自身の個人的な目的を確立された組織の目的に合わせたがるのかを全く説明していない。結局のところ組織は人々の集合であり、組織がやることは個人によってなされる。人々の集団の活動は、かれらが、みずからの決定と行動が組織参加者によって影響を受けるのを許容する程度によってのみ、組織化される。

誘因

個人の組織参加への鍵は、組織化されたグループを均衡状態にあるシステムとみなしている第1章の記述にある。個人は自分の組織における活動がみずからの個人的な目標に直接・間接に貢献するときに、組織のメンバーシップを受容しようとする。貢献は、もし組織のための目標の集合が個人にとって個人的な価値を含んでいる場合に、直接的なものになる。教会のメンバーシップはこの典型例である。貢献はまた、個人が組織にみずからの活動を提供しようとする見返りに組織がその人に対して報酬――金銭的なものであれそれ以外のものであれ――を提供する場合、間接的なものになる。企業の従業員はこの典型である。ときにこれらの個人的な報酬は、企業の株主のケースのように、組織のサイズと成長に直接関係している。一方、ほとんどの給与所得者のケースのように、それほど関係していないこともある。

つぎにあげる参加のための三つの要素の特徴は全く異なっており、十分に別々に考える価値がある。それらは、組織の目的達成から直接もたらされる個人的な報酬、組織によって提供され組織のサイズや成長と密接に関係している個人的な誘因、そして組織が提供する誘因からもたらされるが組織のサイズや成長とは無関係の個人的な報酬、である。組織は通常、これらのモチベーションのタイプのうちの一つに支配されている三つの個人のグループからなる。そして、これらの三つのグループの存在こそが経営に特定の特徴を与えるのである。

ここで使われている「個人的な目標」というフレーズは、広い意味で解釈されるべきである。それは決して利己的な目標に限定されるべきではなく、ましてや経済的目標に限定されるものでもない。「世界平和」や「飢える中国を救え」も、ある個人にとっては彼の給料袋の中身を増やすことと全く同じように大切な個人目標でありうる。経済的なインセンティブはしばしば企業組織と政府組織において支配的になるという事実によって、誘因の他のタイプの重要性を曖昧にするべきではない。また、たとえばステイタス、名声、組織的協働の喜びといった、目にみえない利己的な価値を忘れるべきでもない。

第1章ではつぎのことを説明した。企業組織では、「顧客」がおもにモチベーションの第一のタイプ――組織目的に対する直接的関心――を有するグループである。従業員は第三のタイプ、企業家は第二のタイプである。もちろん、これはおおまかな分類であり、詳しくは後で本章内で説明する。

組織のメンバーは組織がかれらに提供する誘因の見返りとして組織に貢献する。一つのグループの貢献は、組織が他のグループに提供する誘因の源泉となる。もし貢献の総量が誘因の必要な量を満たすのに十分であれば、組織は存続し、成長する。もし均衡が達成されなければ、組織は縮小し、最終的には消滅する。[1]

組織参加者のタイプ

組織のメンバーは組織参加によって得られる誘因ではなく別の方法で分類されるだろう。かれらは組織に対する貢献のタイプによって分類されるかもしれない。それらは、特定のサービス（原料の供給者）、インセンティブとして用いられるだろう金銭や他の中立的なサービス（顧客）、時間や努力（従業員）である。

分類の第三の方法は、組織を統制する人々——すなわち他者が組織に参加するのを許可する条件を決める権利をもつ人々——をそれ以外の参加者と区別するだろう。誘因、貢献、統制の仕方の多様かつ可能な組合わせは組織形態の多様性を助長する。そして、この多様性はつぎの議論のなかで考慮されるべきである。

誘因としての組織の目標

ほとんどの組織はなんらかの目標や目的に向かっている。その目標や方針によって組織の決定や活動が方向付けられる。目標が比較的はっきりしているとき——たとえば靴をつくるというように——その目標に対して特定の活動がどの程度貢献したのかを評価すること、すなわちそれらの有効性を評価することは、それほどむずかしくない。目標があまりはっきりしていないとき――宗教組織の目的のように――特定の活動が目標に対して貢献したか否かはいっそう物議をかもすことになる。ひいては、組織目標のために働きたいと思っている人々の間ですら、いかにしてそれを実現すべきかについてのように、相当の議論を呼ぶことになる。目標がはっきりしている場合ですら、目標との関係があまりにも間接的であるために、間接的だからといって必ずしも重要性が低いということではないのだが、評価の問題がむずかしいいくつかの活動があるかもしれない。たとえば、広告部門や管理監督に対して予算をつけるよりも生産ラインに予算をつけるほうがはるかにやさしい。

経営学の文献において、企業組織の目的はサービスか利益かという議論はずっと主流であり続けている。これを議論することについては問題がない。ある人々、おもに顧客は、組織が提供するサービスのために組織に対して貢献する。他の人々、企業家は、自分たちが生み出す利益のために組織に貢献する。組織行動のシステムそれ自体を研究するとき、サービスおよび利益の意図の両方が決定に影響することがわかる。用語の都合上、「組織目的」という表現は、ここではサービスの意図に対して適用されている。

◆特定の組織のタイプへの応用

企業組織のケースでは、組織の目標――製品の産出――は、通常は組織のメンバーとみなされない個人、すなわち顧客にとっての個人的な目標である。[2] この製品の見返りに、顧客は従業員と企業家がそのグループに参加するための基本的な誘因となるお金を提供しようとする。顧客の組織に対する関係は、かれらが受けとる誘因のタイプによってだけでなく、つぎのような事実によって区別される。その事実とは、誘因のタイプは、通常はその関係における永続性や継続性を想定することなしに、特定の製品を手に入れるための契約あるいは取引にもとづいている、ということである。

政府組織のケースでは、組織の目標は組織の最高統制機関——すなわち議会——と市民にとっての個人的な目標である。ここでの関係は部分的には企業組織と同じであり、「顧客」に該当する議員たちが政府組織に資金を提供している。その関係はまたつぎの点において決定的に異なっている。第一に、かれらは組織に対して最終的な法的コントロールを保持しているという点である。第二に、翻ってかれらの「個人的な」モチベーションは、選出された代表者としてのかれら固有の地位にもとづいているという点である。政府機関の政策決定において議員が価値判断する際のやり方を分析することは、現在の研究を離れて法的手続の研究へと深入りすることになるだろう。

ボランティア組織においては、組織目的は通常組織メンバーのサービスを確保する直接的な誘因である。ボランティア組織の経営に特有の問題はつぎのような事実から派生している。それは、貢献者がしばしばパートタイム中心であるということ、多様な参加者が組織目的について対立的解釈をしていること、参加者の価値システムのなかで組織目的は協力に必要な誘因をそこそこ提供する程度の役割しか果たしていないこと、である。この点において、ボランティアは金銭の代わりに組織に奉仕しているのだが、企業組織の顧客にみられる多くの特徴をもっている。

◆組織目的の適応

組織目的は決して安定的なものではない。存続するためには、組織は顧客[3]が組織の維持に必要な貢献をしてくれるようかれらにアピールする目的をもたなければならない。したがって組織の目的は顧客の価値の変化につねに適応していかなければならない。さもなければ、減少した顧客の代わりとなる新規の顧客グループを確保しなければならない。組織は、広告、布教活動、ありとあらゆる宣伝といった、顧客に組織目的を受け入れてもらうための特別な活動を行なうだろう。

だから、組織行動は組織目的に向けられているということは正しいものの、それが全てではない。なぜなら、組織目的それ自体は、その完遂によって個人的価値を保証される人々からの影響を受けて変化するからである。

通常組織目的の修正は、いくつかの潜在的参加者のグループの利害の妥協をあらわすだろう。なぜなら、各グループは、単独では自身の目的を達成できない場合に、他のグループとの協調や協力を確保しようとするからである。したがって組織目的は、組織における参加者の関心が組織目標の達成にある場合でさえ、かれらの個人目的と正確に合致することはほとんどない。このような個人のだれにとっても重大な問題は、自分自身であるいは他のグループでみずからの目標を達成しようとするよりも、自身をそのグループに参加するのを選択させるほど組織目的が自分の個人的な目的に近いか否かである。あきらかなことだが、この歩み寄りのプロセスは、組織の支配的集団それ自体が直接組織目的に関心をもっているか否か、あるいはその集団が組織から得ている誘因がそれ以外のタイプかどうかにおいて生じる。

◆組織目的に対する従業員の忠誠心

組織目的は、「顧客」と呼ばれてきた参加者の行動との関係において非常に重要なものであるが、ほとんど全ての組織参加者は、程度の差はあれ組織の意図が染みついており、行動するさいにそれに影響を受けている。このことはすでにボランティア組織のケースのなかで指摘した。ボランティア組織ほどではないものの、このことは政府機関と営利組織のケースにも該当する。それは組織への忠誠心の一つの構成要素であり、しかもきわめて重要な構成要素である。もし組織目的がなにか実用的なものであるなら、組織のメンバーは、かれらの注意は日々の仕事を通じて継続的に組織目的に方向付けられているのだが、その目的の重要性や価値を（しばしば過剰に）評価するだろう。そして、その価値の達成はかれらにとって個人的な価値になるところまでいくだろう。後述するが、組織目的に対するこのような忠誠心に加えて、従業員のなかに全く異なる忠誠心——組織それ自体への忠誠心と、組織の存続と成長に対する関心——が生じるかもしれない。

従業員参加のためのインセンティブ

非ボランティア組織の従業員にとって、組織が提供するもっとも明確で個人的なインセンティブは給与または賃金である。それは、誘因の見返りに従業員が組織に対して特定のサービスではなく自分の切り離せない時間と努力を提供するという、従業員と組織の関係における独特かつ重要な特徴である。従業員はこのような時間と努力を組織を指揮する人々に好きなように使わせる。したがって、（営利組織における）顧客との関係と従業員との関係はどちらも契約で始まるが、その内容は多様である。雇用契約は組織と従業員の間で継続的な権限関係を構築することになる。

これは一体どういうことなのか。なぜ従業員は、雇用関係に入るという、いわば白紙の小切手にサインするのだろうか。第一に、組織側からすると、組織の権限の受容を通じて従業員の行動が組織のシステムにとり込まれなければ、従業員に誘因を提供してもなにも得られないからである。第二に、従業員側からすると、雇用されている時間に行なわれる具体的な活動は、ある限度内ではかれらにとって比較的どうでもいいことなのである。もし組織によって伝達された命令がこれらの受容の範囲に収まっているなら、従業員はみずからの行動がそれらに従わされるのを許容するだろう。

従業員が組織の権限を受け入れる受容範囲の大きさは、なにが決めるのだろうか。それはおそらく組織が提供するインセンティブの性質と規模である。自分が受けとる給与に加えて、従業員は組織での職位が彼に与える地位や名声に価値を見出すかもしれない。さらに彼は、みずからが所属している職場集団との関係に価値を見出すかもしれない。従業員のタスクを決めるとき、組織は命令がかれらの価値の実現に与える影響を考慮しなければならない。たとえば、もし従業員がホワイトカラーとしてのステイタスに価値を見出すなら、それを奪うような仕事については、たとえ命ぜられた仕事が本質的に好ましくないわけでもむずかしいわけでもないとしても、受け入れようとはしないだろう。

参加へのインセンティブとしての昇進機会について、個人の間には非常に大きな多様性が存在する。もちろん昇進は経済的および名声にかかわるインセンティブである。バーライ・ガードナーは、組織内に非常に「流動的な」個人、すなわち非常に強い上昇欲求をもつ個人がいることを想定した経営理論の重要性を指摘している。これらの欲求が全ての個人に強いインセンティブを与えると考えるのは（この点についてガードナーは慎重に避けているが）間違いだろう。[4]

われわれはつぎのことを発見する。従業員と呼ばれるこれらの組織参加者は、雇用期間中みずからの行動の基準となる組織の決定を受け入れようとする見返りに、通常組織目的の達成や企業の規模や成長とは直接関係しない多様な物的および非物的インセンティブを与えられる。組織の権限が受け入れられる範囲は無制限ではなく、その境界は組織が提供しうるインセンティブに依存するだろう。これらのインセンティブが組織目的に直接依存していない限り、目的の修正は従業員たちの組織参加意欲に影響しないだろう。したがって、従業員たちは組織目的の決定においてほとんど影響を行使しないだろう。

組織の規模と成長から生じる価値

組織への個人の参加を誘引する第三のタイプのインセンティブは、組織の規模と成長からもたらされる。これらは「組織存続」のための価値とみなされるかもしれない。これらの価値を重要なものとするグループのなかでもっとも目立った存在は、企業家である。企業家は、「経済人」であるかぎり、規模や成長ではなく、利益に関心をもつのは間違いない。だが、この反論はそれほど重要ではない。第一に、利益は通常規模と成長と密接に関係している、あるいはしていると考えられている。第二に、ほとんどの企業家は利益と同様に、名声や権力のような非物的価値に関心をもっているからである。存続という目的に対するこのような愛着は、大部分の企業で実際にコントロールを行使する専門的経営集団においてより特徴的である。

存続という目的はまた、組織の別の従業員、特に流動的な人々のために、重要な価値を提供するかもしれない。成長し、繁栄している組織は、停滞したあるいは衰退しつつある組織よりも多くの名声や成長の機会を提供する。したがって、分析のために両者を別々に考えることにはなんらかの意味があるものの、組織維持に対する価値は実際には第二のタイプの価値と完全に独立しているわけではない。

組織の存続に対する関心は、先に述べたものとは異なる組織への忠誠心の基盤を提供する。組織の目的に忠実な人は、これらの目的の修正に抵抗するだろうし、もし目的が劇的に修正された場合には組織への参加の継続を拒否するかもしれない。組織に忠実な人は、組織の存続や成長を促進するよう計算された組織目的の機会主義的な変更を支持するだろう。

組織に対する忠誠心それ自体は、おそらく営利組織にもっとも特徴的な忠誠心のタイプであろう。しかし、両タイプの忠誠心は公的および私的組織の両方において、また営利および非営利組織において、広くみられる。これら二つのタイプの忠誠心同士の摩擦がもっとも端的にあらわれる例は、宗教組織や改革中の組織においてみられる。そこでは、組織の存続を確実なものにするために組織目的はどの程度修正されるべきかについて、しばしば論争が起きる。これはおそらくスターリン主義とトロツキー主義の対立の一つの根拠であった。先に述べたように、このような論争における機会主義者の動機は、もちろん利己的というより戦術的であるかもしれない。適応できない存続機会をあまりよく思わない機会主義者は、パンが全くない状態より半分のパンがあるほうを好むかもしれない。一方、「理想主義者」は、存続機会をより楽観的に評価するか、目的の譲歩は存続機会の改善をはるかに上回ると考えるかもしれない。忠誠心の両方のタイプについては後の章でより詳しく議論する。

組織の均衡と能率

組織のなかで意思決定したり代替的選択肢のなかから選択したりする際に用いられる基本的な価値基準は、おもに支配集団――全ての参加者のためのメンバーシップの要件を決める権力をもつ集団――によって組織のために選択されるだろう。もし正当な支配権をもつ集団がこの権力の行使に失敗した場合、もちろん、その権力は管理階層のかなり下の人々にゆだねられるだろう。

基本的価値基準を決定する権力をどんな集団が行使しようとも、その集団は組織を通じてみずからの個人的な価値――それらが組織の目的、組織存続の目的、利益などと一体化されていようといまいと――を守ろうとするだろう。しかしこれらのコントロールの権力は、支配集団がいかようにも自由に組織を方向付けられることを意味するものでは決してない。なぜならその権力は、他の参加者の組織への貢献を保持するための十分なインセンティブを支配集団が提供できなくなれば、存続し続けられなくなるからである。支配集団の個人的な目的がなんであれ、かれらの決定はつぎの事実によって多大な影響を受けている。それは、かれらが自分たちの目的を、もし誘因に対する貢献を正のバランスで維持できるなら、あるいは少なくとも両者を均衡させられるなら、組織を通じて達成できる、ということである。

このような理由により、支配集団はその個人的な価値がなんであれ、機会主義的、すなわち、大部分が少なくとも組織存続の目的によって動機付けられているようにみえるだろう。このことを多様な組織のタイプの事例においてより詳しく描写することは意味があるだろう。

◆営利組織における均衡

企業組織では、支配集団は通常利益と組織存続を第一に目指すよう期待されているはずである。[5] 支配集団はつぎの二つの方法で、支出するインセンティブと獲得する貢献の好ましいバランスを維持しようとするだろう。第一に、顧客の要求に組織の目的を合わせることによって、第二に、従業員に対する誘因を最大化するように、そして、資源、金銭的貢献、従業員の時間と努力を動員することによって組織目的を最大限に達成するように、である。これが達成される方法を詳細に調べることは、経済学者が「企業の経済学」と呼ぶものの理論へと通じる。このような調査をここで行なえるはずはない。しかし一点、注意を要する。それは、第二のタイプの調整――すなわち組織の目的に照らし合わせてできるだけ効果的に資源を利用する——は、能率をこのような組織における経営上の決定の基本的な価値基準とする。

なぜ大部分の営利組織は、その基本的適応が機会主義的であるのに、一般的に相当安定した組織目的を維持しようとする傾向にあるのだろうか。これに対する回答は三つある。第一に、たとえ組織存続の観点からであっても、即時のかつ急激な調整を無効にしてしまう「埋没費用」が存在することである。第二に、特定の領域でのノウハウの獲得である。それらは、まさに無効の埋没費用、あるいは、より正確には「埋没資産」である。第三に、のれんの獲得である。これもまた、他の活動領域にはすぐには移転できない埋没費用である。別のいい方をすれば、組織目的の変化は、通常、資源（埋没費用とノウハウ）の利用における能率の減少と、もし目的を変化させなければ好ましいバランス（信用）の維持に利用できたはずのインセンティブの喪失を伴う。

◆政府機関における均衡

政府機関においては、「顧客」すなわち立法議会が究極の支配集団である。この集団は組織目的達成のためにいかなる財源が必要であろうとも組織に貢献できるので、簡単な調査においても、このような組織が均衡のシステムであるということがあきらかになりにくい。そしてまた、組織目的の機会主義的な修正は、企業組織のほうがこのような組織よりも顕著であると思われる。

より詳しい調査により、これらの違いはそれほど重要でないことがあきらかになりつつある。第一に、立法議会とそれが責任を負う有権者は、嗜好と目的を変化させている。第二に、公的機関に対する立法議会のコントロールは、通常比較的受動的で一般的なものである。そして、目的形成のための本当のイニシアチブはしばしば——おそらくほとんどいつも——トップの管理集団にある。この集団は、組織の目的、組織存続という目的、あるいはその両方を強くもち、その裁量の範囲内で営利組織の管理者集団とまさに同じ役割を果たすかもしれない。

支配集団は組織目的を、それらがどのように決められていようとも資源を自由に動員して最大化しようとするので、いずれにせよ能率は公的組織における決定の基本的な基準として再びあらわれる。

◆非営利民間組織における均衡

非営利組織（たとえば専門職協会や私立学校）は、いくつかの点で一般の企業組織とは異なる傾向にある。第一に、企業組織では通常ありがちな、利益目的と審議されているその他の目的の間でコンフリクトが存在しないことである。さらに、支配集団は組織目的と密に一体化する傾向にあり、それゆえに機会主義は、このような組織の均衡において重要な要素であるものの、すでに「戦術的」と描写されたタイプのものになりやすい。一方で、能率の基準はこれらの組織のなかで、すでに述べた他の二つのタイプの組織においてと同様の役割を果たすだろう。

◆共通の要素

これらの記述は、組織形態には非常に多様なものがありうることを示すのに役立つだろう。読者は間違いなく自分の経験から他の形態を示せるし、特に支配集団のモチベーションに関してこれらの形態は変化しうることに気付くだろう。

同じ分析は組織の「セグメント」すなわち組織がつくる部門、部局、課に対しても応用されうる。これらのセグメントを率いる経営者は、みずからに許された裁量の範囲内で自律的組織をコントロールするグループとほとんどひけをとらないやり方で行動する。

これらの記述は、少なくとも二つの要素が全組織形態に共通して存在することを意味している。これらは全て、一つあるいは複数の均衡メカニズムをもつ。そしてその全てにおいて、能率は経営上の選択において基本的な基準である。

◆能率の基準

能率の基準は組織の意思決定において非常に大切な要素なので、そのために一つの章全てを提供するだろう。しかしながら、現在の議論を離れる前にこの用語に、より正確な定義を与えたほうがよいだろう。能率の基準はつぎのことを要求する。同じコストがかかる二つの代替選択肢であれば、より組織目的の達成度が高いほうが選択されるだろう。あるいは、同程度の達成をもたらす二つの代替選択肢であれば、よりコストが少なくて済むほうが選択されるだろう。

資源、目的、コストが全て変動するところでは、組織の決定が純粋に能率だけを考慮してなされるはずがない。資源の量と組織目的が与件である場合には、経営者のコントロールの及ばないところで、能率は経営上の選択において支配的決定要因になる。

結論

この章で、組織は金銭や努力の形で貢献を受けとり、これらの貢献の見返りとして誘因を提供する均衡のシステムとして描写されてきた。これらの誘因は、組織の目標それ自体、組織の維持と成長、これら二つとは無関係のインセンティブ、を含む。

組織の均衡は、多岐にわたる個人的な価値をもつが、それらの価値を達成するために組織の生命を維持する責任を当然のこととしている支配集団によって維持される。

本書の残りの章は、ここまでに紹介されてきたトピックの発展を含むだろう。権限関係についてより詳細に分析されるだろう。能率の概念について分析されるだろう。組織の忠誠心の研究の他、個人に対する組織の影響メカニズムについてある程度詳しく議論されるだろう。この手持ちの資料を用いて、組織の解剖学と経営における決定のプロセスについて包括的に描写することができるだろう。

注1　均衡についてのこのアイデアはバーナード（C.I.Barnard）に依拠している。彼の *The functions of the Executive*' 1938, pp.56-59（山本安次郎・田杉競・飯野春樹訳『新訳経営者の役割』ダイヤモンド社、昭和四三年）、および第11章と第16章をみよ。

2　バーナードは『経営者の役割』のなかで、いかなる経営理論においても顧客を組織活動システムの一部として考えるべきだと主張したおそらく最初の著者だろう。この点についての彼の見解は、経営についての著者達の間であきらかに未だに広く認められたものにはなっていない。早くから指摘されたように、ここでの重要な問題は、「組織のメンバーシップ」はいかに定義されるべきかではなく、顧客の行動が組織の分析のなかにとり入れられるべきか否かである。

3　「顧客」という言葉は、ここでの一般的な意味では、組織目的がその人たちにとっての個人的な価値をもつ個人——顧客、立法機関、ボランティア——を指すように用いられている。

4　インセンティブの問題に関するこの側面および他の側面については、Burleigh B. Gardner, ***Human Relations in***

Industry (Chicago: Richard D. Irwin, 1945)、特に第1章と第8章を参照。

5 このことは、近年では以前に比べてあてはまらなくなっているかもしれない。また、「公共の利害によって影響を受ける」企業組織においてはその他の組織よりもあてはまらなくなっているかもしれない。企業のいくつかの領域、特に公益事業の領域においては、活発な支配集団がみずからを組織目的に一体化させる――それがどの程度であるか筆者は見積ることができないが――「信託統治」のコンセプトが広がっている。

第6章のコメンタリー

このコメンタリーでは、二つの主要なトピックについて議論する。第一に、「動機」「目標」「制約」、そして決定プロセスにおいてそれらに期待される役割の区別である。第二に、組織がみずからの従業員に一般的に提供する仕事の環境の類、そして、組織で働くことが従業員の個人的な動機と生活にいかに相互作用するか、である。

組織の目標のコンセプトについて[6]

第6章では、組織の存続と成功が組織目標と二つの種類の個人的な目標（組織の成長と成功に付随した報酬の獲得、賃金とそれらにあまり付随しない他の報酬の獲得）という点から議論された。個人を組織の活動に参加するよう動機付ける力としてみると、組織の目標（すなわち財やサービスの生産）は、顧客に対してはもっとも直接的な利害であり、株主や経営陣にとっては個人的目標の第一のカテゴリーであり、従業員にとっては第二のカテゴリーである。これはかなりの単純化であるが、いかに組織が個人の利害の多様性を利用して一つの協同的試みを形づくるかをおおまかに示している。

しかしこの用語にはいくらか曖昧さがある。われわれは、目標の一つの集合（顧客にとってもっとも直接的なもの）を「組織的」、他の二つの集合を「個人的」と呼んでいる。より明確にするためには、代わりにわれわれは、(1)個人の組織への参加の動機、そして(2)組織の決定に前提として直接入り込む目標と制約、を区別する必要がある。[7] 第6章は前者に向けられており、後者についてはほとんどなにも言及していない。このコメンタリーでは、われわれは「誘因」という用語を個人（顧客、従業員、所有者）の目的をあらわすために、「目標」と「制約」という用語を組織の決定過程において使われる前提をあらわすために使用するであろう。

法的権力にもとづけば、所有者とトップの管理者の動機は、組織の決定に参加する目標を決めるおもな要因であると考えられるかもしれない。しかし、われわれはしばしばつぎのことを目にする。実際に決定の根拠をなす目標は完全にはこれらの動機とは合致していないが、全ての階層の管理者と従業員によって修正されてきた、ということである。それは組織行動を支配する後者の――下位層の管理者や従業員の――動機であると結論付けるべきだろうか。おそらく違うだろう。なぜなら、もし管理者や従業員がみずからの個人的動機だけを勘案しているなら、実際にとられるこのような行動はわれわれが思うようなものではないからである。

◆決定の多様な基準

説明ための最初のステップは、一方は目標、他方は動機の間でなされる区別を強化するはずである。われわれは目標を、決定に対するインプットとして提供される価値前提とする。われわれは動機を、たとえそれがなんであれ個人が他の目標ではなくいくつかの目標をみずからの決定の前提として選ぶよう導く原因、とする。はじめにわれわれは、いかにして目標がさしあたり組織の環境を無視して複雑な決定に入り込むかを分析する。

事例　近年われわれは「最適」決定を導く公式的なオペレーションズ・リサーチモデルをつくるために学習してきた。われわれの事例は、決定の状況を描写するためにリニアプログラミング（線形計画法）を使用する。その方程式には英語訳が提供されているので、事例は数式に注意してもしなくても追うことができる。[8]

最適食餌問題は典型的な線形計画問題である。制約条件として、食材のリストと、個々の食材の価格、カロリー含有量、ミネラルとビタミンの含有量を与える。つぎに、ミネラル、ビタミン、カロリーの一日の最低摂取量を含み、またこれらのいくつかあるいは全ての最大摂取量を制限している栄養必要量の集合として定式化する。食餌の問題は、最少のコストで栄養必要量を満たす食材のサブリストとそれらの量をみつけることである。問題はつぎのようにして定式化されうる。

さまざまな食材に1からNまでの番号を、さまざまな栄養素に1からMまでの番号をふる。食餌のなかのi番目の食材の量をx_i、食餌のなかのj番目の栄養素の総量をy_j、i番目の食材の価格をp_iとする。i番目の食材の単位量におけるj番目の栄養素の量をa_{ij}、j番目の栄養素の最低必要量をb_j、最大許容量をc_jとする（b_jのいくつかはゼロ、c_jのいくつかは無限大）。すると、

$$j = 1, \ldots, M\ ;\quad \text{であるとき}\quad \sum_i a_{ij} x_i = y_j \qquad (1)$$

これはすなわち、j番目の栄養素の総消費量は消費された個々の食材に対する栄養素の総量である、ということである。

栄養必要量はつぎのように示される。

$$c_j \geq y_j \geq b_j \quad j = 1, \ldots, M; \quad \text{であるとき} \qquad (2)$$

これは、j番目の総量がb_jとc_jの間でなければならないことを示している。消費された個々の食材の量は、ゼロではあるかもしれないが、正でなければならない。

$$x_i \geq 0, \; i = 1, \ldots, N \qquad (3)$$

最後に、食餌の総コストは最小化される。すなわちつぎのようになる。

$$\underset{x}{\text{Min}} \sum_i x_i p_i \qquad (4)$$

(2)(3)(4)の全ての関係を満たす食餌(解は必ずしもユニークなものではない)は、最適食餌と呼ばれる。しかし、(2)(3)(制約条件と呼ばれる)を満たすが必ずしも最少コストではない食餌は、実行可能な食餌と呼ばれる。

食餌の決定の目標はなんだろうか。もしわれわれが条件(4)を最小化しようとするなら、それは適切な食餌のコストを最小化することと呼べるかもしれない。この判断基準は、目標として節約を強調している。代わりに、われわれの注意をおもに栄養必要量(2)に向けるなら、目標は経済的な栄養的に満足のいく食餌をみつけることだといえるかもしれない。われわれは依然としてコストに言及しているが、今やおもな目標は良好な栄養となっている。

判断基準の関数(4)と制約条件(2)の関係は、より対称的である。(4)を新たな制約条件に置き換えてみよう。

$$\sum_i x_i p_i \leq k \qquad (5)$$

すなわち、食餌の総コストは、ある定数kを超えてはならない。今や実行可能な食餌の集合は、(2)(3)と同様に(5)を満たすものに制限された。しかし、最小化条件がとり除かれているため、これらの食餌のなかから他よりもよいものを一つ選ぶための基盤は全くない。

しかしいくつかの条件下では、われわれは受容可能な食餌の集合を実行可能な集合の部分集合に限定することができる。全ての栄養上の制約条件(2)が最小の制約であり、かつわれわれが他の条件が同じならどんな栄養素についてもより少ない量よりもより多くの量を選好すると仮定しよう。われわれは、もし食餌Bが食餌Aほどコストがかからず、少なくとも個々の栄養素について食餌Aと同程度の量を含んでおり、かつ少なくともそのうち一つはより多く含んでいる場合、われわれは、食餌Aは食餌Bよりも劣る、というだろう。経済学者は、実行可能な集合のなかで、そのなかにある他の食餌よりも優れている食餌集合を、パレート最適集合と呼ぶ。

パレート最適集合のなかの一つの食餌あるいは別の食餌に対するわれわれの選好は、つぎの項目の相対的重要性に依存するだろう。それは、われわれが栄養に比べてコストにどれだけ重きをおくか、そしてこれらの栄養素についてわれわれが相対的にどれだけの量を割り当てるか、である。もしコストが最重要な要素なら、条件(4)によって選択される食餌を再び選ぶだろう。一方、もしわれわれが栄養素jを非常に重視するなら、通常全く異なる実行可能な食餌——jの量ができるだけ多いもの——を選ぶだろう。制約によって設定される制限の範囲内であれば、われわれに選択を導く条件がなんであれ、パレート最適の集合のなかにある特定のものをわれわれの目標とみなすことは、きわめて道理にかなったことだろう。

しかし、もし制約が十分に強くて、その結果、実行可能な集合と、さらに強調すれば、パレート最適集合が非常に小さいのなら、その制約はわれわれが最終的にどんな食餌を選ぶかに対して、コスト最小化目標と同程度かあるいはそれより多くの影響を与えるだろう。たとえば、もしわれわれが栄養必要量の一つあるいはそれ以上を非常に高く設定し、そのためにきわめて狭い範囲の食餌しか予算制約(5)を満たさなくなれば、最終選択ルールとしてコスト最小化を導入することは、われわれがどんな食餌を選ぶかに対して相対的にほとんど影響を与えないだろう。

このような状況下では、決定状況が単一の目標で描写されうると考えるのはあきらめたほうがよさそうである。その代わり目標の全体の集合、つまり意思決定者が達成しようとする栄養上および予算上の制約の全体の集合、について話すほうがより理にかなっているだろう。よく知られた警句をいい換えてみよう。「もしあなたが私に制約を決めさせるなら、私は最適化の判断基準をだれが選ぼうがかまわない。」

組織内の多様な基準　われわれの事例が組織にどの程度あてはまるかを確認するために、決定の機会が家畜飼料をつくっているある企業内で生じ、家畜にとっての要件は栄養素、利用可能な飼料の材料にとっての要件は価格であり、かつその企業が直面する完成した飼料の価格は固定されている、と仮定してみよう。ある栄養の基準を満たしている飼料のコストの最小化は、これらの基準を満たしている飼料の販売の利益の最大化と合致する。コスト最小化は企業の利益最大化の目標と合致する。

同様に、われわれはつぎのようにいえるだろう。飼料会社の目標は、栄養の面でできるかぎり最適な飼料を所定の価格で顧客に提供することである。おそらくこれは、産業スポークスマンがビジネスの目標は利益ではなく製品とサービスの効率的生産だというときに意味するものである。もしわれわれが価格のいくつかを定数として固定する代わりに制約条件に変えるわれわれのモデルを拡大していたならば、われわれは他の目標、たとえば供給業者の利益という目標を導入することができただろう。あるいは、もし労働投入量を想定したなら、高い賃金という目標を導入できただろう。[9]

この点に対する議論をまとめるとつぎのようになる。実社会における意思決定状況においては、行為のコースが受容可能であるためには、全ての要求の集合あるいは制約の集合を満たさなくてはならない。ときにこれらの要求の一つがとり出され、その行為の目標としてみなされることがある。しかし、多くのなかから一つの制約を選び出す場合は、そのほとんどが恣意的である。多くの目的のために、要求の全体の集合を行為の（複雑な）目標とみなすことは、はるかに意味がある。この結論は個人と組織の両方の意思決定にあてはまる。

◆行為のコースの探索

第5章では、ほとんどの現実世界においては、可能な行為のコースは、発見されたり、デザインされたり、統合されなければならない、ということをみてきた。満足のいく解をさがすうえで、目標——すなわち諸制約——は、二つの方法で牽引役を果たすかもしれない。第一に、それらの目標は提示された複数の解を統合するために使われるかもしれない（代替的選択肢生成 *alternative generation*）。第二に、それらの目標はある提示された解の満足度をテストするために使われるかもしれない（代替的選択肢テスト *alternative testing*）。前者の制約の集合は、通常われわれにとってはより目標らしくみえる。[10]

信託基金に株や債権を投資している銀行の担当者は、信託証書の約定のために、基金の資本価値の向上を目標として選び、その結果、成長産業の企業の普通株を買うことを検討するかもしれない（代替的選択肢生成）。しかし信託部門担当者は、個々の可能な購入を他の要件、たとえばその企業の財政構造が健全か、過去の収入記録は満足のいくものか、などに照らしてチェックするだろう（代替的選択肢のテスト）。こうして考慮したものは全て、ポートフォリオを構築する際に目標の一つとして勘案されうるが、目標のうちのいくつかは、可能なポートフォリオを創出するためのもの（generator）として提供され、他の目標はそれらをチェックするものとして提供される。[11]

行為のコースをデザインすることは、統合を導く「目標のような」制約と可能な解をテストする制約との間に重要な非対称性をもたらす。通常、探索は実行可能な集合のなかで一つの決定がみつけられるまで続けられる。さもなければ、せいぜい非常に少ない代替的選択肢しかない。集合のなかのどの選択肢が発見され、選択されるかは、探索の順序、すなわち、どの要件が代替案を生成するものとして提供され、どの要件がそれらをテストするものとして提供されるかに依存するだろう。

複数の人間がかかわる状況においては、一人の目標は他の人の制約であるかもしれない。飼料メーカーは、たとえば可能な新しい材料を求めることで、できるだけ安く飼料をつくろうとするかもしれない。しかし、飼料は栄養上の諸条件を満たさなくてはならない。家畜農家は、たとえば新しいメーカーを探すことで、最高品質の飼料を求めるかもしれない。しかし、その飼料は利用可能な資金がゆるす金額よりも多くのコストがかかるものであってはならない。もしあまりにも高ければ、品質か量を落とさなければならない。多くの飼料がメーカーと農家の両方の要件を満たすとき、売買は成立するだろう。

メーカーと農家は同じ目標をもっているだろうか。ある意味では、それはあきらかに違っている。農家は安く買おうとし、メーカーは高く売ろうとする。しかし、もし両者のこのような要件を満たす取引が成立しうるなら、別の意味では、両者はあきらかに共通の目標をもっている。完全競争の極端なケースでは、制約は実行可能な集合を両者が交換する財の量と価格を唯一に決定する一つの点へと絞り込む。

完全競争の極端なケースが整然さと正確さを備えているからといって、ほとんどの現実の生活の状況はこのケースには全くといっていいほどあてはまらない、という事実をわれわれは無視すべきではない。一般的に、代替的選択肢生成（たとえば製品の発明、開発、デザイン）は、面倒でコストのかかるプロセスである。それと同時に、そこには潜在的な代替的選択肢が限りなくある。灌漑、治水、レクリエーションに対する適切な備えを要する水力発電を目的とした渓谷開発は、治水を目的としたその他の目標に対する適切な備えを要する計画とは全く異なるようにみえるだろう。たとえ両方のケースで生成される計画が全ての局面に照らし合わせての妥当性が調査されるとしても、二つのケースを検討するために全く異なる計画がほぼ確実に生み出され、提案されるだろう。そして、最後に選択される計画は、実行可能な集合のなかの別々のポイントを示すものになるだろう。

後でわれわれは、異なる意思決定者が全く異なる方法で制約を生成とテストに分類しようとするにもかかわらず、なぜ組織の異なる部分にいる意思決定者によって熟慮された制約の全体の集合が類似する傾向にあるのかについて述べる。このような状況下で、もしわれわれが「組織の目標」を制約の集合を意味するために広義に用いるなら、われわれは、組織はまさに目標（広く共有された制約の集合）をもっていると結論付けるだろう。もしわれわれがこのフレーズを代替的選択肢生成として狭義に用いるなら、われわれは、大規模組織の部門や課の間の目標には共通性がほとんどなく、下位目標の構造と目標同士のコンフリクトが組織活動における顕著かつ重要な特徴である、と結論付けるだろう。目標がどの意味で用いられているのかをはっきりさせることはつねに重要である。

◆目標達成のためのモチベーション

モチベーションが人にある特定の行為のコースをとらせるものの全てを意味するように、全ての行為は動機付けられている。しかし、動機と行為の関係はつねに単純であるわけではない。すなわちその関係は、出来事とそれをとりまく状況の連鎖全体によって媒介されている。もし目標について問うなら、われわれが先に検討した行為をとる投資信託部門担当者はこう答えるだろう。「私はこの投資ポートフォリオのために株式を選ぶつもりだ。」「私は自分の顧客のために退職後の収入を提供するポートフォリオを組み立てるつもりだ。」「私は投資信託部門担当者として雇われている。」さて、組織理論にとって特別な関心をもつのは、第二と第三の回答の間接性である。投資信託部門担当者はおそらく自分の顧客の退職後の収入についてなんの「個人的」関心ももっていない。信託部門担当者そして銀行の従業員としての自分の役割について「プロフェッショナル」としての関心をもっているだけである。一方で、信託部門担当者は、その役割と職業上の地位の維持について個人的関心をもっている。

役割行動　個人の満足はプロフェッショナルとしての役割をうまくやり遂げることから生じ、満足と不満足は雇用をとりまく非常に多くの状況から生じるため、日常生活では個人的関心とプロフェッショナルとしての関心の間の境界ははっきりしていない。それでも、「なぜあなたはこの仕事を続ける（あるいは引き受ける）のか」と「なぜあなたはこの特定の投資の決定を行なうのか」という、動機についての二つの質問に対する答えを区別することは重要である。第一の質問は、役割を担うことへの個人的動機を尋ねており、第二の質問は、役割にふさわしい行動を定義する目標を尋ねている。

役割によって定義される目標から個人的動機をこのように分離するのと同様に、組織理論は時折、(1)組織に参加し、残留する人の決定を説明する理論、(2)このような人々によって構成される組織内での意思決定の理論、という二つの下位部分に分けられる。[12]第6章は第一の下位部分、すなわち組織メンバーの誘因と貢献、そして組織均衡に対するそれらの影響、を扱う。

組織の役割から派生する行動と個人のモチベーションを区別するために、われわれは日常生活の複雑性から概念化している。組織行動についてのわれわれの理解に多大な貢献をしてきた人間関係と非公式組織についての多くの重要な研究は、このような概念化が除外している現象に特に関心を払ってきた。権力への欲望と個人的な地位の向上への関心は、仕事にかかわる社会的および職業上の満足と不満足がそうであるように、個人の目標と組織の役割をないまぜにする。

しかしこの概念化はしばしば有効である。第一に、多くの組織的決定は個人の動機に全く作用しない。たとえばありふれた例では、秘書の誘因と貢献のバランスは、一般的に、Ａへの手紙とＢへの手紙のどちらをタイプするかの選択や手紙の内容によって影響を受けたりしない。第二に、個人の動機は固定された制約として決定プロセスに入り込む（この制約を満たす行為のコースだけが考慮されるが、制約は集合のなかでの行為の選択に対してなんの影響も及ぼさない）。したがって、雇用契約の条件は、仕事を週四〇時間に制限することはできても、四〇時間の間になにをするかについてはほとんどなにもいえないのである。[13]

組織の役割の個人的目標からの（部分的な）分離は、人間の限定された合理性と一致する。人間の記憶に蓄積されている全ての知識、態度、価値のうち、ごくわずかだけが所与の場面において喚起される。そのため、適切な状況、ただしそれらは互いに弱くしか結び付いていないが、によってこれらが喚起されるとき、個人は多様な役割を引き受けることができる。あるときは人は父であり、あるときは機械工であり、またあるときはブリッジのプレーヤーである。日々の組織の環境は、人が職を変えることを考えているときに思い浮かべることとは全く異なる連想を記憶から喚起する。このことがあてはまる限り、ある人の「個人的な」誘因と貢献のシステムは、その人の「組織の」決定に影響を与えないだろう。

環境の関数として一つの役割から他の役割へとシフトする個人の能力は、それゆえに組織の目標が内部化される程度を、すなわち組織の目的が役割遂行の間に自動的に喚起され適用される程度を、説明するのに役立つ。いかに人が役割を負うようもともと動機付けられていても、その役割に合った目標と制約は、記憶のなかに蓄積され、その人の役割行動を定義する意思決定プログラムの一部となる。

個人間の差異　しかしながら、個人間の差異は実質的に組織の立場と一致した役割行動に影響を与える。役割は特定のステレオタイプ化された行動の集合ではなく、行為のコースを決定するプロセスである。われわれは、その前提のなかに組織の目標だけをもつ理想的な役割のタイプを想定するかもしれないが、組織における実際の役割は、例外なく組織と個人の両方の目的を包含する。

役割行動における個人間の差異は、個人の目標における差異をはるかにしのぐ。すなわち、それらは知識における差異からも生じるのである。したがって、特定のプロフェッショナルのトレーニングは、役割から喚起されるプログラムの一部として引き合いに出される問題解決のための特定の技術や知識（会計のテクニック、法律のテクニックなど）を個人に提供する。

経理の経歴をもつチーフ・エグゼクティブは、同じ職位の法律の経歴をもつチーフ・エグゼクティブとは異なる問題解決を発見するだろう。個人は、対人間関係を扱うための重要な前提を提供する役割の習慣と信念をとり入れながら、プロフェッショナルのスタイルだけでなく個人のスタイルで役割と調和するだろう。権威主義的な人格とより寛容な人とは、同じ組織の役割につき、同じ組織の目標を追求する場合、全く異なる行動をとるだろう。

個人の差異があらわれる余地は、通常、他者の先頭に立つ役割を担う人にもたらされる問題を扱うときにもっとも狭くなり、イニシャティブをとったり、裁量のある議題を選んだりするときに、もっとも広くなる。組織が与える前提は、通常、代替的選択肢の創出よりも、代替的選択肢の選出をより綿密にコントロールする。

◆組織の意思決定システム

行動を個人の要素と組織の要素に分解することの含意はなんだろうか。そうすることでわれわれは、コミュニケーションの流れとともに全ての参加者の意思決定プログラムを組織の意思決定システムの合成された描写へと組み立てることができる。小規模で相対的に専門化されていない組織のようなもっとも単純な事例では、われわれは最適食餌問題のようなものへと立ち返る。そこでわれわれが用いた「目標」「要件」「制約」という言葉は、単純な組織の状況に等しく適用できる。より複雑なケースでは、個人的動機を抽出しても意思決定プロセスから役割間の違いをとり除くことにはならない。専門化された役割につく多くの人々が組織の意思決定に参加するとき、人々は自分たちが受けとるコミュニケーションやそれらを受けとる環境において異なっているだろう。かれらは探索プログラムにおいても異なっているだろう。したがって、たとえわれわれが個人の動機を無視したとしても、人々の知覚が差別化されたり下位目標が形成されたりする多くの原因を見出すことができる（第10章および第10章のコメンタリー参照）。

たとえば工場の在庫と生産をコントロールするシステムを考えてみよう。決定は⑴総生産率（労働力と従業員が働く時間）、⑵製品間の総生産の配分、⑶機械によって個々の製品がつくられる順序のスケジューリング、について行なわれる。すなわち順に、総生産の決定、アイテムの配分の決定、スケジューリングの決定、である。この決定の三つの集合は、組織のなかの異なる役割によってつくられる。通常われわれは、全体の決定は組織のより中心的なレベルで行なわれると思うだろう。現実世界の状況は、そこには船積みから倉庫保管までの決定、倉庫の在庫の決定など、あらゆるものにいたる決定が含まれているので、つねに複雑さをはらむことになるだろう。

さて、われわれは、連立方程式の集合を解くことでこれらの相互に関連した決定の一つ一つ、および全てを行なう全知全能のプランナー（古典的経済理論のアントレプレナー）を想像することができる。ところが、われわれは問題の数学的構造について非常に多くを知っており、特にこの手の完全モデルの最適解の発見は、現在あるいは将来の計算装置の能力をはるかに超えることを知っている。実際、全ての問題について最適解をみつけようとする人はいない。その代わり、多様な個別の決定が組織の個々のユニットで行なわれる。決定の際、専門化されたユニットは、システムの他の部分に対する解の影響のいくつかが「満足」の定義のなかに制約として組み込まれるところで、一つあるいはそれ以上の下位問題に対する「満足」解をみつける。

たとえば標準コストは、製造部門のエグゼクティブにとって制約の集合であるかもしれない。オペレーションがこれらの制約を満たさないとわかると、そのエグゼクティブはコスト引き下げの方法をみつけようとするだろう。より長期の製造活動が提案されるだろうが、それらは製品の多様性が削減されるときにのみ達成されうる。そこで製品の標準化がコスト問題に対する解として提案されるかもしれない。おそらく解が実行される前に、その解は販売部門によって導入されるつぎの制約に耐えられるか試されるだろう。それはすなわち、顧客の特別の要求に合わせせないとセールスを失うという反対意見である。

組織の生活に慣れ親しんでいる人ならだれでも、異なる問題が組織の異なる部分のなかで注意を引き起こす場合や、一つの問題に対してそれが組織のなかのどこで生み出されているのかによって複数の異なる解が創出される場合、といった事例をいくつでもあげることができる。組織のコンフリクトや不一致を説明するのに、個人の目標あるいは動機の間のコンフリクトを仮定する必要はない。もし個々の組織の意思決定の役割がコンピュータによって再現されるなら、それらは通常のタイプの個人の受容の限界が全く存在しない場合でも等しく喚起されるかもしれないし、またされうるだろう。不一致は、意思決定の際に全体の問題を同時に存在する関係の集合として扱うための認知能力がないことから生じる。[14]

事実上全ての組織では、組織の上位階層でなされる全体的な決定の類は、下位層でなされる特定的でアイテムごとの決定とは区別されている。上位階層のエグゼクティブが総在庫についての決定を下すとき、この分解にはすでに劇的な単純化と概算が含まれている。たとえば、所与の在庫の集合に関係する単一の十分に定義された総コストは存在しない。異なるコストが個々のアイテムと関連しているだろうし（たとえば異なるアイテムには異なる毀損率と陳腐化率があるかもしれない）、異なる可能性とコストが個々のアイテムの品切れと関係しているだろう。したがって、総在庫にはその内容に応じて異なるコストが存在するだろう。

総労働力、生産比率、在庫についての決定を行なうシステムをデザインするためには、在庫全体が典型的なプロダクトミックスから大きく乖離することは絶対にないという仮定が必要である。全体的なまとまりを要求する仮定は、一本の温度計でタンクいっぱいの水の温度を測るようなものである。つまり、温度計はあなたが水を十分にかき混ぜれば機能する。

もし、総労働力、生産比率、在庫について決定がこのような概算ベースでなされるなら、これらの決定は、特定のアイテムの在庫または生産についてであればどこでもなされる詳細な決定に対する制約として提供されうる。もしその決定が翌月一〇〇万ガロンの塗料をつくるためになされるのなら、他の決定は、個々のアイテムを加算すると一〇〇万ガロンになるという制約条件の下で、それぞれの種類についてどのぐらいの量をつくるべきかを規定することができる。[15]

この単純な例は、複雑な組織で継続的になされる決定全体を、組織化されたシステムとしていかにしてみることができるかを示している。特定の意思決定プロセスは、多様な目標や制約に照らし合わせて実行可能あるいは満足できる行為のコースをみつけることを狙いとしている。そして、組織のある一部分において到達される決定は、他の部分でなされる決定に対する目標あるいは制約として入り込む。このような緩やかに結び付いたシステムでは、決定がいかなる明確な目標にとっても最適となる保証はない。それにもかかわらず、全体のシステムの結果は組織の目標に照らして判断され、これらの結果が不満足なものだとみなされれば、意思決定構造のなかに変化がつくられるはずである。

現実の組織における意思決定構造は、通常、専門化されたユニットで行なわれた決定がより全般な目標を認識するような方法で組み立てられる。個々のユニットは、生産スケジュール、コストと利益目標にもとづく報酬と罰則のシステム、在庫の制限、などによって全体のシステムに結び付けられる。組織の部分同士の緩やかな結び付きによって、意思決定メカニズムを実行できなくなるほど複雑化させることなしに、多くの種類の特定の制約がサブシステムに課される。

◆誘因と貢献、そして組織行動

われわれは、個人の誘因と貢献のシステムが、組織がメンバーや存続を確保しようとすれば満たさなければならない制約を課すのをみてきた。一方、組織の意思決定システムに組み込まれた制約は、考え出され採択される行為のコースに課される。これら二つの制約の集合の間に論理的なつながりは必要ない。結局、組織はときに存続に失敗し、その消滅はしばしば、組織の意思決定システム内の制約のなかにいる参加者全ての重要な動機付けにかかわる関心を組み込むのに失敗するためだ、と考えられている。

たとえば中小企業の失敗のおもな原因は運転資金の枯渇であり、それは債権者の即時の支払い要求と密接に結び付いた人々の行為を抑制するのに失敗した結果である。同様に、新製品はしばしば失敗する。なぜなら、消費者にとって重要な誘因に関する誤った仮説がプロダクトデザインを誘導する制約をつくり出すからだ（第二次世界大戦後のクライスラー社のおもなトラブルのいくつかは、車の購入者は元来よい機械一式を買うのに関心がある、というデザイン上の前提から生じた）。

しかし一般的に二つの制約の集合の間には強い経験的つながりがある。なぜなら、われわれが通常観察している組織――ある程度の期間存続している組織――は、正確には、つぎのような組織的意思決定システムを発展させてきた組織だからである。それは、組織の行為が参加者にとっての誘因と貢献の好ましいバランスを維持するのを制約が保証しているというものだ[16]。したがって、存続のための機能上の要件は、通常われわれに組織目標を予測するためのよい手がかりを与えてくれる。しかし、一致は経験的であり明確なものではない。目標は組織の意思決定プロセスの観察、すなわちこれらのプロセスが組織の存続と消滅のどちらに向けられているか、から導き出されなければならない。

◆結論

われわれは「組織の目標」とはどのようなものかをまとめることができる。第一に、決定が一つの目標に向けられていることはほとんどない。むしろ決定は制約の全ての集合を満たすような行為のコースの発見にかかわっている。行為の目標としてもっとも正確に知覚されるのはこの集合であり、そのなかのいずれか一つではない。ときとしてわれわれは、それが意思決定者の動機付けと関連しているために、あるいは特定の行為のコースを創出あるいはデザインする探索プロセスと関係しているために、特別の注意をもって一つの制約を選ぶことがある。

われわれが組織の決定にたどり着くとき、満足のいく行為のコースを定義する制約の多くは組織の役割と関係しており、組織の役割は役割を遂行する人の個人的動機と間接的にのみ関係している。われわれは「組織の目標」というフレーズを、個人的動機とこのような間接的つながりしかもたない組織の役割によって課される制約の集合として使用してもよい。組織の意思決定システムは通常多様な階層の参加者にとって重要な全ての誘因と貢献を事実上反映している制約を含むので、組織の存続に反する行為のコースは考慮の対象から除外されがちである。

大部分の公式組織の階層構造を考えるとき、われわれはいつも「組織の目標」を、特に上位階層の役割を定義する制約と探索の基準、を示すものとして使う。したがってわれわれは、森林資源の保護をアメリカ農務省林野部の基本的目標として語ったり、火災による損失の削減を市の消防部門の目標として語ったりする。これらの組織の上位層の管理者は、このような目標を推進する行為を探し求め、支持するので、部下たちはそのような上位層の人々によってつくられた制約にみずからの選択を合わせようとするだろう。

最後に、大規模組織における意思決定の分権化には多くの要素があるように、異なる制約は異なる地位あるいは専門化されたユニットの決定の問題を定義するだろう。たとえば「利益」は企業のほとんどのメンバーの意思決定のなかに直接入り込む必要はない。このことは、利益を企業の基本的目標とみなすのは意味がないということを意味するものではない。単に、意思決定メカニズムは緩やかに結び付いており、ゆえに利益という制約は大部分のサブシステムに間接的な方法でのみ入り込んでいることを意味している。ほとんどの企業組織は利潤獲得に方向付けられているが、利益を生み出す行為のコースの探索にあたっては、それらを大まかにつかむ程度にとどまらざるをえない。さらに、企業の目標を利潤追求とすることは、何人かはそうであったとしても、いかなる従業員も企業の利益目標によって動機付けられているということを意味しない。

組織目標の本質についてのこのような見解は、われわれに単純ではない意思決定の姿を示している。しかしそれはわれわれに、組織の意思決定メカニズムの構造を描写することによって、「利益」や「森林資源の保護」のような全体的目標がいかにして、またどの程度、選択される実際の行為のコースを決定付けているかを示す操作的方法を提供している。

職場としての組織：満足[17]

第6章の中心テーマは、組織の存続と成功は組織のタスクを実行するのに必要な貢献を確保するためにメンバーに十分なインセンティブを与えられるかによって決まる、ということだ。金銭的報酬はもちろん重要である。しかし、仕事をする意欲と仕事が完遂されたときの興奮は、労働者が仕事とその物理的および社会的環境を面白いとみなすか、つまらないとみなすかに依存している。

われわれの文化を含む多くの文化は、生活が輝き、男女がともに幸せだったかつての黄金時代の神話を懐かしんでいる。十八世紀すなわち理性の時代の間、この神話は流行した。ジャン・ジャック・ルソーは「人は生まれながらにして自由だが、どこででも鎖に縛られている」と述べた。黄金の時代の理想は死んではいない。現在、われわれは過去に対して、そこには現在の産業社会の複雑さと混乱によって奪われてしまったよりシンプルで幸せな時代があったと想像しながら、ノスタルジックな目を向けている。

コメンタリーのこの節では、職場の中心にあるわれわれの現在の不満のいくつかを、それらの深刻さをいかに評価し、それらが過去の不満といかにかけはなれているかを問うために考察する。われわれの近代の工場、オフィス、店舗は、われわれにとって、そこで働き生活していくにふさわしい場所になっているだろうか。特に職場で起きている変化——継続的な技術の発展、あるいはわれわれの社会の教育水準の向上、あるいは資源の不足や環境汚染に対するわれわれの反応、に起因する変化——は、職場の生活の質を向上させるものだろうか、あるいはそれを悪化させるものだろうか。

もちろん、ある人たちの状況は向上してきたが、それ以外の人の状況は悪化した。われわれはエグゼクティブの生活とブルーカラーや事務職員の生活について異なる見解をもっているかもしれない。さらに、生活の質は多くの側面をもっている。われわれはそれらのうちの一部の進歩と残りの後退を観察するかもしれない。私は職務満足のレベル、すなわち人々の仕事に対する愛着あるいは疎外に注目する。まずエグゼクティブの仕事から始めよう。

◆エグゼクティブの仕事

四〇年前、われわれはウィリアム・H・ホワイトの新しいフレーズ「オーガニゼーション・マン」[18]から教訓を得た。オーガニゼーション・マンは企業に魂を売ったエグゼクティブである。彼は企業がそうしてほしいと望むように装い、企業が彼にそうしてほしいと望む人と結婚し、企業が彼にそうしてもらいたいと望むように考えた。しかしもっとも重要なことは、オーガニゼーション・マンは集団の一人のメンバーだということだった。彼は集団に忠誠心をもち、集団の規範を受容し、集団のプロセスに従って意思決定し、仕事をした。彼の役割のなかには、みずからの個性を表現したり、一人で革新を起こしたり、集団の合意に反対する余地はなかった。

ホワイトの議論は近代の事業所と産業社会に対する攻撃として広く解釈されてきた。しかしそれはそのようなものではなかった。それは、しばしばプロテスタントの倫理といわれ、ホワイトが考えるに、社会的倫理に急速に取って代わられた個人主義倫理に対するノスタルジアの表現だった。[19]

われわれはホワイトのように、ヘンリー・フォードやアンドリュー・カーネギーのような過去の無骨な個人主義者に対して共感をおぼえるかもしれない。しかしわれわれは、いかなる企業のなかにおいても、通常このような個人主義者はたった一人しか認められないということを忘れてはならない。ヘンリー・フォードは、彼のために働く多くのオーガニゼーション・マンを雇うことができたために個人主義者でいられたのだ。

第二に、われわれは今日のビジネスと産業の世界に個人主義者のための場所は全くないと考えてはならない。かれらのおもな機会は、いつもそうであったように、新しい産業や企業が生まれるときに生じる。私は即座にエレクトロニクス産業の中だけでも、ＨＰのウィリアム・ヒューレット、テキサス・インスツルメンツのパット・ハガーティ、マイクロソフトのビル・ゲイツのような多くの事例を思いつくことができる。さらに、これらの現代の個人主義者たちは、しばしば他者と効果的に働くための経営スタイルを獲得したようにみえる。かれらは少なくとも社会倫理のいくつかの要素を吸収したかのように思われる。しかし、かれらのキャリアを注意深く調べると、このことはカーネギーのような過去の人々にもまたあてはまることがわかる。

だからこそわれわれには、オーガニゼーション・マンの姿は本質的な傾向をあばいたのか、それとも単に、一人であれ集団であれ、ほとんどの場合ほとんどの人は、支持的な社会環境――「所属」の欲求――を求め、せいぜい創造性の静かな勃興だけを受け入れられることを再発見しただけなのか、という疑問が残された。ホワイト自身は個人主義者の倫理と社会的倫理の間に求められるバランスをきわめて用心深く語り、そのバランスは社会的倫理のほうに行き過ぎたことのみを議論した。

社会倫理は、やや誇張するなら、今日の大部分のビジネスマネジャーの思考と行為の方法を描写しているという前提を受け入れてみよう。このことはかれらの満足、エグゼクティブの職場における生活の質、職場への愛着、そこからの疎外についてどんなことを意味しているだろうか。

過去数十年の間に管理者の仕事の本質や社会環境に大きな変化があったということに疑問をもつ人もいるだろう。社会的圧力への同調はわれわれの世代の発明ではない。われわれは、もう一方の極端な方向に突き進み、われわれの時代は特に非同調の時代だと考えるべきでもない。私のクラスの一様にブルージーンズをはいた人々は、私にこの考えが間違っていないことを教えてくれた。一体どのような非同調によってこのように皆が一致してブルージーンズをはき、非公式な生活様式をとり入れるようなことが起きるのだろうか。われわれは孤独な野蛮人ではなく社会的動物である。われわれの多くは、孤独にされ、曖昧で複雑で構造化されていない問題を解決するよう求められたら、生産的でも快適でもなくなる。われわれは社会的支援と社会的相互作用を与えてくれるオフィスをわれわれにとって敵対的な環境であると結論付けることはできない。

多くのエグゼクティブが仕事で経験する退屈さや満足の欠乏をわれわれはいかに評価すべきだろうか。もし職場が人間味あふれるものであれば、なぜ多くの人がそこからの疎外を口にしたり、職場の外に満足を求めたりするのだろうか。ダニエル・バーリンは、なにが物事をつまらなくしたり面白くしたりするのかについての自身の研究のなかで、活動は新奇性の要素を提供し続けられるほど複雑であるが、理解できる程度に単純で、ゆえにそのなかにパターンが認識されるときにのみ、人々の興味や注意をつなぎとめられることを示した。タスクの複雑さのレベルはもちろん一定ではない。タスクに伴う経験は徐々にその複雑さを失い、そのためいずれどんなタスクもルーティンで興味がわかないつまらないものになってしまう。タスクの複雑さは全ての人にとって同じではない。ある人にとって理解できないものが他の人にとっては陳腐なものであるかもしれない。

もちろん、エグゼクティブのタスクの平均的複雑さを、職務への関心と満足を最大化するレベルに維持することが、われわれの主たる狙いであるはずがない。成功する企業のオペレーションの目標は、管理者にとっての即時の仕事満足という目標よりも優先されなければならない。もっともシンプルな言葉――それは管理業務だけでなく全ての仕事に該当する――をあてはめるなら、多くのつまらないタスクは毎日世界中で行なわれなければならず、われわれの一人一人に対してその多くあるいは一部が降ってくる。これらのつまらないタスクのいくつか、特に機械的な努力を要求するものについては、われわれは機械にまかせてきた。しかしほとんど全ての職業において、十分すぎるほどのつまらないタスクがまだ人間に残されている。

職務からの見返りがあまりない人々はおもな満足を自分の生活の他の部分に求めようとするが、われわれは、このような人々は疎外されている、といっている。繰り返すが、これは近代の生活の特別な面ではない。スタンダールの小説や手紙は、一世紀半前にフランスの軍や政府におけるエグゼクティブの生活の単調さについていつも不平を述べている。[20] 三世紀前に英国で日記を書いたサミュエル・ピープスは、海軍本部のオフィスでの仕事のほんのわずかしかわれわれにみせていない。なぜなら、彼の地位を脅かす定期的な政治的危機を除いて、彼はオフィス外でのみずからの生活により多くの面白さを見出していたからだ。[21] これらの証言は、二人が評判のエグゼクティブであり、たとえかれらの関心がしばしば職場よりもその外で満たされていたとしても、人生についていつも興味と関心を抱いていたという点において特に重要である。

ビジネスへのコンピュータの導入がこの状況をどのように変えただろうか。今日まで、コンピュータはエグゼクティブの仕事に対して、特に高い階層では、きわめて穏やかなインパクトしか与えてこなかった。いくつかの中間管理層ではコンピュータは管理者が事前に行なっていたルーティンで繰り返しの決定（たとえばスケジューリングや在庫コントロール）に対して責任を担ってきた。その結果、ダウンサイジングに加えて、管理者の注意はより長期的な関心と人々の管理へと移行した。

より高いエグゼクティブ層では、このような効果でさえ目にみえる形ではあらわれなかった。限定的ではあるが、コンピュータはトップエグゼクティブへの情報の流れを変化させ、向上させてきた。すなわちその情報とは、たとえばかれらが団体交渉を行なうときに、労働契約における特別のとり決めをするコストについて利用できる情報である。しかし、この類の変化はエグゼクティブの仕事の人間的な質に対してほとんど重要ではない。それらは仲間や部下たちとの相互作用の本質を変えるものではない。もちろん、データベースやコンピュータネットワークの近年の増加のように、コンピュータ革命において今後どのような発展が起きても管理者の職務をより本質的な方法で侵害することはないという状況が続くかどうかは定かではない。これまでにわれわれがみてきたことのうち、このような発展がどのような形をとるのか、あるいは疎外や社会倫理と個人主義の間のバランスに対してどんな結果をもたらすのかについて、自信をもってわれわれに予測させてくれるものはなにもない。

私が話してきたことはエグゼクティブの職場をより挑戦的で人間味あふれる環境にすることに対する反論だとみなすべきではない。自動化にとり残された人間の仕事はときとして代替された仕事よりも複雑になるのではなくいっそう単純なものになりうるということをわれわれは忘れてはならないが、ルーティンワークを自動化するためにコンピュータを使用することは進歩のための一つの可能な方向である。職務充実のための他の可能性は、ある責任を他に移管するというような、エグゼクティブ同士で行なわれるより頻繁な横断的委譲のなかに見出されるであろう。

ここまで私は体系的な証拠をなにも示してこなかったが、私の立場を支持するために逸話に依拠するとともに、あなた方の個人的経験に訴えてきた。われわれの個人的な見解を統制するために少なくともごくわずかな客観的証拠を利用できる領域に向かうべく、私はブルーカラーと事務職員の仕事満足と疎外、特に仕事満足に対する工場とオフィスの自動化の影響を考察したい。

◆産業化以前の仕事

黄金の時代の神話は幸福な前近代人を描写しつくしてはいない。おそらく幸せな職人と小作農が居住していた産業化以前の社会の黄金時代もまた存在する。このような黄金の時代と、初期の産業革命期の工場と鉱山における生活の厳しい現実との対比は、十九世紀の社会批判の中心的トピックである。疎外というテーマは、カール・マルクスの著書のなかにはっきりとみられる。『共産党宣言』[22]はつぎのような簡潔な言葉を含んでいる。

機械の大規模な使用と分業のために、無産階級の仕事は全ての個人的特性を失い、その結果、労働者にとっての全ての魅力が失われた。労働者は機械の付属物になり、求められるものはもっとも単純でもっとも単調でもっとも簡単に獲得できる技巧のみである。

『共産党宣言』の出版の一〇〇年後、同じ懸念が工場とオフィスの仕事を自動化するコンピュータの導入について示された。つぎのような二つの批判が浴びせられている。産業革命は仕事を非人間的なものにし、電子計算機の出現は仕事をさらにいっそう非人間的なものにしてきた。

繰り返すが、これらの疑問をなんらかの明確な方法で解決する統計はほとんど手に入らない。われわれは、産業革命以前、ほとんどの人は今日のような産業化された国家の人々よりも物質面で貧しかったことを知っている。しかしおそらく、かれらは貧しかったが幸せだった。おそらくかれらは、モノに満ちあふれてはいるが満たされない余暇を手にする代わりに、楽しくて挑戦的な職業を放棄してきた。

英国の作家、アラステール・クレア[23]は、英国の産業化以前の労働者が仕事について語っていたことを探し出した。もちろんその多くは、労働者と小作農によって書かれたというよりも、かれらについて書かれている。それでもクレアは、わずかの日記、観察者によって書かれたいくつかのかなり具体的なレポート、そしてもっとも重要なのだが、人々の間で流布していた詩や仕事の歌の資料をみつけ出すことができた。ここで、クレアがみつけたものの典型例を紹介する。これは、一七三〇年頃ステファン・ダック（Stephen Duck）という人によって書かれた詩の一部である。[24]

毎週毎週、この退屈な仕事を続けるだけの生活だ。

穀物と籾殻を分ける仕事の毎日が、新しいものを生み出せば話は別だが。

新しいものといっても、実際のところ、たいていは、前より劣るものを生み出している。

脱穀所の労働者は、親方の悪態に屈するだけだ。

親方は、脱穀された穀物量を測り、一日の生産量を計算する。
それから、俺たちが時間の半分は怠けて過ごしているって、ののしるんだ。

資料は全て一貫している。仕事は——農場であれ海であれ——つらくうんざりさせられるものだ。仕事が終わった後、そこには楽しみの時間があるだろう。クレアはそれをつぎのようにまとめている。[25]

伝統的な歌全体のなかで、仕事をそれ自体価値付けられた活動とし、愛や、少女たちとたわむれる機会や、あそびや、報酬から独立したものと位置付けているのをわれわれが目にする機会はそれほど多くない。

資料はわれわれが望んだほど十分ではないが、その比重はあきらかに機械と工場によって破壊された仕事の黄金時代の現実に反している。われわれは、産業革命はそれ自体が黄金時代であったと考えるもう一つの極端な方向に行くべきではない。われわれは工場のシステムの最初の世紀の残酷さについて知りすぎているので、このような誤りに陥ることはない。そうではなく、われわれの関心は十九世紀ではなく二〇世紀の疎外にある。

◆自動化と疎外

われわれがコンピュータ革命に突入してわずか四〇年である。これはもっとも意味深く、その本来あるべき道をたどり始めたばかりの革命であることは間違いない。コンピュータはこのような近年のイノベーションであるので、われわれはその導入以前と今日の仕事の満足の水準について、いくつかの信用できる比較可能なデータがある。われわれはまた、コンピュータが工場やオフィスに導入されたときに労働者が経験した変化に関するごくわずかの注意深い研究からの証拠がある。

国民を対象にした少なくとも労働者の職務満足についての十五の世論調査からのデータは、回答者から寄せられた職務満足の平均水準が低下しているという証拠は示していない。三五〜四〇年前、ほとんどの労働者（八〇〜九〇％）は、自分たちが仕事について「満足」か「まあ満足」と答えていた。今日も、ほぼ同じ割合の人がそう答えている。[26]

もちろん、われわれはこれらの調査結果をいかに解釈するか慎重にならなくてはならない。自分の職務にまあ満足と答えた労働者は、仕事に対して特に満足というわけではないだろう。かれらには変えてほしいと思っていることが多々あるかもしれない。かれらは自分の職業選択を特に気に入っているわけではないだろうし、他の職業に就いていればと思っているかもしれない。われわれは、満足の絶対的水準のための適切な測定指標を持ち合わせていない。しかしわれわれは、満足の絶対水準が高いか低いかは別にして、世論調査の結果から、ビジネスや産業に大規模にコンピュータが使われ初めて以来、満足水準に関して認識できる傾向はないと結論付けることができる。自動化はそれが始まって以来新たな疎外をつくり出してはこなかった。

チャーリー・チャプリンの『モダン・タイムス』をみることで自動化のコンセプトが形成された人は、これらの世論調査の結果についてとまどうのも無理はないだろう。機械の非人間化の影響はあまりに露骨にあらわれるので、労働者は、仕事での経験によって感覚が麻痺させられているのでないかぎり、それらに気付かないはずはないだろう。しかし、『モダン・タイムス』はもちろん風刺であり、徐々に時代遅れになりつつある機械の様式の風刺である。労働者にとっての自動化の意味についてより現実的な描写を得るために、われわれは自動化された職場そのものとその特徴について調べなくてはならない。

特に一九六〇年から一九七〇年代にかけて、新しい計算システム導入の前後を研究したものを含む公刊されたかなりの数の研究が、一つあるいは他のレベルの機械化と自動化を行なっている工場やオフィスを描写している。最初に、イダ・フーズ[27]によって報告された観察のように、コンピュータ導入の短期的で一時的な影響に関する研究がある。これらの研究のなかには、変化によって生じた心理的トラウマに関するかなりの証拠がある。労働者はしばしば新しい技術に恐れをなし、自分たちの仕事が非人間化されてきたという感覚を表現している。かれらは、自分たちがコンピュータに取って代わられるという見通しと、代わりに与えられる仕事をうまくこなすための自分たちの能力に懸念を抱いている。

コンピュータ化が起こったことに対するこのような反応は疑いようがないが、それらの解釈はいっそう問題含みである。それらはコンピュータとコンピュータ化された職場に対する反応だろうか。あるいは変化に対する反応だろうか。より厳密には、変化が導入され実行された特定のやり方に対する反応だろうか。人間関係の著者は、イノベーションが労働者に受け入れられる方法はそれがかれらに提示される方法に大きく依存しているということを、何年にもわたって指摘してきた。変化は恐れられ抵抗されるか、あるいは歓迎される挑戦として受け止められるかだろう。

人間は新奇性を避けるのと同程度にそれを求めるのであって、人間の本質は変化に対して元来敵対的ではない。かれらの反応が肯定的であるか否定的であるかは、変化プロセスへの参加の本質と程度に大部分依存している。もっとも単純な言葉でいえば、人は通常自分たちがやったと認める行為には肯定的に反応し、自分たちの合意なしに自分たちに対して行なわれたと認める行為には否定的に反応する。不快感や反発を引き起こすのは、変化ではなく、かれらがなんのコントロールも影響も行使できない変化に服従させられる際の不安と無力の感覚である。

ゆえに、新たにコンピュータ化された職場に対する否定的態度をあきらかにした研究が技術の特徴を反映しているのか、単にうまく管理されなかった変化プロセスの結果なのかはわからない。われわれは過去のマネジメントがしばしば労働者への配慮に失敗し、全ての類の変化——その大部分は機械と無関係なのだが——において労働者の参加を確保し損なったことで批判されてきたことを知っている。われわれはコミュニケーションにおけるこれらの失敗が、コンピュータ導入前と導入後の研究で観察されてきたような反応をずっと生み出してきたことを知っている。よって、われわれにはこれらの反応に関する二つの異なる考えられうる原因が残されており、それらを混同しないための確たる基盤はない。この問題をさらにあきらかにするために、われわれは他の研究にも目を向けなければならない。

三〇年前、ロバート・ブラウナーは、彼がみずからの著書『労働における疎外と自由』[28]のなかで報告した重要な一連の事例研究を行なった。ブラウナーのアイデアは、製造技術には多くの形態——組立ラインはそれらの一つにすぎない——があり、異なる形態には全く異なる心理的重要性があるだろう、というものだった。それらのいくつかはかなりひどく非人間化したり疎外したりするものだが、他のものはそれほどでもないか、全くそうではないだろう。

ブラウナーは四つの異なる技術を使用している企業をみた。それらは、印刷関連、織物製造、自動車組立工場、連続的工程の化学製造工場、である。彼はこれら四つの状況において、労働者の満足あるいは不満足のレベルに本質的な差があることを発見した。多様性のいくつかは労働者の民族や社会的な出自の違いが原因といえたが、この要素を斟酌してもなお大きな違いが残った。労働者の満足は印刷関連と化学工場で相対的に高く、織物製造工場と自動車組立工場で相対的に低かった。

われわれはこれらの発見についていくつかの理由を推測できる。ブラウナーが調査した時代、印刷は相対的に熟練した職人を雇う伝統的技術であった。織物製造工場と組立ラインは『モダン・タイムス』のステレオタイプにより近い。これらの工場の職務のほとんどはかなりルーティンか繰り返しで、人間の仕事は機械のリズムによってペースが決められていた。

化学工場の職務満足が相対的に高かった理由は少し考える必要がある。そこは近代的で高度に自動化された工場であった。そこでは、人間は原則としてバックアップの役割、すなわち、工程を動かすのではなくそれを監視し、不具合が起きた場合のみ介入するという役割を果たしていた。もちろん人間のスタッフはメンテナンスと修理に責任を負っていた。技術スタッフの一部は継続的に工場の改善と拡大、そして新しいオペレーションの導入という長期的問題に従事していた。工場にかかわる職務の比較的多くの部分で高度なスキルが必要で、製造プロセスのテンポによってペースが決められる仕事はほとんどなかった。労働者は機械を監視し、機械を維持し、機械をデザインし修正したが、機械によって動かされはしなかった。労働者のペースを時々刻々と機械のペースに合わせる必要はなかった。

高度に自動化されコンピュータ化された工場やオフィスの仕事が向かっている方向をもっともうまくあらわしているのは化学工場であり、織物製造工場や自動車組立ラインではない。より新しい技術は産業革命の初期に典型的であった技術よりも、相当により人間のオペレーションに合う形で登場する。高いレベルの自動化に向けての近年および継続中のトレンドは、準自動化された技術に伴うルーティンや退屈さのようなものを排除している。

注意をひくもう一つの研究シリーズは、トーマス・L・ウィスラーが多くの保険会社で行なったものである。[29] フーズのように、ウィスラーは大規模事務作業のコンピュータ化の前後での仕事に対する態度を比較した。ウィスラーとフーズの研究の違いは、ウィスラーは変化が導入された直後ではなく数年後のオフィスを調査したことだ。彼はフーズが報告したような強い否定的態度を観察しなかった。平均的には、事務員は自分たちの職務が今やより多くのことを要求する――職務により高いレベルの正確さと信頼性が求められる――ようになっていると報告した。同時に、かれらは自分たちの職務が以前に比べてもはや面白いものではないか、より退屈なものになったと報告した。あきらかに、職務への高い要求は緊張と同程度に挑戦を生み出した。ウィスラーは、態度における変化の全ては規模では非常に小さく、しばしば別の企業では逆の方向を向いていることも発見した。データ処理技術のどちらかといえば劇的な変化は、職場環境の目にみえる人間的質の点では、小規模でほとんど重要でない変化しかもたらさなかった。

これらの結果から、目下自動化されつつある製造および事務作業の全体像を安心して推定できるようになるまでには、もっと多くのブラウナーやウィスラーのような研究が必要だろう。しかしこれらの発見は、新しい技術を詳しく調査したことのない人――新しい技術を全く別の異なる進化の流れを代表するものとしてではなく、依然としてあたかも伝統的な機械化された工場の流れにあるものとみなしている人――にとってのみ、驚くべきものであるに違いない。

◆疎外と権限の関係

職場における疎外についての非常に多くの議論は、組織における権限の役割と権威主義的環境の疎外効果に注目してきた。つぎの第7章で権限のトピックをとりあげるので、権限と疎外の関係についての議論は次章のコメンタリーで行なう。

◆自動化のシステム効果

職務満足に対する自動化の影響を理解するためには、自動化が行なわれている工場やオフィスに対する自動化の直接的インパクトを観察するだけでは不十分である。自動化の目的と経済的根拠は、労働者を救うことである。自動化の後、所与のレベルのアウトプットに対して雇用される人はそれ以前に比べて減っている。このような生産性の向上は、職業および産業内での労働力の分配における転換をもたらす。現在そして予測可能な将来の状況下では、これらの転換は、製造業やルーティンの事務的な職業に携わる労働力の割合を相対的に押し下げ、サービス業に従事する割合を引き上げ、すでに一世代にわたって続いており、いつ終わるともしれない将来へと続くだろう変化を、もたらしている。

この転換は、サービス業は製造あるいは大規模事務所での職務よりも平均的には満足度が高いか低いか、という重要な問いを投げかけている。世論調査からのデータはこれらのカテゴリー間で満足度に大きな差があることを示してはいないが、カテゴリーが大雑把すぎてわれわれは確たる結論を得られずにいる。特に「サービス業」は学校の教師、化粧品セールスマン、医療技師、その他数え切れないほどの職業を含むもっとも異質なカテゴリーである。これらの職業のどれがもっとも拡大するかを知らずに、仕事が平均してより面白くあるいはつまらなくなるかを簡単には決めることはできない。

おそらく平均的には、サービス業は工場やオフィスでの仕事に勝るとも劣らないぐらいルーティンだろう。その一方で、ほとんどのサービス業はそのパフォーマンスにおいて平均以上に人間との接触が多いと思われる。これは一般的に仕事の肯定的で人間化された側面だと考えられており、おそらく大部分の人もそのように思うだろう。
われわれは、自動化は雇用を実質的にサービス業へと移転させることで、職務満足の増加と職場の人間らしさに対してごくわずかの貢献しかしておらず、おそらく純粋な影響という点では有害ではない、と結論付けることができる。ここでの全ての議論を通じて、暗黙のうちに雇用と非雇用のレベルは経済にどの程度の自動化が導入されるかとは無関係、という仮説がつくられてきた。ほとんどのエコノミストはこの仮説を受け入れるだろうし、私は自著『意思決定の科学』[30]の第5章でこの仮説について議論している。

◆未来の組織

本書第1章のコメンタリーの最後で、計算技術とネットワーキング技術の広がりとそれらの応用範囲の拡大に伴う組織の本質における進行中および可能性のある変化について、いくつかの意見を提示した。すでに議論したように、いくつかの仕事は工場やオフィスから自宅へと移された。ネットワーキングと「グループウェア」が共同業務を促進した。組織のネットワーキングに伴い、ハイアラーキーはコミュニケーションチャネルの全体システムにおいてあまり重要な要素ではなくなってきた。

これらの発見はきわめて新しいので、それらが広がる割合と仕事の満足に対するそれらの影響のどちらをも自信をもって予測することは不可能である。[31]これらの発展はそれぞれ独自の課題を提起している。在宅ワークについての課題は、オフィスで顔を合わせながら相互作用することができる社会的環境と比べて、従業員がインターネット上のつながりによって仕事仲間と結び付けられた遠隔環境内で働くのをどれだけ好むかである。ネットワーキングについての中心的な論題は、第8章のコミュニケーションの章のコメンタリーで詳しく展開するが、個から全体へのコミュニケーションネットを通じて人間の注意にかけられる負荷はいかにして許容される境界の範囲内で維持されるのか、ということである。ハイアラーキーに関する明確な論題は、トップマネジメントは、組織の全体的方向性の舵とりをし、組織目標への支持を維持する能力をいかにして保持するか、である。

発展の方向性を慎重に判断するなら、われわれがこのような発展をもっと経験するまではスコットランドの判決「証拠不十分」を与えられることになるだろう。その間、出来事は十分にゆっくりと進展するので、われわれは特定の仕事の状況におけるこれらの結果を研究するための多くの機会を、最初にそうしようとするときには得ているだろう。

◆結論

エグゼクティブと労働者の職務からの疎外に対するトレンドを肯定および否定する資料のサーベイにおいて、私は産業革命に端を発する長期的トレンドの可能性と、コンピュータの工場およびオフィスへの幅広い導入によってもたらされた過去四〇年間の短期的トレンドの可能性を考察してきた。

どちらのトレンドの資料も全くといっていいほど存在していない。産業革命以前の仕事に黄金時代などなかった――あるいは、少なくとも労働者自身はそのような時代に暮らしているという意識はなかった。同様に、今日労働者は四〇年前の労働者と同様に、みずからの職務に満足あるいは不満足を感じている(しかし、これらの職務の永続性は定かではない)。

同様の結論がエグゼクティブの満足についてもいえる。オーガニゼーション・マンとその不満は、われわれの世代に特有の現象ではない。われわれの注意は単に、われわれが組織を有するかぎり例外であるというよりもむしろおそらくエグゼクティブの行動のルールであった「社会倫理」に向けられてきた。

疎外のトレンドの否定は、疎外は東西ヨーロッパのような全ての産業化された国家に広がってはいない、ということを意味しない。疎外のおもな原因は、仕事が産業化されたということではなく、人々が生活のために働かなくてはならないということ、そして平均的には、職務がそれを行なう人々の深い興味をそそるほど複雑ではなかった、ということである。

仕事からの疎外の原因は解決されるだろう――われわれはアダムの追放から完全に解放されるだろう――という、きわめて楽観的な考えをもてるような理由はどこにもない。ある程度の疎外はおそらく人間のありさまの不可欠な部分だろう。しかし、われわれが社会のなかで疎外のレベルを下げる方法――職場をそこで労働時間の多くの過ごす大部分の人にとって重要な生活の満足の場とするための方法――を、できるだけ入念にかつ賢く探すべきでないという理由はなにもない。自動化に対する近年のトレンドは、労働者の疎外に目にみえるインパクトをそれほどもたらさずにきたのだが、それでも初期の製造形態をもつ典型的な職場よりも高度に自動化された職場のほうがより人間的な環境であるかのようにみえる。だからわれわれは、自動化はいつか仕事の満足の向上に対して穏当な貢献をするだろうと切に希望している。

水晶玉がないので、職場がネットワーキングや「グループウェア」によってどれだけ変化し本来の場所から移されるか、あるいは、これらの変化の結果が従業員の満足にとってどのようなものになるかを予測するのは、きわめて困難である。

注6　これらのコメントは、*Administrative Science Quarterly*, 9: 1-22（1964）で発表されたこのタイトルの私の論文の大

幅な改訂版であり、許可を得て使用されている。私はこの原稿に有益なコメントをくれたハーバート・カウフマンに感謝する。

7　ここでの議論は、『企業の行動理論』（*A Behavioral Theory of the Firm*, Englewood Cliffs, N.J.: Prentice-Hall, 1963）の第3章で組織の目標を議論している私の研究仲間であるサイアート（R. Cyert）とマーチ（J. G. March）の議論と、完全ではないがおおむね一致している。

8　経営科学の文献では線形計画法に関するかなりの数の初歩的議論がある。ここで提示されている見解を発展させている論述については、A. Charnes and W.W.Cooper, ***Management Models and Industrial Applications of Linear Programming***（New York: Wiley, 1961）第1章、および Charnes and Cooper, "Deterministic Equivalents for Optimizing and Satisfying Under Chance Constraints," *Operations Research*, 11:18-39（1963）をみよ。

9　***Models of Man***（New York: Wiley, 1957）（H・A・サイモン著、宮沢光一監訳『人間行動のモデル』同文館、昭和四五年）にある"A Comparison of Organization Theories" pp170-182をみよ。

10　意思決定と問題解決におけるジェネレーターとテストの役割についてのさらなる議論は、A. Newell and H.A.Simon, "The Process of Creative Thinking," in H.E.Gruber, G. Terrell, and M.Wertheimer, eds., Contemporary Approaches to Creative Thinking（New York: Atherson, 1962），特にpp.77-91参照。

11　G.P.E.Clarkson, "A Model of Trust Investment Behavior," Cyert and March, 前掲書参照。

12　さらなる議論と参考文献は、J.G.March and H.A. Simon, ***Organizations***（Cambridge: Blackwell, 2nd ed., 1993）第4章参照。

13　***Models of Man*** のなかの"A Formal Theory of the Employment Relation," 前掲書参照。

14　なんらかの経験的証拠については、第10章のコメンタリーにある"Evidence for Cognitive Mechanisms in

Identification"を参照。

15　このようなシステムは、C.Holt, F. Modigliani, J. Muth, and H.A. Simon, Planning Production, ***Inventories, and Work Force*** (Englewood Cliffs, N. J.: Prentice-Hall, 1960)の"Determining Production Quantities under Aggregate Constraints,"で詳しく述べられている。本書第11章の合成された決定の議論と比較せよ。

16　存続のための機能的要件とオペレーティングシステムの実際の制約の関係は、W.R.Ashby の多重安定システムの中心的コンセプトである。彼の ***Design for a Brain*** (New York: Wiley, 2nd ed., 1960)をみよ。

17　この節は、***On the Alienation of Workers and Management***, The Zucker Lectures, Hamilton, Ontario: McMaster University, 1981 をもとにしている。

18　New York: Simon & Schuster, 1956.

19　同書, p.17.「私は、個人に対する社会の圧力を道徳的に正当化する現代の思考体系を社会的倫理と考えている。その主要な命題は、創造性の源泉としての集団に対する信念、個人の根源的欲求としての「所属」に対する信念、所属の達成のための科学の応用に対する信念、の三つである。」ホワイトは「科学」を、特に人間関係に応用された社会心理学と考えていた。

20　***To the Happy Few: Selected Letters of Stendahl*** (New York: Grove Press, 1952).

21　***Diary and Correspondence of Samuel Pepys, F.R.S*** (London: George Bell and Sons, 1875) 全四巻。

22　Chicago: Charles H. Kerr & Company, 日付不明。

23　彼の著書 ***Work and Play*** (New York: Harper & Row, 1974)をみよ。

24　同書, p93.

25　同書, p134.

26　Robert P. Quinn and Linda J. Shepard, ***The 1972-73 Quality of Employment Survey***（Ann Arbor: Survey Research Center, Institute for Social Research, University of Michigan）.

27　***Automation in the Office***（Washington, D.C.: Public Affairs Press, 1961）.

28　***Alienation and Freedom: The Factory Worker and his Industry***, Chicago: University of Chicago Press, 1964（佐藤慶幸監訳・吉川栄一・村井忠政・辻勝次共訳『労働における疎外と自由』新泉社、昭和四六年）.

29　***The Impact of Computers on Organizations***（New York: Praeger, 1970.）および***Information Technology and Organizational Change***（Belmont, Calif.: Wadsworth, 1970）.

30　Simon, H.A., 1977, ***The New Science of Management Decision***（改訂版）, Englewood Cliffs, N.J.: Prentice-Hall（H・A・サイモン著、稲葉元吉・倉井武夫訳『意思決定の科学』産業能率大学出版部）.

31　大学と企業におけるネットワーキングの社会的影響の有益な研究は、Kiesler and Sproull, eds., Computing and Change on Campus（New York: Cambridge University Press, 1987）にみられよう。かれらが報告している証拠の大多数は、キャンパスネットワーキングのパイオニアであるカーネギーメロン大学におけるアンドリューシステムの初期数年間の体験に依拠している。コンピュータ技術から生じうる新たな雇用関係については、Denise M. Rousseau, "Organizational Behavior in the New Organizational Era," ***Annual Review of Psychology***, vol. 48（Palo Alto, Cal.: Annual Reviews Inc., 1997）をみよ。

第7章　権限の役割

　個人が組織のメンバーになるプロセスを論じてきたので、われわれはつぎの問題へと移る。それは、組織はいかにして個人の行動を一つの全体的なパターンに適合させるのか、つまり、いかにして組織は個人の決定に影響を与えるのか、である。影響は二つの側面に区別される。組織が個人に影響を与えようとする刺激、そして刺激に対する反応を決める個人の心理的「集合」である。これらはそれぞれ影響の「外的」側面と「内的」側面と名付けられるだろう。

　説明のためには、影響の外的側面と内的側面を完全に区別するのは不便である。これらはそれぞれ、権限、コミュニケーション、訓練、能率、一体化（組織への忠誠心）という影響の全ての基本様式において、大なり小なり役割を果たしている。これらはそれぞれ以下の各章で順次考察される。

　本章および以下の章では、価値前提と事実前提という一組の前提の集合から導き出される結論としての決定というアイデアについて、つねに心にとめておく必要がある。個人に対する組織の影響は、組織によって個人の決定が決められることではなく、個人の決定の土台となる前提の<u>いくつか</u>がその人に対して決められること、と解釈されるだろう。だから影響のいくつかの様式は互いに排他的ではない。個人が特定の行為のコースを決めるさい、この決定の基礎になっている前提のうちのいくつかは、その個人に対して権限を行使することでその人に課されてきたかもしれない。またある前提はトレーニングの結果であるかもしれないし、彼の能率への欲望や組織への忠誠心などの結果であったかもしれない。

全ての影響の様式のうち、権限はおもに組織参加者としての個人の行動を組織外での行動と区別するものである。組織に公式的構造を与えるのは権限であり、その他の影響の様式はせいぜいこのような構造が特定化されてから議論されるにすぎない。

組織化された人間集団の行動においてしばしば行動の統一と調整はあまりにも顕著にみられるため、多くの社会思想家たちは集団と個人の間のアナロジーを描いたり、「集団心理」[1]を仮定しさえした。この調整が達成されるメカニズムはそれほど簡単に知覚できるものではない。個人の場合、神経繊維の完全に有形の構造があり、それによって体のある部分からの刺激を他の部分に伝えたり、これらの刺激を中枢神経核のなかに蓄積したり交換したりできる。社会集団の場合、根底にあるメカニズムの手がかりを探索するさいに、その解剖学が詳細にわかるような生理学的構造は存在しない。

このような調整が成し遂げられる方法は、部分的には第5章の最後ですでに述べた。行為の計画は集団のために開発され、この計画が集団のメンバーに伝達される。プロセスの最後のステップはメンバーによるこの計画の受容である。権限はこの受容において中心的役割を果たす。

よって、調整は、個人の行動が集団のその他のメンバーの行動に対する彼自身の期待によって導かれるときになされる。われわれがすでにみてきたように、もっとも単純なケースではこのような適応はおそらく自己誘導される。しかし、ある程度の複雑な調整を行なうためには、個人はみずからの特定の決定をなんらかの集団の計画に合致させなければいけない。心理的にいえば、ある特定の行動が集団の計画の下では自分の役割の一部であると個人が認めることこそ、問題となっている行動を完遂させる原動力となるはずだ。

関係しているメンタルプロセスが完全に意図的だったり意識的だったりすることは滅多にない。調整に至るほとんどの行動は、大部分が習慣的か反射的である。命令に服従している兵士は服従の哲学を熟考しているわけではなく、自分の選択を命令に合ったものにする行動のルールに自分自身をまさに従わせているのである。兵士は個々の瞬間に「いま攻撃するぞ」という決定に導かれる代わりに、「私はそうしろといわれたときに攻撃する」という一般的なルールの下で全てのこのような決定を理解する。

あらゆる種類の組織化された行動の分析は、一人一人の調整された個人が自分の行動を他者の行動に依存させる選択の基準を自分で設定するときに、このような行動が起きることをあきらかにするだろう。もっとも単純なケースにおいては、個人はどんな調整がなされるべきかに関してその都度自分で決定する。やや複雑な組織の形態では、彼は伝達された他者の決定が彼自身の選択を導く（すなわちこれらの選択の前提として役立つ）のを許容する一般ルールを、これらの前提の有用性に対して自分で熟考することなく設定する。

権限

これまでに組織化された行動を述べてきたきわめて単純な描写でさえ、少なくとも初期段階では権限の現象を示している。「権限」はおそらく他者の行為を導く決定をする権力と定義されるだろう。それは二人の個人、一人は「上司」もう一人は「部下」の間の関係である。上司は部下に受け入れられるだろうと期待して決定を行い、それを伝達する。部下はこのような決定を期待し、彼の振る舞いはそれらの決定によって決められる。[2]

ゆえに、権限の関係は純粋に客観的で行動主義的な用語で定義されるだろう。それは上司と部下の両方の行動を含む。これらの行動が生じるとき、しかもそういうときだけは、権限の関係が確かに関係する二人の間に存在する。行動が生じなければ、組織の「机上の」理論がなんであれ、権限は存在しない。

上司の行動パターンは、命令——相手によって行なわれる一つの代替的行動の選択にかかわる、命令法で言明——と、命令がその人に選択の基準として受け入れられるだろうという期待を含む。[3]

部下の行動パターンは、「上司が私のために選択したその代替的行動に従う」ための、たった一つの曖昧な決定あるいは決定のための基準によって支配されている。つまり、彼は代替的選択肢を選ぶための自分の批判能力をいったん保留にし、みずからの選択の基準として命令あるいはシグナルを受容するための公式的な基準を使用する。[4]

権限の関係は部下の行動の基盤としての特別な選択基準を含んでいるので、二人の人間がある瞬間には権限関係に立脚し、つぎの瞬間にはそうではないのはあきらかである。部下の行動は最初の瞬間には命令によって支配され、つぎの瞬間にはそうではないかもしれない。二人の人間が互いに「上司」と「部下」だと認識しているとき、部下の行動に影響を与える上司の言葉全てが「命令」であるということではない。命令を受容する部下の意志は、もし進んで受容するとしても、彼の行動の選択の全てであるいは大部分が命令によって支配されている、ということを意味するものではない。

それゆえ、権限の行使の瞬間的な例証である特定の行動と、長期にわたって二人の人間が果たす役割、そこには一方による服従の期待ともう一方による服従の意志を含む、を区別することは必要だ。

◆影響と権限の区別

権限の関係のみ、である人の言葉が他者の行動に影響を与える全ての状況を説明できるわけでは決してない。「説得する」「提案する」などの動詞は、いかなる権限関係をも必ずしも含まない影響のいくつかの種類を描写している。権限を他の影響の種類と区別する特徴は前述の通りである。すなわち、部下が代替的選択肢を選択するためのみずからの批判能力をいったん保留にし、みずからの選択の基準として命令あるいはシグナルを受容するための公式的な基準を使用することである。一方、提案を受け入れる人は、提案をみずからの意思決定のための根拠ある土台の一つにすぎないものとして受容している——しかし彼が行なう選択は確信にもとづいている。説得もまた行為のコースに賛成あるいは反対する理由に集中している。説得と提案は、選択の根拠となる環境を変化させる。その選択は確信へと変わるかもしれないが、必ずしもそうなる必要はない。一方、服従は選択の放棄である。

これらの用語同士の混乱は、これら三つの現象——説得、提案、命令——全てがしばしば一つの状況において存在するという事実から生じている。行動が権限の行使によって保証されうるところでさえ、上司はしばしば、そしておそらくいつも、提案か説得を採用しようとする。このことの理由はまもなく議論されるだろう。しかし、つぎのことを——すでに指摘したように——念頭におくならば、混乱は避けられるだろう。それは、二人の人間が上司と部下という役割を受け入れるという単なる事実は、かれらの行動の全てであるいは大部分が権限の行使の例証となることを意味しない、ということである。

しかし提案と命令の間の明確な境界は、おそらくこの議論で指摘してきたほどは明白ではないだろう。いくらかの微妙なニュアンスの違いが識別基準として用いられた「確信」という用語にかくされている。

この文脈で使用してきたように、確信は特定の決定に関係する事実前提あるいは価値前提に対する信念である。事実命題への信念は、多くの方法を通じて誘発されるだろう。その一つが証明である。

しかしわれわれは、論理的あるいは経験的に証明されていない非常に多くのものごとを信じている。この国のほとんどの人は、純粋な理論や五感の証拠によってでも証明するのがむずかしかったにもかかわらず原子爆弾が発明された事実を認めているだろう。同様に、処方された薬を飲む前に医師に処方箋の治療上の効能を示すよう求める人はほとんどいない。

いい換えれば、確信はしばしば、たとえ証明されていなかったとしても、事実に関する発言が社会的に伝達される結果生じる。だから、雇い主に事務手続に関するある特定の問題を調査するよう指導されてきた秘書は、「私はこの問題を調査しました。その結果、あなたがこのような方法で振る舞うのがよいと思います。」と報告するかもしれない。この提案は、雇い主によってその根拠を精査されることなく、秘書への信頼の強さだけにもとづき受理されるだろう。われわれが話してきた批判能力がこれと同じように弛緩してしまうのは、権限関係の特徴だったことはあきらかである。

発言は、それを出す人の地位や職位のおかげでなんの証明なしでも他者を確信させるかもしれない。しかるべき地位をもたない人や、仲間にある種の知識をもつ専門家として認められていない人は、「専門性」に関する信用をもつ人に比べて、自分の勧告は適切だと聞き手を納得させるのによりいっそう苦労するだろう。勧告はある程度はそれ自体の真価にもとづいて、しかしまたある程度は勧告をする者の真価にもとづいて、判断される。これは事実である。その理由は、勧告に従って行動する人々がしばしばそれらを判断するのに必要な専門知識をもたないから、そしてかれらが時間的制約によって自分たちが信用する人の提案を受け入れるよう迫られるからである。これこそが、職責のラインの外側から、あるいは通常のコミュニケーションライン以外を通じて自発的に出された提案に対して、どんな組織でも通常なされる抵抗の重要な理由である。

「不規則な」提案に対するこのような抵抗はもっぱら組織の弱点であるというべきではない。意思決定機能の専門化、そして特定の種類の専門性に対する責任を特定の個人に負わせることは、組織の能率の重要な源泉であり、結果として生じる個々のアイデアの潜在的損失を相殺するはずである。

用語が乱用される可能性はあるが、われわれは「権限」を広い意味で用い、そのような解釈での権限にもとづいて、いかなる批判的な論評も熟考もなしに提案が受け入れられる全ての状況を理解する。もしこの定義が受け入れられるなら、ある瞬間ではAはBより上で、つぎの瞬間ではBがAに対して上司として振る舞うということになる。であれば、Aがまさに Bの上司として描写されるときとは、一体どのようなことなのだろうか。

◆権限と「最後の言葉」

これまで論じてきた状況のなかで、部下は自身の明確な選択がないときに命令を受容する。しかし部下は自身の明確な選択に反する命令をも受容する。このような場合には、行動パターンにおける権限の要素ははっきりしている。二人の間に意見の不一致があり、話し合い、説得、あるいは他の相手を納得させるための手段を用いても不一致を解消できないとき、どちらかの権限によって決めなくてはならない。経営組織で「権限のライン」と通常いわれているのは、この「最後の言葉に対する権利」である。しかし、服従における不一致の要素は、状況の他の要素をなおざりにしてあまりにも頻繁に強調されすぎている。「権限」という用語は、もしこのような不一致のケースに限定されるとしたら、あまりにも狭い意味で用いられることになるだろう。

権限に関して決定的に複雑なのはその概念である。もし権限の存在が顕在的な命令の受容あるいは不一致の解決という場面において完全に証明されるなら、いかなる関係においても、権限が存在しているか否かはこれらのようなあきらかな状況があるかないかで判断できるだろう。しかし、命令を予期して服従することもまた可能である。部下は「これらの状況下で上司は私がどのように振る舞うのを望むだろうか」と自問するかもしれないし、そうするよう期待されている。このような場合、権限は前もっての命令よりもむしろやり終えた行為をその後振り返ることのなかで行使される。さらに、部下が従順であればあるほど、権限の証拠は曖昧になるだろう。なぜなら、権限は誤った決定を覆すためにのみ行使されればよいからである。

この現象は、これを「予期反応の法則」と呼んだフリードリッヒ[5]によって指摘された。それは、期待と予測が人間の行動を支配する方法と人間がつくり出す制度の分析にとってこのことがもたらす困難さについて特筆すべき事例を示している。予期反応の法則が作用するせいで、権限関係を決定するさいのむずかしさは全ての「権力の」状況に共通している。たとえば知事の拒否権についてのいかなる研究も、拒否権が予測されたためにどんな法案が議会で可決されなかったか、同様の理由でどんな法案が可決されたかを考慮に入れなければならない[6]。

権力の制裁が引き起こされた状況にのみ限定されている権力関係に関する研究は、いずれも状況の基本的事実を見落としている。このような誤った議論を避けるために、この研究では権限を上司による制裁の点からではなく部下の行動の点から定義してきた。

◆権限による制裁

少なくとも暫定的にではあるが権限とはなにかを決めたので、われわれはそれが行使される状況を考察しなければならない。部下は自分自身の振る舞いを統制するものとして他者の決定を、なぜ、そして、どの程度、受け入れるのだろうか。

上司と部下の関係は、広い範囲の人間行動を特徴付けている多くの起こりうる役割引受の事例の一つである。おそらく、このような役割引受のもっとも重要な基盤は習慣である。つまり、このような状況下では、非常に多くの振る舞いは、それは社会的に「期待された」振る舞いだ、ということ以外になんの説明も求めないのである。特定の振る舞いがなぜ習慣によって支配されるのかを理解するためには、当該社会の社会史を学ぶ必要があるだろう。[7]

社会の「制度」は、おそらくある人がある状況下で互いに相手との関係において負う役割を特定するルールとみなされるだろう。そのさいに果たしうる役割と行為の範囲は、めざましい発明のさいにみられる人間の創意工夫と同じぐらい広い。[8]

多くの社会において社会的に決められた役割の一つは「従業員」の役割である。その役割の特定の内容――期待される服従の程度――は、社会状況に応じて異なるだろう。たとえばアメリカの労働者は今日、雇用者の命令についていえばおそらく父親たちよりもいくぶん受容圏が狭まっている。部分的には、このことは被雇用者の交渉上の立場がより強まっていること、いい換えれば雇用者の制裁が弱まっていることによるだろう。しかしおそらくそこにはまた、雇用者にとって従業員になにをやるよう求めるのが「ふさわしい」かについての、社会的態度におけるより根本的な変化がある。この変化した態度はまた、雇用契約条件を制限している社会立法に反映されている。

多様なタイプの従業員の間には、かれらの地位における権限関係についての期待に大きな違いも存在している。プロフェッショナルと熟練工は、特にかれら独自のプロフェッショナルとしての能力やスキルに関して、比較的狭い受容圏をもつ傾向がある。

ある状況下で服従の期待を確立するこれらの社会的態度の起源や、これらが社会のなかの他の態度全般に依存していることやそれらと関係していることについて、ここでなにも説明するつもりはない。民主主義国における管理はある意味「民主的」であり、反対に、全体主義体制における管理はおそらく「権威主義的」であり、こうした社会の中心的態度は経営組織のなかに反映されているに違いない、と憶測されてきた。だから、論文では詳しく説明されてきたが、実際に証明されることは決してなかった。

組織の権限の受容を誘引する多くの他の、より特定的な、要素がある。広い意味ではこれらは「制裁」と呼べるかもしれない。ただし、通常この言葉は罰則を通じて機能する刺激に限定されており、以下に列挙した要素のいくつかは、より正確には報酬として分類される。

(1) 社会的制裁は最初に記されるべきもので、おそらくもっとも重要なものである。社会はある社会状況における服従の期待を個人に植え付ける。それだけでなく、みずからの役割を受容し損なう人はなんらかの方法で自分の仲間からの社会的な非難を感じることになるだろう。このような状況下では、不服従はネクタイなしで教会に行くのと同じぐらい恥ずかしいことなのだ。

一方、ある人が上司に「文句をいう」とき、仲間の従業員たちがわがことのように満足を感じる限り、社会的制裁は権限の有効性を下げるように機能するだろう。受容または抵抗という集団的態度が権限に対する個人の反応を決める程度は、ホーソン研究のなかで十分強調されてきた。[9]

(2) 個人間の心理的差異は、このような関係を強化するのに重要な役割を果たすかもしれない。リーダーシップ研究はきわめて初期段階にあるが、他をリードするある種のパーソナリティタイプと他に従うパーソナリティタイプがおそらくあるという、いくつかの指摘がある。[10]

(3) 管理の研究者によって、目的はなによりも重要な制裁として強調されてきた。第6章ですでに指摘したように、ボランティア組織では、努力はおもに貢献者が組織の目的に共感しているためになされる。彼は進んで命令に従う。なぜなら、それを通じて確保される調整が共通目的達成に有効だと認めているからだ。[11]

目的が権限の有効な制裁であるためには、いくつかの条件が満たされなくてはならない。部下は自分が共感している目的を推進するために命令が出されていると確信していなくてはならない。第二に、部下は命令がこの目的達成のために有効だと確信していなければならない。この確信はおそらく命令の正しさについての彼自身の知識にはあまりもとづいておらず（実際、このような受容はわれわれの権限の定義からはずれているかもしれない）、命令を出す人々の能力に対する彼の信用、その人たちは自分がもっていない情報をもっているという彼の認識、そして、自分や仲間の努力は上からのなんらかの調整なしには望ましい目標達成に向けて有効に機能しないだろうという彼の実感、にもとづいているだろう。限度の範囲内では部下は正しくないとわかっている命令さえ受容するだろう。なぜなら、彼は長期的には自分の目的に対して有益だと信じている権限のシステムを脅かしたり攪乱したりするのを望まないからだ。

(4) われわれの社会におけるより公式的な制裁は、「職務」と経済的な安定と地位の間の関係に根ざしている。つまり、服従は職位を維持し、より高い給与や他の利益を確保するための代価であるかもしれない。ほとんどの組織は多くの不服従の人を――特にもしそれが言葉に出されない場合には――解雇することなく許容しているという事実、そして多くの組織メンバーは昇進をそれほど望んでいないという事実は、組織の日々の業務のなかで権限受容を確保するための手段としてのこれらの制裁の重要性を減じてしまう。

(5) 特に、第三と第四のカテゴリーにおける影響にそれほど感化されていない人の場合、責任の受容に対する単なる意欲のなさや嫌気は、他者が行なった決定を受容するおもな理由かもしれない。もし割り当てられたタスクが非常に不愉快なものでない場合、多くの人は自分で決定するよう強制されるよりなにをすべきかはっきり告げられることを好むだろう。実際、これはおそらく問題となっている決定が自分の経験や能力の範囲外にあるときのほとんどの個人の特徴だろう。このことの心理的源泉は、誤った決定をした場合に生じるかもしれない結果に対する単なる恐れよりもより深いところに根差しており、この特徴については個人間で大きな差がある。

◆権限の限界

「部下の」役割のもっとも特筆すべき特徴は、行動に関して受容圏[12]を確立することである。その範囲内では、部下は上司による決定を進んで受け入れようとする。彼の選択は、こうしてつねに受容圏の範囲内で上司によって決められ、上司と部下の関係はこの範囲内でのみ成立する。受容は前の節で議論したた影響のいずれかによっておおり、部下がどの代替的選択肢が選択されるかに無関心であるとき、あるいは彼が望ましくない代替的選択肢を遂行するぐらい十分に制裁が強いときに起きる。

受容圏の規模は多くの状況によって影響を受ける。不十分に定義された目的しかもたないボランタリー組織は、おそらく受容圏がもっとも狭いだろう。[13] 制裁と慣習がいちじるしく厳しい軍隊は受容圏がもっとも広い。[14]

関係維持において上司の自制は部下の服従と同じぐらい重要である。経営管理についての近年の著者は、しばしば黙従しかもたらさない権限よりも、むしろ確信へと導く他の影響の手段があるときはそれを使うよう勧めることで、自制の必要性を強調している。

これに相当する政治的権限の限界は、チャールズ・E・メリアム教授[15]によって論じられてきた。歴史理論家はしばしば「リーダー」が実際に他者をリードしている程度に疑問を呈してきた。ある集団がそのリーダーシップに従い続ける無関心領域はどれぐらい広いのだろうか。きわめて現実的には、リーダーあるいは上司は単なるバスの運転手だ。彼の客は自分たちが行きたい方向に連れていってもらえなければ彼の元を去ってしまう。進むべき道についてかれらはリーダーにほんのわずかの裁量しか残していないのだ。

権限の行使

権限は、伝達された他者の決定に個人の決定を従属させることによって集団内で調整された行動を確保する関係、として描写されてきた。したがって、集団内での権限の行使は実際のパフォーマンスからの意思決定過程の大規模な分離、あるいは、意思決定過程の垂直的「専門化」と呼ばれるものを可能にする。

操舵手がそのときどきのみずからの決定を地図上に事前に示されたコースによってコントロールされるのを許容しているように、組織のメンバーは自分の行動を組織の意思決定のコントロールにゆだねる。第一のケースでは、調整は一個人の行動においてある期間にわたって起きる。第二のケースでは、調整は短期あるいは長期にわたって複数の個人の行動において起きる。両方のケースにかかわっている原則は同じである。それは、特定の決定を一般的な決定にゆだねることである。

垂直的専門化あるいは意思決定の専門化は、もちろん権限の行使なしで可能である。ある部署は組織のなかで純粋なアドバイザリーあるいは「スタッフ」の地位を与えられるかもしれないが、その勧告を通じて実際に組織のどこかで受容される意思決定をしている。しかし、スタッフ・エージェンシーの提案がメリットを再考されることなく受容されるかぎり、エージェンシーは実際にわれわれが定義した内容通りに権限を行使していることになる。そして、少なくともなんらかの権限を行使しなくても意思決定過程を効果的に専門化できている組織の例をあげるのはむずかしいだろう。

集団活動の調整手段として権限が幅広く利用されるのは、権限にはそうされるだけの重要な用法があることを示している。権限のつぎの三つの機能は特に注意を要する。

1. 権限はそれを行使する人々の責任を強める。
2. 権限は意思決定の専門知識を保証する。
3. 権限は活動の調整を可能にする。

◆責任

権限の政治的および法的側面について執筆している者は、権限の機能は集団あるいは集団の権限を行使するメンバーによって定められた規範に個人を服従させることだ、ということを強調してきた。[16] たとえば議会の法律制定は、国家が採用している行政上のハイアラーキーによってだけでなく、その法域にかかわる全ての人々によって権威あるものとして受容されている。不服従がおきた場合、精緻につくり上げられた制裁が発動され、違反者に適用されるだろう。多くのもっとも重要な社会的機関の中核は、権限のシステムとそれを強化する制裁の集合を含む。国家それ自体が第一の事例であるが、財産法、教会、家族でさえもまたこのカテゴリーにはいる。[17]

このような権限の側面は、われわれの議論にとってかなり重要である。民主主義国家における行政上のハイアラーキーの概念は、このハイアラーキーに責任をもたせるメカニズムの概念なしには考えられないだろう。[18] 責任の問題は、行政府と立法府の関係を議論するうえで、あるいは行政法のいかなる分析においても、中心的テーマであるに違いない。

権限が責任を強化するように用いられるとき、制裁はおそらくその過程において重要な役割を果たすだろう。そしてこのことが、権限の議論のなかで通常制裁の論題に注意が向けられる原因となっている。しかし、このような文脈のなかでさえ制裁の重要性は強調されすぎるべきではない。特定の制度的背景の範囲内で、議会の権限、資産所有者の権限、父親の権威を受け入れる人は、おそらく制裁の恐怖よりも、社会的に植え付けられた倫理的概念によって強く動機付けられている。すなわち、ある特定の社会に属する個人は、当局によって可決された法律には従うべきであり、財産権を認めるべきだと信じているのだ。制裁の点からだけで権限と責任のシステム全体を説明するのは状況を単純化しすぎることになる。

◆専門知識

権限のきわめて重要な機能は、合理性と有効性の点で質の高い決定を確保することである。専門化が管理の能率にとって本質的に重要なものだということは認識されており、専門化がいかに生産性をあげるかを示すあまたの事例をここで繰り返す必要はない[19]。専門化のこれらの利点は、専門化が「実行」の過程にかかわっているときと同様、「決定」の過程とかかわっているときに重要である。

小規模コミュニティの市政担当官はなんでも屋だ。彼はエンジニア、会計士、行政官、現場監督、集金係、機械工のスキルをもっていなければならない。彼はまた知的ななんでも屋だ。彼は勤務時間中の自分の活動と彼のごくわずかの部下の活動を指示する全ての決定を、自分でしなければならない。彼はいつ道路を修繕すべきか、あるいはいつ下水管をつくるべきかを決めなければならない。彼は備品や人員がどのぐらい必要かを予測し、備品を購入し、人を雇わなければならない。彼はどんな警備活動が必要とされ、どんな健康保険サービスが必要なのかを決めなくてはならない。

大都市の行政組織の管理者は非常に異なる状況下にある。もし彼が十分なスタッフを抱えているのなら、彼は一人のエンジニアを雇用し、その人に公共事業活動を監督させ、この範囲内で技術的な決定を行なわせるだろう。彼は一人あるいはそれ以上の人事のスペシャリストと購買担当者を抱えているだろう。現場監督たちは作業班を実際に監視するだろう。市の運営のための全ての決定は相対的に専門的で技術的な点から考慮されるだろう。

専門化されたスキルの利益を得るために、大規模組織における仕事は、特別のスキルを要求する全ての過程がこのようなスキルを有する人々によって行なわれるよう、可能な限り細分化されている。同様に、意思決定において専門知識の利益を得るために、決定の責任は、特定の知識やスキルを要求する決定がそのような知識やスキルをもつ人々にゆだねられるよう、可能な限り配分されている。このことは、組織を運営する決定が非常に多くの部分的決定へと細分化され、組織の個々のメンバーの活動がこれらの部分的決定のうちのごくわずかに制限されていることを含む。

組織の決定における専門知識を確保するための基本的な工夫は、専門家を権限の公式的ハイアラーキーのなかの戦略的ポジション――すなわち、その人の決定が他の組織メンバーに決定の前提として受け入れられるようなポジション――につけることである。これは「過程」による組織の主要な強みである。技術的決定に関係する全ての活動が一つの部門に組織化されるとき、必要となる技術的能力を保証するような形で決定の機能を割り当てることは容易である。[20]

しかし、意思決定の伝達が権限の公式的ハイアラーキーに制限されているかぎり、単一の決定によく必要とされる多様な種類の技術的支援が確保できなくなる。たとえば、小規模の学校の部署は、学校の健康保険サービスについての決定を行なうための技術的医療施設や、学校施設の維持に必要な技術的アドバイスが不足するだろう。

それゆえ、意思決定における専門知識の全ての利益を確保するために、権限の公式構造を超えることが必要になる。「アイデアの権限」は「制裁の権限」と同様に、組織内で重要性を獲得しなくてはならない。

だからこそこの議論では決定に必要な技術的知識を強調してきた。専門知識はまた、他のタイプの情報に適用されるだろう。近代の大都市の警察はつぎのような中央指令室をもっている。そこでは、電話などの手段を用いて警察による監視が必要な事件についての情報を受けとり、警察官にこれらの事件を調査するよう無線で命令する。指令室が決定の過程（この場合は警察官の割り当て）に対して重要なのは、適切な情報収集の点で戦略的な位置付けにあるからだ。また、権限の公式構造はこの過程のなかでごく小さな役割しか果たさないかもしれない。そして実際には、意見の相違がある場合を除いて、コミュニケーションのラインによって無視されるかもしれない。

組織のハイアラーキーのなかで、上司は通常その地位のために自分の部下よりも情報に関して同様に有利な立場にある。この有利さが現実のものである程度と架空のものにすぎない程度は、大部分組織におけるコミュニケーションのラインのデザインに依存しているだろう。このような情報の利益をもつ上司は、情報の点で部下が自分よりも決定を行なうためによりよい状況にいる上司よりも、権限による公式的制裁を行使する機会が少ないだろう。

◆調整

調整を確保するという権限の第三の機能についてはこの章の前のほうの節である程度議論した。調整は専門知識と明確に区別されるべきである。専門知識はよい決定の採択を含む。調整は集団の全メンバーによって同じ決定をすることを、より正確には確立された目標を達成するために共同して相互に一貫した決定を採択することを、狙いとする。

十人がボートをつくるために協力することを決めたとしよう。もしそれぞれが独自のプランをもち、自分たちのプランについて意見交換しようとしなければ、できあがったボートは航海に適したものになるかどうか疑わしい。もしかれらが非常に平凡なデザインを採用し、全員がそのデザインに従うなら、おそらくそのほうがうまくいくだろう。

ワーテルローの戦いの最初の段階では、ナポレオン軍は二つに分かれていた。皇帝自身が率いる右翼はリニーでブルッヒャーと対峙した。ネイ陸軍元帥が率いる左翼はカトル・ブラでウェリントンと対峙した。ネイと皇帝は攻撃準備をし、自分たちのそれぞれの軍事行動のためのすばらしい計画を準備した。不幸なことに、どちらの計画も敵の側面に最後の攻撃を仕掛けるために、アーロン隊を使うことをもくろんでいた。二人ともこれらの計画を相互に伝え損なったために、また、戦闘当日の命令が不明瞭だったために、アーロン隊はどちらの戦いにも加わることなく、両翼の間を行ったり来たりして一日を費やした。それほどすばらしい戦術的な計画でなくても、調整されていればよりよい成功を導いただろうに。

権限の行使によって決定機能を集権化できるようになり、その結果、実行のための全体計画が組織の全メンバーの活動を支配するだろう。さらに、この手続は個人が長期にわたる自分の活動を計画するときのプロセスに似ている。

調整はおそらく手続的な意味と実体的な意味の両方で行なわれるだろう。組織それ自体の仕様、すなわち組織メンバーの行動と関係の一般的表現が意味するのが、手続的調整である。手続的調整は権限のラインを確立し、組織の個々のメンバーの活動と権限の範囲のアウトラインを示す。

実体的調整は組織の活動の中身にかかわる。自動車工場では、組織図は手続的調整の側面である。一方、製造されている車のエンジンブロックの青写真は実体的調整の側面である。

命令の一元性

第2章では、通常いわれている命令の一元性に関する学説の不備について若干の意見を述べた。そこでは、ある意味で命令の一元性はつねに達成されると指摘されていた。なぜなら部下が二つの対立的な前提にもとづいて決定するよう命じられたなら、あきらかにどちらか片方を選択し、もう一方を無視しなければならないからだ。ゆえに、命令の一元性が強く主張されるとき、意味することはそれだけであろうはずがない。

第2章で説明したように、命令の一元性は通常、経営組織のなかのいかなる個人も同じ組織内のたった一人の他者の権限を受け入れるだろうということを意味する。健全な組織の手続の一部としてのこの原則の有効性は、なぜ個人がある上司からの決定前提と他の上司からの対立的でない前提の両方を受け入れようとしないのかについて、なんの理由も提供していないと非難された。たとえば、彼はどんな財務上の記録をつけるかについて会計部門の権限を受け入れる一方で、自分の部署のプログラムを決める際、「直属の」上司の権限を受け入れるだろう。あるいは、テイラーの「職能別監督」の例を用いれば、彼は自分の旋盤のスピードについてはある職長の指導を受け入れ、正規のメンテナンスについては別の職長のそれを受け入れるだろう。

おそらく、命令の一元性の確立によって提供されるはずの目的は、もしこのような一元性がもたらすと思われる結果を吟味すれば、よりよく理解されるだろう。同じ決定前提に関連して対立的な命令を受けている部下は、両方の命令を遂行しないからといって罰せられるかあるいは彼が望むどちらかの命令を遂行できる地位を与えられるべきだというのは、確かに組織にとっては望ましくないことである。最初のケースでは、部下は自分がおかれているどうしようもない立場のために混乱するだろう。第二のケースでは、彼は自分独自の裁量を保持することになり、そのためにどんな本物の権限にも服従しないだろう。さらに上司は、部下に指示を実行する責任を負わせられないなら、自分自身が結果に対して責任を負うことなどできないだろう。これらのむずかしさが現実的で基本的だということは疑いようがない。唯一の問題は、命令の一元性は唯一のあるいは最適の解かどうかである。

一方、権限内部の摩擦を避けるあるいは解決するために、一般的に用いられる少なくとも四つの方法があるだろう。

(1) 伝統的な意味での命令の一元性——各人がたった一人の上司から命令を受ける。

(2) 第2章で定義した狭い意味での命令の一元性——個人は数名の上司から命令を受けるかもしれないが、対立が起きた場合には、その人が服従することになっている人はたった一人である。

(3) 権限の分割——組織の各ユニットは、排他的権限をもついくらかの特定の領域を割り当てられており、この領域内にあるどんな個人の決定前提もこの権限に従うことになる。

(4) 階級のシステム——個人はある地位にある全ての他者の権限に従う。もし彼が対立的な命令を受けたなら最後に受けた命令に従うが、その対立を命令した人に伝えなければならない。陸軍と海軍の将校と部下の権限関係はこの一般的な手続に従う。

これらの手続は、特に(2)、(3)、(4)は、必ずしも相互排他的ではなく、一つの組織のなかで組み合わされて使われるだろう。

◆権限のハイアラーキー

命令のハイアラーキーあるいはピラミッドに組織のメンバーを配置することは、権限内のコンフリクトを回避する第一の方法か第二の方法のための基盤となる。このような配置を一貫して遵守することによって、一人の部下に対して異なる上司から対立的な命令が出されるのを防いだり、ピラミッドの同一階層にいる二人の個人がたまたま相反する目的の下で働く場合も、二人の間のコンフリクトをハイアラーキー内の共通の上司の決定にゆだねることによって、自動的に解消することになる。それゆえ管理のハイアラーキーは、だれが決定すべきかを決める議論の余地のない手続を提供する。

実際の運用では、権限のハイアラーキーは通常上記のような命令の一元性の二つの理論の折衷案をあらわしている。これはすなわち、ハイアラーキーの権限のラインは、命令や指示を伝達するための通常の（しかしまずほとんど独占的ではない）チャネルを提供し、命令の重複が起きる場合は、コンフリクトの解消のためにハイアラーキーに照らし合わせて確認される。

◆権限の分割

権限のハイアラーキーは、人にもとづいた権限分割として描写される――各人はある特定化された部下の集団を掌握する権限（もし第一の理論に従うなら独占的権限）を与えられる。仕事内容にもとづいて権限を分割するのもまた可能である――個人は組織の仕事のいくつかの特定化された側面に対する権限を与えられる。文献では、これはしばしば権限の「機能的」配分と呼ばれる。

仕事内容に対する権限は、つぎのような権威あるコミュニケーションの発令によって配分される。それらは指導や職務マニュアルなど、集団の一人一人のメンバーが自分の活動を規定し、それぞれの決定がその集団内で権威的特性をもつような範囲をあらわすものである。個別のコンフリクトの事例では、どんな決定に従うべきでどんな決定にはそうではないかを決める代わりに一般的なルールが事前に規定され、集団の各メンバーにかれらが権限をもつべき決定の範囲を認める。

もし集団メンバーの仕事がお互いに独立して行なわれるとしたら、ハイアラーキーを構築する以外に権限を分割する必要は全くないだろう。しかし、通常、集団の個々のメンバーが自分の仕事をするやり方は、他のメンバーの仕事に密接な影響を与える。組立ラインの一人の作業の遅れはライン全体を混乱させるだろう。購買担当者の遅れは建設現場の人々に影響を与えるだろう。検閲官の机の上の未処理案件は書簡の流れを止めてしまうだろう。

権限のハイアラーキーがあるところでさえ、組織を機能的あるいは仕事内容別のラインに沿って分けることが通常必要である。権限の配分の成功度を評価する基準が二つある。それらは、(1)それが集団の仕事を助けるあるいは妨害する程度、(2)それが管轄をめぐる争いを最小化する程度、である。二つの基準は必ずしも一致している必要はない。たとえば、自動車工場において権限分割を各自動車のバイヤーの住所をもとに行なえば、おそらく権限は一義的なものになるだろうが、製造プロセスを円滑化するのはむずかしいだろう。うまく機能させるためには、権限分割は分業——すなわち作業工程の技術——に対応していなければならない。

最良の条件下でさえも、管轄が疑わしい事例が起きるだろう。組織の二つの部分が、ラインと補佐、機能的と地理的、といった異なる原則にもとづいて組織化されるところでは特にそうである。このような場合、紛争を解決するさらに上位の手段が再び必要になる。このような目的のために権限のハイアラーキーが使われるか、特別の上訴機関が使われるだろう。

しかし、仕事内容にもとづいた公式的権限分割が存在するところでは、たとえ手続は同じであっても、争いは一人の共通の上司にまかせるというような単純なハイアラーキーにおけるものとは異なる基準にもとづいて解決される。権限分割がなされていないところでは、個々の独立した紛争は上司にゆだねられ、その人によってそのメリットに鑑みて決定される。権限分割がなされているところでは、決定されるべきことは論争中の特定の問題というよりもむしろ管轄権の問題に関してである。

われわれが「裁決」と呼ぶ後者の手続では、上司は決定の内容あるいはその便宜性よりも、むしろその「合法性」――すなわち公式組織構造における決定者の能力――を考慮しなくてはならない。このような権限分割がなければ、上司は原則として具体的事例のメリットを考慮するだろう。

たとえば購買担当者とラインの管理者の間で文具の指定について意見の相違があるとしよう。ラインの管理者は一つのブランドと品質を望み、購買担当者はその人に対して別のものを届ける主張をするかもしれない。もしこれが単に権限のハイアラーキーの問題であれば、かれらの共通の上司が、どちらのタイプの紙が考えられうる使い道に対してより望ましいかという問題の処理をするだろう。

公式的な権限の配分がなされている組織では、問題はこのような方法で上司にゆだねられないだろう。各部下は、紙の品質を決める決定は自分の権限の範囲内にあると主張するだろう。上司は、どの紙が一番よいかを決める代わりに、どの紙が一番かについてどの管理者が決めるべきかを決めるよう強いられるだろう。技術の問題の代わりに、彼は管理の問題に直面するだろう。

もちろん実際には、問題がこのようにはっきりとした基準にもとづいて決められることはほとんどない。管理上の上司は通常、権限の問題とその場合のメリットの両方を問うだろう。上司の便宜性への配慮は、権限の配分がよりはっきりしているときより、曖昧なときのほうが上司に強い影響を与える。一方、組織内で権限のラインと分業を維持するために、彼はしばしば特定の決定を支持しなくてはならない。なぜなら、それが正しい決定だからというより、決定者の権限の範囲内にあるからである。

これらの条件を付加しても、上記の描写は実際の問題を過度に単純化している。なぜなら、権限関係の維持だけを配慮しているからである。実際には、権限のコンフリクトが管理者にもち込まれたとき、その人は、(1)自分の決定が権限のラインに与えるであろう影響、(2)それが組織政策に与えるであろう影響、(3)部下の健全性と能力に関してコンフリクトが自分に与える情報、を考慮しなければならない。第一の点はすでに議論した。

第二の点については、管理者が管轄上の理由にもとづいて紛争を決定するというよりむしろそのメリットを調べたがるというのは、もしそれが組織政策の重要な問題である場合にはおそらく事実だろう。実際、管轄権をめぐる紛争は、トップの管理者に政策についての重要な課題をもち込み、これらの課題がその人の知識なしにより下の階層で決定されるのを防ぐ重要な手段である。同時に、(これは第三の点に関係するのだが)それらは部下の特徴や性格について彼に情報を与える手段である。特に組織における政策が形成段階にあるとき、トップの管理者にとって、このような紛争を生じさせるやや曖昧な権限配分は重要な利点があるだろう。おそらく「人と人を争わせる」技術は通常トップの管理者によってしばしば使われるので、下手な管理として簡単に退けることはできない。

もし管理者が自分の部下の決定に対するコントロールを維持するこのような技術を用いるなら、彼はつぎのような非常にデリケートなタスクに直面する。それは、組織および管轄上のラインを完全に崩壊から守り、彼が解決する部下同士の意見の相違が、権力と影響をめぐる組織のサブユニット間の個人的な争いや確執へと発展することから守る、というものだ。こうした危険があるにもかかわらず、このようなやり方を用いるのを避けてしまうことは事実上の権限の放棄につながる。

◆階級

権限関係の基盤である階級はつねに権限のハイアラーキーとともに導入される。軍隊組織あるいはそのような類の組織では、いかなるときも権限の継続性と権限関係における確実性を提供することが絶対的に必要である。これは階級のシステムによって成し遂げられる。将校の緊急時、死亡、不在によって一時的に通常の組織パターンを阻害されるとき、階級は権限のシステムを再構築するために使われる。

この仕組もまた管理上の複雑性をつくり出す。ある局の任務を負っている下士官は別の将校から対立する命令を与えられるかもしれない。ここでの唯一の安全装置は各将校の自制、および権限の乱用によって管理組織が混乱した場合それに対する責任をとらされることをかれらが知っていること、である。

◆制裁の適用

この本で使われる権限という用語は、部下による上位者の決定の受容を意味し、不服従の際に制裁を適用するための上位者の権力を意味するものではない、ということを繰り返しておくほうがよいだろう。大部分の今日の組織では、従業員の直属の上司は採用と解雇に関する無制限の権力をもたない。しかしながら、公式的な人事考課制度の有無にかかわらず、その上司の部下に対する評価はおそらく昇進や昇給などのチャンスを決定する主要な要素だろう。

制裁適用に対する権力が制限されるにつれ、直属の上司はみずからの権限を強化するためにそれ以外のより積極的なインセンティブにますます頼らざるをえなくなる。一方、制裁適用の権力をもつ人は、この権力を行使することによって、すでに確立されている権限のラインを強化することも弱体化させることもあるだろう。直接的にあるいはその上司に申し立てることで不忠の部下を罰することができなければ、管理階層のいかなる個人の権限も急速に破壊されるだろう。

よって、懲戒する権力が直属の上司にゆだねられているとき、組織の権限のシステムは一般的にむしろ厳格な階層的な構造をとり、かつそれを維持するだろう。各人はだれが「ボス」かを知っている。このような状況下では、組織の計画に従ってある範囲の「機能上の」権限を懲罰の権力なしに行使する人は、権威的役割よりアドバイザリーのような役割を担うだろうと推測される。

つぎの点を指摘すべきだろう。制裁適用の権力が管理のハイアラーキーの隅々まで委譲されているか、ハイアラーキーの上位層に集中しているかにかかわらず、「命令の一元性」は、ある個人が二つの独立したところからの制裁を被らない範囲で観察されるだろう。これは、先に述べた二つよりもはっきりした、より狭い命令の一元性の概念である。なぜなら、命令を出す権利ではなく命令への不服従に対して制裁を適用する権力に言及しているからである。

◆結びのコメント

本書はもともと処方というよりむしろ記述を目的としている。権限の配分のためのこれらのいくつかの方法の正しい使い方について明確な原則を述べる意図は全くないが、いくつかの試案のコメントが提供されるだろう。事実上、どの組織も権限のハイアラーキーのようなものなしにやっていこうとはしていない。このハイアラーキーが権限の唯一のチャネルを定義する理論にもとづいて運営される組織もあれば、権限がコンフリクトを起こす場合にのみハイアラーキーが顧みられる理論にもとづいて運営される組織もある。その理論がなんであれ、実際の行使はほとんどつねにこれら二つのなんらかの妥協を示している。

ほとんど全ての組織では、権限はまた仕事内容によってその範囲が決められる。そして、仕事内容にもとづく配分はハイアラーキーの配分とコンフリクトを起こすことがあるだろう。このような場合、ハイアラーキーが管轄争いの解決のメカニズムとして使われる。これらの争いはトップの管理者の、下位層でなにが起きているかについての重要な情報源となっており、たとえ可能であったとしても、その管理者は完全な権限の配分によってそれらを完全に排除するようなことはしないだろう。制裁適用の権力の分配とこの権力の行使は、権限のラインのよりいっそうの明確化、そしてハイアラーキーと仕事内容にもとづく権限の相対的重要性に対して、かなりの影響を与えるだろう。

いくつかの組織では、権限のハイアラーキーとその範囲設定は、命令の継続性が阻害されるのを防ぐために階級のシステムによって補強される必要があるだろう。

公式および非公式組織

権限が組織内調整を維持するために使われる方法についてはすでに論じた。手続的調整――権限のラインおよび個々の組織メンバーの活動と権限の範囲の特定化――は公式組織、すなわち個々の参加者の行動を支配する抽象的で多かれ少なかれ永続的な関係、をつくり出す。権限はつぎの二つの方法で公式組織に入り込むことに注意しなければならない。第一に、集団にコントロールを行使する個人の権限は、公式組織の枠組みを確立し強化するために用いられる。第二に、公式組織の枠組みは、それ自体組織の業務を実行する際に従うべき権限と分業のラインを規定する。

たとえば、連邦の法律で農務省を設置し、一般的な部門別組織を設定し、その省の責任を明確化するとしよう。農務長官はこの公式組織の計画から派生する権限をもち、業務を割り当て、さらに自身の権限を委譲することによって、みずから部門内に公式構造をつくり出すだろう。

活動の範囲を割り当て、権限関係を確立するのに加えて、公式組織の枠組みはまた手続とコミュニケーションのラインを確立するだろう。規則の体系は、だれがだれを雇い、解雇するのか、だれがだれに命令を出すのか、個々の仕事にだれが責任をもつのか、特定のタイプの決定にだれのサインがいるのか、などを決めるだろう。大部分、これらの関係は組織の仕事の個別の中身に言及することなくむしろ抽象的に描写されるはずである。

組織のこの公式的枠組みは、つねにいくつかの重要な点で、実際に運営されている組織とは異なるだろう。第一に、そのなかには多くの省略があるだろう――実際の組織では、公式的枠組みのなかにはどこにもあげられていない多くの個人間関係がみられるだろう。販売に責任をもつ副社長は頻繁に会計監査役とゴルフをし、その場でビジネス上の問題を議論する。第二に、組織が動くときの組織内の対人関係は、実際には明細事項といちじるしく異なるだろう。旋盤技師は、ある仕事で自分が機械を動かすスピードに関して職長の指示を受け入れるのを拒否するかもしれない。組織の枠組みは部門Aが部門Bでなされたある決定を伝達されるということを示しているかもしれない。しかし実際にはこのようには実行されないのである。

「非公式組織」という用語は、組織内の決定に影響を及ぼすが、公式的枠組みからは漏れているかそれとは合致しない組織内の個人間関係をさす。どの公式組織もそれに随伴する非公式組織がなければ効果的に運営されないといっても過言ではないだろう。全ての新しい組織は、順調に運営できるようになる前に最初の「テスト航海」を経験するに違いない。そして、全ての新しい組織メンバーは、組織の重要な部分となる前に、同僚と非公式な関係をつくり出すに違いない。

たとえそうすることが望ましいことであっても、公式構造は非公式のもので補足しなくても済むほど細かく規定されえないだろう。一方、公式構造は、そのなかでつくり出される非公式的関係に対して実際に制限を設けなければなんの機能も果たさない。特に、影響と権限をめぐる争いである組織内政治が、組織の正常な活動に害を及ぼすほど発達するのを防ぐことは、公式組織の重要な機能である。そして、公式組織のさらなる機能は、組織の各部分の業務の不必要な重複や繰り返しを発見し、とり除くことである。おそらく、非公式構造との関係における公式構造のより肯定的な機能は、非公式構造を建設的な流れに沿って発達させることである。すなわち、義務の適切な配分とコミュニケーションの適切なチャネルの維持は、どちらも非公式的チャネルを発達させる必要性を緩和し、非公式構造内で相互発展と協力の態度を促進するだろう。

権限の心理と理論

人間の行動はそれが合理的であるかぎり行動している人間の心理についての命題を通常含んではいない、ということに言及するのは重要である。このどちらかといえば逆説的な意見について説明しよう。ある所与の状況では、そして所与の価値システムでは、個人が合理的に追いかけることができるたった一つの行為のコースが存在する。それは、所与の状況下で価値を最大に達成するコースである。よって、個人の価値システムの描写の他に、なぜ彼の行動がいかなる所与の場面においても合理的規範からかけ離れるのかを説明するためだけに心理的命題が必要である。

同様に、組織のメンバーの行動についての命題は、行動が組織の権限システムによって支配されるかぎり、行動している人の心理についての命題を通常含んではない。すなわち、人が他者の決定に服従している限り、その人の心理は行動とは無関係である。よって、心理的命題は、権限が尊重される範囲を決定するためには重要だが、どんな行動がその範囲内にあるかを決定するためには全く重要ではない。

もちろんつぎのことは付言されるべきであろう。それは、多くの場合、部下が上司の命令に与える解釈と使用法をコントロールするのは上司にとって非常にむずかしいことであり、そしてこのことが事実であるかぎり、部下の態度は非常に重要だということである。実際の不服従は別として、命令は知的にあるいは愚鈍に、即座にあるいはゆっくりと、熱心にあるいは嫌々ながら、遂行されるだろう。前の節での主張はもっと注意深くいい換えられるべきかもしれない。すなわち、心理的命題は権限が尊重される範囲と命令を出す者の意図が実際に遂行される程度を決めるのに重要である。しかし、権限が実際に受容される限り、部下の行動がどのようなものになるかを決めるのには全く重要ではない。

例証として軍事心理の文献をとりあげてみよう。この文献は、戦闘の危険と従軍生活での困難に直面したとき、兵士は自分の上司に服従する範囲をいかにして拡大するか、という一つの中心的問題にかかわっている。[21]

もし兵士の服従が完璧であれば、軍事作戦は兵士の肉体的耐久力——行軍に対する我慢強さ、弾丸の影響に対する脆弱さ——によってのみ制限されるだろう。部隊が攻撃において失敗したとするのは敵によってメンバーが皆殺しにされた場合のみであり、作戦を計画する際に必要な唯一のデータは異なる状況下での発砲の効果についての統計的情報であろう。[22]

しかし実際には、皆殺しにされる前に部隊は通常、メンバーが服従を拒否する限界点に到達するだろう。メンバーは前進するよう命令されたときに、それを拒否するか、さもなければ敵に降伏するだろう。攻撃の際の本当の制約要因は、兵士がいつ命令に対してそれ以上の服従を拒否するかを決定する心理的要因である。不服従や降伏の背景にあるのは皆殺しへの恐れであることは間違いない。しかし、実際にどれだけの破壊がなされると士気が損なわれるのかは、状況に応じてその限界点が異なる。[23]

したがって、生理的、物理的、あるいは他の環境要因がはいり込むように、心理は管理のなかに条件としてはいり込む。それは、管理理論それ自体の一部というよりむしろ管理技術の一部である。

要約

本章では、組織化された集団の行動を、その顕著な特徴のいくつかを抜き出すことを目的に探求した。個人は集団の他のメンバーがそうするように、みずからの選択に対して同一の一般的価値基準を適用するとき、そして他のメンバーの行動に対する彼の期待が自身の決定に影響を与えるとき、集団のメンバーとして行動する。

もっとも単純なさまざまな集団行動以外においては、全て、調整を確保するために明確な手続が採用される。ある手続は、それが各人の行動を集団のための計画に合致させる場合、調整的となる。どんな場合でも、調整では少なくとも集団の状況のなかの重要ないくらかの要素が集団メンバーに伝達されることが求められる。

調整が単なるコミュニケーションを超えて進展するとき、またそれが集団メンバーの行動を望ましい方向へと意図的に影響を与えるとき、調整は通常ある程度の権限を含んでいる。みずからの判断能力を弛緩させている個人が自身の決定を導くために他者から伝達された決定を受け入れるときはいつでも、権限はその人に対して行使されている。

権限は数多くの影響の形態の一つにすぎない。その顕著な特徴は、部下を確信させることを求めているのではなく、部下の黙認を求めているだけということである。もちろん実際に行使される場合は、権限は通常提案や説得を十分に交えて用いられる。権限の重要な機能は、たとえ合意に到達できなくても、決定がなされ、それが実行されるのを許可することである。しかしながら、その概念の議論において、おそらく権限のこのような専制的側面は強調されすぎてきた。どんな場合でも権限の専制的側面は部下の「受容圏」の範囲内に制限されている。

受容圏の規模は、権限がもっている命令を強化するのに利用できる制裁に依存している。少なくとも物理的・経済的圧力のような否定的制裁が重要であるのと同様に、目的の共有、社会的受容、パーソナリティは重要である。

管理においては、矛盾する権限関係の回避はときに重要な問題である。その問題は、明確な権限のハイアラーキーを確立することによって、そして権限を機能的ラインあるいは他のラインに沿って区分けすることで、解決される。しかし、権限のコンフリクトが生じる中間地帯をとり除くことはほとんど不可能である。権限の「境界争い」を解決することによって組織構造を維持するのは、重要な管理上のタスクである。

調整は権限が管理組織内で果たす三つの機能の一つにすぎない。権限はまた責任の強化と意思決定の専門化における重要な要素である。

第3章で十分に議論した責任の問題は、集団の計画に対する個人の忠誠を強化するのが望ましいあるいは必要であるときにはいつでも生じる。制裁は、権限のもつどの機能においてよりも、責任を強化するという機能においていっそう重要な役割を果たす。

仕事の分業と専門化から得られる利益はまた、意思決定機能の分業と専門化のために求められるかもしれない。権限は、組織のあるメンバーが行なった決定が他のメンバーの行動に影響を与えるのを認めることによって、意思決定の専門化を可能にする。

公式組織は分業と権限の配分のための計画である。組織の計画は集団の各メンバーに他のメンバーとの関連において地位と役割を与えるが、非常に一般的な意味でしかその人の仕事と決定機能の内容を特定化していない。われわれがつぎにとりかからなければならないのは、決定の実体的な側面——選択の手続ではなく、むしろ選択の基準——である。

注1 「集団心理」理論の二つの決定的な反論についてはつぎをみよ。Floyd H. Allport, *Institutional Behavior* (Chapel Hill: University of North Carolina Press, 1933), chaps. i-iii, および R.M.MacIver, Community, Bk.Ⅱ, chap.ii, andApp.A.

2 権限についての他の記述についてはつぎをみよ。L.D.White, *Introduction to the Study of Public Administration* (New York: Macmillan, 1939), pp.44-46, および C.I.Barnard, *The Functions of Executive*, p.163.

3 このアイデアは国家の功利主義的概念の中心であった。たとえば Jeremy Bentham, *A Fragment on Government* (Oxford: Clarendon Press)をみよ。

4 Ordway Tead, *Human Nature and Management* (New York: McGraw-Hill, 1929), p.149 および Stene, op.cit., p.1131 参照。

5　C.J.Friedrich, op.cit., p.16. ベンサムの非常に興味深い定義を参照のこと。「暗黙の意志表示は、言葉以外にどんなサインを使ってでもなされる。当該の意志の対象である行為と同じ類の行為を行なわなくさせるということに対しては、過去になされたもののうち懲罰行為ほど効果的なものはない。」(*A Fragment on Government*, p.138)

6　Leslie Lipson, *The American Governor: From Figurehead to Executive* (Chicago: University of Chicago Press, 1939), pp.210-212.

7　これはもちろん社会学と社会心理学の中心的問題である。

8　この問題についてのさらなる議論は、Charner M. Perry, "The Relation Between Ethics and Political Science," *International Journal of Ethics*, 47:169-170, 172-174 (Jan., 1937). をみよ。

9　たとえばつぎの文献をみよ。F. J. Roethlisberger and W. J. Dickson, *Management and the Worker* (Cambridge: Harvard University Press, 1939).

10　Charles E. Merriam, *Political Power* (New York: McGraw-Hill, 1934), pp.24-46, および Harold D. Lasswell, *Psychopathology and Politics*, pp.38-64, 78-152.

11　C.I.Barnard, *op.cit.*, pp.165-166, および Luther Gulick, "Notes on the Theory of Organization" in Gulick and Urwick, eds., *op.cit.*, pp.37-38.

12　このコンセプトはバーナード(*op. cit.*, pp.168-169)から採用している。しかし、彼は自分が「無関心圏」と呼んでいるものの積極的意義を十分発展させていない。

13　同書, p.155.

14　軍隊の文献は、戦術上の基本的要件としての受容圏の重要性をはっきりと認めている。Col. J.F. C. Fuller の戦闘の心理の写実的描写を参照せよ。(*op.cit.*, pp.140-141)

15　彼の著書 *Political Power* のなかの "The Poverty of Power" (pp.156-183) を参照せよ。

16　Charles E. Merriam, *Political power*, p.16 および *History of the Theory of Sovereignty Since Rousseau* (New York: Columbia University press, 1900); C.J. Friedrich, *Responsible Bureaucracy* (Cambrridge: Harvard University Press, 1932), pp.20-24.

17　権力と決定の観点からの「財産」の解釈については、つぎの文献をみよ。John R. Commons, *Institutional Economics* (New York: Macmilllan, 1934), pp.397-401; Morris R. Cohen, *Law and the Social Order* (New York: Harcourt, Brace, 1933), pp.44-45; and Albert Kocourek, Jural Relations (Indianapolis: Bobbs-Merrill, 1927), pp.305-334.

18　この責任がとるべき形態についての種々の見解については以下をみよ。John M. Gaus, " The Responsibility of Public Administration," in *The Frontiers of Public Administration*, ed. Gaus, White, and Dimock (Chicago: University of Chicago Press, 1936), pp.26-44; C.J.Friedrich, *Responsible Bureaucracy*, C. J. Friedrich, "Public Policy and the Nature of Administrative Responsibility," in Public Policy, 1940 (Cambridge: Harvard University Press, 1940), pp.3-24; Herman Finer, "Administrative Responsibility in Democratic Government," *Public Administration Review*, I: 335-350 (Summer, 1941).

19　L. Gulick, "Notes on the Theory of Organization," in Gulick and Urwick, *op.cit.*, pp.3-4.

20　Frederick W. Taylor, *The Principles of Scientific Management* (New York: Harper & Bros., 1911), pp.99-113.参照。

21　Col. J.F.C. Fuller, op.cit., pp.140-141; Ardant du Picq, *Etudes sur le combat* (Paris: Hachette et Cie., 1880), pp.7-8, および各所に。

22　最近の戦争においては、このことはあきらかに日本の兵士たちの場合にほぼあてはまっていた。そうであるなら、そこでの権限の限界は心理的というよりむしろ生理的なものであった。

23 Col. Gen. von Balck, *Tactics*, trans. Walrter Krueger (Fort Leavenworth,Kans: U.S. Cavalry Association, 1911), pp. 185-200.

第7章のコメンタリー

組織での権限の行使は、前世代あるいは二世代にわたって多くの議論と社会的批判の的であったトピックであり、権限の伝統的ハイアラーキーへの欲求でさえ、ときとして疑問視されてきた。[24] このコメンタリーでは三つの課題を提示する。それらは、公式権限が組織からの疎外を引き起こし自己実現を妨げる程度、労働者の満足と生産性向上のための意思決定に従業員が参加する可能性、権力欲が組織の正常な活動に及ぼす影響、である。

権限と疎外[25]

第7章はいかにして権限が組織内で行使されているか、特に意思決定プロセスにおける権限の役割を描写している。この権限の議論を第6章のコメンタリーでの仕事の満足の議論と結び付けることは有益だろう。

ときとしてつぎのようにいわれる。組織のおもな問題は組織が人々に権限の行使と受容を求めることであり——確かに組織はそうするのだが——、権限は人間のパーソナリティの十分な発達を阻害する。[26] これらの批判によると、権限の受容は依存と受け身の態度を喚起し、自己実現を妨げる。

組織での権限の受容は、われわれがみてきたように、個人が自身の行動基盤の一部として他の組織メンバーによって提示された前提を受容することを意味する。人々が自分の行動に対するより多くのあるいはより少ない権限の行使を受け入れるのには多くの理由がある。もし従業員が受容するよう求められる前提とやるように求められる物事がかれらの信念や価値と正反対であれば、かれらは賃金やその他の外的報酬の類を受容のための十分な理由とみなすかもしれない。組織の生産物は社会的にあるいは従業員にとって価値があるという確信は、受容のための追加的な理由を提供するだろう。すなわち、権限構造は組織の仕事を終えるための手段だと信じられたために、また内的あるいは外的な動機のために組織の職務を終えることが有効だと受け入れられたために、権限は組織で遵守されるのかもしれないのである。

権限がこのような方法で行使され、このような動機で受容されるとき、大多数の人が権限を屈辱的とみなすと仮定したり、あるいは人々のなかに依存と受け身の態度をつくり出すと仮定したりするのは無理はない。人は自由であるときにもっとも創造的であるというのは神話――広く信じられているが全く根拠のない――である。全ての心理的証拠は、その代わりに、人々をとり巻く環境が多すぎず少なすぎず適切な量の構造を提供するとき、人々はもっとも創造的でもっとも自己実現できることを示している。環境があまりにも厳格に構造化されているとき、創造性は探索と問題解決の機会の欠乏によって損なわれる。環境からの要求があまりにも少なければ、創造性は発見されたり利用されたりするはずの構造の不足によって発揮されにくくなる。ゴシック教会は、引力の法則と宗教上の教義のそれぞれによって導入された厳格な物理的・社会的制約の枠組みのなかで駆使された創造性が、見事に開花した好例である。より多くの自由が教会建築者をより創造的にしたということを信じる理由はないのである。

人間は組織内で達成、親和、権力への欲求を含む、多様な欲求を満たそうとする。組織は達成と親和の欲求を満たすための適切な手段であり、これらの欲求がメンバーの間で支配的である程度によるが、権限の行使は特別の問題を引き起こさない。権力への欲求となると話は違う。なぜなら、もしこの欲求が権力を行使する人のために満たされるなら、その欲求は権力に従う人のために阻止されるからである。

組織の権限に対する現代の挑戦は、たぶん、われわれの社会が一般的に達成や親和への関心から権力への関心へと移行している兆候だろう。確かに、権限に対する同様の挑戦は親子関係を含む家族のような機構にも影響を与えてきた。全てのわれわれの社会的機構では、昔に比べて権限は受容される範囲がより狭まり、また受け入れられにくくなっているが、公式組織内ではそうではない。思うに、われわれの大多数は生涯において生じる権限を弱めることを望ましいこととみなしているだろう。同じ傾向が無限に続くことが同様に望ましいだろう、ということにはならない。特に、もし個人的そして社会的目標に向けての手段としての組織の有効性よりもむしろ権力の配分への執着に動機付けられている場合には、そうである。

現代の組織は専制的で創造性を抑圧するものだと批判する人々は、つぎの二つの前提に依拠している。

1. 組織での権限の行使は自己実現に真っ向から反している。
2. 職場は自己実現と生活上の主たる満足の実現のための重要な場所である。

われわれがみてきたように、第二の前提は大部分の人の人生において組織が果たし、また人々がそうしてほしいと望む役割を誤解していることを示しているだろう。何人かの人——何人かのマネジャー、何人かのプロフェッショナル、何人かの職人――は、おもな満足を自分の仕事や仕事をしている時間のなかでみつけるだろう。かれらは同じ価値システムを社会のその他全てのメンバーももっていると思わないよう、あるいはこれらの価値をもたない人々がそれらを獲得したならもっとよいだろうと考えないよう、気をつけなければならない。

大多数の人は組織を、根本的にあるいは絶対的に、手段的システム――社会の財やサービスを生産し、従業員に対して、もともとはかれらに残された余暇時間のなかで満たしていた楽しく満足のいく生活をもたらす手段を提供するシステム――としてみているようである。われわれが第6章のコメンタリーでレビューした記述によると、このことはおそらく、産業化以前と以後の両方で組織と仕事が人々の生活のなかでつねに果たしてきた役割である。

これらの見解を、現代組織は全ての可能な世界のなかで一番だということを示すものとして解釈すべきではない。組織を改善しうる多くの方法が存在しており、大部分がルーティンで「よそよそしい」職業に対するニーズを減らすことを目的とした自動化の継続的適用は、そのなかの一つにすぎない。しかし、われわれは組織を改善する一方で、社会的手段として提供される組織の主たる職務を遂行するための、組織の能力を強化することも重要である。社会的手段とはすなわち、仕事を完遂し、それによって組織のメンバーと社会の全てのメンバーに対して利用可能な財、サービス、余暇を増やすことである。雇用関係とそれにかかわる権限は、これらのタスクを行なうために組織を利用するのに必要不可欠な手段である。

意思決定への従業員の参加

約半世紀にわたって、組織についての社会心理学と社会学研究、および組織行動についてのコンサルタントの業務における中心的テーマは、意思決定プロセスにおける従業員参加拡大のアイデアであった。通常なされる主張は、参加は従業員の満足と生産性の両方を向上させる、というものだ。これまでに実施された莫大な実証研究からの証拠には、両方の主張が混在している。一般的には、参加は従業員の満足を向上させるが、生産性に対しては一貫した効果はみられない。[27]

このテーマにおける関心は、日本でのクオリティ・サークルの利用と、それらが日本の生産性急成長の要因の一つとしての役割を果たしていると推測されたことによって再び喚起された。ときには対立的な実証的証拠をあげながら、この考えとは対極から開始し、どんな理論が予測されるか問うてみよう。テーマは動機付けと認知の両方である。動機付けの面では、われわれは、参加は満足を向上させると仮定するだろう。すなわち、参加は従業員の生産性向上を含む組織目標への一体化を促進し、努力の向上、仕事での気配り、問題解決欲求をもたらす。そして生産性を向上させる。認知的側面では、われわれは、労働者はかれらの上司や管理者が直接利用できない、仕事についてのある種の情報をもっており、意思決定への従業員の参加によって、かれらはこの情報を品質の問題（そしてその他の問題）の診断と解決のために役立てようとする、と仮定するだろう。[28]

もしこれらが重要な基礎をなすメカニズムであるなら、参加によって生産を向上させるためには少なくとも二つの重要条件を満たさなくてはならない。(1)組織に対する従業員の基本的態度は、参加の機会を歓迎し、組織目標への一体化を向上させるほど非常に積極的でなければならない。(2)観察やその他の方法を通じて、従業員は製品の品質を維持するのに重要な製造工程に関する情報へのアクセスをもっていなくてはならない。これらの条件はいくつかの工場の状況においては満たされるが、他ではそうではないということが容易にわかる。さらに、参加的活動による成功はそれらがどのように運営されたかにかかっており、どんな従業員が貢献できる立場にあるかに注目することが求められる、ということもわかるだろう。従業員はこれらの条件が満たされなくとも生産性を向上させる意志があるだろう、あるいはそうすることができるだろう、と仮定する理由はなにもない。

たった今概略された理論は、意思決定に参加する機会をもつ従業員が「一生懸命働く」だろうという前提とは全く異なっている。クオリティ・サークルのアイデアは、従業員を一生懸命働かせることではなく、かれらが、そこでの自分たちの役割を含めて、製造工程向上に向けて知識と知能を適用できるようにすることだった。欠陥のある製品をみつけ出すというより、むしろ製造工程をタイトにすることによって欠陥のある仕事を防ぐことを強調するクオリティ・コントロールの原則の適用は、基準を満たすのがほとんど困難な状況では生産性の劇的な向上をもたらすことができる。もし製品の八〇％が欠陥品であれば（たとえば初期のコンピュータチップ製造では珍しくない）、欠陥を二〇％にまで低下させれば生産性を四倍にすることになる。

参加の一般的トピックに戻ると、われわれはそれが職場の「民主化」や、公式組織の権限のハイアラーキーを弱体化させることとは、全く異なることに気付く。多くの従業員が、賃金やその他の雇用問題に直接関係し、故にかれらの個人的目標達成に影響を与える決定を除き、自分たち自身の仕事の経験や知識と直接的に関係しない決定への参加を望んでいるという証拠はほとんどない。もちろん、賃金や雇用の問題は、労働者が組合に代表を出す問題と従業員が締役会に代表を出す問題を提起する。これらは重要な問題だが、本書の焦点の範囲外にある。

権力への誘引

しかしわれわれは、権力をもつという見通しが従業員とその雇用主の両方を含む一部の人たちにもたらす魅力について、手短に論じる必要がある。権力と権力の一形態である公式権限は、しばしば個人の目的達成のための便利な道具となる。しかし、権力それ自体が目標となったり追い求められたりすることは珍しくない。親和欲求や達成欲求に比べて、人々が権力に対して感じる欲求には個人間で大きな開きがある。[29] 組織における人間のモチベーションについてバランスのとれた説明をすることで、参加者の感覚、思考、行為の形成においてこれら全ての欲求およびその他の欲求が果たしている重要な役割がわかるに違いない。

権力への欲求は、それを行使する人と行使される人の両方が感じとり、表現することができる。われわれはある管理者を、もし彼あるいは彼女が権力に対して最大級の欲求をもち、達成や親和への欲求をほとんどもたない場合、専制的と呼ぶ。しかし、疎外された労働者は管理される側の役割においてきわめて類似した人々であるかもしれない。すなわちこの場合、彼あるいは彼女の行動をコントロールする企てに反抗する権力への欲求によって、駆り立てられているのである。

権力志向の世界では、「だれがコントロールするか」は「なにが成し遂げられるか」よりも中心的な問題となる。参加者の間に開放性と信頼を確立するのをもっともむずかしくし、自己実現をアナーキーと類義語にしてしまうのは、まさにこのような権力に注目した世界である。権力への欲求を表現することで生じるもっとも好ましくない結果の一つは、競合している集団の間の不信、怒り、恐怖が劇的に高まることである。

逆機能的結果というこの恐ろしい薬は権力だけで調合できるものではない、ということには注意すべきである。それは、一方では相互依存のシステムと、もう一方では参加者（管理する側と管理される側）の間にある権力に対する高い欲求が、相互作用することから生じる。組織と社会のデザインにおける古典的問題は、組織のタスクを完遂させる（すなわち達成と親和に対する欲求の充足）一方で、いかにしてこれらの逆機能的結果を回避あるいは緩和しうるかである。組織研究におけるいわゆる「人間関係学派」は、一つの方法として権限関係をあまり強調しないことを選ぶ傾向にあったが、ときとしてそれが組織の有効性に果たす役割の軽視という犠牲を払った。

もちろん、別の方法は、人間の注意を権力への欲求から達成と親和への欲求へとシフトする方法をみつけることである。アクトン卿はつぎのことを観察した。「権力は腐敗する。そして、絶対的権力は絶対に腐敗する。」新しいアクトン卿はつぎのようにいった。「腐敗するものは権力ではなく権力への欲求である。そしてそのことは、強い者と無力な者の両方を腐敗させる。」一九六〇年代と七〇年代の学生の不安を思い起こせる読者は、学生たちが学生の権力と大人たちの権力からの解放に夢中になっていたこと、そして、新たに勝ちとられた権力が役立つべき目標について、全く一致していなかったことを思い出すだろう。

これらの現象は、革命の理論家にとってはきわめてなじみ深いものである。社会システムの不安定化は、理由はどうあれ、「われわれ」と「かれら」の関係が不確実性と脅威に満ちていると思っている自己同一化した社会集団一つ一つのなかに、権力に対する欲求をつくり出す。しばしば産業ストライキの際に生じる従業員と雇用者の両方の自己破壊的行動をわれわれが解釈しなくてはならないのもまた、このような文脈においてである。

権力を権力のために行使したいという管理者や従業員の潜在的衝動を刺激することなく、権限がそれ自体を目的としてというよりむしろ組織目的達成の手段として効果的に行使されるような組織内環境をつくり出すのは、重要な管理上のタスクである。

注24 D.P.McCaffrey, S.R. Faerman, and D.W. Hart, "The Appeal and Difficulties of Participative Systems," *Organization Science*, 6:603-627（1995）はこれらの問題についての近年の価値ある議論と、また数多くの参考文献を提示している。

25 このセクションは "Are We Alienated from Our Organizations?" *SUPALUM*（School of Urban and Public Affairs Alumni Magazine, Carnegie Mellon University), vol.6, no.1, pp.6-7（1979）にもとづいて記述した。

26 この見解の著名な代表的人物はクリス・アージリスである。彼の *Personality and Organization*（New York: Harper & Bross., 1957）を参照せよ。

27 V.Vroom, *The New Leadership: Managing Participation in Organization*（Englewood Cliffs, N. J.: Prentice-Hall, 1988）; K.E. Weick, *The Social Psychology of Organizing*, 2nd ed.（Reading, Mass.: Addison-wesley, 1979）.

28 McCafferey, Faerman, and Hart, *op.cit.*

29 J.W. Atkinson, *An Introduction to Motivation*（Princeton, N.J.: Van Nostrand, 1964）; および D.C. McClelland et al., *The Achievement Motive*（New York: Appleton, 1953）を参照せよ。

第8章 コミュニケーション

決定に影響を与える点でコミュニケーションが果たす役割については、これまでに、そして特に前章で何度も述べた。そこでつぎに、決定過程のこの重要な側面をいっそう体系的に検討することにしよう。最初にとりあげる論題は、コミュニケーション・システムのもつ本質と機能である。これに続いて、コミュニケーションの公式の経路および非公式の経路が論議される。この章の第3節では、経営組織においてコミュニケーション機能を専門とする諸要素を扱い、最後の節では、コミュニケーションにおける訓練の役割を論議しよう。

コミュニケーションの本質と機能

コミュニケーションとは、おそらく、正式には組織のあるメンバーから別のメンバーに決定の諸前提を伝達するあらゆる過程であると定義される。コミュニケーションがなければ組織が存在しえないことはあきらかである。なぜなら、その場合には、個人の行動に影響を与える集団はありえないからである。コミュニケーションは、組織にとって絶対に欠くことができないばかりでなく、どのようなコミュニケーションの諸技法が用いられうるかによって、意思決定機能をどのように組織内に分配しうるか、また分配すべきかがほとんど決まろう。特定の個人に特定の意思決定をすることを許しうるかどうかは、往々にして、その個人に賢明な意思決定をするのに必要な情報を伝えうるかどうか、そしてつぎには、彼がその決定をそれによって行動が影響されるはずの組織の他のメンバーに伝えうるかどうか、にかかる。

組織におけるコミュニケーションは、二方向の過程である。それは、命令、情報、そして助言の決定センター（すなわち特定の意思決定をなす責任を与えられた個人）への伝達と、ここでの決定の、このセンターから組織の他の部分への伝達、の両方を含む。さらに組織におけるコミュニケーションは、組織を通じて上下左右に行なわれる過程である。権限の公式の経路を通じて下方に下がる情報や命令、また、この同じ経路を通じて上方に上がる情報は、どの実際の組織でも、全体のコミュニケーション・ネットワークのほんの一部であるにすぎない。[1]

決定に関連をもつ情報や知識は、組織のさまざまな場所で発生する。組織は、ときとして、みずからの「知覚器官」――たとえば軍隊の諜報部とか企業の市場分析課――を備える。ときに個人は、そのすでにもっているはずの知識によって、ある地位――たとえば法律部――に採用され配置される。ときには知識は、仕事そのものから得られる――たとえば、旋盤工は自分の機械が故障するときがわかる第一の人である。ときにはすでに行なわれた他の意思決定を知っていることが、知識となる――たとえば、経営者が、自分が資金をすでに別の用途にあてるとしたことを知っているから、その資金の支出に対する要求を拒む場合のように。

以上、いずれの場合も、組織の特定の個人は、行なわなければならない特定の意思決定に関連する情報をもっている。意思決定の機能を配分するためのあきらかに単純な一つの方法は、組織の各メンバーに彼らがそれに関連する情報をもつ決定を割り当てることであろう。この方法の基本的難点は、一人の個人が、特定の決定に関連する全ての情報をもちえないことである。そこで、もし決定が、それを構成する諸前提に分割され、それが別々の個人に配分されるとすれば、別々のセンターからこれらの構成要素をある点にまで伝達するために、コミュニケーション過程がつくられなければならない。そこで構成要素は結合され、さらに組織内の実施責任をもつメンバーに伝達される。

決定を実施すべき人が、同時にその決定の最適任者である場合にだけ、コミュニケーションの問題は存在しない。そして、このような例外的な場合には、もちろん、組織をつくる理由はない。その他のあらゆる場合には、組織の情報源から決定センターへ、構成要素の意思決定が行なわれるセンターからそれらが結合されるセンターへ、また、そのセンターから決定が実施されるべき場所へと、情報を伝達するための手段が工夫されなければならない。

軍隊組織は、情報の収集と伝達を達成するために、特に精巧な手続を発達させてきた。この一つの重要な理由は、軍隊の決定――特に戦術的な決定――を左右する情報は急速に変化する性格をもち、決定の瞬間においてだけ確かめうるからである。

軍隊の情報は、戦略的および戦術的な計画を能率的に準備し実施するために欠くことができない。それは指揮官の状況判断と決定における不可決の要素である。作戦を通じて、用いうる全ての手段をつくして継続的に情報を求めること、これが全ての部隊が作戦に成功するための要件である……。

戦場の戦闘部隊が集める情報は、主として交戦している敵の軍勢にかかわる……。

情報の探索に必要な方向付けは、指揮官の作戦計画の実施および部隊の安全にとってもっとも重要な点を示す指図が下部に出されることによって、与えられる……。

それぞれの部隊指揮官は、自身の作戦の範囲内で、与えられた指図に従って情報の探索を指揮し、かつそれに加えて独立に、彼の特別な状況によって課されるような探索、ないしは彼が従事している作戦の実施に必要とされるような探索を行なう。

軍隊における情報の評価、照合、分析は、大部隊のジェネラル・スタッフの課報部、および旅団、連隊、大隊の諜報機関の任務である。

受け取った情報の分析は、敵の状況や活動についてのおおよそ完全な再構成をもたらし、また、敵の意図をもっともよく示すものとなることが、よくある。[2]

情報源から決定センターへの伝達が困難であれば、決定センターは情報源に近づきがちになり、一方、決定センターからその実施点への伝達が困難であれば、反対方向の引力が生じる。決定センターの位置を適切に定める仕事は、これらの反対方向の引力の間の釣合いをとることである。

意思決定機能を集権化し、その結果として決定と行為の分離をもたらしがちである引力については、すでに、少し異なった見地から前章で論議した。このような引力は、責任、専門能力、および調整への要求である。反対の方向——分権化の方向——への二つのおもな引力は、第一に、決定に関連する情報の大部分が作業活動のレベルで発生するという事実と、第二に、決定と行為の分離によって意思決定とその伝達のための時間と労力の費用が増大するという事実である。

公式のコミュニケーションと非公式のコミュニケーション

どんな組織においても、コミュニケーションの公式システム——意識的かつ慎重につくりあげられたコミュニケーション経路および手段——は、組織内の社会関係にもとづく、等しく重要なコミュニケーションの非公式なネットワークによって、間もなく補われる。公式システムと非公式システムの関係は、コミュニケーション手段の検討を通して、もっともよく理解される。

◆公式のコミュニケーションの手段

コミュニケーションのもっともあきらかな手段は、組織のあるメンバーから別のメンバーへの会話、メモ、書状である。専門化された文書手段のいくつかは、通常のメモあるいは書状と区別される必要がある。まず第一に、「ペーパー・フロー」——組織のある場所から別の場所へ、そして引き続いて他の場所への、文書の動き——がある。つぎに、記録と公式の報告書があり、最後に、組織業務と手続のマニュアルがあげられる。

口頭のコミュニケーション　どんな口頭のコミュニケーションの公式システムも、それが組織体制内に確立されるのは、ただ一定範囲に限られるのが通常である。公式の権限のシステムは、ある程度まで、口頭のコミュニケーションは主として個人と直接の上司あるいは部下との間で行なわれる、という推定を生む。しかし、これらだけがコミュニケーションの唯一の経路ではないことは確かである。

また、公式組織は、おそらく、ある程度まで、上向きのコミュニケーションを行なう容易さを限定する。組織の上層部にいる人々は、おそらく、その直接の部下を除いては、全ての人々に比較的近づきがたいであろう。軍隊組織では、この「接近」の問題――軍曹の許可によって兵卒が大尉に話す――を律する公式の規則がつくられているが、他の組織では、たとえ経営者が公に「門戸開放」の政策をとっているときでさえ、非公式な社会的統制と、加えて私的秘書の機構によって、接近は規制される。この場合、接近の難易は、まさに、公式組織よりむしろ非公式組織によって決められる。

場所的に近いことは、おそらく、口頭のコミュニケーションの頻度を決めるきわめて現実的な要因である。それゆえ、オフィスの配置は、コミュニケーション・システムの重要な公式決定因の一つである。電話の出現さえも、この要因の重要性をたいして減じなかった。電話による会話は、決して面と向かって話すのと同じではないからである。

メモおよび書状　メモおよび書状の流れは、特に大きな組織の場合、口頭のコミュニケーションよりも、公式の統制を受けることが多い。事実、一部の組織では、文書によるあらゆるコミュニケーションは、権限の経路をたどることが要求されている。しかし、これは一般的ではない。それよりもやや一般的なのは、権限の連鎖を二つ以上とばしてコミュニケーションしない、という要求である。すなわち、もし同一部門の異なる課に属する二人の個人が互いに連絡したいと望むとき、部門の長を通さなければ、コミュニケーションはまず第一課の長のところに、そこから第二課の長へ、そしてそこから第二課の個人へと、行なわれなければならない。

しかしながら、大部分の組織では、命令の伝達――この論題は前章で述べた――の場合を除いて、このような厳格な要求は行なわれない。とはいえ、コミュニケーション自体が、正規の経路を経ずに近道をしたときには、その正規の経路にコミュニケーションの写しを提出することを求める「許可」規則がつくられることは、非常に多い。

ペーパー・フロー　ある場合においては、――これは保険会社、会計部門、および連邦貸付機関のような財務問題を扱う組織の特性であるが――組織の業務ないしその一部が一片の紙切れの処理に集中する。たとえば生命保険会社では、申込書が受け入れられ、検討され、受理されるかあるいは拒否され、保険証券が発行され、保険契約者に保険料が請求され、保険料に関する処理がなされ、そして、保険金が支払われる。個々の保険証券に代わるファイルが、組織の業務の焦点センターである。このファイルは、さまざまな種類の行為――申込書の再検討、保険金受取人変更の記録、保険金支払承認など――のために、組織内をある場所から別の場所へと動かされる。このような場合、その保険証券に関して、求められる経営行為を実行するのに必要とされる情報は、全てそのファイルにつけられている。特定の行為がなされるためにファイルがまわされてくるその場所にいる人は、その処理に関する決定を行なうために保険証券の情報に適用されなければならない会社の諸規則を知っているはずである。このファイルは、現場で発生するそれぞれの保険契約者に関する情報と、会社の業務および義務に関して中央のオフィスで生じる情報の結合を可能にする。この場合、情報の結合は、書類の流れを通じて、現場で得られた情報を決定のために中央オフィスに流すことによって行なわれる。他の状況では、これは、おそらく指図書およびマニュアルなどを通じて、中央オフィスの情報を現場に伝達することによって行なわれよう。

記録および報告書　記録および報告書の制度は、ほとんど全ての組織にとって公式のコミュニケーション・システムのきわめて重要な部分である。書状やメモの場合には、コミュニケーションを始める人が、一定の情報を伝達する必要があるという決定をしなければならず、また、なにを伝達すべきかを決定する。記録および報告書の著しい特徴は、それをつくる人に、どのような場合に報告書をつくるべきか（定期的にか、あるいは特定の出来事ないし事情が生じた場合にか）、およびその報告書にどのような情報を盛り込むべきかを、はっきり指定することである。このことはきわめて重要である。なぜならば、それによって組織のメンバーは、彼のもつ情報のどの部分をどのような形で組織の他のメンバーに伝達すべきかをたえず決めなければならないという、重要だが困難な仕事から大いに解放されるからである。

マニュアル　マニュアルの機能は、比較的永続的に使おうとしている組織の諸実務を伝達することである。マニュアルがなければ、永続的な諸方針は永続的な組織メンバーの記憶にあるにすぎなくなり、やがて実務にはたいした影響を及ぼさなくなる。マニュアルの作成および改正は、組織のメンバーが組織の構造と諸方針について共通の理解をもっているかどうかを確かめるのに役立つ。新人訓練期間に関連して、あるいは別の場合に、新しい組織メンバーにこうした諸方針を知らせることが、マニュアルの一つの重要な使い方である。

マニュアルの作成および使用によって、ほとんど不可避的に、意思決定の集権化の程度は増大する。マニュアルを作成する人々は、「完全性」および「統一性」を求めて、ほとんどつねに、以前には個人の決定にゆだねられていた事柄をマニュアルのなかに含め、かつこれを組織の方針に具体化する。これは決して全くの前進であるわけではない。なぜならば、「完全性」および「統一性」は、調整のために必要でないかぎり、組織にとってどんな特別の価値もないからである。

◆非公式コミュニケーション

組織のなかにいかに精巧な公式のコミュニケーションのシステムがつくられているとしても、このシステムはつねに非公式なコミュニケーションの経路によって補われる。このような非公式の経路を通じて、情報、助言、そして命令さえも流されよう（読者は、われわれの定義によれば、権限関係は、上司がたとえどんな制裁の権限を与えられていなくても、存在しうることを思い出されよう）。早晩、現実の諸関係のシステムは、公式の組織体系に指定されたものとは大いに異なってくるであろう。

非公式のコミュニケーション・システムは、組織のメンバーの社会的諸関係にもとづいてつくりあげられる。二人の個人間の友情は、接触の機会や「職場外で仕事の話をする」機会を多くする。それはまた、一方が他方のリーダーシップを受け入れることになれば、二人の間に権限の関係を生むかもしれない。このようにして、「自然発生的なリーダー」は、組織図に必ずしも示されない役割を組織のなかで獲得する。

組織での個人の行動は、組織の目標のみでなく、ある程度は個人の目標もめざすこと、また、この二つの目標の集合が互いに一致するとはかぎらないことを思い起こすとき、非公式のコミュニケーション・システムは、いっそうの重要性をもつことになる。それゆえ、組織のメンバーが互いに相手とつき合う場合には、各人は、相手方の態度や行為が組織の動機よりはむしろ個人の動機によって左右される範囲を査定しようとしなければならない。互いの間に第一次集団の関係が確立されたときには、互いにこの評価はいっそう容易になり、また、互いの動機に関しても、率直になることがより容易になる。協力を求めたとき、「あなたはあなたの部門を、私は私のを管理する」という反応で迎えられることは少なくなろう（組織の特定部分に対するこのような一体化ないし忠誠心の問題は、後の第10章でさらに詳しく論議される）。

われわれの社会には、大部分の社会関係に「友情の推定」と呼びうるものがあるが、第一次集団の関係は、友好的でありうるのと全く同様に容易に、敵意を含むことも、もちろんありうる。そこで、非公式のコミュニケーション・システムが、組織の能率的な運営を妨げるのでなく、むしろそれに貢献するように、こうした直接的な個人的関係のなかに友情や協力の態度を維持することが、経営者の一つのおもな仕事となる。

非公式のコミュニケーション・システムは、ときには組織メンバーの個人的目的を進めるのに用いられる。このことから、クリークという現象が生じる。クリークは、コミュニケーションの非公式なネットワークを築きあげ、これを組織のなかで権力を獲得するための手段として用いる集団である。クリーク間の対抗は、つぎにはおそらく社会的諸関係に一般的にみられる敵意を生み出すことになり、非公式のコミュニケーション・システムの目的をくじくであろう。

公式組織がクリークの形成を助長ないし妨げる方法についての、あるいは、経営者がクリークに対処し、その害を最小限にするために用いうる手法についての、体系的な分析は、これまでほとんどなされなかった。一見するところ、コミュニケーションの公式システムが貧弱なことと、そのシステムを通じて十分な調整の手段が得られていないことが、おそらくクリークの発達を助長すると推測されるであろう。そのような状況でクリークが果たす調整の機能は、アメリカの制度のような高度に分権化された政治機構のなかで政治派閥が果たす調整の機能によく似ている。

いかなる組織においても、非公式のコミュニケーションの多くは、クリークの活動にくらべて、あるいは昼食をともにする経営者たちの会話にくらべてさえ、はるかに意図性がない。これに加えて、「うわさ話」の名のもとに行なわれる大量のコミュニケーションがある。大部分の組織で、「うわさ」は、全体としてはおそらく建設的な役割を果たしている。そのおもな欠点は、第一に、秘密の発言が広められるかもしれないから率直さが妨げられること、第二に、うわさとして伝達される情報は不正確な場合がきわめて多いこと、である。他方、うわさは、だれもが公式に伝達することを考えなかった情報を伝達するばかりでなく、組織の「世論」のバロメータとして貴重である。経営者がうわさに耳を傾けるならば、それによって彼は、組織メンバーの関心事である話題を知り、またそれに対するかれらの態度を知る。この後者の目的にとってさえ、もちろん、うわさは他の情報経路によって補われる必要がある。

◆個人的なモチベーションとコミュニケーション

われわれは、個人的なモチベーションが非公式のコミュニケーション・システムの成長にかなりの影響を与えうることを知った。特に、個人は、組織における自身の権力と影響力を強める手段として、このシステムを発展させるかもしれない。個人的なモチベーションは、別の方法でもコミュニケーション――公式、非公式ともに――に影響を及ぼしうる。情報は、その発生源から組織のその他の部分へと自動的には伝達されない。情報を最初に得た人がそれを伝達するさいに、彼はその伝達が彼にもたらす結果に、当然気付くであろう。そのニュースによって上司が「激怒する」ことになるとわかるときは、そのニュースはおそらく抑えられる。[3]

それゆえ、つぎの場合にのみ、情報は組織の上部に伝達される傾向がある。(1)その伝達が伝達者に不愉快な結果をもたらさない場合、(2)上司がいずれにせよ他の経路からそれを聞き及ぶので、初めに伝えておくほうがよい場合、あるいは、(3)上司が、彼自身の上司を扱うさいに必要な情報であり、それを伝えられていなかったことで不愉快な思いをする場合、である。さらに、上司が意思決定をするためにどんな情報が必要かを部下が正確にわかっていないというだけの理由で、情報が上に伝達されないことも多い。

したがって、管理階層の上部の一つの主要なコミュニケーション問題は、上部での決定に関連する情報の多くが、下部で発生し、経営者が異常に用心深くないかぎり、おそらく上部まで決して到達しないことである。すでに指摘したように、公式の記録や報告書のシステムの一つの重要な機能は、どんな情報を上部に伝達するかを決める責任を部下から上司に移すことである。

逆に、上司が部下に情報を伝達しないときに生ずる問題もある。これもまたおそらく――部下がその情報を必要とすることに上司が気付かない――偶然的なものである。他方、上司が部下に対して権威を保つ手段として情報を一人占めすることもあろう。後者は、通常、無能で不安な経営者の兆候であり、これが組織においてなんらかの建設的な機能を果たすとは、ほとんど思われない。前者の場合も同様に不幸であるが、それは、主として命令以外の情報を下部に伝達する必要に対して十分な考慮を欠くために、大部分の組織でよく起きている。

◆コミュニケーションの受容性

ここまでは主としてコミュニケーションの源泉について考察した。しかし、その行き先についても注意を払わなければならない。これまでに指摘したように、その受け手がコミュニケーションに注ぐ注意は、単に論理の問題ではない。コミュニケーションの源泉と、そのコミュニケーションが提示される仕方によって、受け手がそのコミュニケーションにどれだけ考慮を払うかが決まる。公式の経路がある場合には、それを通じて行なわれるコミュニケーションの効果は、その「公式的な」性格がコミュニケーションに与える権威によって高められる。他方、求められていない情報や助言にはおそらくほとんどかあるいは全く注意は払われない。

このように、コミュニケーションの重要性がその源泉に依存することは、下部への伝達と同様、上部への伝達においてもあてはまる——上部に伝達される提案は、その提案者が公式の助言をする地位にあり、それを「経路を通じて」伝達するのでなければ、十分な考慮が払われることはなかろう。そこから、特に組織の下部では多くの欲求不満が生じるが、組織の構造をこわすことなく、これを完全にどうとり除きうるかはわかりにくい。

コミュニケーションに与えられる注意は、その形態によっても左右される。前章での権限関係の論議では、部下による権限の受容に重点が置かれた。きわめて重要な点は、命令ないしその他あらゆる種類のコミュニケーションの受け手が、その行為あるいは決定において、コミュニケーションに影響されるかされないかである。従業員を安全規則に従わせる問題は、特定のブランドの石鹸を消費者に受け入れさせる問題と、それほど異ならない。場合によっては公式の権限が部下を従わせるための十分な誘因であることもあろうが、コミュニケーションを効果あらしめるには、命令と同様、通常、道理を説き、弁じ、また説得しなければならない。

同様にまた、コミュニケーションは口頭であるべきか文書であるべきか、また公式の言葉によるべきか非公式の言葉によるべきか、が考慮されなければならない。いずれの場合にも、受け手の心理状態、態度、およびモチベーションが、コミュニケーションのデザインを決める基礎的な要因でなければならない。結局、コミュニケーションの機能は、それを伝達する人の心からなにかをとり去ることではなくて、それを受け取る人の心や行為になにかを入れ込むことである。

コミュニケーションの専門機関

コミュニケーションは組織が機能するためにきわめて重要なので、中規模の組織でさえ、大部分の場合、一定の専門化されたコミュニケーション業務が展開されている。決定センターそれ自体――すなわち経営者の地位――には、経営者のコミュニケーション機能に援助を与えうる人々が配置されていなければならない場合が多い。組織は、ファイル、記録、書庫、フォローアップ・システムなど、公式の特別な「記憶」貯蔵手段を発達させている。会計、検査、経営分析、諜報などの特定の情報収集機能を担う部課が組織内に設けられるかもしれない。組織が大きくなるほどこの専門化を進めることがいっそう可能になる。

◆決定センターの組織

経営者のコミュニケーション業務のかなりは、彼自身が行なう必要はなく、彼のオフィスのスタッフ・アシスタントに委譲できよう。外部に出されるコミュニケーションの起草、はいってくるコミュニケーションの取捨選択、および連絡事務は、このような業務に含まれる。

外に出されるコミュニケーションの起草については、ほとんどコメントの必要はない。それは、秘書の通常の機能の一つであり、有力な経営者はこのような機能を果たすアシスタントをもつことが多い。この種の専門化としてもっとも精巧なものは、おそらく大統領の行政室予算局である。そこは、国会に提出するための議案の起草のほかに、その重要な機能の一つとして、大統領命令の起草も担っている。

この種の分業が可能であることによって、一つの重要な帰結が得られる。それは、経営者のオフィスに専門家を所属させることによって、権限の機構を複雑にすることなく、それぞれの専門の見地から外に出されるコミュニケーションを検討しうる、ということである。このシステムは、おそらく軍隊組織でもっともよく発展している。そこでは、たとえば、師団長のスタッフである砲兵将校は作戦計画の砲術分野を解決する。経営者自身——軍隊の例では参謀長——は、このような専門諸分野を調整し、釣合いをとる役割を果たす。

外からのコミュニケーションのどれに経営者みずからが目を通すべきかを決めるための検討もまた、有力な経営者の地位のために専門化される、委譲できる機能である。ある場合には、この機能は、経営者のために分析結果を用意し勧告を作成することにまで拡大され、それらがもとのコミュニケーションとともに経営者に伝えられる。他の場合には、経営者のスタッフは、経営者をとび越してコミュニケーションを処理できるかもしれない。

部下あるいは組織の他の部課への連絡の機能を、経営者がそのスタッフに委譲するときは、その他の二つの型の委譲にくらべて幾分より微妙な問題が生じる。その関係が注意深くあきらかにされないかぎり、連絡将校が彼自身の発意によらず彼の長の代行者として権限を行使していることは、おそらく部下たちにはわからない。この曖昧さの結果として、連絡将校に対するかなりの恨みが生じ、彼は有用性を失うかもしれない。多くの民間組織で、副部長と部長付の区別が明瞭には理解されていない。こうした組織では、この区別のために軍隊組織が行なっている配慮を知るのがよいであろう。

◆組織の「記憶」の貯蔵手段

組織は一個の生物ではないので、組織のもつ唯一の記憶は、文字通り、その参加者たちの記憶の寄せ集めである。これは組織の目的にとって十分でない。なぜなら、第一に、ある人の記憶にとどめられているものは必ずしも組織の他のメンバーが利用できるとかぎらず、第二に、個人が組織を去るときには組織は「記憶」のその部分を失うからである。

それゆえ、組織は個人に比較してはるかに大々的に人工的な「記憶」を必要とする。個人の場合なら単に習慣になるであろう業務も、新しい組織メンバーの教育のためにマニュアルに記録されなければならない。組織が情報のために用いうる貯蔵手段には、記録システム、通信文および他のファイル、書庫、フォローアップ・システムがある。

これらの手段は全てよく知られているが、それら自体が組織にむずかしい問題を生む――すなわち、どんな種類の情報を記録すべきか、どんな仕方で分類され、ファイルされるべきか、ファイルの場所、などである。しかし、これらの問題を抽象的に論じてもほとんど益がない。

◆調査機関

大部分の組織、あるいは組織のなかの特定の決定センターは、その業務過程において、正規にはいってくる情報の他の情報をも必要とする。この必要な情報には二種類があり、それは、組織外の源から得られるはずの外部情報と、組織内から得られるはずの内部情報である。大きな組織であればどこでも、この二種類の情報のいずれかを確保することをその機能とする部門をつきとめることができる。工業会社の特許部門はそのような部門であり、そのおもな機能の一つは、『特許庁公報』、生産者カタログ、定期刊行物、および業界の印刷物にあたることによって、当該の会社の分野の特許権および製品開発を絶え間なく見張ることである。会計部門は、内部情報を得ることをその機能とする部門の顕著な例である。

外部調査部門については、多くの議論を必要としない。それを組織に置くさいのおもな問題は、そこで受け入れる情報が組織のなかの適切な場所にすみやかに、かつ、便利に使える形態で伝達されるように、それを置くことである。これは、必然的に、いずれのサービス部門にも問われる問題であるが、その機能はどこまで専門化されるべきか、そしてそれはどこまで現業部門間に分権化されるべきか、についての問題を生む。そのような部門として、ほかに、軍隊組織の諜報部門、企業の市場調査部門、火災警報局、警察のコミュニケーション・システムがある。

会計に加えて、内部調査部門にはいくつかの種類がある。おそらくもっとも重要なものは、独立の検査部門（陸軍監察総監室のような）と、分析部門（ニューヨーク市調査部、あるいは合衆国予算局行政管理部のような）である。

金銭会計の場合には、権限の正規の経路からは独立した情報の流れに対しての要求が、ほとんど自明として一般に受け入れられている。しかしながら、典型的な会計部門の機能は、単に偽りがないかどうかの監査をこえて大いに広げられてきている。今日ではそれは、支出が予算に示されている計画に従っているかどうかをあきらかにする情報源として、きわめてよく利用されている。会計の計算は、また経営者の将来の決定に役立つ原価分析の基礎として用いられる。このような諸機能によって、会計情報は経営者の業務の検討でのもっとも重要な用具の一つとなってきた。

合衆国会計検査院長が行なってきた以上の会計統制は、これまでおそらくどこにもないであろう。多年にわたって、そのオフィスは連邦支出の継続的な事前監査を行ない、国会の認可に合致しないと考えられる支出は却下してきた。これは、連邦政府内に支出についての二重の権限のシステムを生み、それを調査した人々から一般に反対の意見が出されてきた。しかしながら、これは、会計部門にどんな種類のものであれ統制機能が与えられる場合には、必ず起きる問題の極端な場合にすぎないことが、認められるべきである。会計担当者がライン組織の経営者の行為に制限を加える権限をもつかぎり、権限の正規の経路は横切られ、また、言葉の広い意味での命令の一元性が侵害される。

独立の検査組織も、会計統制が生むのと同様の二重命令の問題を生む。通常そうであるように、検査部門がトップの経営者にその発見事項を報告する以外なんの権力ももたない場合でさえ、ライン組織はその諸見解に敏感になる。しかし、その介入が、通常は継続的ではなく、むしろ断続的である事実によって、この問題の深刻性は幾分やわらげられる――それは同時に検査部門の有効性も弱めるが。いずれにしても、トップの経営者は、検査部門がどんな問題を生もうとも、それが計り知れない助けとなることを知ることが多い。なぜなら、検査部門はライン組織を通じては全く上部に伝達されないであろう情報をトップの経営者に与えるからである。

最高位の階層にある人々が組織運営についての知識を得るもう一つの方法は、ときおり、組織全体あるいはその一部の包括的な分析と調査を行なうことである。そこでは、そうした仕事を専門とする経営分析部門の援助を借りることができよう。そうした調査は、おそらく組織構造の問題に限られるか、あるいは活動計画の分析を含めることになろう。大部分の場合に、この二つはきわめて切り離しがたい相互関連があるので、どちらも必要とされる。

訓練とコミュニケーション

訓練の問題全体には、コミュニケーション以外の問題も含まれる。それにもかかわらず、経営における訓練の役割は、組織メンバーに決定の諸前提を伝達するいくつかの代替的な手段の一つとしてそれを考えるとき、おそらく、もっともよく理解される。たとえば、もし組織の特定の職務が一定の法律知識を必要とするならば、(a)法律家がその地位に任命されるかもしれない。(b)指図書やマニュアルが選任された人に与えられ、その仕事が注意深く監督されるかもしれない。あるいは、(c)彼は選任された後、訓練されるかもしれない。これらは全てある意味で訓練の手続であるが、(a)においては、組織は法律家がこの組織に勤務する前に受けた訓練に依存し、(b)では訓練の方策として日々の監督に依存し、(c)では公式の訓練に依存している。

多数の新しいメンバーに短期間にきわめて複雑な不慣れな仕事を教え込むには、公式の訓練に効用がありうることのめざましい証拠を、軍隊組織が昔から示してきている。民間の組織では、新しいメンバーがそのように多く雇われることはめったになく、また、新しい従業員は雇われるときに少なくとも部分的には訓練されているのが通常で、公式の訓練のもつ可能性ははるかに少なくしか理解されてきていない。軍隊の組織では、「それをいかにするか」の教育は、ほとんど完全に公式の訓練過程を通じて行なわれる。一方、作戦命令は一般には、「なにをするか」に限られる。多くの民間組織では、「それをいかにするか」の教育は、大部分が監督者たちにまかされている。業務手続を伝達する方法として文字にされた指図書とマニュアルだけにたよることは、疑いなく、もっとも粗末である。

公式訓練の方法の利用における最大の難題は、おそらく訓練される集団内に受容の態度を確保することである。どの教師も、モチベーションが学習の過程への鍵であることを——しばしば大きな無力感に陥りながら——認める。訓練を受ける者は、学習に興味をもたなければならず、そのうえ、訓練を受ける事柄についてまだ知っていないと確信していなければならない。モチベーション問題の発生は、新しい従業員の新人訓練において、もっとも少ない。モチベーション問題は、かなりの期間にわたってすでに職務を遂行してきた従業員の訓練において、まさにきわめて深刻であろう。

訓練は、それを受ける者に教師に対する一定の敬意の態度を要求するし、また、分別盛りの年齢と責任の重い地位に達した多くの者に、全くいらだたしいことであるが、知識が不完全であることを認めることを求める。現職教育が、熟練工、監督者、経営者といった人々を対象にするときは、教官の威信と受容性、および訓練資料の実用性に、かなりの注意が払われなければならない。そのような集団の訓練で会議方式が成功する理由の一つは、それが、教官の「教える」役割を最小限にし、かつ、新しいアイデアが集団そのものから生じているという幻想を生むからである。もちろんこれは全くの幻想ではないが、会議方式訓練の理論家たちが認めようとするよりは幻想である。

多数の決定に同一の要素が含まれているところでは、つねに決定の過程に訓練を適用できる。訓練は、おそらく、被訓練者にこれらの決定を処理するのに必要な事実を与え、彼の思考の準拠枠を用意し、「認められた」解法を教え、あるいは、彼が意思決定すべきときそれによるべき諸価値を教え込む。

決定に影響を与える一方法として、訓練は、命令を通じての公式権限の行使が困難とわかる状況において、その価値がもっとも大きい。そのような困難は、おそらく、敏速な行為を必要とする場合、組織が空間的に分散している場合、あるいは決定内容が複雑でそれを規則や規定に要約できない場合に、生じるであろう。訓練は、組織階層のまさに最下位にある人々に必要な能力を与えることによって、意思決定過程のいっそう高度な分権化を可能する。

結論

この章では、組織のコミュニケーション・システム、とりわけそれが権限のシステムを補う面に関心を寄せてきた。意思決定機能の専門化は、決定センターへの、また決定センターからの、適切なコミュニケーション経路をつくりうる可能性に、大きく依存することがあきらかにされた。一般に組織の構造は、コミュニケーションの公式システムの特定化――口頭および文書によるコミュニケーションの経路、ペーパー・フロー、記録と報告書、およびマニュアルを含む――を含むが、しかし、これは組織に展開されている社会関係にもとづく非公式コミュニケーションの豊かなネットワークによって補われよう。

個人的動機によって、組織メンバーはコミュニケーション・システムを自分自身の用途に転用しようとしたり、また、情報を上司や仲間に知らせないようにするかもしれない。個人的な動機や態度はまた、伝達されてくるコミュニケーションの受容にも影響を与える。また、自身のコミュニケーションによって個人が他人に影響を及ぼしうるかどうかは、彼の権限の公式および非公式の地位と、コミュニケーション自体の明瞭度と説得力に依存するであろう。

組織は、通常、特別のコミュニケーション機能を専門とする部門をつくっている。これにはスタッフの援助、組織の「記憶」の貯蔵手段、および内部外部両方の調査部門が含まれる。

訓練はいくつかの代替的なコミュニケーションの方法の一つであり、職務の「ノウハウ」を伝達するのに特に有益であることがあきらかである。しかしながら、その利用の成功は、訓練計画に対して被訓練者から好意的な態度が得られるかどうかにかかる。

注1　バーナードのコミュニケーションの論議（*op. cit.*, pp.175-181）は、彼が、権限の経路とコミュニケーションの経路を同一視したため、幾分そこなわれている。
2　*U.S. Army Field Service Regulations*, 1923, pp.25-26.
3　この点は、Burleigh Gardner の *Human Relations in Industry* の第2章できわめてよく論議されており、ここでの説明はガードナーの分析に厳密に従っている。

第8章のコメンタリー

一九四七年当時は、コンピュータについて触れずにコミュニケーションについて論じることができた。だが今日では、そのように書いたら時代遅れだといわれるだろう。しかし、第8章を過去五〇年間の出来事と照らし合わせながら読んでみても、はっきりと間違っている、といえることは一つもみつけることはできない。コメントは付け足すことよりも、削除することによってより間違いが生じやすくなるのであるが、ここでは必要でない部分をうまく削除していきたい。このコメンタリーの一節では、組織における学習についても論じたい。このトピックは、近年研究分野の一つとして大きな注目を浴びており、特に動きの速い世界においては、組織がどのように変化に適応（もしくは抵抗）すべきか、ということを理解するために非常に重要だからである。

コミュニケーションを議論するうえで、われわれは「メディアがメッセージである」と急いで結論付けてはいけない。メディアよりメッセージの内容そのものに議論の焦点をあてたほうがよいかもしれない。しかし、今日そしてこれからも、コンピュータの力と数は増大し続けるであろう。もしもマクルーハンとは反対に、メディアがメッセージではないとしても、メディアは組織におけるメッセージの流れと内容に多大な影響を及ぼしており、組織の意思決定や組織構造に対するメディアの意義を評価することは重要である。

情報革命は起きているのか[4]

しばしば主張されるように「情報の爆発」はほんとうに起きているのだろうか。どうしてわれわれはそう考えるのであろうか。それは何を意味しているのだろうか。確かに報道機関は情報が爆発していることに何年もの間疑いをもってこなかった。十数年前の『ニューヨークタイムズ』日曜版が、つぎのような二つの記事を載せたことがある。

もしも取引時間が一週間短くなったら、事務部門が事務処理で混乱している株式仲買会社の人々は幸せだろうか？

ハーバード大学の教授である、ジョージ・A・ミラーは、二〇〇〇年までには人間の頭脳は情報を吸収できる限界に達するであろう、と警告した。「われわれのなかであまり才能のない者の多くにとっては、すでにある種の限界に近づいているのかもしれない。また現在のレベルの複雑さを処理できる人々も、さらに増えつづける情報処理の必要性に直面している。」

これは単に多くの問題のほんの一端にすぎない――私の手に入った最初の二つである。最初の記事は、株式市場が徐々に紙の山に埋もれていくという魅惑的な情景を思い浮かばせる。二つ目の記事は、「現代における複雑な情報を自由に操ることができる人々」の将来の成功を約束している（私はこれは読者の皆さんのことであると思うが)。では、どのくらい、この差し迫った情報の洪水の予測は正確なのか。それらの質問に答えるためには、まず人間が行なうことにおける、安定性に関わる諸要素と変化性に関わる諸要素を区別しなければならない。

変化――とりわけ急速な変化――は、確かに技術と経済の次元で起こっている。私たちは、技術が非常に速いスピードで進歩を続けていることを知っている。そしてそれが、人類史上初めて、深刻な貧困からの解放を可能にし始めていることをわれわれは知っている(われわれが総生産量だけでなく、分配の問題にも適切に配慮をしているとすればであるが)。われわれはまた技術が、いまはまだだとしても将来は、人口の急激すぎる増加――貧困をなくそうとする期待にとってはもっとも深刻な脅威――に打ち勝つ手段を提供することになる、ということも知っている。

しかし(この種の議論においてはつねに「しかし」という言葉が登場する)、もしわれわれが世界を人類の価値観や目標で測るならば、ほんとうにそれほど変化をしているのかという疑いをもつのは当然であろう。技術の進歩やさらには経済の発展によって、人類が有頂天になるほど幸せになると考えてはいけない。なぜなら、人間の希求水準は機会に応じて変わるということを知っているからである。われわれは技術の進歩が理想郷(ユートピア)をつくり出すなどと期待してはいけない。期待できるとすれば、耐え難い困難と痛みから解放される、ということぐらいであろう。

◆革命の証拠

先にあげたような注意や制限を念頭におきながら、情報の産出と処理の分野で起きている変化について検討してみよう。四〇年前、アメリカのオペレーションズ・リサーチ学会でアレン・ニューエルと私は、かなり詳細な一〇年予測を発表した。それらの全てが予測通りになったといえればと思うが、実はそうではない。最後の一つ（コンピュータがチェスの世界チャンピオンになるということ）は近いところまでは来ているが、まだ完全には達成されていない。しかしこうした過去のわれわれの予測の弁護と釈明に時間を費やすのではなく、これらについて一般的なコメントをいくつか述べておきたいと思う。

全ての予想は細かい点では間違っていたが、予測された趨勢と全体的な変化率については正しかった。しかしわれわれは、研究の努力が特定の領域あるいは特定の問題の相対的にむずかしい部分にどのように配分されるかを正確に推測することはしなかった。それゆえ、コンピュータによるチェスの試合はこの四〇年で格段に進歩したが、それはわれわれが予測した一〇年目の目標に達したにすぎない。これに反して、音声認識や理解を含む基本的な自然言語の習得、高水準のコンピュータ言語の構築、コンピュータによる自動設計、視覚的パターン認識、そしてロボット工学などは、一九七五年のわれわれの大胆な予測よりもはるかに進歩してきた。

それゆえ実際の進歩に照らし合わせてみても、われわれの基本的な主張は修正する理由はないようである。すなわち、コンピュータは汎用の情報処理装置である。また私たちは人間が行なうことのできるあらゆる種類の思考を、コンピュータで処理することを一歩一歩学ぶであろう。そしてコンピュータ・シミュレーション技術に助けられながら、われわれは人がどのように学習し思考するのか、そして人間がよりよく学習し、思考するためにどのように支援すればよいかを学んでいるのである。

コンピュータやコミュニケーション・ネットワークの文化が組織に与える諸結果についてのこの章の私の議論は、私が生きてきた文化、つまり一九七二年以来Eメールを使い、一九八五年以降大学全体にネットワークが導入された文化に、強く影響されている。[5]

◆そこにある情報に注意すること

実際に情報処理技術が一定の比率で進歩しているとしたら、なぜ情報の爆発が起こらないのであろうか。登山家であるマロリーがどうしてエベレストに登りたいのかと尋ねられたときに、「なぜならエベレストがそこにあるから」と答えたのは有名な話である。われわれの全てがみずからこの答えを受け入れるわけではない。誰もがエベレストに登りたいと思っているわけでもないし、何らかの興味や目的意識をもってその眺望を楽しみにしているわけでもない。

さて、山登りと同じように、情報処理についても懐疑的になることができる。とりわけ、情報はそこにあるから処理されるものではない。電話は鳴っているからといって、応答しなくてはならないものではないし、新聞は玄関に配達されたからといって、読まなければいけないということはない。情報は時にわれわれ自身の責任において無視される。しかし私たちは、よりしばしばその反対の間違いを犯してしまう――「もしもっと情報があったら」全てはうまくいくという思い、技術的な解決法に対する感情的で無邪気な信念である。つぎにあげるのは古い例ではあるが、現在でもよくあてはまるものである。

アメリカ合衆国国務省は、世界中の合計二七八の外交出先機関へ送ったり、送られてきたりする、一か月間でおよそ一五〇〇万語もの単語の流れのなかに溺れていた。そこで何年か前に三五〇万ドルをかけて、コンピュータや高速プリンター、その他の電子機器を導入した。それはそのシステムにおける伝達上のボトルネックを排除することを目的としていた。特に世界中の紛争現場から電信メッセージがなだれ込んでくる非常事態下において、この新しいシステムでは、コンピュータは一分間に一二〇〇行の速度で電子的メッセージを処理することができた。古いテレタイプは、一分間にたった一〇〇語しか受けとれなかった。

この国務省の例における技術が、三〇年経ったいまでは、すでに時代遅れのしろものとして葬り去られており、また通信メッセージの量が数倍の規模で増加してきている、という事実は脇に置いておこう。この例におけるもっとも重要な教訓は、新しいシステムは、加速的な勢いで流れ込んでくる大量の情報を処理する人間というユーザーの能力についてだれも考えることなく構築された、ということである。魔法使いの見習いは、まだ野放しのままなのである。新しく拡大されたコミュニケーション・チャネルによってもち込まれた言葉の洪水を、一体だれが読むのであろうか。問題は電子的チャネルの容量にあるのではなく、人間というユーザーの能力にあるのだ。

◆選択的に注意すること

より高速のプリンターを購入したからといって、情報の山から解放されるわけではない。そして情報不足は意思決定における本質的な問題ではない（しかしときとして正しい情報の不足は問題となるが）。われわれは、眼や耳から一秒間に何万ビットという速さではいってくる情報に日々溺れている。しかしもっとも信頼できる証拠によると、われわれ人間が処理できるのは一秒間にたった五〇ビットの情報であるという。限界は情報にあるのではなく、それを処理するわれわれの能力にある。

情報の飽和状態は新しいことではない。星の動きは、何万年にもわたって私たちに見えていたのであり、ニュートンの運動の法則や万有引力の法則を導くのに必要な全ての情報をもっていた。情報はいつもそこにあったのである。欠けていたのは、説得力のある一般化を確立するために使うことのできる、ほんの少しの情報を選択するための原理だったのである。

もしもわれわれが情報の大海――それがわれわれ自身によってつくり出されたものであれ、自然につくられたものであれ――に住むことを余儀なくされるとしたら、私たちに役立ちそうな情報を処理するために選択し、そうでない情報は無視することができなければならず、またそうしなければならない。われわれの科学的・技術的知識、意思決定、情報処理システムによって、情報から私たちが必要とする部分だけをとり出し、選択的にとり入れることができなければならない。

同様に、科学における情報の爆発についての現代の懸念のほとんどは誤解である。なぜならそれは、科学的進歩の本質という有効ではないモデルにもとづいているからである。科学は情報を集積することによって進歩するものではない。科学は情報を組織化し、ゆるやかに圧縮するのである。たとえば一世代か二世代前、有機化学は既知の理論的概念によってゆるやかに組織化された個々の事項の寄せ集めであった。今日ではわれわれの有機化学に関する知識は飛躍的に発展したが、量子力学の諸原理がその知識を組織化する強力な手段を提供している。その結果、今日では重要で独創的な仕事をするのに十分に有機化学に精通することは、ほとんどなにも知られていなかった時代よりも簡単である、ということは疑いのないところであろう。

私がここで選んだ例は決して特別なものではない。科学の探究においては、「知ること」はつねに「倹約的に知ること」を意味してきた。自然がわれわれにみせる情報は、想像以上に反復的である。われわれがその情報を的確に要約し、特徴付けたとき――隠された一定の規則をみつけることができたとき――その莫大な情報は、一つ一つが想像以上に多くの情報を提供する簡潔な法則に圧縮されるのである。ここにこそ今日における情報革命の真髄がある。情報と情報処理の過程は、初めてそれ自身が体系的な科学的探求の対象となりつつある。われわれは周りに存在する情報を操りながら、自分たちの有効性を大きく増大させると期待できる情報処理科学の基礎を築きつつある。

このように、いままでにない速度と容量で情報を送り、保存し、記号処理ができる機械を手に入れつつあるときに、もっとも重要な変化は、これらの機械の進歩ではなく、情報がどのように伝達されうるのか、どのように記憶や検索のために組織化されうるのか、そして、思考や問題解決、意思決定にどのように利用されうる(利用される)のか、を理解することを助けてくれる科学の進歩なのである。このようにして情報処理の過程をより理解することができるようになると、われわれは、情報が溢れなければならないのか、私たちが情報に溺れなければならないのか、を自分たちで決めることができるようになる。

これからの問題は、ビジネスや行政における意思決定のための効果的な情報処理システムをデザインすることである。単にコンピュータや電子ネットワークを構築するのではなく、情報処理システムをデザインすることを考えなければならない。そのデザインは、コンピュータのハードウェアやソフトウェアよりもずっと多くのものをもたなければならない。すなわち、このシステムのもう半分を構成している組織の人間の情報処理特性と能力を、同等に注意深く扱わなければならない。

これからの世代にとって、たとえ組織が機械化された多くの要素をもつとしても、組織においてもっとも数が多く重要な要素は人間であり続けるであろう。組織が問題を解決する有効性は、コンピュータとそのプログラムと同様に、人々が行なう思考、問題解決、そして意思決定の有効性に大きく依存するだろう。それゆえこれからの時代はハードウェアやソフトウェアのデザインの進歩と同様に、思考、問題解決、意思決定といった人間の情報処理に関する私たちの理解の面での進歩も重要となろう。

組織学習[6]

組織でもどこでも、コミュニケーションの重要な使い方の一つは、教育と学習にある。組織の知識は、ファイルや文書、そして今日ではコンピュータのデータバンクに保存されている知識と共に、その組織のメンバーの記憶に蓄積されている（関連性のある）知識から成っている。組織学習とは、この知識の獲得に関わる一連の過程である。従業員とコンピュータは、教師か学習者かのどちらかとしてこの教育過程に参加することができる（人間ではない教師として尊敬すべき一つの例は書物である。より現代的な例としては高い知能をもつコンピュータというチューターである）。

ある生物有機体とそれ以外のものの境は、あらゆる有機体の細胞内に共有されているDNAの独自性によって定義される。同様に、ある人は、共有された情報がその組織の境界を決定するというであろう――たとえその共有が有機体の細胞間の共有ほどは完全ではないとしても。組織学習の過程を理解することは、経済社会における組織や市場の重要な役割を理解するのに必要不可欠である。知識の共有はその組織が他の独立した企業が簡単には真似のできないような効果的に調整された方法で行動することを可能とする。

組織は知識を事実と手続という二つの形式で獲得している。そして人間の記憶と機械がもっているほとんどの知識が、組織のメンバーと演算処理装置の日々の活動を制御するプログラムの形をとっている。これらの手続は、従業員個々人の行動に影響を及ぼすだけでなく、かれら相互の関係にも影響を与える。

◆個人レベルと組織レベル

最初にとりあげるべき質問は、組織学習が個人による学習と異なるのかどうか、ということである。就職希望者に面接している採用担当者は、候補者について学習しており、この学習とその他の情報を総合して採用するかどうかを決めるであろう。この個人による学習は、候補者の資質に関する事実を組織に提供するという意味で組織の決定に繋がっており、これは組織学習とみるべきである。

もしもわれわれが組織学習の定義を厳格にしすぎると、ここでの議論は意味をなさなくなってしまう。全ての人間の学習は個々の人の頭のなかで起こる。したがって組織学習には三つの方法しかない。すなわち、(1)組織メンバーの学習によって、(2)組織がいままでもっていなかった知識をもっている人を組織に加えることによって、(3)新しい知識をファイルやコンピュータシステムに導入することによって、である。ここではまず、人間の学習に限定して議論を進めてみたい。コンピュータによる学習については後ほど述べることとする。

組織の構成メンバーの頭のなかにある知識は、他の構成メンバーがもっている知識とかかわりがないとはいえない。そしてこれらの二人(そして他の人々)の頭のなかにあるものの関連が、組織がどう運営されるかに大きく関係するのである。組織において個人が学ぶということは、その組織における他のメンバーがすでに知っている(もしくは知っていると信じられている)ことや、組織環境にどのような情報が存在しているか、に大きく依存している。組織学習において重要なのは、内部学習、つまり組織における個人そしてグループ同士での情報の伝達なのである。組織における個人の学習は非常に社会的なものであり、決して孤立した現象ではない。

しかし、われわれは組織について語るときに、それがなにかを「知っている」とか「学んでいる」ものとして具象化することについても注意深くなければならない。特定の知識が組織内のどこに貯蔵されているのか、もしくは誰が学習してきたのか、をあきらかにすることはつねに重要である。その知識の実際の位置によって、それが関連する意思決定ポイントにおいてその知識を利用できるか否かが決まるからである。学習されたことが個々人の頭のなか（またはファイルやデータバンク）に存在している限り、その流動性や永続性は、人々が組織を離れたときや、ある地位から他の地位に異動したときになにを残していくかに依存する。またコンピュータのソフトウェアが交換されたときに、どの記録が読めるようになっているかにも依存する。知識は、関係があるときに取り出し可能な仕方で、他の人々に伝えられたり蓄積されたりするであろうか。組織というコンテクストのなかで人間の学習は、組織自体によって大きな影響を受けるとともに、組織を決定付ける。そしてそれは、われわれが孤立した個人の学習過程を観察するだけでは計り知れない、組織レベルの現象を生み出すのである。

ここでもう一度「組織レベル」ということを考えてみよう。マーチとサイモンの『オーガニゼーションズ』[7]を読んだことのある読者のなかには、この本は組織のことを扱ったものではなく、組織環境に生きる人間の社会心理について述べたものである、というような不平をいう人がいる。このような不平をいうのはだいたい社会学者であるが、的外れの意見ではない。われわれが組織理論を必要とするのは、組織もしくは組織の部分という観点から記述したほうが、それに属する個人の観点から記述するよりも便利な現象であるからである。クォークよりも分子について話をするほうが化学者にとって都合がよいことがあるように、このような現象は驚くべきことではない。より集計的なレベルの議論を採用することは、哲学的反還元主義を主張するものではない。単にほとんどの自然システムが階層構造をもっており、それらの構成要素の活動の詳細を特定することなしに集合体について多くを語ることがしばしば可能である、という認識からである。

それゆえ、これから述べることは、個々の人間が学習できる細かいメカニズムにはほとんど触れない。その代わりに、どのようにして組織が情報を獲得し、その情報は組織内のどこに保存され、そしてどこからどこに伝達されていくのか、という問題に焦点をあてている。これらは組織レベルでは、創発概念と呼ばれているものにかかわっている。

◆役割の構造

組織学習についての議論を進める上で、組織は相互関係をもつ役割のシステムとして捉えられる必要がある。第6章のコメンタリーで述べたように、役割とはあらかじめ規定された行動のシステムではなく、規定された決定前提のシステムである。役割は、組織のメンバーの前にあらわれている問題や決定についてどのように考えるべきかを伝える。すなわち、適切で正当な情報的決定前提や目標（評価的な前提はどこを探索すればよいのか、またそれらの前提の処理にはどのようなテクニックを使うべきか、を指示するのである。行動が諸役割のなかで構造化されるという事実は、いずれにせよ、それがどのくらい柔軟性があるかないかということとは一切関係ない。

組織におけるそれぞれの役割は、それを取りまき、それと相互関係をもつ他の役割を適切に創発することを前提としている。このように組織は、役割システムなのである。

◆組織学習と革新

私が一番よく知っている組織は大学なので、組織学習という現象の例として、おもに私の大学での経験を用いて議論を進めてみたい。大学が教育の実践、たとえば名著を中心とした教育を講義することによって、あるいは教養—専門教育と呼ばれている分野を強化することによって、教育実践の面で革新をしたいと望んでいる大学を考えてみよう。ここでは私の大学により近い、後者の例を使っていこう。

大学がそこから新しい教員を採用してくる大学院は、学問分野によって組織化されており、教養教育の価値（そしてそれらを学生に伝えること）が浸透しているところもあれば、専門教育を重視しているところもある。そして私が知る限りでは、「教養—専門」教育という旗を掲げている学問分野は存在しない。あきらかに、この新しい視点を実施したいと思っている大学では、新しい教授陣（おそらく古い教授陣も）は深刻な学習問題に直面している。応募者に対して、実質的な教育、そして再教育を施さなければ、その目標を達成できる見込みはない。さらにその再教育は、社会環境における教育の風土が望ましい目標と情報をもつよう教育された卒業生が送り出され始めるよう変わらない限り、一回で終わるものではなく継続的な仕事なのである。

離職の影響　組織における離職は、しばしば組織改革を促進——現行軌道からの脱却——する過程として考えられる。しかしここでのわれわれのケースでは、組織が一般的な社会規範から距離をとろうとしている場合に、離職は訓練（社会化）費を増化させるために、この種の革新にとって障害となりうる。独自の組織文化をもつためにこの種の組織は、訓練を提供してくれる外部の機関に頼るのではなく、それ自身の職員を最初から訓練しようとするかもしれない。このような組織内純粋培養は、別の組織的な結果を生み出すこともある。

この純粋培養と、環境のなかに共通の文化を共有した訓練組織を見出している組織とを比較してみよう。ハーバート・カウフマンの古典的な研究によると、米国農務省の林野庁はそのような組織の一つであり、森林学科に対して、すでに価値観や基本的なその組織の標準業務手続をも教え込まれている新しい従業員を、林野庁に提供することを期待している。[8]同じようなことは、教育機関と産業との距離が近く、産業からのフィードバックが教育課程に影響を及ぼすエンジニアリングといった専門分野でも、林業ほどはっきりとではないがより大きな規模で起きている。

安定性についての実験　もしも離職率が十分に低いとすれば、組織の価値や実践は、新入社員のそれぞれが自分たちを組織の手続にはめ込むために、あらかじめよく確立され準備された社会システムに直面していることに気がつく、という事実によって安定化されうる。この現象は実験室で生じさせることができる（そして私も実際に起こってきたと思うが、適当な出典をとりあげることができない）。

社会心理学の分野における実験的なパラダイム（バベラス・コミュニケーション・ネットワークとしばしば呼ばれるもの）では、五人からなるグループについて異なったコミュニケーションのパターンを仮定する。一つのパターン（ホイール）では、五人の内の一人がリーダーかコーディネーターの役割をし、残りのメンバーは、かれら同士で直接に話すことはせず、リーダーとのみ直接コミュニケーションをとる。もう一つのパターン（サークル）は、五人がある一定の対称的な円環的ネットワーク行動をするもので、それぞれメンバーは隣接している二人とのみコミュニケーションをとるものである。両方のグループは共に、メンバー個々人に与えられた情報を共有することを要求するという課題を遂行している。[9]

さてここで、二つのグループのメンバーをそれぞれA1、A2、A3、A4、A5とB1、B2、B3、B4、B5とし、

Aグループはホイールパターン、Bグループはサークルパターンに編成されるとしよう。かれらに十分に課題を訓練した後、私たちはメンバーのそれぞれが他の全てのメンバーと直接コミュニケーションをとれるように、全てのコミュニケーション・チャネルを開放した。もしもかれらが素早く行動するよう十分なプレッシャーをもっていたとしたら、第一のグループはホイールパターンのコミュニケーションをとり続ける可能性が高いし、第二番目のグループはサークルパターンをとり続ける可能性が高い。

何回かのさらなる実験の後、A1とB1を入れ替えてみる。各グループはそれぞれのコミュニケーションパターンをとり続けるだろうと予測される。さらに数回試みた後、今度はA2とB2を、つぎにはA3とB3を……というように、最初のホイールグループがB1からB5のメンバーに、サークルグループがA1からA5のメンバーになるように、試行を続けてみる。今やわれわれはAのメンバーたちはサークルパターン、Bのメンバーはホイールパターンのコミュニケーション行動をとるようになる、と予測することになろうか。もしもこの実験が予測した通りになったとしたら、組織における創発特性――そのパターンを創発する個々人を完全に入れ替えても残るパターンの持続性――の証明になる。

卓越性を維持する問題　大学は通常の組織とは異なるが、ここでの例は実質的には全ての組織革新に広げることができる。それが生産物であれ、マーケティングの方法論であれ、組織内手続であれ、その他なんであろうと、第一に考えるべきコストは新しい目標を達成するために必要な知識、信念、そして価値観を組織のメンバーに浸透させるコストである。そしてこれらにかかるコストはかなり大きくなる（大学の場合と同様に）。管理の職務は、すでにいわゆる専門教育を受けた従業員を採用できる組織の場合と、いくつかの方向性に沿って特異性の高い下位文化を築き上げて維持しようとしている組織とでは、全く異なってくる。

それゆえ、組織をそれが埋め込まれている文化から逸脱できるようにするメカニズムの構築は、組織学習における主たる課題である。私の大学の例が示しているように、このトピックは、一つもしくはそれ以上の次元でまわりの文化から距離を置こうとしている組織のなかで起こる一連の事象を追跡することによって、特に歴史的な流れのなかで、実証的に研究することができるであろう。

◆組織記憶

組織が独特の特徴を維持することとは、組織記憶というより一般的な現象の一部である。組織記憶の多くは人間の頭のなかに貯えられており、そのうちのほんのわずかの部分が紙に書かれた手続となっているにすぎない（もしくはコンピュータのなかにある）から、人の離職は、組織の長期記憶にとって大きな障害となる。もちろんこのような時間と共に起きる記憶の自然の侵食には、利点と欠点の両方がある。前の節で私はその欠点の一つを強調した。利点は、時代遅れになった不必要な情報を自動的にとり除いてくれることにある（しかし、必要か不必要かの区別がなされることはないが）。

記憶の侵食という問題は別にして、われわれは組織記憶をどのように特徴付ければよいのだろうか。第5章のコメンタリーで述べたように、最近の認知心理学の研究は、人間の専門知識の理解の領域で大きな進歩をとげた。専門家の知識は、索引が付された百科事典の形式で記憶されている。それは技術的にプロダクション・システムと呼ばれるもので、ある刺激によって適切な指図が喚起されると、いつでも意味記憶の一致するチャンクにアクセスできるようになっている。専門家は、かれらのプロダクション・システムに備えられた知識のおかげで、多くの状況（しかし専門領域においてのみ）にも「直観的」

に反応できる――すなわち状況を認識し適切な反応を喚起することによって――そしてまた、より時間がかかり体系的な分析を必要とする難問に対して、蓄積されたプロダクションを適用することができる。

このような専門家の描写に照らしてみると、組織記憶は膨大なプロダクション・システムの集合体として描くことができる。こうした表現は、われわれ人間の専門技術が、どんどんオートメーション化されたエキスパート・システムに組み込まれていく事例を目のあたりにするにつれて、単なるメタファー以上のものになる。このようなオートメーション化への一つの動機は、しかし唯一のとは限らないが、組織記憶が個人の離職に対して脆弱なものにならないようにするためである。

◆外部から革新を取り入れる

先ほどあげた例は、相いれない考え方からなる世界のなかで、自分たちのアイデンティティを維持しようとし、また新しい人材の採用によってエントロピーが増大する脅威と戦っている組織を扱ってきた。コインの反対側には、組織の外で生まれた革新を、またはその組織のあるポイントで生まれ、それが執行される場所に伝達されなければならない革新を、どう融合していくかという問題がある。ここではいま一度大学という状況下で、組織における研究とデザインの過程について考えてみたい。企業の状況に対する翻訳は後述する。

学習メカニズムとしての研究　いわゆる研究機関としての大学には二つの役割がある。すなわち新しい知識を生み出すことと、その知識を学生に伝授することである。研究は前者を行なうことであり、教育が後者にあたる。もちろん実際にはこのように単純ではない。まず第一に、通常研究によって生まれた新しい知識は同じ大学の学生に伝えられるだけではなく、主として出版物を通じて世界中の研究者達に伝えられる。第二に、ある大学の学生に伝えられるほとんどの知識は、その大学で生み出されたものではない。それでは、研究（一つの学習過程）と教育（もう一つの学習過程）が同じ場で行なわれるべきである、という理由はあるだろうか。

さらに研究の過程をよくみてみると、むしろ通常いわれていることとは根本的に異なることがわかる。どのような研究所においても、その研究スタッフによって得られた新しい知識のほんの一部だけが、その研究所で創造された知識である。つまりほとんどの知識は、どこか別のところで行なわれた研究によって生み出されたものである。われわれは、研究科学者はつねに一方の目を「ネイチャー（Nature）」に、もう一方の目を自分たちの分野の諸文献に向けている人々だと考えることができる。そしてほとんどの、おそらく全ての研究機関において、顕微鏡で観察する眼からよりも、雑誌を検索している眼から、はるかに多くの情報を獲得しているのである。

どのような研究分野においても、あまり優れていない研究所の多くは、新しい知識を創造する割合をかなり落とさなければ、将来なくなってしまう可能性がある、というのはおそらくほんとうであろうし、確かに広くそう思われている。このことはこのように見込みのない研究所（知識を創造するという観点からみた場合に重要でない）には道はない、ということを意味するのであろうか。もしも研究所における主たる機能が知識を創造することではなく、知識を獲得することにあるとすれば、そうとはいえない。軍事用語でいえば、このような研究所は、研究機関というよりは諜報機関と呼ぶことができる。これらは外部世界からの学習の機能に特化した組織単位である（そしておそらくは、ときとしてそれ自体が新しい知識を生み出すこともある）。

事実、大学においても私たちは、「研究」における「課報」的機能を認識することがある。どうして大学側は、教えることがおもな仕事である教授陣に、昇進や終身在職権を得るためには出版することが必要であるというのか、と尋ねられたら、もし教員が研究をしなければ知的でいることができなくなるからだ、と答えるであろう。かれらの教育が、その専門分野の進歩についていけなくなるからである。われわれが価値を置くのは、かれらの研究成果ではなく、さまざまなところで生み出されている新しい知識に注意を払うことを保証するような、研究に対するかれらのとり組みに対してなのである。

組織内部の研究によって創造された新しい知識だけが研究成果であると考えることは、研究機関にとっては大きな機能障害となりうる。そのような信念は、二番煎じを生み出してしまうという結果と共に、NIH（not invented here,「ここで発明されたものではない」）症候群を引き起こす。

研究開発と製造　新製品を（その組織内の、もしくは外から移入された）研究アイデアから開発し、それらを生産活動とマーケティングの段階にうまくのせていくという問題は、情報の創造と移転という古典的な組織的問題である。このことはすでに第2章のコメンタリーにおいても簡単に触れているし、第11章でのコメンタリーでさらに詳しく述べるつもりである。

そのアイデアが組織内のどの方向に流れようと、それらが伝達されなければなにも起こらないということはあきらかである。通常、新製品に伴う学習は、組織全体を通して広く普及されなければならないものであるが——多くの人が多くのことを学ばなければならない——このような横断的な伝播と移転は決して自動的にもしくは簡単にできることではない。そのためには動機面での障害（すでにNIH症候群については触れた）を克服し、認知的な境界を越えなければならない。

生産の制約条件　現代のアメリカにおける新製品デザインの実際における一般的な問題は、生産の専門家が関与するよりもずっと以前にデザインプロセスが遂行される、ということにある。しかし生産における簡便さと安さは、競争市場での製品の見込みの重要な鍵となり、通常初期の段階で製造可能性の検討に失敗すると、広範にわたる再デザインが必要となるので、それに応じて最初のアイデアが製品化されるまでの時間がより長くなる。このような時間的な遅れは、日本と競争しているアメリカ産業が低い成果しかあげられない主たる原因であると考えられている。

デザイナーと生産技術者とのコミュニケーションを有効にするためのいくつかの条件——全てではないが——をわれわれは知っている。それぞれのグループは互いに他のグループの専門知識を尊重し、自身の問題に対するその専門知識の関連性を認めていなければならない。さらに、他者の問題についてコミュニケーションを有効にできるほど十分に、相手の問題についての知識と理解をもっていなければならない。しかしこのような状況となる条件は、デザイナーと生産技術者の全員（もしくはそれぞれのグループの十分な人数）が、相手のグループの行動や責任について実際に経験をしたことがないと、満たされる可能性は低い、ということを経験が示している。典型的な日本の製造現場では、技術者たちがキャリアを積んでいく過程において広く行なわれる水平的異動を通じて、このような理解の共有とコミュニケーションの能力が培われる。

これらの例は、ある組織が外部から革新をとり入れたり、その革新を一つの組織部署から他の部署に移転しようとするときの、ある種の組織学習、その学習がもたらす問題、そしてそれらの問題を解決するいくつかのメカニズムをよく示している。

◆新しい問題表現を獲得する

文化的に異質な特徴をもつ組織についての先の議論で、そのような組織において役割（決定前提）が獲得されていく方法と、新しいメンバーがそれをもち込むような社会の文化の上に成り立っている組織で役割が獲得される方法を比較した。学習は既存の文化のなかで利用される新しい知識をもたらすかもしれないし、またその文化自体を根源的な仕方で変えてしまうかもしれない。ここからは、この違いについて考えてみたい。

これまでの三〇年間で、特定の問題表現によって定義付けられた問題空間を選択的に研究することによって、人間がどのように問題を解決しているかについて非常に多くのことがわかってきた。しかし新しい問題――以前に直面したことのない――に対処するための表現を、人々がどのように獲得するかについては、それほどわかっていない。[10]

以下の二つの場合を分けて考えなければならない。

(1) 学習者が適切な問題表現法を与えられていて、それをいかにして有効に使うかを学ばなければならない場合。これは基本的にあらかじめ確立された組織が、異なった文化から新しいメンバーを受け入れるときにかかわる問題である。

(2) 組織が全く新しい状況に直面し、それに対処するための新しい問題表現を創造し、その表現を使う技能を組織のメンバーが習得できるようにしなければならない場合。極端なケースでは、この新しい課題に対処するために新しい組織がつくられる。いずれにせよ新しい問題表現と役割システムが創造される。

組織の創造　数年前に私は、幸運にも西ヨーロッパ諸国援助のためにマーシャル・プランを管理する米国政府組織、経済協力局（ＥＣＡ）を立ち上げるという職務に就いたことがある。一九四八年のほとんどを通してのプロセスにおいて、その初日から競合する問題表現が提起され、それぞれが他とは全く異なる組織構造と組織の役割を必要としたのである。これらの問題表現は全てがでっちあげられたものではなかったが、ＥＣＡの想定される任務と表現を考え出した人たちが過去の訓練と経験から知っている他の任務との類似性から引き出されたものであった。

計画策定のなかで、たとえばある参加者は、ＥＣＡと連合国に必需品を供給した戦時中の組織との類似性を描き出した。それを投資銀行という任務として考えたメンバーもいた。他にも国際貿易収支の理論を想起した参加者もいた。これらのそれぞれの見方から一連の組織役割を導き出すことができ、そうした役割構造のそれぞれが互いに全く異なるものになった。どの表現が、新しく生まれる組織のどの部分に根ざすのかは、その部分が採用した新しいメンバーの文化に拠るところが大きかった。第11章のコメンタリーでは、この競争がどのように解決されたかについて詳しく述べる。

なぜ表現が重要なのか　人間の合理性の限界に注目すると、なぜ表現が重要であり、また政策がどのようにある表現とかかわっているかがわかる。二〇年前にＵＳスチール社は、ＵＳＸになる過程で、鉄鋼事業を縮小してその資本の大部分を石油産業に投資し始めた。同社の目標のある特別な表現がこうした動きの動機となっていた。

もしも数年前にあなたがＵＳスチール社のエグゼクティブに貴社の目標は何かと尋ねたら、かれらは「鉄を効率的かつ利益が出るように製造し、市場に提供すること」と答えたであろう。さらにあなたが議論を推し進めれば、かれらは利益は「最低ライン」であるということに同意したであろう。しかしかれらがその焦点が鉄に向けられていることを強調せずに同社に言及することは、むずかしいか不可能であったであろう。そしてつぎのようにいいかえられるであろう。「私たちは利益を追求するが、私たちが利益をあげる方法は、効率的な鉄鋼製造企業としてだ、ということだ。鉄鋼というドメインが、私たちの知識であり、専門能力をもつ優れた意思決定の基礎となるものである」と。

コングロマリットになるには、全く異なった表現が必要となった。新しい企業は、未だに以前の企業と似た方法で表現されうる製品事業部——ある事業部には「鉄」、他の事業には「石油」という言葉がつけられている——をもっている。しかし新しい表現では、これらの事業部は、基本的な政策が最大のリターンが見込まれる方向に投資するという、より大きなフレームワークのなかで操業する要素となる。そしてこのフレームワークの下では、新たな専門知識、とりわけ投資銀行家としての知識が必要となる。

表現を変えるということは、その組織における知識と技能の根本的な変更を意味する。そしてこのような条件のなかでは、全てのレベルで多くの人の離職が起こるのは驚くべきことではない。大掛かりな再教育を施すよりも、新しい専門知識をとり入れて古いものを捨てたほうが、しばしばコストも安くスピードも速いからである。

◆結論

このセクションは、人間の学習過程を記述する今日の認知心理学の諸概念が、どのように組織学習の分析に応用できるか、を示すことを目的としてきた。私は自分だけでこれを完全あるいは包括的にするつもりもない。しかしこれらの諸概念を用いて、いかにして特定の組織状況が理解できるかを示すいくつかの事例を示すことができたことに満足している。

組織記憶の内容のうち、おそらくもっとも重要なのは、組織そのものと組織目標の表現である。というのは、組織のメンバーの役割を定義する基礎を与えてくれるのが、この表現（もしも組織全体で統一できない場合には複数の表現になる）だからである。

情報技術の組織のデザインへの応用[11]

これまで、組織論は「生産のための組織」と呼ばれるものをおもに議論の対象としてきた。そして伝統的に以下の二つの問題に特別に注目してきた。一つは組織が効率的であるためには、どのようにして仕事を分割するか、そして、それを管理可能な範囲内におさめるか、そして、複数の組織部門を調整するためのメカニズムをどのように構築し維持するか、という問題である。

一九三〇年代にかなりの規模で始まった組織における人間関係の研究は、組織デザインにおける関心を組織メンバーとしての個人と組織活動の全体的パターンとどう結び付けるかという問題へと向けさせた。ここでの主要な規範的な関心は、従業員が組織に参加し、そこにとどまり、そして組織の目標のために精力的かつ有効に貢献するよう動機付けられるような組織環境をつくり出すことであった。

高度に自動化された機械、特に機械化された情報処理装置の導入によって、反復的で自動化されていない事務作業と同様に、組立生産ラインも生産組織としてむしろ珍しいものとなっている。直接人間がかかわらなくても自動的にかなりの時間仕事を遂行できるほとんど自動化された工程では、人間の熟練工や事務員は、どんどん観察者や調整者、保全係や修理工といった役割に変わってきている。人間の仕事は、よりいっそう考えたりコミュニケーションをとる仕事になり、その結果として、組織のデザインは、情報技術の研究とその応用において中心的な課題となり、また組織のデザインにとっても情報技術は重要な問題となった。

◆脱工業化社会

ピーター・ドラッカーは、製造とそれにかかわる活動が過去のどの時代よりも中心的な役割を果たさないであろう、来るべき世界を表現するために、「脱工業化社会」という言葉を用いた。サービスを提供することは、有形のものを生産しているときとは異なった組織問題を引き起こす可能性がある。コモディティを生産する組織よりも、サービス組織のほうが、適切なアウトプットの基準を定義することが一般的にはむずかしい。そして商品の品質を測るさいの問題がなんであれ、サービスの品質を測るさいの問題の方がはるかに大きい。これは同じ経済活動に対する二つの見方を比較してみるとはっきりする。一つは経済活動を、物を生産する活動としてみる場合であり、もう一つはサービスの生産活動とみる場合である。たとえば家の生産と住むことの生産のようにである。

家は有形の商品であり、通常の市場メカニズムを通じて造られて販売されうるものである。それに対して住むことは、学校や街並み、買い物施設、そして居住者たちとの社会的な交わり、といった近隣関係によって供給される、種々のサービスの集合体である。狭義に構造物として捉えた場合に家の品質を定めることがいかに複雑であろうとも、住むことの質を定義付けることのほうがはるかにむずかしい。というのは、住むことは社会的な活動、つまり家族の生活をつくり出して維持する環境と考えられるからである。

われわれの社会における組織が有形の商品の生産から、その有形の商品に関係あるとないとにかかわらず、一連のサービスの生産へとかれらの目標の定義を拡張する傾向にあるということは、組織の関心がそれらの活動に関連する外部性に拡がる傾向にあるということを意味する。外部性とは、既存の市場のメカニズムを通しては、行為者に責任が課せられないような行為の諸結果である。古典的な例としては工場の煙がある。その社会的コストを、その工場の生産物の消費者が支払うことはほとんどない。

サービスを提供している組織の活動のほうが、財を生産している組織よりもより深く、また広く、外部性にかかわっているのかもしれない。あるいは、単にわれわれが社会において、組織がある目標に向かうときの組織活動の間接的な結果に敏感になりすぎているだけかもしれない。もしくは人口の増加と技術の進歩によって、実際の組織の相互依存性、そしてそれゆえにもたらされた外部経済性がより大きく重要な存在になっているのかもしれない。どのような理由にしろ――前述した三つはおそらくこの傾向をもたらしているのであろうが――脱工業化社会の組織における組織的意思決定が、過去の意思決定に比べてはるかに複雑になっていることは至るところで示されている。結果として、意思決定過程は――組織の最終的アウトプットの生産に直接、また即時に貢献する過程というよりも――組織が携わる中心的な活動として、ますますその重要性が増してきているのである。

◆情報処理構造を組織化すること

脱工業化社会において中心となる問題は、意思決定するためにすなわち情報を処理するためにいかに組織化するかである。つい最近まで、意思決定はもっぱら人間だけの活動であり、人間の頭脳の内部で行なわれる過程と、人間間のシンボルを通じたコミュニケーションからなっていた。しかし現代世界では意思決定は、人間とマン・マシン・システムを構成する機械的部分との間で分担されている。これらのシステムにおける人間とコンピュータの役割分担は、この四〇年間で着実に変化し続けてきた。そしてこれからもコンピュータ技術——特にコンピュータ・プログラミングあるいはソフトウェア技術——が進歩するにしたがい、変化し続けるであろう。

意思決定と情報処理システムとしてみた組織の解剖学と、人間の集合体であると考える組織の解剖学では、全く異なってみえるであろう。伝統的な見方である後者の視点は、人間のグループ化——つまり部門化——に焦点をあてている。一方、前者の視点は意思決定過程そのもの——つまりシンボルの流れと変換——に焦点をあてている。もしもわれわれが概念的に、組織を意思決定過程が分割している主要な構成部分を基礎としたサブシステムに分けるとしたら、部門や下位部門に分割する場合とは全く異なったセクションに分けることになろう。そして、これらの部門化された構成部分間の相互依存性が高まれば高まるほど、組織の概念化に対するこれらの二つの考え方の違いがますます大きくなるであろう。

これらの二つの視点は共に、健全な組織をデザインするときに有用であり、基本的でさえあるものである。この分析では、私はやや伝統的ではない視点を強調し、意思決定過程を、いわば実際にこの過程を担う血の通った肉体（場合によっては、ガラスと金属でできた）をもった意思決定者から切り離して議論を進めたいと思う。人やコンピュータを、情報がとどけられ、また処理され新しい情報を送り出す主体としてあるのではなく、情報は一人の人間やコンピュータから他の人間やコンピュータへ伝えられ、その流れのなかで形を変えていくものであると理解する。このアプローチは、他になんらかの利点がないとしても、われわれに組織デザインについての新鮮な見方を与えてくれるであろう。

◆意思決定の分割と注意能力の配分

情報処理という観点からみると、分業とはなされるべき意思決定の全体システムを、分割されたシステムのそれぞれが他との最小限相互作用関係しかもたないよう、相対的に独立したサブシステムに分割することを意味する。他の仕事における下位分割のように、人間とコンピュータ両方に限定された合理性があるために、分割が必要なのである。考えうる代替的選択肢の数、予測しうる一連の諸結果の複雑さ――これら全ては、利用可能な処理者の限定された能力によって強く制約される。

意思決定サブシステム間のいかなる分業も、無視されている相互依存性を考えなければいけない。必要とされることは、これらの相互依存性を最小限にとどめ、その結果としてサブシステムに最終決定の最大限の中央集権排除の権利を認め、そしてそれぞれの意思決定のサブシステムが関連性をもつような、比較的単純でコストのかからない調整方法を最大限に利用できるようにする、分割の仕方である。

組織によって扱われる意思決定問題の大きさは、分割によって管理可能な大きさに縮小されるだけでなく、処理されるべき意思決定の数も、適切な注意管理の原則を正しく適用することによって制限されなければならない。組織にとっての注意管理は、まさに個々の人間にとっての注意管理と全く同じことを意味している。処理能力は特定の意思決定課題を処理できるように配分されなければならないし、もしも全体の処理能力がその課題全体を処理する力に欠けていれば、もっとも重要もしくは緊急な課題から処理されるように優先順位が設定されなければならない。

注意管理のボトルネックは、組織において上層にいけばいくほど狭くなっていく。この組織の上層では、このレベルの第一の責任である調整機能に影響を及ぼすことなく、並列処理能力を提供することは容易ではなくなる。それゆえ組織のトップでは、ほんの二、三の課題だけが同時に意識的に検討事項となりうるのである。

情報が豊富であるという状況下で問題を処理することのむずかしさは、組織の上層部と組織の長期の意思決定に関連する情報のほとんどが組織の外部で発生するために、その形式や量においても組織が統制できる範囲を越えている、ということによって複雑化している。このことは組織がこのような情報を選択的に識別し、取得し、吸収するための、また、その情報をさらに組織内の情報のフローとシステムに合うような形式へと変換するための、「インターフェース」をもつ必要があるということを意味する。

第二に、もしも注意が稀少な資源であったとしたら、デッドライン（リアルタイムの意思決定）のある意思決定の問題と、比較的時間的余裕のある意思決定の問題とを区別することは特に重要である。そしてこれらの違った種類の意思決定を扱うためには、多少の異なったシステムデザインが必要とされるであろう。

要約すると、情報処理システムにはそれ固有の能力の限界があるために、組織デザインには二つの要求がつきつけられる。一つは全体意思決定の問題は、部分の相互依存性を最小限にするように分割されるということ。もう一つは、システム全体は稀少な資源である注意能力を節約するように構成されなければならないということである。組織デザインは、組織の外部で発生した情報を扱うことのできるインターフェースを提供しなければならないし、デッドラインのある意思決定のためには特別な準備がなされなければならない。

このような基本的なデザインの必要条件を適用することによって、情報システムの改善に向けての標準的だが多かれ少なかれ失敗におわるアプローチ、たとえば地方自治体データバンクや経営情報システム（ＭＩＳ）などの隠れた過ちをみつけることが容易になる。初めてコンピュータが地方自治組織で使えるようになったとき、大都市圏のために包括的なデータバンクを開発しようと熱狂的になったことがあった。これらのデータバンクは市の行政活動によって生じる、土地やその使用者、そこに住んでいる人々やその人々がなにをしているか、といった無数の情報を、一つのシステムに統合しようとするものであった。

このようなシステムをつくりあげようとしたいくつかの試みの結果、その熱意は序々に収まり、いくつかの初期の事業は断念されることとなった。人々がデータバンク構築に魅力を感じなくなったのにはいくつかの理由がある。一つは、データ処理やデータ貯蔵の問題が、考えられていたよりもはるかに大きくそして複雑であったことである。おそらくより決定的な問題は、どのようにしてそのデータが意思決定過程に利用されるのか、あるいは実際にどの意思決定がデータと関連性があるのか、ということがさらにはっきりしなくなってきた、ということにあろう。

こうしたことを理解するのに、マジックは存在しない。大量のデータが単に存在するからということだけでは、そのデータを一つの包括的な情報システムに集積する十分な説明にはならない。実際には、問題はその正反対である。分割された意思決定の要素をそれぞれが関連するデータ源に関連付けるために、意思決定問題を分割する方法をみつけることが必要なのである。意思決定システムとそれに必要なデータの要件を分析することが最初にしなければならないことであり、それが行なわれて初めて、意思決定過程を支援するデータシステムを明確に定義するために合理的なアプローチを行なうことができるのである。

経営情報システムの歴史は、この地方自治体データバンクの歴史とほとんど同じであった。コンピュータの巨大な力を最大限に利用しようと熱狂するなかで、経営情報システムをデザインするさいに、既存の財務や生産記録を出発点として、トップマネジメントがこれら全ての情報を入手できるようにしようとする傾向があった。この際、トップやミドルマネジメントがその情報を本当に欲し、もしくは必要としていたのか、また組織のさまざまなレベルの管理者が必要とする情報を本当にこの特定のデータ記録から得ることができるのか、というような疑問は投げかけられることはなかったし、あったとしても真剣に問題とされることはなかった。またこのシステムは重要な稀少資源――管理者たちの注意能力――を節約するためにデザインされたものではなかった。そしてトップマネジメントにとってもっとも重要な情報は、おもに外部の情報源から得られるものであり、機械的な処理によってすぐに得られる内部記録から得られるものではない、という事実を無視しがちであったのである。

このように地方自治体や企業のために情報システムをデザインしようとする多くの努力は、「より多くの情報をもつことはよいことである」という間違った考え方に陥った。かれらは暗黙のうちに、注意能力よりも情報が稀少資源であった過去の社会の前提をそのまま引き継いでいたのである。

◆新しい情報技術の諸要素

意思決定組織を設計するときには、われわれはなされるべき意思決定の構造を理解するだけでなく、われわれが利用できる意思決定ツール、人的なものと機械的なもの――人とコンピュータ――の両方をも理解していなければならない。

人間的要素　コンピュータがわれわれにもたらした新しい能力に魅せられつつも、われわれは人間という意思決定者もかなり驚くべき能力をもっているということを忘れてはならない。それぞれの人間は皆、関連のあるものないものを含め、さまざまな種類の情報や技能を長年にわたって蓄積してきた、かなりな大きさの記憶というものをもっている。そしてその記憶のなかから、現在の状況で聴覚や視覚的刺激の認識によって、その記憶の関連する部分を呼び起こすことができる。また直接の対面状況で、あるいは電話やファックスやEメールのような遠隔通信の手段を通じて、他者と自然言語でコミュニケーションをとることができる。

たとえば、起こりうるどんな特別な問題についてもアメリカでもっとも専門的な情報源にたどりつけるような組織の設計に関心があるとしよう。今日では、われわれは最初はWWW（World Wide Web）へ向かおうとするだろう。果たしてその衝動はさらに促進されるべきであろうか？

われわれが捜し求めている情報は、人間の頭のなかと本やデータバンクのなかの両方に蓄えられている。さらに本にある情報は、人間の頭のなかで索引がつけられている。それゆえ通常、適切な本をみつけるもっとも迅速な方法は、興味のあるテーマに詳しい専門家に尋ねることである。手に入れることのできる情報は、人間の頭のなかに索引付けられている本からの情報だけでなく、人々についての情報も同様である。このような資源を考慮に入れると、アメリカでもっとも優れた専門家探索を遂行するためのもっとも強力な情報処理システムは、二億五千万人の人間の頭に分布している記憶と、それら分散した記憶を結び付ける電話システムとの統合である。

私は質問を受けると、電話をとりあげ、知り合いのなかからその目的にできるだけ近い専門分野の人（非常に近い専門分野である必要はないが）に電話をかける。そして私はその人に、質問に対する答えではなく、彼の知り合いのなかでその話題にもっとも精通している専門家の名前を尋ねる。私はこうした過程を、私が欲しい情報が得られるまで繰り返す。しかしこの電話の回数が三回ないし四回以上になることはめったにないだろう。

たとえばその質問が、鯨が脾臓をもっているかどうか、という質問だったとする（私にはなぜこのことをわれわれが知りたいのかはわからないが、これはまあまあの適当な例である）。私は生物学者に電話をする。その人は私に魚類学者を紹介してくれ、その人は鯨に詳しい専門家を私に紹介してくれる。そしてその鯨の専門家は質問に答えてくれるか、そうでなければ私がどこで答えをみつければよいかを教えてくれる。

私は他の全ての情報システムを投げ捨て、電話と電話によって私たちと接続された膨大な分散した記憶に頼るだけでよい、と主張しているわけではない。しかしこのことは私たちがどのようにして情報処理システム――電子的および人的システムの両方を含む――の構成部分および相互の連結を考えればよいのか、についての有益な思考実験である。われわれは記憶の大きさ、その記憶が索引付けられる方法、処理速度、そして応答速度といった観点から情報処理システムの特徴を知らなければならない。情報システムの人間的要素は、その機械的要素と同じように記述することができ、そして今日では、われわれは人間のシステムのパラメータについて、心理学的研究を通して多くのことを知っている。

情報処理についてわれわれは、より新しい知識を得て、理解を深めていくことによって、慣れ親しんだ処理システム――人間と電話――を新しい方法で見直すことができるようになるであろう。そしてそのことはまた、もっとも変化に富んだ能力をもつ、「コンピュータ」と一般的に呼ばれている、新しい種類のシステムをもたらすのである。

記憶としてのコンピュータ　コンピュータは、まず第一に、記憶装置である。私はすでに情報収集システムのデザインと情報処理システムのデザインとを混同することに対する懸念を表明してきた。もちろん情報を集めることに問題があるのではなく（情報収集それ自体は費用のかかるものではあるが）、収集された情報の処理のために意思決定者の稀少資源である注意を必要とすることに問題があるのである。記憶は、情報処理システムの構成要素として、潜在的な情報の貯蔵庫とみなされる必要があり、そして有効に索引付けられていれば、意思決定過程へのインプットとして、その情報はいつでも必要なときに妥当な費用で利用可能となる。

たとえば、三万冊の本をもっている人がいたとする。その人は一日に一冊ずつ――これはかなりの速さであるが――本を読んだとしても、三万冊を全部読み終わるには一〇〇年かかる。われわれは自分が読むことのできる範囲以上に本を集めた人に対して――たとえかれらが自分たちの勉強熱心さを印象付けようとしていたとしても――少しばかりひけらかしているな、と思うかもしれない。しかしかれらをこれだけで急いで判断してはいけない。もしもかれらの書庫の本に適切な索引がつけられていたとしたら、かれらは三万冊のどの情報にも潜在的にアクセスすることができるのである。もしもかれらが将来どのような特定の情報が必要になるかを予測できず、要求があったときにすぐにかれらが見たい情報を探し出すための索引付けを的確に行なうことができるならば、自分で読むことのできる量以上の本を集めることは全く正当化されるのである。

ウェブサイトといくつかの特別なデータバンクを除いて、今日使われているコンピュータの記憶量は、一般にわれわれが図書館と呼んでいる紙とインキの記憶量ほど大きくはない。通常、コンピュータの記憶は、情報を素早く検索するために少しだけより優れた索引がつけられているだけであり、そしてコンピュータがこの世に登場してからもっとも重要な技術進歩の方向性の一つが、索引付けと情報の検索過程、そしてこれらの情報を機械的に処理するわれわれの能力について理解することなのである。

処理装置としてのコンピュータ　コンピュータは記憶をするものであるとともに、数値や非数値、あらゆる種類のシンボルを処理するきわめて一般的な能力をもつ処理装置でもある。これはコンピュータのもっとも新しい特徴である。非人間的な記憶は、人間が文字を発明して以来なじみ深いものとなってきた。人間以外のものによるシンボル操作は非常に新しいものであり、四〇年を経たいまでもわれわれはその可能性の一部を垣間みたにすぎない。[12]

いままでのところ、意思決定におけるコンピュータのもっとも重要な使い方は（組織における計算時間が増大してしまうような使い方は含まない）、複雑な状況のモデルをつくり、代替的決定の諸結果を推測することである。このモデル化のあるものはリニアプログラミングのように、数学的な手法を利用する。それらは最適な行為のコースを計算することができるので、直接に意思決定の道具として役に立っている。他のモデル化の形式では、コンピュータはシミュレータとしての役割を果たし、異なる意思決定戦略に対応してシステムがたどる代替的経路を計算する。

「経営情報システム」という言葉は一般に狭く解釈されていて、前にも述べたように、コンピュータが非常にシンプルな情報処理のみを行なうという意味で、大量情報の蓄積と検索のシステムの意味に使われてきた。この言葉は、さまざまな領域の経営意思決定を解明するために利用されるようになってきている、最適化モデルやシミュレーション・モデル——通常「オペレーションズ・リサーチ」とか「戦略計画」とか「経営意思決定支援」と呼ばれるモデル——を意味するように使われるほうがよいであろう。しかしどのように呼ばれたとしても、このようなモデルは、経営情報システムと明示的に名付けられているシステムよりも、組織の意思決定システムにおけるコンピュータの未来の使い方をよりよく写し出してくれるであろう。

ここで戦略的計画モデルにおける応用分野の例を一つあげよう。今後の数十年にわたり、われわれの社会はエネルギーの生産と使用に関していくつかの重要でむずかしい政策決定に直面することになる。過去において国家のエネルギー問題は多くの場合、資源問題であるとみなされ、この問題はかなりの部分が市場メカニズムを通じた私的経営に任されていた。今日では、われわれはエネルギーの使用は環境に対して重大な間接的結果をもたらすことを知っており、またエネルギーを生産するための燃料資源が十分確保できるかどうかは、工業国の発展の度合いからエネルギー技術の研究開発に関してわれわれが行なう意思決定まで、非常に範囲の広い動向に依存するであろうということも知っている。

このエネルギー事情に含まれている重要な変数の数はあまりにも多く、変数間の相互関連も非常に複雑であるため、常識や日常的な推論は――もし実際に過去にあったとしても――もはやエネルギー政策の適切な指針とはならない。またエネルギー問題に関して包括的な権限をもつ連邦政府機関を設立するとか、あるいは市場メカニズムをいじり回したりというような、伝統的で単純な組織的解決法もない。

政府機関の再組織化は、少なくとももつぎの二つの理由から解決法とはならない。第一に、エネルギー問題は他の諸問題と切り離すことはできないからである。包括的なエネルギー機関の環境問題に対する関係はどうなるのであろうか。今日、連邦政府におけるエネルギー政策の責任が分断されているのは、それらの諸問題間の複雑にからみ合った関係を無視しているからである。第二の理由は、たとえもしこのような政府機関が存在したとしても、それもまたこの意思決定問題をとり扱う体系的な枠組みを必要とするだろう。市場メカニズムをへたに手直しすることは、同じ困難を生じさせる――意思決定の枠組みなしには、われわれはどう対処したらよいのかもわからないのである。

それゆえ、知的な方法でエネルギー政策をとり扱うためにもっとも重要な組織要件は、意思決定過程に一貫性をもたらすような一つもしくはそれ以上のモデル——最適化モデルでもシミュレーション・モデルでも——を創造することである。政府組織や産業界の適切な場所に、このようなモデルを開発し活用することに責任をもたせることが、ある程度重要であることは疑いの余地がない。ただモデルがあるということだけでも、それがどこにあろうとも、エネルギー政策決定に大きな影響を与えざるをえない。驚くべきことにエネルギーシステムの包括的なモデルは、その必要性がこの数年間であきらかになってきたにもかかわらず、未だに一般的に確立されてはいない。このような必要性への対応の遅れは、モデル化技術の新しさと、組織を機関や部門の集合体としてよりも意思決定のシステムとしてみるということの新しさの証拠でもある。[13]

外部情報へのコンピュータのアクセス[14]　第三のポイントとして、組織の情報処理システムの一構成要素としてのコンピュータの特徴について触れなければならない。私は現在までのところ経営情報システムの限界の一つとして、組織内で発生した情報——たとえば生産情報や会計情報——に大きく依存している点を指摘してきた。組織内の情報を強調する大きな理由は、組織はこうした情報の生産をコントロールしているために、その情報を機械可読形式でつくり出すことがむずかしくないということにあった。この情報をコンピュータにとり込むには費用がかかる手続は必要ない。

もしもわれわれが経営者が利用する外部情報を検討するなら、その大部分が単純な自然言語のテキスト——何ページかの新聞の紙面だったり、業界雑誌であったり、専門雑誌等——であることがわかる。

自然言語のテキストは、もちろんその言語が機械可読形式――パンチカード、磁気テープなど――に翻訳された後に、コンピュータの記憶装置に蓄積される。一度記憶装置に蓄えられれば、その情報に自動的に索引をつけ、種々の質問に対応するために記憶装置から情報を引き出すようなコンピュータ・プログラムを書くことができる。

したがって、経営者が現在頼っているのと同じ種類の外部情報を、組織の情報システムの機械化された要素に利用可能にする上での唯一の障害は、情報を機械可読形式にする際のコストである。しかし、技術的にも経済的にももはや障害はない。というのも、われわれは、印刷されたテキストを安くそして正確にコンピュータファイルの形に変換する低コストの装置(光学式文字認識装置のついたスキャナー)をもっているからである。

しかし新しいデータについては、機械可読形式へ変換することのコストを考える必要すらない。今日では、新聞・雑誌・本などに印刷されている全ての単語は、より早い段階で人間が読めるテキストを生み出すと同時に、機械可読テキストもつくることができる機械――タイプライターや自動鋳植機――を通過している(この言葉が私が書いてるそばから通過しているように)。それゆえ、書かれた言葉は、機械可読形式と人間可読形式の両方で、ほぼ例外なく利用できるようになってきている。パーソナル・コンピュータと電子ネットワークは機械可読形式の市場を生み出し、そしてこの転換の過程は急速に進んでいる。それは少し電話と似ている――電話をもつ人が多くなればなるほど、それをもつ価値も高くなる。

このような発展は、組織の情報システムへの、コンピュータの非常に広範な領域にわたる適用の可能性を開いてきた。コンピュータは、外部から組織に入ってくるほとんどの情報のフィルターの役割を果たし、それゆえに経営者の注意の必要性を削減することができる。最近の例としては、大学教授年金の主幹事であるＴＩＴＡによって導入された情報システムがある。証券のオーナーからの手紙や他の連絡などは、通常タイプされているか、手書である。協会はそれらの手紙を受けとるとすぐにスキャナーと光学式文字読みとり装置を通過させて、ＴＩＡＡのコンピュータシステムにコンピュータが読める形式にして蓄積していくことができる。従業員がコミュニケーションの経路を決めるが、もしも組織内の一箇所以上で注意が必要な場合は、システムは自動的にコピーを準備して配布する。いくつかの場所で平行して職務を行なうことができるということは、所要時間をかなり節約する。コミュニケーションが企業の情報システムのなかで行なわれると、そのシステムはそれをとり扱うために必要なファイルから記録を自動的に呼び出すために使うことができる。

必要要件に技術をあわせる　これらのコメントは組織の情報システムの必要要件と、すでに利用できる、またいま登場しつつある情報技術の諸特性を適合させるために、なにが必要なのかを示すのに役立つであろう。情報システムのデザインを成功させる鍵は、技術を注意という資源の限界と適合したものにすることにある。この一般的な原理から、われわれが既存の情報処理システムに新しく要素を追加しようとするときの、いくつかの経験則を導くことができる。

一般的に情報処理システムの追加部分（人間であれ機械であれ）は、つぎの三つの条件があるときにのみシステムの性能を改善する。

1．インプットにくらべてアウトプットが小さい。したがって、さらに追加的な注意を必要とせずに、注意を節約する。

2．受動的であるとともに能動的でもある有効な索引がついている（能動的な索引とは、つぎの過程に情報を送るために自動的に情報を選択し、フィルターにかける過程のことである）。

3．単に情報を蓄えたり検索するだけでなく、問題を解決し、解を評価し、意思決定をすることのできる、分析的かつ合成的なモデルをもつ。

◆結論

今日の組織のおもな問題は、作業単位の部門化や調整の問題ではない。それは情報の貯蔵と処理の組織化の問題である――分業の問題ではなく、意思決定の要素分解の問題である。これらの組織の問題は、少なくとも最初のアプローチとして、機関や部門構造からの抽象化を通じて、情報システムとそれが支援する意思決定システムを調べることによって、もっともうまくとり組むことができる。

情報処理技術の急速な発展とともに、企業や政府の意思決定過程は以前よりも洗練され、合理的なものとなってきている。もしもこのことの証明が必要ならば、スター・ウォーズの論争（その結果をわれわれが好むと好まないにかかわらず）と、ツキジデス（Thucydides）によって描かれたアクロポリスの論争――あるいは、今世紀の前半におけるアメリカ議会での論争――を比較すればよい。情報処理技術の発達に伴って、われわれは諸代替案とその諸結果の間の相互関係とトレードオフを考慮に入れる能力、つまり問題の諸部分を包括的なモデルのなかに組み込むことによって、問題全体のなかでの諸部分についての理解を統合する能力、が大きくなってきている。

バーバラ・ウォードや他の人々は、現代の社会における最大の危機は、希求の危機であると指摘してきた。人口問題は人類の歴史と同じだけ古い。この問題に関する今日的な新しさは、多くの人が陰鬱な結果を受け入れようとするのではなく、この問題を解決しようと決心したことにある。何世紀もの間、人々の行為はあらゆる種類の意図せざる、また予期せざる結果を生み出してきた。われわれはその結果を知らない限りにおいて、こうした行為を受け入れることができた。今日われわれは自分たちの行動について、詳細で間接的な諸結果を追跡し、あきらかにできる。たとえば喫煙がガンに与える影響や、残留DDTと鷲の卵がかえらないこととの関係などである。このように諸効果を描き出すことができるという新しい能力によって、われわれはそれらに対し以前では感じなかったような責任感を感じるようになっている。知的な目覚めは、道徳的な目覚めでもある。

われわれの新しい科学知識によって生み出された（または、みえるようになった）新しい諸問題は、滅亡の前兆ではなく、進歩のしるしである。それらの問題は、われわれが問題を理解するのに基本的な——人類のあり様を理解するのに基本的な——分析道具をいまやもっている、ということを意味する。もちろん問題を理解することは必ずしも問題を解決することではない。しかしそれは最初の基本的な一歩である。わたしたちがつくりあげている新しい情報技術は、わたしたちにこの一歩を踏み出すことを可能にしてくれる。

注4　このセクションは、"The Future of Information Processing," ***Management Science***, 14:619-624（1968）によっている。

5　カーネギーメロン大学におけるネットワーク導入の初期の効果に関する一連の調査研究は、S.B. Kiesler and S. Sproull（eds.）, ***Computing and Change on Campus***（New York: Cambridge University Press, 1987）に書かれている。

6　M.D.Cohen and L.S. Sproull, eds., ***Organizational Learning***（Thousand Oaks, Calif.: Sage, 1996）参照。このセクショ

ンでは、この本の私の担当章、"Bounded Rationality and Organizational Learning"をもとに書かれている。

7 Cambridge, Mass: Blackwell, 1993, 第2版参照。

8 H.Kaufman, *The Forest Ranger* (Baltimore: Jones Hopkins Press, 1960).

9 A. Bavelas, "Communication Patterns in Task-Oriented Groups," *Journal of Acoustical Society of America*, 22: 725-730 (1950).

10 A.H. Van de Ven, "Central Problems in the Management of Innovation," *Management Science*, 32:590-607 (1986), and J.G. March, L.S.Sproull, and M.Tamuz, "Learning from Samples of One or Fewer," in M.D.Cohen and L.S.Sproull, eds., *op. cit.* も参照してほしい。

11 このセクションは、*Public Administration Review*, 33: 268-78 (1973) の同名の論文が初出でありオリジナルにかなりの修正を加えたものである。

12 コンピュータの能力がある新しい段階に達したことの証明の一つは、コンピュータに大型の卓上計算機以上のものをみようとしない人々から抵抗が起こされたことにある。前世紀のダーウィンの進化論の議論以来、人類に属さないシステムと親類関係になることに対して、人間の独自性についてのこれほどまでに熱心な議論をみたことがない。

13 われわれは経済政策の決定モデルについては二世代の経験がある。アメリカ合衆国におけるこのようなモデルを作成し、検証することはかなりの部分が――たとえば、経済研究のコールズ財団やブルッキングズ研究所などの――非政府機関で行なわれてきた。ニクソン大統領が自分自身でケインジアンであると宣言して以来、政府の決定に対してこのモデルはもはや疑いないものとなった。もっとも実際にはニクソンの宣言の十数年前からすでに影響はあったのであるが。計量経済学のモデルは一般的には古典的な分析的な数学の計算技法を用いていたが、コンピュータはそれらの計算を行なう上で重要なものとなっている。やや異なった例としては、主として大学の援助で水資源政策決定を導くために作成されたリニア・プログラミングのモデルがいくつかある。両者の場合とも、伝統的な決定の再組織化とは相対的に独立して意思決定システムが設計されている。そして一九三七年以降行なわれた連邦政府機関の大幅な機構改革の全てが、これらの新しい意思決定システムと同様に公共政策に対して大きな影響を与えてきたかを考察することは、大変興味深い。

14　本書第三版が出版されて以降起こってきたコンピュータの発展のゆえ、このセクションの議論を未来型から現在型へと転換しなければならない。

第9章 能率の基準

前の二章では、組織が個々のメンバーに影響を及ぼす方法に注意を集中させた。すでに論議した権限のシステムや、その他の種類のコミュニケーションを通じて、組織は、個人に決定の主要な諸前提のいくつかを与える。つまり、組織は個人の基本的な価値前提——組織目的——を明示し、かつ、個人がその価値を実現しようとする場合に必要な、あらゆる種類の関連情報を提供する。そこでつぎに、決定の「内面的な」側面をとりあげ、組織の与える諸前提が、どのようにして、個人によって、完全な決定に統合されるか、をみるとしよう。この統合にとって決定的に重要なのは、個人自身が与える決定の諸前提であり、また個人に源をもつ情報を除けば、これらのうちもっとも重要なのは、能率の基準[1]と、個人の組織への一体化あるいは忠誠心である。この二つが、それぞれ、この章および次章の主題である。

能率の基準は、それを非営利組織に適用する場合、営利組織の場合より幾分複雑になるので、この章の大部分は、能率の概念が営利組織と同様に非営利組織にも適用されうるように、それを拡張する問題に興味を示すであろう。

能率の本質

能率の基準は、主として利益目的によって導かれる営利組織にそれを適用するとき、もっとも理解しやすい。そのような組織では、能率の基準は、個人が利用できる全ての代替的選択肢のなかから、最大の純（貨幣）利益を組織にもたらすものの選択を命じる。この「貸借対照表」能率は、一方で費用が一定と考えられる場合には収益の最大化を意味し、他方、収益が一定と考えられる場合には費用の最小化を意味する。もちろん実際には、収益の最大化と費用の最小化は同時に考えられなければならない——すなわち、真に最大化されるべきものは、収益と費用の差額である。

能率の基準は、第6章で定義したように組織の目的と存続の目的の双方に密接に関連していることが、後にあきらかになろう。能率の基準は、それが「産出」の最大化にかかわるかぎり組織の目的に関連をもち、それが投入を上回る産出の正の差額の維持にかかわるかぎり存続の目的に関連をもつ。

営利組織における能率の基準の平易さは、主として、産出と投入双方の測定に貨幣という共通要素があり、また、それによって両者を直接比較できるという事実による。したがって、金額で直接に測定しえない諸要因が含まれる決定の過程にこの概念が適用されうるべきなら、それは拡張されなければならない。産出の金額による測定が通常無意味ないし不可能な非営利組織では、そのような諸要因が必ず存在しよう。組織を支配する人々が利益目的だけをめざすのでないかぎりで——すなわち、損益計算書に直接関係がないときでも公共の利益あるいは従業員の福祉にその人々が関心をもつ場合には——そのような諸要因は、営利組織にもまた存在しよう。さらに、損益計算書への関係を直接に評価しえない特定の活動に関係があるかぎり、純粋に営利的な組織についてさえその内部業務に非金銭的要因はまた含まれよう。たとえば、人事部門の決定はつねに金額で評価されうるとはかぎらない。なぜなら、特定の人事政策の効果を金額で直接測定して決めることはできないからである。

◆決定における費用要素

営利組織においても、非営利組織(ボランティア組織を除く)においても、「投入」要因は主として金額で測定されうる。これは、組織の目的がその利益あるいは存続のいずれよりも広い場合でさえ正しい。すなわち、組織が社会のための費用にかかわるとしても、この費用は組織が購入する財とサービスによってかなり評価されうる。[2]

この点は、従業員のサービスの評価の場合には全くあきらかではないかもしれない。従業員に割り当てられる仕事は、快適性、危険性などに関して全く同一であるとはかぎらない。それらが同一でないかぎり、従業員の福祉がその目的の一つである組織では、貨幣賃金(これがこれらの要素を正確に反映するのでなければ――通常は反映されない)は組織における投入の正確な尺度ではない。そのような場合には、組織の決定は単に貨幣投入額と産出額だけでなく、貨幣投入額と産出額および従業員の福祉を比較しなければならない。

また、ほかに、組織が負担する貨幣費用によっては、投入が正確に測定されない場合がある。たとえば、ある工業会社が地域社会に煙や煤煙をまき散らしても罰せられない場合に、もし地域社会の福祉への配慮がその組織目的に含まれるならば、この会社は勘定にはあらわれない費用要因をもつ。

経済の一般的安定と繁栄がその目的の一部となっている公機関――たとえば連邦政府――の意思決定

の場合には、さらにほかの考慮が払われなければならない。私企業の場合には、市場利子率での投下資本の利子は費用として計算に入れられなければならない。政府の場合には、もし支出が、さもなければ遊休となるであろう投資資本を活用する効果を生むなら、この資本の利子は、経済全体の立場からは真の費用ではない。さらに、経済における所得および雇用の水準に対する政府投資の効果は、この投資の「産出」に含まれようし、また成果の測定に含められなければならない。

同様に、私企業が失業者を雇用する場合には、その賃金は通常の費用であるが、一方、政府がそのような人を雇用する場合には、さもなければ役立てられないであろう資源を役立てることになり、それゆえ雇用された人々の賃金は、社会の立場からは、どんな真の費用も意味しない。

こうした説明は、現代経済における政府支出の役割――近代経済学者が競合するさまざまな学派間に十分な論争を呼び起こす問題である――についてのいずれか特定の考え方を擁護しようとするものではなく、政府機関の活動がもたらしうる経済的な諸効果の考慮なしには、能率の基準を政府機関の決定に適用しえないことを指摘しようとするにすぎない。経済学者の言葉でいえば、公機関における能率の問題は、部分均衡よりむしろ一般均衡の立場からアプローチされなければならない。

◆決定における積極価値

決定に含まれる消極価値は、通常、時間あるいは貨幣費用によって要約されうるが、積極価値はそれより幾分複雑な様相をみせる。すでにみたように、営利企業においては、産出の貨幣価値は、含まれる価値要素を要約する点で、生産の費用（投入）と幾分同じ役割を果たす。積極価値の観点からいって、製造される製品の種類は、価値的には中立の要素である。パブリック・サービスの場合にはそうではない。それゆえ、行政管理においては、価値の尺度として、産出の貨幣価値に代わるなにかが見出されなければならない。

それは、活動の諸目的を述べることによって、またこの諸目的の達成の程度を測定する指標の作成によって、与えられる。最終目的の達成における管理活動の効果を示す測定値は、いずれも、その活動の結果の測定値であらわされる。[3]

諸目的の定義　パブリック・サービスのための諸目的を定めることは決して単純な仕事ではない。第一に、可能なかぎり価値の観点から諸目的を述べることが望ましい。すなわち、それらが相対的に最終的な目的の表現である場合にのみ、それらは適切な価値指標となる。目的が中間的な目標によって述べられる場合には、もはや中間的なねらいが価値の実現にとって適当でないときでさえ、そのねらいに支配される決定が行なわれ続けるという重大な危険が存在する。たとえば、管理機関での書式や記録の急増は、ある具体的なねらいをめざす活動を、このねらいが助長すると思われるより広い価値の観点から見なおすことができなくなっている証しであることが多い。

しかしながら、他方、パブリック・サービスが実現しようとする価値は、なかなか具体的に表現しにくい。「健康増進」「レクリエーションの提供」「よき市民の育成」といったレクリエーション部門の目的のような目的は、実体的に客観的に述べられなければならない。そうしなければ、結果をみてとり測定することができない。ここに深刻なジレンマが提起される。こうしたサービスがめざすべき価値は、特定の決定問題に適用されるのに十分に具体的な基準を提供しない。しかしながら、もし価値指標が、価値それ自体に代わって基準として用いられれば、「目的」は、より実体的な手段のために犠牲となる

――形式のために実体が犠牲となる――ことが起きそうである。

さらなる困難は、価値に共通要素がないことから生じる。前述のレクリエーション部門の場合のように、一つの活動は、二つあるいはそれを越える価値を実現するであろう。部門の活動を指導するさいの、さまざまな価値の相対的重要性とはなにか。保健部門に同じ問題の実例がある。来年度、保健部門にその資金を再分配させるのだが、それは小児の死亡率を低めるためか、それとも、性病の診療施設を増やすためか。価値指標で測定される諸結果をみることでは、このいずれかの行為のコースがとられる場合に、いくつかの目的が実現される程度を知りうるのみである。双方の活動が全く同じ価値をめざしているのでなければ、結果の測定によってどちらの行為のコースが望ましいかを述べることはできない。矛盾する価値の相対的重みが定められた後にのみ、合理性は経営決定に適用されうる。

経営者の決定の基礎となる価値ないし選好の体系をだれがつくるべきかの問題は、すでに第3章で論議した。ここではただ、経営過程のあるところで、あるときに、価値に重みが実際に与えられることを強調しておきたい。もしこれが意識して慎重に行なわれないとしても、その場合には、現実に得られる決定において暗に行なわれる。選択の表現されない諸前提のなかにこの問題をかくすことによってこれを避けることはできない。

達成――程度の問題　諸目的を定めることで、経営決定における価値要素の問題が全て終わるわけではない。加えて、目的が達成されるべき程度を決める必要がある。市の憲章ないし条令は、多分「火災による損傷から市をまもること」を消防部門の機能と定めるであろう。しかし、これは、火災損傷が皆無となる――あきらかに不可能な仕事である――ところまでその市が消防設備を拡張しようと望むことを意味しない。さらに、消防部門は「可能なかぎり」損失を小さくすべきである、と述べることは、論点を巧みに避けている。なぜなら、損失をどこまで減じうるかは、消火および防火サービスに用いうる貨幣額しだいだからである。

つぎの事柄が決定されないかぎり、その市の消火問題から価値の問題は除かれない。(1)消防部門は、一人当たりの火災損失をxドルにとどめることをめざすべきである。(2)入手できる情報にもとづいて、(1)を遂行しうると予想されるyドルを、市議会が割り当てるであろう。したがって、価値は、諸目的の定義にばかりでなく、めざされるべきサービスの十分な水準の決定にもまた、かかわっている。目的の達成は、つねに程度の問題である。

われわれの政府機関で行なわれているように、「政策決定」の過程が、政府サービスの目的を決定するさいにこうした程度の問題をうまく処理することは、めったにない。この章で後に力説するが、決定における価値の要素に民主的統制を維持するためには、政策決定をそのような問題にまで拡張することが基本的に重要である。この手続の改革は、大部分が予算技術の修正と拡大によって達せられうることが、後であきらかにされよう。

分配価値　これまでの論議は、「総計」の価値に集中してきた。すなわち、コミュニティは、その火災損失を年間の総ドル額で測定する。それはスミス氏の店での一〇〇〇ドルの損失と、ジョーンズ氏の店での一〇〇〇ドルの損失を区別しない。警察署は、強盗の数を減らそうと企てるさいに、三番街の強盗に対して四番街の同様な強盗と違った重みは与えない。

それでも「分配」価値の問題は――たとえ上述の場合のように「同等の重み」の仮定があっても――

ほとんど全ての経営決定に入り込む。ウエスト・サイドにつくられる運動場は、イースト・サイドの子供たちには役立たない。もしチェスの講習会が社交センターで開かれれば、社交ダンスに興味をもつ人々が利用できる場所はないかもしれない。

多くの分配問題は地理的であるが、しかし、社会的、経済的、あるいは他の無数の「種類」の特質を伴うかもしれない。課税管理の機関、行政司法機関、および福祉機関さえもが、総計の価値よりむしろ分配価値の問題に主としてかかわることを知るとき、行政管理におけるそのような考慮の重要性を正しく評価することができる。

後に示すように、組織の仕事が「地域」別、あるいは「顧客」別に専門化される場合、分配問題はまたきわめて重要である。こうした場合には、組織単位の目的は直接特定の一群の人々に限られ、もっとも重大な相互の管轄権の問題が生じるかもしれない。

◆価値のための共通要素——能率の基準

決定に達するさいの一つの基本的な問題は、すでに述べた二つの価値、すなわち、低い費用と大きな結果の間に共通の要素を見出すことである。二つが矛盾するとき、選択はどのようにしてなされるか。選択の対象AおよびBの間には四つの関係が考えられる。Aの投入をI_A、Bの投入をI_B、そして、それぞれの産出をO_A、O_B、とすれば、この四つの可能な関係はつぎのように表現されよう。

一、I_AはI_Bより小さく、O_AはO_Bより大きい。

二、I_BはI_Aより小さく、O_BはO_Aより大きい。

三、I_AはI_Bより小さく、O_AはO_Bより小さい。
四、I_BはI_Aより小さく、O_BはO_Aより小さい。

一と二の場合、どちらを選択するかあきらかである。しかし、三と四の場合はそうではない。すなわち、可能性Aのほうが可能性Bより大きな費用がかかる場合に、Aの結果がBより小さければ、あきらかにBが望ましい。しかし、可能性Aが費用についても結果についてもBより小さい場合には、結果に対する費用を考量しないでは選択をなしえない。

この難題を解く道は、すでに示した。全ての経営決定の基礎をなすのは、利用できる資源の限界――「稀少性」――である。これが、時間と金銭が費用となる基本的理由である。時間と金銭は量に限りがあるため、それを一つの経営目的に使えば、それは代替的な可能性の実現を妨げる。それゆえ、複数の可能性のなかからの経営選択は、つねに、費用は同一であるが異なる積極価値をもつ代替的選択肢のなかからの選択として考えることができる。

したがって、経営選択が、低い費用で小さい結果の可能性Aと、高い費用で大きい結果の可能性Bの間の選択として提起されるとき、それは正しくない。Aは、AとAB間の費用の差額によって可能とされる代替的な活動、を合わせ含む第三の可能性Cによって、置き換えられるべきである。もしこれが行なわれれば、選択は、一定の資源を代替的な活動BおよびCに用いることによって得られる結果の比較の問題になる。行動の能率は、一定の行動にとって代替的な諸行動から得られる結果の最大値に対する、当該行動から得られる結果の比である。

能率の基準は、一定の資源の使用から最大の結果を生む代替的選択肢の選択を命ずる。

この基準は、経営の代替的選択肢の比較のために共通の分母を与えるが、共通の分子は与えないことに注意すべきである。全ての意思決定が、同一資源の代替的使用の観点から行なわれるとしても、異なる行為のコースによって達成される諸価値を比較する問題は、依然として残る。能率の基準は、この比較の問題を解決もしないし無効にもしない。

◆「能率」という用語の注解

過去約三〇年の間に、「能率」という用語は、経営の機械的で利益志向的なストップ・ウォッチ理論と結び付くいくつかの不幸な言外の意味を獲得した。これは、「科学的管理」運動の過度に熱狂的な支持者たちが幾分不注意にこの言葉を用いた結果である。それにもかかわらず、この章で述べる概念をあらわすのに、「能率」ほどにぴったり合う言葉は、英語にはほかにない。したがってこの言葉は、読者が、いま定義されたばかりの意味での基準を理解し、また、読者の心中にあるかもしれない不幸な言外の意味のいずれをもそれから切り離しうることを希望して、用いられた。

事実上、十九世紀の終わりまで「能率」と「有効性」はほとんど同義語と考えられた。『オックスフォード辞典』は、「能率」を「意図された目的を達成するための適合性ないし力、あるいはその達成の成功。十分な力、有効性、効力」と定義している。

しかしながら、近年、「能率」は、投入と産出の比という第二の意味を獲得した。[4]『社会科学百科辞典』に、つぎのようにある。

投入と産出の比、努力と結果の比、支出と所得の比、費用と結果的快楽の比、という意味での能率は、比較的新しい言葉である。この特定の意味での能率は、工学の分野では一九世紀後半に、また、経営学や経済学の分野では二〇世紀初頭以降、ようやく使われるようになった。[5]

科学的管理運動の指導者たちがこの用語を用いることによって、さらに第三の意味が付け加えられた。再び『社会科学百科辞典』を引用しよう。

近代の科学的管理の基礎は、おそらくF・W・テイラーの論文『出来高給制度』に始まる。彼は、ミッドベール鉄鋼工場で、職務遂行の標準を確立したが、その先駆的な方法をこの論文に述べている。そのような標準が設定されると、標準仕事量に対する実際仕事量の比を労働の能率と呼ぶことがつねとなった。これは、能率という用語を、実際の投入に対する実際の産出の比として用いる機械技師の用い方とは幾分異なっている。[6]

科学的管理運動のもう一人の先駆者であり、また、「能率工学」という言葉を好んだH・エマソンは、能率を「実際に遂行されるものと、遂行されるかもしれないものとの関係」として定義したと伝えられている。これと関連して、彼は「従業員の能率パーセント」について述べている。[7]

自然科学と社会科学では、投入産出率の算定に違いのあることが注意されなければならない。エンジニアにとっては、産出も投入もともにエネルギーで測定される。彼は、エネルギー保存の法則によって、有効なエネルギーの産出はエネルギーの投入をこええないことを知っている。ここから、産出が投入と相等しい状況、すなわち「完全」能率の概念が生まれる。社会科学においては、産出と投入が比較可能な単位で測定されることはまずない。さらに、消火の費用と火災損失のドル額との比較におけるように、たとえ産出と投入が比較可能な単位で測定されるとしても、そこには産出が投入をこえることを妨げる「エネルギー保存の法則」はない。それゆえ、もし完全能率の概念がかりに用いられるなら、それは定義しなおされなければならない。実際、この研究では完全能率の概念は必要とされないであろう。現実の問題は、経営者にそれが起こるときは、つねに相対的な能率に関係があるのであって、絶対的な能率は全く必要とされない。さらにこの理論では、能率の数値は必要ではなく、単に二つの代替的可能性の能率の大小が比較できればよい。こうした状況では、投入に対する産出の比としてと、また可能最大値に対する実際値の比としての能率の定義は、同じということに等しい。

◆経済学の類似

能率の基準は、経営の決定に適用される場合、経済理論における効用最大化の概念に著しく類似していることが知られうる。ここで主張されることは、能率の基準がつねに経営者の決定を支配するということではなく、むしろ、もしかれらが合理的なら、そうなるであろうということである。そのような合理性が実際の行動に通常みられる特質である、と主張するのではない。他方、効用最大化の原則は、一般に、説明原則としても、すなわち市場における実際の行動の記述としてだけでなく、経済学の文献において説明されてきた。この二つの命題の差異を、注意深く心にとどめておくべきである。

二つの命題間の類似は、それらの基礎にある仮定にも及んでいる。これらの仮定の第一は、使用しうる資源に稀少性があることである。第二の仮定は、当該諸活動が「手段的」活動であること、すなわち、ある種の「結果」という形で積極価値を生むために行なわれる活動であることである。第三に、二つの命題は、ともに、少なくとも主観的に、結果を測定する諸価値の比較可能性を必要としている（この仮定はすでに前節で論議した）。

論議が進むにつれて、この類似が広い範囲にわたることがしだいにあきらかになろう。経営決定の問題は、生産理論の問題に変えられうるし、また、経済理論に展開されている概念や一般原理は経営決定に広く応用されうることがあきらかになろう。

能率基準についての諸批判

経営の指針としての「能率」に対する批判は多く、また騒々しかった。[8] ある批判グループは、ここでわれわれとかかわるに及ばない。なぜなら、かれらは、ここで提起している定義とは異なる能率の定義を引き合いに出すからである。能率を「節約」ないし「支出削減」と等しいとみなす能率批判は、この範疇に入れられなければならない。われわれが「能率」を用いてきたときに、小さい支出――あるいは同じように大きい支出――が、それ自体望ましいとの意味あいは全くない。ただ、同一の支出で二つの結果が得られる場合に、より大きい結果を選ぶべきだと主張してきたのである。異なる大きさの二つの支出は、一般には、それらが機会費用に変えられる場合だけ、すなわち、それらが代替的な結果であらわされる場合だけ、比較することができる。

◆「機械的」能率

「能率」は、経営の「機械的」概念を導くという理由で、それに反対してきた人々がいる。この反対も、この言葉をここで提起した意味と全く異なる意味で用いることから生じるに違いない。なぜなら、複数の可能性の間の選好の単なる基準は、いかなる仕方でも、その可能性を達成するさいに用いられる経営の技術を限定しないし、また、つぎの節にみるように、決定にいたるさいの経営者の判断の役割を決して減じないからである。さらに、能率基準は、経営の社会的な結果を、その決定的な諸影響の中心に置く見解にもっともよく一致する。

◆「目的が手段を正当化する」

他の二つの批判路線は、能率の基準は、「手段」と「目的」の間に誤った関係をもたらす、と主張する。一方で、能率のために、目的は適切な手段を全て正当化するのに用いられる、と主張される。第4章で注目したように、「手段」と「目的」という言葉は、反対を避けるために注意深く用いられなければならない。このため、われわれは、代替的選択肢の価値的および事実的側面について話すことを選んできた。経営活動の結果の評価において、経営の代替的選択肢の重要な価値要素が全て考慮に入れられるなら、「手段」が「目的」に不当に従属することは起きえない、とだけいっておこう。

◆「無情な」能率

他方、能率は全ての注意を手段に向かわせ、目的を無視する、と非難される。この非難に対しては、能率基準の使用において価値判断が果たす不可欠の役割を指摘して、すでに応酬した。科学的問題としての能率は、主として「手段」に関連し、また、「能率的」サービスが多くのさまざまな目的のいずれに関しても能率的であろうことは、おそらく率直に認められよう。しかし、価値判断の過程が科学の範囲外にあることや、手段を目的に合わせることが、事実的解決をもつ決定問題の唯一の要素であることを単に認めることは、能率が奉仕する目的への無関心を決して是認することではない。能率は、民主主義国家においてであろうと全体主義国家においてであろうと、決定問題の事実的要素に適用されるべき固有の基準である。他の倫理的基準が、価値判断の問題に適用されなければならない。

これらの批判の全てに共通するのは、「能率」のアプローチは「手段」と「目的」を完全に分離させるものだという含意である。厳密にいえば、これが事実でないこと――唯一の妥当な区別は、決定における倫理的要素と事実的要素の区別であること――をわれわれはすでに知っている。しかし依然として、能率の基準の経営の状況への実際の適用では、後者の区別を前者の区別で代える傾向がしばしばみられ、このような置き換えによって、批判の対象とされてきたより限られた「機械的」能率が必然的に生じる。

どのようにしてこの置き換えが起きるかは、簡単に説明されえよう。決定における倫理的要素は、代替的な諸可能性に本来ある価値要素の全てを認識し、評価することから成る。含まれるおもな価値は、通常、経営活動の「結果」としてあらわされ、また、すでにみたように、活動それ自体は、通常、価値的に中立と考えられる。このことが、二つの価値の分離を招く。(1)結果としてあらわされる積極価値、および、(2)時間ないし貨幣費用であらわされる消極価値あるいは機会費用。

実際には、経営活動それ自体を価値的に中立と考えることは現実の抽象であり、それは広い範囲でさしつかえないが、極端にいたると、きわめて重要な人間的価値を無視する。このような価値には、その活動を遂行するグループのメンバーの、(広い意味での)報酬および作業条件が含まれよう。

このような価値要素のいくつかをよりはっきりと列挙できるかもしれない。

一、費用が金額で測定される場合には、従業員の賃金は価値的に中立の要素とは考えられえず、決定において評価されるべき価値に含められなければならない。

二、労働者の作業速度は、価値的に中立な要素とは考えられえない——さもなければ、われわれは、「スピードアップ」はつねにきわめて望ましいとの結論に達するであろう。

三、作業状況の社会的側面は、価値的に中立な要素とは考えられえない。ある種の作業状況を別の種のものに代える場合の社会的および心理的影響を、決定においては熟考しなければならない。

四、賃金政策、昇進政策などは、単に誘因および結果能率の見地からだけでなく、グループのメンバーに対する公正な分配の見地からも考慮される必要がある。

したがって、次のことが強調されなければならない。代替的選択肢間の選択が、仕事活動における価値的に重要ななんらかの違いを伴う場合は、この違いは、決定にいたるさいに熟考されるべき価値に含まれなければならない。

◆評価の偏り

能率基準の適用における、密接に関連する一つの誤りは、考慮中の特定の経営活動の目的として以前に選ばれた価値だけを代替的選択肢の評価に含めることである。ある経営活動の結果は、かなり限られた範囲にとどまり、したがって、間接的な結果が多くの困難を生むことはない。消防部門の諸活動は通常、火災損失に影響するが、（地域社会の相当部分が熱心な火災ファンでないかぎり）地域社会のレクリエーション問題にはほとんど全く関係がない。それゆえ、消防部長は決定に達するさいにレクリエーション価値を考慮する必要はない。人間の諸活動の結果がきわめて厳格に分離されていることは、まことに幸いである。もしそうでないなら、合理的な決定を得る問題はありえないであろう。[9] しかし、諸活動が、通常は価値的に重要な間接的結果をもたないという単なる事実は、実際にそのような結果があるときに、われわれがそれを無視してよいことにはならない。すなわち、消防部長は、単に彼が消防部長であるという理由で、消防車が警報に応ずるべきスピードの決定において、事故の可能性を無視することはできない。

これは全くあたりまえのようであるが、実際には、経営者は、決定に達するさいに、経営活動の間接的な結果に対して一般に責任をとらないことを、次章の相当部分を使ってあきらかにしよう。[10] この見地に対して、われわれにはつぎのような反対の意見がある。すなわち、民主国家の公機関に勤める行政管理者は、彼の活動に関連のある、またそれに関連して無理なく確かめうる社会のあらゆる価値に、適切な重みを与えなければならず、たまたま彼の特定の責任となっている価値だけに責任を限ることはできない。このような状況でのみ、能率の基準を行為の決定因と妥当に仮定することができる。[11]

もちろん、経営者が実際に「間接的な」結果に考慮を払いうる範囲は、第5章で詳しく分析した心理学的諸問題によってきびしく限定される。組織の目的に直接関係しない多くの結果は、経営者の注意の範囲が限られているために、また、しばしば、意思決定のために用いうる時間がきびしく限られるために、否応なしに無視されるであろう。

決定における事実的要素[12]

われわれは、経営者あるいは行政管理者が事実的な問題に適用する基準は能率の基準であることを知っている。経営者あるいは行政管理者が自由にできる資源、投入は、きびしく限られている。理想郷をつくることが彼の役割ではない。彼が用いうる限られた資源を能率的に使って、管理の諸目的(すでに合意されているとすれば)を最大限に達成することが、彼の役割である。行政管理の立場からすれば、「すぐれた」公共図書館とは、これまでに出版された書物の全てを所蔵する図書館ではなく、与えられた限られた資金を、その状況で可能なかぎりすぐれた書物の収集に用いてきた図書館である。

能率の基準によって意思決定がなされる場合には、それぞれの代替的可能性に関連する諸結果の経験的な知識をもつことが必要である。市の一特定機能である消防部門を考えてみよう。その目的は全火災損失を減少させることであり、結果はこの損失で測定されよう。

火災損失の大きさは、数多くの要因によって決まる。この要因のなかには、自然的要因(烈風、豪雪、厳寒、高温乾燥、大たつまき、ハリケーンや大暴風、地震、および洪水の頻度)、建物の構造および居住の要因(類焼の危険、物的障害、建造物の密度、建て方の種類、屋根の構造、内容物、および居住のリスク)、モラル・ハザード(不注意および放火)、そして最後に、消防部門自体の有効性がある。したがって損失は、消防部門自体の職務遂行も含めて、これら全ての変数の関数であろう。消防部長は、聡明な意思決定を行なうべきなら、その部門の活動が損失にどう影響するかを知らなければならない。

消防部門はどのようにその仕事を遂行するか。消防部門は、火災の危険をとり除くために建物を検査し、不注意に対する教育キャンペーンを行ない、消火を実行し、消防士を訓練し、放火犯人を捜査し告発する。

しかし、われわれは、分析をさらに一歩進めることができる。消火活動とはなにから成り立つか。装置の一部が行為の場に運ばれ、ホースが用意され、水が汲み上げられて炎に向けられ、梯子が上げられ、また、水による損傷を減ずるために家財にカバーがかけられなければならない。さらに、これらの諸活動のそれぞれは、その構成部分に分解されうる。ホースを用意するとは、なにを意味するか。ホースが入手され、保存されなければならない。それを運ぶ装置が入手され、保存されなければならない。消防士が採用され、訓練されなければならない。消防士はホースを用意するのに一定量の時間とエネルギーを費やさなければならない。

仕事のこれらの要素のそれぞれの費用を決定することによって、分析は最終段階にいたる。こうして、消火活動の全過程は、市の会計帳簿の一組の記帳に変えることができる。

能率の問題は、このような分析のどんな段階でも、遂行の、なんであれ特定の要素の費用と、その要素が部門の目的の完遂に役立つ貢献度を決定することである。このような費用と貢献度が知られるとき、遂行の諸要素は、火災損失を最小限にとどめるように組み合わせることができる。

経営状況の分析が行なわれるであろうかなりはっきりした段階が、少なくとも四つある。最高位の段階では、結果、すなわち機関目的の達成が測定される。こうした結果に貢献するのは、経営的遂行の諸要素である。これらの次位に、努力で測定される投入がある。最後に、努力は貨幣費用で分析されよう。

数学心のある者は、この構造に、経済学者の「生産関数」に全く等しい一組の方程式をみるであろう。最初の方程式は、管理の結果を一定の諸活動の遂行の関数としてあらわす。つぎの方程式は、これらの遂行単位を下位の遂行単位の関数としてあらわし、また、下位の遂行単位を努力の単位であらわす。そして最後に、努力を諸支出の関数としてあらわす。能率の問題は、総支出が固定されている制約のもとで、生産関数の最大を求めることである。

◆社会的生産関数の決定

以上にすすめてきた考察からつぎのことがいえる。意思決定過程の事実的部分、すなわち科学的処理になじむ部分は、結局、経営活動の生産関数の決定になる。これはもっとも重要な研究課題であるが、いままでほとんど手がつけられていない。

こうした関数の理解に向かう経過にはつぎのような明確な一連の段階が含まれる。

(1) それぞれの活動によって影響を受ける価値ないし目的は、観察と測定ができる表現で定められなければならない。

(2) こうした関数の達成度を決定する経営変数および経営外変数が、列挙されなければならない。

(3) 経営外変数および経営変数が変わるとき、結果が変化する仕方について、具体的、経験的な調査がなされなければならない。

こうした関数の、われわれの知識に重要な貢献をするであろう研究計画の必要な範囲とむずかしさは、誇張しても誇張しすぎることはないほどである。今日までの主要な進展は第一段階にとどまり[13]、第二、第三の段階を含む経験的な研究はいままでのところほとんどない[14]。

しかし、たとえそのような研究はむずかしいとしても、やはり不可欠である。こうした生産関数が少なくともおおよそ知られないかぎり、経営決定の形成においてどのように合理性が重要な役割を演じうるかを知るのはむずかしい。また経営者の「常識」――「長年の経験」によって与えられる、事態の処理にあたっての経営者の「直観」および「実際的洞察」――にたよることによっては問題は避けられえない。経営の状況に身近に接したことのある人ならだれでも、自分の経営者としての能力と自分の行なう意思決定に対する自信の間には相関関係がないこと――もしあるにしても、相関は逆相関であることを示すことができる。もっとも有能な経営者とは、自分の決定が概して全くのあて推量であり、また自分が明示するどんな自信も、実務家が自分の疑いから自身とその部下をまもる防御の盾であることを、まっさきに認める人である。

競合する目的への資源の配分に関して、日々重大な意思決定が行なわれ、また特に非営利組織では、意思決定を正当と認めるのに必要であろう証拠がほとんど全くないままに、意思決定が行なわれるのが真相である。いうまでもなく、これはおもに、比較的有形の製品をもつ企業の場合を除いて、実際の生産関数を決定することが困難なためである。

実際の決定がいかに合理的でないかの認識は、経営者への批判とはならない。彼は、彼の決定の完全な合理性にとって必要であろう情報をもつもたないにかかわらず、行為しなければならない。しかしながら、それは、経営者の無知を美徳とし、また、この方向での広範囲にわたる研究計画の必要性を疑うような言いわけへの、批判ではある。[15]

能率に関連する機能別化

この能率基準の組織問題への関連について、いま少し述べておく必要がある。比較的初めの章で、組織内の専門化はしばしば機能の系列に従うことに注目した。この機能別化は、組織目的の従属的な諸目的への分解を伴う。従属的な諸目的の一つあるいはそれ以上が、組織単位のそれぞれに割り当てられよう。

このようにして、消防部門は一つの防火局と多くの消防署に分けられよう。前者の機能ないし目的は防火の観点から、後者のそれは消火の観点から、定められる。保健部門には、伝染病課、妊婦保護課、人口動態統計課などが含まれよう。同様な実例は、行政サービスのあらゆる分野に見出すことができる。こうした次第で、機関内の課や局の階層に対応する機能や目的の階層が存在する。一般に、諸機能の階層的配列は、手段―目的の関係に一致する。たとえば火災損失は、火災数と火災当たりの平均損失の積として考えられうる。それゆえ、消防部門は、火災数を減ずることおよび火災当たりの平均損失を減ずることを従属目的としてとることができ、また、これらの従属目的を組織内の従属単位に割り当てることができよう。

有効な機能別化にはいくつかの前提条件がある。第一に、右に示したように、一般的目的は、それと手段―目的の関係にある従属的な諸目的に分解されなければならない。しかしさらに、活動の技術が、それぞれが主として一つの従属目的に、一つの従属目的だけに貢献するように、機関の業務を異なる諸部分に分割できるようでなければならない。したがって、レクリエーション部門を「よき市民」「健康」

「楽しみ」「教育」の各課に分割することは無益であろう。これらは、レクリエーション業務の従属目的といえるかもしれないが、諸活動を構成部分に分割し、そのそれぞれが、これらの諸目的の一つだけに貢献する組織の機構をつくることは、不可能であろう。

◆機能別化の価値と限界

いわゆる組織の「機能別原則」は、このようにかなり複雑な性質をもつことがわかる。それは、目的と活動が対応した、機能別化の可能性を仮定する。そのような対応がないところでは、目的の単なる構成要素への分解は組織化になんの根拠も与えない。

機能別化の限界が明白であるとしても、その価値のいくらかもまた明白である。なぜなら、組織単位の活動が明確な特定の目的をめざしているとすれば、その組織単位での意思決定問題は、それだけ単純化されるからである。代替的選択肢を比較考量するさいに考慮されるべき価値要素は、全て組織目的に関連付けられうる。防火課は、その活動が将来発生する火災数に与える影響だけを考慮すればよい。

他方、機能別化が非現実的である――それが技術の状況に適合しない――ならば、機能別化は決定の質の低下を招くであろう。なぜなら、この場合、組織単位の活動によって影響されるが組織目的の記述には含まれない価値が、意思決定過程で無視されるであろうからである。

◆「地域」別および「顧客」別専門化

一般には経営の文献で認められてきていないが、「地域」別および「顧客」別専門化は、実際は特定の種類の機能別化にすぎない。これは、目的の完全な定義には、問題となっている価値がかかわる人々のグループの特定化が伴うという、すでに注目した事実に由来する。

たとえば、ポーダンクの消防部門の目的は、「火災損失の最小化」でなくて、「ポーダンクの火災損失の最小化」である。

もし、地域別専門化および顧客別専門化が、単に機能別化の諸形態であるにすぎないならば、それらが成功するには、有効な機能別化の諸条件を満たさなければならない。(1)目的と同様、機能の系列に従って業務活動を分割することが技術的に実行可能でなければならない。(2)これらの分割された業務活動は、その特定された機能に関係のない価値に多大の影響を与えてはならない。

第一点は再び保健部門で説明されえよう。接触伝染病対策を二つの部分に分けること、すなわち、男性の間に接触伝染病を減らすことを目的とするものと、女性の間にそれを減らすことを目的とするものに分けることは、技術的に実行可能ではないであろう。

第二の点は第10章で詳しく述べよう。実例として、われわれは、消防部門が管轄区域をこえることを拒否したり、あるいはこえることができないために全焼した建物の記事が新聞によくあるのを思い起こせばよい。

能率と予算[16]

この章で示されたアプローチの実際の適用として、われわれは、公共予算の編成過程とこの過程が合理性の要求に従うべきならとらなければならない方式を、考えることができよう。

能率の概念は、経営の状況を、積極的な価値要素（達成されるべき結果）と消極的な価値要素（費用）

に分解することを伴う、と主張してきた。この分解を実際に行なうには、行政管理者が結果と費用の観点からさまざまな支出の代替的選択肢を比較できる手法が必要とされる。予算文書はこのような比較の基礎を提供するであろう。

公共予算過程の神髄は、それが、一定期間に使われるべき全ての支出に対する包括的な計画の採択を要求することである。しかし、もし予算が能率の統制のための用具として用いられるべきなら、現在の手法は相当改善されなければならない。

◆慣習的な予算方法の不適切性

典型的な行政府矛算はなにを含むか。それは、次年度にそれぞれの部門が支出を許される額と、その使い方を述べる。予算にみられる特定の数値はいかにして得られるのか。予算の一四パーセントが消火に、また一一・六パーセントがハイウェイに使われるべきことは、どのようにして決められるのか。

この質問に対する答えはコミュニティによって異なるであろう。予算は、前年の支出の数値をそのまま用いてつくられることもある。一定の割合で増額あるいは減額することによってつくられることもある。各部門に要求額の一定割合を与えることによって定められることもある――もっとも大声で叫ぶ者がもっとも多く得る。これら以上に体系的でない案がとられることさえある。

これが誇張にみえるとしても、ある市の予算の裏付け文書における割当増要求のつぎの理由付けは、もっとも疑い深い人さえも納得させるのに役立つはずである。

「給料は職務の義務および責任に釣り合っているべきである。」

「当然、仕事が増せばより多くの支出が必要になり、また費用がより大きくなろう。私の郵便料金の勘定書はそれだけで年二五〇〇ドルになる。」

「選挙の前後で、この仕事のために時間と熟練が必要とされた。」

「昨年はもっと多くの増額を求めたが拒否された。[17]」

もちろん、こののるかそるかの過程に代えて、より合理的に予算を検討しようとする市や他の機関もあるが、それらは少数の例外である。農務省を含むいくつかの連邦政府部門がこの例外にはいろう。[18]

◆長期予算

もし予算編成が支出の合理的配分の根拠として役立つべきなら、二つの包括的な予算、つまり年次予算と長期予算が、現在の不十分な文書に代えられなければならない。しかしながら、年次予算は、長期予算の一部にすぎないから、長期予算だけを論議すればよい。

長期予算は、いくつかの部分から成り立っていよう。(1)さまざまな部門のために、問題の大きさの傾向を長期的に見積ること――火災からまもらなければならない可燃財の分散度と集中度、清掃されていなければならない街路のマイル数、図書館が奉仕しなければならない人口、など。(2)十分なサービス――すなわち市が市民に与えようとするサービスの水準――一〇〇〇人当たりの公園のエーカー数をどれだけにするか、火災損失をどれだけにとどめるか、などの長期的な見積り。(3)長期の業務計画。これは、(1)および(2)に略述した計画を達成するために提供しなければならないサービスと、つくらなければならない設備を、業務の単位で示す。(4)業務計画をそのコミュニティの財務資源と関連付ける財務計画。

(1)の項目は、主として事実的考察を必要とする。(2)の項目の決定は、主として価値判断の問題である。(3)と(4)の項目は、最初の二つの項目が決定された後には、大部分事実的問題になる。それゆえ、(2)と(4)

を比較考量すること、および予算計画を決定することが、立法的な仕事のように思えよう。他方、立法機関は、(1)(2)および(3)のための事実的情報を開発するさいに、援助を必要とするであろう。

現在の予算手続のもとでは、(1)および(2)の項目は予算文書の一部となることさえまれであり、全ての論議は、(3)および(4)の項目の観点から行なわれる。さらに、通常はただ一つの予算案が、承認ないし修正のために立法機関に提出される。もし必要な情報が入手できるなら、(2)に含まれる政策問題を直接立法機関に提示することや、支出の増加および削減の政策に対する示唆を含んだ代替的諸予算案を立法機関に提出することが、大いに望ましいと思えよう。もし立法機関が公共政策の決定において影響力をもつ地位に復帰すべきならば、こうした方針に沿った変更が必須であると思えよう。

現在、実際には、政策の基礎的な決定は、立法機関によるその政策の検討のどんな機会もないまま、予算の検討を託された機関の技術者たちによって行なわれることが非常に多い。この状態が大目にみられるのは、行政府の諸目的に相対的要素を一般に認めえないことが一部の原因である[19]。政策の大部分の立法的宣言は、サービスが達すべき十分な水準を述べることなく行政府活動の諸目的を述べるために、部門への予算割当が十分かどうかについて、「専門家」が事実的根拠にもとづいて結論を得ることは不可能である。それゆえ、現行の手続は、政策決定への十分に民主的な統制を保障するようには思えない[20]。

◆長期予算への前進

公共機関においては、過去数年間に、業務計画および財務計画を含む長期計画に向かって、かなりの前進がみられた。立法者および市民に対して、その計画が特定の行政府サービスの観点からなにを意味するのかを告げる計画に対しては、いままでにほとんど前進がみられない。さらに、特定の十分な水準で行政府サービスを維持する費用の見積り、あるいは、能率のために、諸支出を現行から他のより有益な方向へと切り替えるべき時期の決定に対して、いままでにほとんど前進がみられない。

◆合理的な予算の実例

発展の道筋を追ってみる必要がある一つの実例として、カリフォルニア州救済行政局の予算手続について簡単に述べよう。この機関は、数年にわたって、うまくつくられた予算見積りの手続を用いていた。この困難な仕事を首尾よくなしえた一つの理由は、その目的の性格であった。

失業救済機関のおもな仕事は、困窮している家族に最低水準の経済的保護を与えることである。この機関がその政策を遂行するために用いる家族予算によって、「費用」はただちに「結果」に移し換えられる。すなわち、特定の一つの支出が、この機関が提供する経済的援助の水準の観点からなにを意味するかをみることがただちに可能である。政策形成機関は積極的に認可する家族予算の大きさを決定することができ、またこの決定はただちに費用の問題に移し換えられうる。このようにして、「十分なサービス」が決定される。

同様に、州救済行政局は、援助に適格のケースの数、すなわち問題の大きさを一定期間にわたって見積るために、詳細な手続を考え出していた。次の二つの段階が踏まれた後には――サービスの水準が決定され、かつ、問題の大きさが見積られた後には――業務予算の作成や必要資金の見積りは、簡単な問題であった。

この実例は、顕著な特徴を強調するために、単純化されすぎている。失業救済機関は、現金による救済以外に、一定の種類のサービスも提供しなければならない。機関の運営費も考慮されていない。[21] しかし、過度の単純化やこうした省略を除けば、ここに述べた予算手続は、合理的な予算過程の理想にほとんど迫っている。

要約

この章で、われわれは、意思決定の事実的側面では、経営者は能率の基準に導かれなければならないことを知った。この基準は、限られた資源で結果を最大にすることを求める。

他方、「正しさ」の基準は、決定の純粋に価値的な要素に関してはなんの意味ももたない。民主的な国家は、こうした価値要素の統制は人々が行なうことを約束している。そして、事実からの価値の区別は、政策決定と経営の間に適切な関係を確保するのに基本的に重要である。

決定の質は、諸活動を結果に関連付ける生産関数の経験的研究をまって改善される。こうした関数についてのわれわれの知識は現在断片的であるが、それでも、理性のための用具として不可欠であり、それがなければ、理性は事実の真空のなかで働くことになる。

機能別組織の価値は、それが決定過程を容易にすることにある。しかしながら、目的に対応して活動が分離されることを技術が許すときにのみ、機能別化は可能である。

統治の立法的および行政的意思決定過程を改善するための有力な手段は、予算文書である。予算の方法が改善されれば、(1)政策形成機関と行政管理機関のいっそう有効な分業が可能になり、また、(2)社会的生産関数と、意思決定におけるその重大な役割に、注意が集中しよう。

注
1　ここで展開される方向に沿った能率の理論は、すでに C. E. Ridley and H. A. Simon, ***Measuring Municipal Activities*** (Chicago: International City Managers' Association, 1938) に提唱されている。
2　この点の精緻化と、この点を厳密に正確にするために付されなければならない限定事項については、読者は厚生経済学の文献を参照のこと。たとえば、A. C. Pigou, ***The Economics of Welfare*** (London: Macmillan, 1924)(気賀健三ほか訳『厚生経済学』全四冊、東洋経済新報社、昭和二八〜三〇年)をみられたい。
3　Ridley and Simon, ***op. cit.***, p. 1.
4　工学的概念の社会分野への初期の応用に、F. Y. Edgeworth のものがある。Edgeworth はその著、***Mathematical Psychics*** (London: Kegan Paul, 1881) の二頁に能率を定義していて、本質的にこの研究での定義のように定義している。「……能率はしたがってつぎのように定義される。前者のエンジンが消費する燃料の総量が後者のエンジンのそれと等しいときに、もし前者の生むエネルギーの総量が後者のそれより大であれば、前者は後者よりいっそう能率的である。」
5　"Efficiency," ***Encyclopaedia of the Social Sciences***, 5: 437.
6　上記引用文中に。
7　Horace Bookwalter Drury, ***Scientific Management*** (New York : Columbia University Press, 1915), pp. 114, 115.
8　Marshall E. Dimock, "The Criteria and Objectives of Public Administration," in ***The Frontiers of Public Administration***, ed. Gaus, White, and Dimock, pp. 116-133 に引用されている諸例をみられたい。
9　本書原文で pp. 94-95 をみられたい。
10　間接的な結果に対する経営責任を確保するむずかしさのもっともすぐれた例として、Karl E. Stromsen, "The Usefulness of Central Review of Bureau Communications," ***Case Reports in Public Administration***, No. 16 (これは、

Special Committee on Research Materials, Committee on Public Administration, Social Science Research Council によって編集されている）(Chicago, Public Administration Service, 1940）をみられたい。全体を通じてこの分析は、間接的結果に経営の考慮を払うべきかどうかの主たる基準は組織への関連である、と仮定している。

11　Dewey はこのような間接的結果に、「公的」取引を「私的」取引と区別する基本的特質を見出している。*The Public and Its Problems*, pp. 12-13 をみられたい。

12　この節は H. A. Simon,"Comparative Statistics and the Measurement of Efficiency, " *National Municipal Review*, 26: 524-527（Nov., 1937）にもとづいている。

13　この主題についての文献としては、Ridley and Simon, *op. cit.*, pp. 68-74 をみられたい。

14　H. A. Simon et al., *Determining Work Loads for Professional Staff in a Public Welfare Agency*（Berkeley: Bureau of Public Administration, University of California, 1941）.

15　批判的洞察によっていつもは「実務家」の誤りから救われているバーナードでさえ、直観的能力に、当然と思えるところをかなり上回る妥当性があると信じている。*The Functions of the Executive* の付録（pp. 301-322）としてリプリントされた"Mind in Everyday Affairs"をみられたい。

16　この節は、H. A. Simon, "Measurement Techniques in Administrative Research, " *Civic Affairs*, 8: 1ff.（May, 1941）を改作したものである。

17　その予算からこれらの例が引き出された市の名前は伏せておく。

18　John M. Gaus and Leon O. Wolcott, *Public Administration and the U. S. Department of Agriculture*（Chicago: Public Administration Service, 1941）のなかの Verne B. Lewis, "Budgetary Administration in the Department of Agriculture, " pp. 403-462; MacMahon, Millett and Ogden, *op. cit.*, pp. 171-185.

19　本書の原文pp.57-64, 254をみられたい。Gaston Jeze, *Théorie Générale du Budget*（Paris: M. Girard, 1922）, pp. i-iii 参照。

20　John Deweyは、専門家の一般大衆に対する関係の民主的な原理を発展させるのに大いに貢献した。*The Public and Its Problems*（p. 208）に、本書の重要な命題を述べている。

21　Simon et al., *op. cit.*

第9章のコメンタリー

企業における結果の測定

第9章では公的組織において結果を測定することの困難さをかなり強調し、またビジネス組織のほうがより容易であるという議論をしてきた。ビジネス組織には利益という「最終結果」があり、会計士は――少なくとも近似的には――それらをどう測定すればよいかを知っている。しかしそれにもかかわらず、企業における結果の測定は、公的組織や非営利組織が直面するのとは違った困難さ（おそらくそれらほど厳しくはないだろうが）に直面する。

第一に、短期と長期の利益間のトレードオフにかかわる諸困難（たとえば、将来の収益の現在価値を見積る場合の金利に反映される）があり、また「のれん」のような会計費目や購入してきた固定資産（たとえば合併を通して）の価値が非常に曖昧だという点がある。

第二に、会社が各部門に損益計算書を与え、利益をあげることを要求することを目的として部門化されるときに、さらに深刻な問題に直面することになる。この部門化の下では、それぞれの部門がお互いに一定の距離をおいて接し、また外部の業者を使うよりも社内の部門と取引をすることを選好するのでなければ（これは非常に稀なケースであるが）、部門間の移転価格の決定が深刻な問題となってしまう。部門間の取引を抑制するような本当の意味での競争市場がなければ、部門の収入や費用そして利益を決めるために、経営的な価格決定手続が必要となる。

第三に、どのような会社にもその利益に対する貢献が間接的で、いわゆる「ライン」の部へ提供するサービスから生まれたさまざまな部門（経理、人事、法務、プランニング、研究開発、広告など）がある。ほとんどではないとしても多くの場合、これらのサービスに対して内部市場をつくることは実行可能ではない。また、このような市場は競争的ではなく、価格決定の適切なメカニズムとはならないだろう。

以上のような全ての理由から、利潤はビジネス組織とその構成単位の結果を測る唯一の尺度とはなりえない。

◆長期と短期

近年、どうして最高経営責任者（ＣＥＯ）が企業の将来の見通しを犠牲にして、短期の利益を強調したがるのか、その理由について広く一般に議論されてきている。企業のトップレベルの経営者の在職期間が比較的短いと仮定し、かれらの報酬の大部分が毎年の利益にもとづくボーナスの形で支給されるとすると、五年、場合によっては二年くらいの見通しが、長期的な見通しよりも意思決定においてより重みをもつかもしれない。このことは、投資機会を評価するのに非常に高い利子率を使うのと同じことである（同じようなことは公的組織において高い地位にある者についても起こりやすい。その地位に留まるには、現在の問題を将来に先送りしたほうが、一時的に望ましいこともあるからだ）。

もしも仮に株主にとって、会社の決定を左右するような現在と将来のトレードオフを評価することが容易かもしくは可能であれば、全てはうまくゆくであろう。しかし未来はいつも非常に大きな不確実性に支配されているため（また外部者であるオーナーよりも、社内の管理職たちのほうがより容易に評価できるため）、そのような予測をすることは非常にむずかしくなる。さらに、将来の不確実性は、帳簿においては、「のれん」や工場・機械、その他の有形資産の諸項目には確実な価値がつけられなければならないので、それ自体をむしろ会社の帳簿上、見かけ上の「確実性」へと変えてしまう傾向がある。これらの理由から、貸借対照表における株主の資産は、割引将来収益の近似的見積りとなることさえほとんどない。

この問題に対して適切な解決法を提案した人間は、私が知る限りいままでに一人もいない。したがって私もここではこの問題が、民間企業と同様に公共機関においても、意思決定における能率の基準の効果的利用にとっての一つの障害であることを示しておくに留める。

◆部門別の損益計算書

一つの組織の下位部門についてその成果が、損益という用語（もしくはそれに関する他のどんな用語でも）によってどのくらい適切に評価されうるかは、構成要素の相互独立性の程度による。実際もしもその会社がその下位部門に対し投資銀行機能くらいしか遂行していない持ち株会社だとすれば、、それらの部門の損益計算書は、会社全体の損益計算書と同じくらい情報を提供できる場合もあるし、そうでない場合もありうる。

考えなければいけない重要な問題は、各部門がお互いに一定の距離をおいて行動することを許されているのか、またそう期待されているのかどうか、ということである。先に示したように、これに関する一つの側面としては、内部からの購買を特に選考せずに、価格と品質にもとづいて内部と外部の供給業者を選択する権利がある。もしもある専門的なサービス（たとえば広告、研究開発、会計、法務など）を全社的な部門から利用可能であれば、同じ原理が部品供給に対するそうしたサービスにも適用される。

一定の距離をおくという規則が適用されない場合は、内部の供給者と使用者は売り手と買い手が一対一で対面する状況を形成し、そして競争が激しい市場での単純な売買とは異なる手続が、取引の「公正」な価格を決めるためにつくられなければならないこともある。もちろん、もしも競争的な外部市場があれば、たとえ外部調達が許されなくても、そうした市場における価格は内部での価格交渉の際のガイドラインとして利用されうる。しかしこれは、取引を市場での自由な取引にまかせることとは全く異なる。

もちろんこれはそれぞれの負債がない状態にしておく、という点では非常に大きな意味をもつ。部門別の損益計算書は、能率を促進させるという意味では魅力的な方法ではあるが、しかしそれは、部門間取引での価格設定が競争市場での価格に対する評価にもとづいて行なわれる場合においてのみである。しかしながら部門別損益計算書を採用する場合には、技術、共通のマーケティング組織、そしてその他の環境が各部門間に、実際に高度の相互依存性を要求するときには、各部門の独立性を創造する魔法はない、ということを覚えておかなければならない。

◆中間生産物の評価

おそらく能率の基準を適用するうえでもっともむずかしい問題は、最終生産物でない活動の成果を評価することにある。原価を発生原因に正確に割り当てるように工場に原価会計システムを構築するさいに、その問題は非常に深刻になる。また、組織の意思決定過程に貢献する仕事に価値を割り当てる場合には、問題が何倍もむずかしくなる。これにはもちろん全ての管理行動が含まれるが、とりわけ間接的にのみ生産に寄与する諸活動、たとえば研究開発、法律、広告、会計などが代表的な例である。これらの領域では、その成果の価値を測定するさいに企業が直面する困難は、政府組織の場合に勝るとも劣らない。

この問題は軽はずみな「人員削減」、とりわけ一九九〇年代の初頭からアメリカの企業において行なわれてきた、ホワイトカラーや中間管理職の人員削減にみることができる。人員削減は売上高の低下の結果であった場合もあれば、会社があきらかに現在の操業レベルを実質的により少ない社員で維持できると判断したからという場合もあった。もしもそれらの判断が正しかったとすれば、人員削減以前の必要人員についての判断が間違っていたに違いないことになる。

ここでも再び、不確実性は、現在と将来のバランスに大きく関係してくる。われわれが今論じているような人員削減は、今日つくられて出荷される製品にすぐに影響を及ぼさない職位をまず対象にする。もっとも単純な例をあげれば、今週あるいは今月——あるいは今年——の売上に影響を及ぼすことなしに調査活動をやめることはいつでもできる、ということである。

その成果が産出量や販売結果にただちに影響をもたらさないような職務が削減されると、つねに財務諸表上に記録される短期的な利益は上昇することが期待されうる。規模の縮小による長期的利益に対する影響はより疑わしいが、その答えは将来的にはわかるとしても、しばらくの間はわからないであろう。会社で起こる人員配置政策についての議論は、政府組織で起こるものとなんら変わりはない。つまりかれらは、間接的な諸活動が、多かれ少なかれ長期にわたって目標の達成にどう貢献するのか、その現実性、若しくは非現実性に関心を寄せているのである。

◆「品質」の評価

われわれは、その結果が最終生産物に対して間接的にしか貢献しない活動を評価するという仕事を、二つ（ときにはそれ以上）の部分に分けることができる。まずわれわれは、活動それ自体の品質を評価する方法をみつけることができる。そしてつぎによりむずかしい評価、つまり、たとえその活動が非常に高い品質において行なわれていたとしても、最終目標に対して価値があるかどうか、の判断を行なう。極端な例かもしれないが、研究専門の大学における研究者を評価すること——ここでは教育上の貢献は別にして——を考えてみよう。このケースは、一般産業界における研究開発部門の研究者を評価する場合とほとんど違いはない。

大学における研究は公の活動である。これはつまりその研究活動は公的な場に公開されて（審査付きの学会誌に載ること）評価を受けるまで終わらない、ということを意味している。そしてその研究は、それに続く自分の研究に役に立つか立たないかを判断した人たちによってもう一度評価される。他にも研究所の同僚やセミナー、専門的な研究会などを通じて評価を受ける。評価者はかれら自身がその研究の内容についての知識、何人かは非常に高いレベルの知識をもっている。それゆえ通常はある領域においては、どのような特別な研究の結果の質に関しても妥当な統一見解が得られる。そしてそのような領域におけるある程度の研究者の順位付けは、それほどむずかしいことではない。

科学の分野においては、研究の結果をその重さとページ数で評価することについて、ある皮肉がしばしばいわれる。読者も「論文を発表せよ、さもなくば滅びよ」というフレーズをよく知っているであろう。私は評価過程をこれ以上よりもっともらしく聞こえるようなことはしたくないが、それは重さやページ数による評価よりははるかに真実性がある。その正当性は、専門家の仲間が研究過程と結果の両方を観察しなければならない、という機会をもつことに直接に起因する。

ビジネスにおける管理職と専門家――意思決定過程に関与している人たち――の仕事は、ある程度は先に述べたような公的な活動としての性格を有している。確かにほとんどの仕事は「出版される」わけではないが、通常その結果は言葉もしくは文字によるコミュニケーションという形で組織内（そして組織外）の他のメンバーに伝えられる。その仕事が目にみえるがゆえに、仲間たちによる判断も可能であり、研究過程においても評価されることが可能になる。それゆえ組織の人々はだれが管理職として適当かを、またその能力のレベルを、判断することができるのである。研究に対する評価と同様に、これらの組織における判断は必ずしも正確とは限らないが、でたらめではない。

しかし研究の場合でも管理の場合でも、評価されるのは、長期的な価値よりも短期的な利益である場合が多い。もしもわれわれが研究者の成果に科学やその応用分野に長期的な影響を及ぼすことを求めたとしても、それに応えることは非常にむずかしい。またもしも管理職に仕事を効果的にこなしているかどうかだけではなく、むしろ彼の下す重要な決定が正しいかどうかを求めるとしたら、われわれは因果関係の鎖を解きほぐすという作業に戻らなければならないし、その多くは未だに将来になってみないとわからないのである。人員削減が他の従業員解雇の場合と異なるのは、それが仕事の出来不出来からではなく、たとえ仕事はうまくいっていたとしても、組織の目標に適していないから、という理由にもとづいて行なわれるということである。いままでみてきたように、これは一つの客観的な基準にもとづいて行なうには非常にむずかしい判断なのである。

◆競合する評価基準

活動の質に対する直接的な測定以上のことをしようとした場合に、評価が非常に繊細であることをよくあらわしている例として、第二次世界大戦中とその直前・直後に行なわれたアメリカ合衆国政府によるマラリア・コントロール活動がある。[22] マラリアは長い間南部の多くの地域において公衆衛生上深刻な問題であったが、戦争直前の数年でその発生頻度は急速に収まった(その理由についてはほとんどわかっていない)。戦争中多くのアメリカ兵は海外でマラリアにさらされ、その多くは感染したため、かれらが帰国してから新しい伝染病が流行るのではないかと人々は恐れるようになった。公衆衛生局はこの病気に対処すべくさまざまな手段を用いたが、マラリアを媒介する蚊を殺すためにもっとも広い範囲で使われたのが殺虫剤（主としてＤＤＴ）であった。

したがって、マラリア・コントロールの有効性を測定するには、感染者数（そして死亡者数も含めて）と、蚊の個体数の二種類の尺度があった。残念なことに、当時はまだ信頼できる血液塗布検査が広く行なわれていなかったために、感染者と死亡者についての診断書や報告書はほとんど信用できなかった。それでも、必ずしも科学者たちが受け入れたわけではないが、一九四二年まで衛生局は合衆国内ではほとんど絶滅しかけていた病気と戦っていたという証拠は強かった。しかしながら、罹病率と死亡率の統計が不確かであり、帰還兵による蚊の再感染の見込みがあった、ということから、衛生局は成果の評価基準を罹病率と死亡率から蚊の個体数に変更した。そしてかれらは蚊の数は（潜在的には）危険なほど多く、ＤＤＴをまくことによってその数は大幅に減ることを示すことができた。衛生局はおよそ五億ドルを費やしたが、その間の衛生局の行動とマラリアが撲滅されていることとの関係は基本的には謎のままであった。

このケースにおいて、より優れた統計があれば、正しい政策決定をできたかどうかは定かではない。欠けていたもっとも重要な情報は、あきらかに正当な理由はなかったが、一九四〇年代の初めにマラリアがほぼ絶滅しかけていた原因と、感染した軍人たちの帰還によって新しい疫病が発生する可能性についての情報であった。

これに匹敵するような不確実性は、ビジネスの意思決定においても普通のことなのであろうか。たとえば、コンテナ船ビジネス、いくつかのヨーロッパのフェリー渡航による旅客渡船ビジネス、数大陸での豪華ホテルの運営、そして鉄道経営（たとえばオリエント・エクスプレス）という、複数の事業を行なっている多国籍企業（Sea Containers Inc.）の場合を考えてみよう。船やコンテナの購入や廃棄、またフェリー航路の獲得と終結について、決定が頻繁になされなければならない。では、イギリスの海峡トンネルが海峡フェリービジネスに与える長期的な影響を、どのように評価すべきであろうか。コンテナ船ビジネスにおいて、どのような変動が予想されうるのであろうか。そして新しいコンテナの購入について、競争相手がとりそうな短期的戦略にはどのようなものがあるのか。会社の管理職の有効性を評価するのには、どのような指標が使うことができるのか。会社には「最終損益」があり、短期的投資収益率を測定することが可能であるとしても、評価にまつわる諸問題は政府機関の場合とほとんど変わらないのである。

◆結論

第9章では能率は、つまり消費された資源に対する達成された結果の比率は、組織においてなされる全ての決定に対し適切で基本的な基準であることを論じた。しかしながら能率を評価することは、とりわけ公的機関の活動の場合、非常にむずかしいということも指摘した。そしてこのコメンタリーにおいて、なぜこうしたむずかしさが私企業の内で行なわれる諸活動の能率を評価することにも及んでいくのか、ということを示してきた。

注22　M.Humphreysによる"Kicking a Dying Dog: DDT and the Demise of Malaria in the American South, 1942-1950," Isis 87: 1-17(1996)を参照。ここでの議論はとりわけ一九四二年にアメリカ公衆衛生省の一部門としてつくられた、戦争地帯におけるマラリア・コントロール（ＭＣＷＡ）機関と関係が深い。

第10章 忠誠心と組織への一体化

組織における個人の決定を支配する価値や目的は、主として組織の目的――組織それ自体のサービスおよび存続目標――である。これらは、初めには、通常、権限の行使によって個人に課せられるが、次第に価値は大部分「内在化される」ようになり、個々の参加者の心理や態度と一体になる。彼は組織への愛着ないし忠誠心を獲得し、それによって自動的に――すなわち外部からの刺激を必要とせずに――組織目的に合致した決定を間違いなくすることになる。この忠誠心は、それ自体二つの側面をもっていよう。忠誠心は、組織のサービス目標（われわれが第6章で「組織目的」と呼んだもの）への愛着を伴い、また組織それ自体の存続と成長への愛着を伴うであろう。

こうして、組織の参加者は、組織が定めた諸目標に従うことを通じて、また、こうした諸目標を次第に自身の態度に吸収することを通じて、個人としてのパーソナリティとはかなり異なる「組織パーソナリティ」を獲得する。組織は彼に役割を割り当てる。それは、組織での彼の決定がもとづくべき特定の価値、事実、および代替的選択肢をあきらかにする。公園の監督にとって代替的選択肢とは、草刈り、植え付け、道路補修、清掃などの形をとる。価値とは、外観、清潔、レクリエーションにとっての利用価値についての法律的および社会的に定められた基準である。事実とは、予算、作業方法、単位原価である。職長が、公園を完全に取り除くことやその下位部門をつくることを、代替的可能性として深刻に考えるとは、通常、期待されていない。しかしこの可能性は、花壇の適切な位置と同様に真剣な注目に値するかもしれない。それは彼の「仕事」でないために、考慮されないのである。[1]

各人の「仕事」がなんであるか——意思決定における各人の準拠枠がなんであるべきか——は、組織のより総括的な決定が決める。この組織の役割と組織のパーソナリティの創造が、なぜ経営の決定の合理性にとって必須なのか、それはすでに第5章で説明した。個人の決定や活動のあるべき範囲を限定することによって、組織は彼の決定問題を管理可能な大きさにする。

社会の価値対組織の価値

実際の決定は、あるきわめて制度的な設定のなかで行なわれなければならないことを認めると、特定の決定の「正しさ」は、おそらく二つの異なった見地から判断されることが知られうる。広い意味では、もしそれが一般的な社会の価値尺度[2]に合致しているなら——もしその結果が社会的に望ましければ、それは「正しい」。狭い意味では、もしそれが、組織がすでに決定者に割り当てた準拠枠に合致しているなら、それは「正しい」。

この区別は、いわゆる「厚生経済学」の文献[3]に十分に説明されている。私経済においては、私有財産制度が意思決定の分権化をかなりの程度許している。各個人は自身の「利益」ないし「効用」の最大化の観点から意思決定を行なうと仮定されている。決定は、それがこの最大化を達成するとき、「正しい」。しかし、厚生経済学者はもう一つの立場から決定を評価する。彼は個人の効用の最大化が社会の価値の最大化と両立する範囲を知りたいと考える。選択が個人の周囲の状況内からみられるとき、広告は利益を増すための一手法として説明されうる。社会的見地から選択をみるとき、厚生経済学者は、広告に費やされるエネルギーの社会の価値を問題にする。[4]

一般的な社会の価値と組織の価値のこの区別は、つぎに、正しさの第三の概念、組織の環境それ自体の「正しさ」、にいたる。すなわち、組織構造の社会の価値は、おそらく、組織から正しいとされる決定と、社会から正しいとされる決定の一致の程度に注目することによって、定められる。

たとえば私経済は、この二種の正しさに高い一致があるため、一般に正当化される。ある状況——たとえば独占の状況——のもとで、かなりのくい違いが生ずると認められるときは、このくい違いを除去ないし減少させる変化（トラスト解体、価格規制など）が、決定の環境において求められる。

◆「社会の価値」という成句の意味

「社会の価値」という言葉は、ここで用いられるように、組織あるいは社会的機関の階層の観点からもっともよく理解される。社会は、その基本的な制度的構造を通じて、あるごく一般的な価値を確立し、かつ、この一般的価値と、その社会に存在するさまざまなグループの組織の価値の間になんらかの一致をみるように企てる。これは、すでに前のパラグラフで説明した。同じように、企業あるいは政府の大組織は、いずれも、その構成部分——部門、局など——の組織目標を、全体としての組織目的に一致させようとする。

ここで「社会の価値」によって意味されるものは、その構成部分の「組織の価値」との関連でいえば、あるより大きな組織ないし社会的構造の目的である。立法府ないし市民の立場からみれば、それらに系統的に述べられた目的があるかぎり、内務省あるいはＵＳスチール社の目的は組織の目的である。内務省長官あるいは鉄鋼会社社長の立場からすれば、彼の機関の目的は「社会の目的」であり、それを構成する部および局の組織目的はこれに従わなければならない。

全般目的につねに合致する従属目的をつくることはむずかしいので、従属組織のメンバーである個人は、彼の特定の組織構成部分の部分的目的には合致しても、全体としての組織のより広い目標には合致しない意思決定をときには行なう。この章のおもな内容となるのはこの問題――組織が個人に課す「役割引受」と、この特定の役割をこえる目標の達成との、調和の問題――である。

◆コンフリクトの例

実例として、特定の組織環境での意思決定過程を考えてみよう。カリフォルニア州では、一九四一年七月より前は、失業者の保護の責任が二つの機関に分けられていた。州救済局は、雇用可能な失業者とその家族を世話し、郡福祉部門は、雇用不可能な失業者の世話を行なった。この機能の分割は、主として歴史的起源によるもので、なんら強い説得力のある理由によって支えられてはいなかった。しかし、それは、見当違いである。

全体としての州の立場からは、福祉行政の目的は、失業者の世話をし、かれらにある最低の生活水準を保障することであった。さらに、この目的を可能なかぎり能率的に達成することが望まれた。すなわち、いったん資格の規則がつくられ、家族予算の大きさの基準が決定されると、行政管理の仕事は、有資格者、そして有資格者のみが、救済の資格を得ているか、その予算は認定された基準に合致しているか、そしてこれらの目的が可能なかぎり最低の資金支出で達成されているか、を確かめることであった。州の救済局は、おそらく、雇用可能な人々に限った活動範囲でこの目的の達成を試み、一方、郡の福祉部門は雇用不可能な人々に限った活動範囲で同一の目的をめざしていた。

しかし、これら目的が組織の立場からみられる場合には、競合要素がただちに州と郡の行政管理職員の決定それぞれにもち込まれる。州の機関が、その能率（全体としての州の目的の点からでなく、それ自身の限られた目的の点から測定される能率）を向上しうる一つの方法は、その名簿のなかに雇用不可能な人々を発見し、郡に移すようにすることであった。郡の機関が、その能率（やはり限られた組織の目的の点から測定される能率）を向上しうる一つの方法は、その名簿のなかに雇用可能な人々を発見し、州に移すようにすることであった。

その結果、それぞれの組織は自身の目的の相対的最大化を求め、また、ボーダーラインの場合には、対象者を互いに相手方に移そうとして双方の機関で多くの時間と努力と金が費やされた。この競合活動は、それぞれの組織の目的の見地からは全くよく理解できるが、より広い社会の価値の最大化には、なにも貢献しなかった。

しかしながら、この展開に関して不可避なことはなにもないことに注意すべきである。意思決定は「組織」によって行なわれるのでなく、組織のメンバーとして行動する人間によって行なわれる。組織のメンバーが組織的に限定された価値の観点から意思決定を行なうことになる論理的必然はない。それにもかかわらず、あたかも所属する機関がそれぞれの決定においてサービスおよび存続双方の目標の観点からつねに「機関の効用」を計算する「経済人」であるかのように行動する人々をわれわれは多くの例でみることができる。この現象はどう説明されうるか。それを理解するには、われわれは第一に、個人の決定と組織の決定の区別をあきらかにしなければならない。

◆組織の決定の非個人性

バーナードは、人が組織のメンバーとして行なう意思決定は、その人の個人的な決定とはかなり異なることを、きわめて明瞭に指摘している。

それなら、われわれが「組織」と名付けるシステムは、人間の活動で構成される一つのシステムである。これらの活動を一つのシステムにするものは、さまざまな人間の努力がここで調整されることである。この理由から、これらの活動の重要な側面は、個人的ではない。その様式、程度、時間は、いずれも、システムによって定められる。協働体系における努力の大部分が非個人的であることは、容易にわかる。たとえば、会社のために報告書に書き込みをしている事務員は、彼の厳密に個人的な関心を決してひきえない場所と書式で、またテーマについて、あきらかになにかをしている。したがって、われわれが、調整された人間努力のシステムにかかわっているというときには、たとえ人間が行為の担い手であっても、協働体系の研究にとって重要な側面では、その行為は個人的でないことが、意味される。[5]

のちに、バーナードは、この理由をはっきりと示している。人が組織に参加するかどうかは、個人的な考慮によって決められる。しかし、彼が参加を決定すれば、彼の組織における行動の内容を決するのは個人的な考慮ではない。

組織の構成要素である全ての努力、すなわち全ての調整された協働努力は、二つの決定行為を含むであろう。第一は、個人的選択の問題として、この努力をささげるかどうかに関する個人の決定である。それは、その個人が組織への貢献者となるか、あるいは、なり続けるかを決定する反復的な個人的決定過程の詳細である。この決定行為は、すでにみたように、組織化された注意を要するテーマではあるが、組織を構成する努力のシステムの外部にある。

第二の型の決定は、個人的結果に直接あるいは特定の関係をもたず、努力（それについて意思決定がなされなければならない）を、それが組織に与える効果と組織目的に対してもつ関係の見地から、非個人的とみる。この第二の決定行為は、直接的な意味では、個人によって行なわれることが多いが、その意図と効果においては非個人的かつ組織的である。この行為は、たとえば立法府におけるように、あるいは評議員会ないし委員会が行為を決定する場合のように、その過程においても組織的であることが非常に多い。この決定行為は組織それ自体の一部である。

この二つの型の決定の区別は、日常的によくみられる。われわれは、非常によくつぎのようなことをいったり耳にしたりする。「もしこれが私の仕事なら、私はこの問題をこのように決定すると思う、――しかしこれは、私の個人的問題ではない」とか、「この事態では、これこれの解答が必要だと思う――しかし私はなにをすべきか決定する地位にない」とか、「この決定はだれか他の人によってなされるべきだ」。このことは、要するに、組織行為に貢献する個人には一種の二重人格――私的人格と組織人格が要求されるという第7章での提言を重点を換えて再言したものである。[6]

経営の選択を支配すべき価値システムがひとたびあきらかにされると、一つの、そしてただ一つの「最善の」決定が存在することになる。そして、この決定は組織の価値と状況によって決められるのであって、意思決定を行なう組織のメンバーの個人的動機によって決定されるのではない。個人が、自由裁量の範囲内で、彼の個人的動機を基礎として、ひとたび組織目的の受け入れを決定すると、その後の彼の行動は、個人的動機によってでなく、能率の要求によって決められる。

しかしながら、この命題には限界がある。受容領域が存在し、その範囲内で個人は「組織的に」行動しよう。組織の要求がこの領域をこえるとき、個人的動機が再び自己主張をし、そのかぎりで組織は存在しなくなる。

そうであれば、人が非個人的に行動しているとき、彼の決定における「正しさ」の基準として、組織の価値尺度が、個人の価値尺度に代わっている。それゆえ、彼の決定は、その特有の性格のために、それを支配する特定の組織価値尺度に依存する変数と考えられよう。

個人は選択の基準として、なぜ一つの特定の組織価値尺度を使うのか、なぜその他無数の使用可能な尺度のなかから一つあるいは二つ以上を使わないのか。われわれは、まだこの問題に対する答えをもたない。われわれは、いまやこの問題に注意を向けることができる。

組織への一体化

議論しつつある現象を名付けるために、われわれは、政治理論においてすでにある程度通用してきた「一体化」という言葉をとり入れることができる。「一体化」は、精神分析の文献では、特定の種類の情緒的結び付きをあらわすために用いられる。フロイトはこの結び付きの性質をつぎのように述べている。

父親への一体化と、対象物としての父親の選択との区別を、決まったいい方で述べるのは容易である。第一の場合、父親は、子供がそうありたいと思うものであり、第二の場合、父親は、子供がもちたいと思うものである。すなわち区別は、結び付きが自我の主体に付帯するか、あるいは、自我の客体に付帯するかしだいである。[7]

さらにフロイトは、一体化はグループ凝集力の基本的メカニズムであると仮定した。

　われわれはすでに察知し始めているが、グループのメンバー間の相互の結び付きは、この種の一体化と似ており、重要な情緒的共通性にもとづいている。そして、われわれは、この共通性はリーダーへの結び付きの性質にあると考えるかもしれない。[8]

ラスエルは、おそらくフロイトからこの言葉をとり入れて、書物のある一章[9]を「国家と階級——一体化のシンボル」にあてている。しかしながら、彼は、「『国家』『州』『階級』『民族』『教会』のような一体化のシンボル」について語り、また、ある「感情領域」を、「相互に一体化している人々の軌跡」と定義する以外、この言葉をどこでも定義していない。さらに彼は、その基礎的な心理的メカニズムがフロイトの一体化の概念と等しいとは、どこにも主張していない。

◆一体化の意味

ラスエルがいう一体化の概念の定義をはっきりさせるために、われわれは、つぎのようにいうであろう。すなわち、人が、意思決定を行なうときに、特定のグループにとっての結果の観点からいくつかの代替的選択肢を評価するとき、彼はグループに自身を一体化している、と。この現象の基礎にあるメカニズムが、フロイトのそれだとは考えられない。事実この場合、他の多くの場合のように、フロイトの仮説はあまりに単純化されすぎているようにみえる。

人が、それが「アメリカのためになる」という理由で特定の行為のコースを選ぶ場合には、彼はアメリカ人に自身を一体化している。それが「バークレイの事業活動を押し上げる」という理由でそれを選ぶ場合には、彼はバークレイ人に自身を一体化している。彼の評価が自分自身ないしはその家族への一体化にもとづく場合は、彼は、「個人的な」動機から行動するといわれる。

人が自分自身を一体化するグループは、それが所在する地域や社会でのその経済的ないし社会的地位、また、いくつかの他の基準、によって特徴付けられうる。「国家」は地理的な一体化の例であり、「プロレタリアート」および「婦人」は、経済的ならびに社会的な一体化のシンボルの例である。われわれの政治機関にとって重要な一体化の例は、おそらく、立法過程と圧力団体に関する文献にみられよう。[10]

個人の一体化は、おそらく、組織の目的へか、あるいは組織の存続へのものであろう。たとえば、意思決定をする者は、教育の機能ないし目的に自身を一体化しうる——彼は、全ての代替的選択肢を教育への効果の観点から評価しうる。他方、彼は特定の教育組織に自身を一体化して——彼は、一定のレクリエーション機能を学校部門から公園部門に移すことに反対して——その組織の存続と成長を追求するかもしれない。第6章で指摘したように、組織への忠誠心の二つの型は、こうした二種類の一体化に対応して区別されなければならない。

このようなグループへのあるいは機能への一体化は、よくいきわたった現象であって、人が政治ないし行政管理の問題に一五分間参与しても、あるいは行政管理報告書を五頁読んでも、その実例にぶつかってしまうほどである。

このような一体化の実例を、新聞はよく報道している。つぎに示すものは、カリフォルニア・ハイウェイ・システムについての簡単な一つのニュースである。

州ハイウェイ技師チャールス・H・パーセル氏は、今日、つぎのように語った。地方道路のネットワークが深刻な再建の必要に迫られているとき、一億五〇〇〇万ドルを費やしてハイウェイを軍の道路規格にまでもっていくことは、カリフォルニアではほとんど考えられない。

パーセル氏は、立法暫定委員会に対して、州ハイウェイ局のおもな関心は、つぎの一〇年間に、通常の一般運輸を行なうのに適した地方道路にするために必要な四億四二五〇万ドルを、いかにして得るかである、と語った。

もし陸軍省が、五八八七マイルほどのカリフォルニア戦略ハイウェイが軍の道路規格にまで改良されるのを望むなら、この資金を前払いすることが連邦政府の「第一の責任」である、と州の技師は宣言した。さらに彼は、同じハイウェイ・システムは一般の使用に適すると考えられる、とつけ加えた。[11]

あきらかにこのハイウェイ技師は、ハイウェイの建設にとっての競合するいくつかの可能性のなかから、「軍の必要」の価値、あるいは軍と一般の双方を含む価値の観点からではなく、むしろ「一般の必要」の価値の観点から選択を行なうことが、自分の役割であると考えている。さらに彼は、ステートメントのなかでつぎのようにほのめかしている。州の機関を通じて資金が使われる場合、その資金の配分のための決定では、州にとっての価値に重要性が置かれるべきであり、州の境界をこえて広がるかもしれない価値は考慮されるべきではない、と。この考えに対する批判や同意はここでは意図されていない。注意すべき点は、技師の判断が、彼の組織への一体化の結果であり、また、こうした一体化がとられる場合にのみ、彼の結論が得られうる、ということである。

合衆国議会歳出予算議院委員会の聴問会には、一体化の現象の実例が豊富にみられる。つぎの例でことは足りよう。

オリバー氏　もちろん、それは全くやりがいのあるサービスであります。しかし、言及されたさまざまな方向であなたが行なっている研究や調査から、どのようにして実際的具体的な結果を出そうとしているとお思いですか。

アンダーソン嬢　そうですね。それは非常にいいがたいです。なぜかといえば、それはある意味で実体がないからです。

オリバー氏　換言すれば、それは、当然州か州内のいくつかの組織がとりあげて、あなたの行なう提案に従ってなんらかの治療あるいは救済をもたらすべき情報なのですね。

アンダーソン嬢　そうです。たとえばコネティカット州をとってみましょう。コネティカット州に与えられる情報は大量でした。そして、こうした条件で、われわれが州に与えた情報は、それ以後、州自身の手でさらに追求されてきており、これとあわせてつぎの州議会で一定の法律となることに疑いはありません。

オリバー氏　では、なぜ州がその情報の収集をすべきでないのですか。なぜ州は、はるかかなたのワシントンに人を送り、州および州自身の職員がはるかによりたやすく入手できる情報を、連邦政府に集めるよう要求する、と期待されるべきなのですか。

アンダーソン嬢　この国でたった一、二の州の労働部門しか、その資料を自身の手で集めることができません。州はその種の調査組織を設けてきていません。

オリバー氏　連邦政府がその種の依頼にこころよく応じるかぎり――そして、あなたのステートメントから、あなたは、それぞれの年に新しい分野で活動的になるよう求められていると思われます――まさに依頼に即座に応じられるかぎり、州は、元来州の肩にかかるべきことをしなくなる、ということは正しくないのですか。

しばらくして、この国会議員は、この対話のなかでつぎのようにつけ加えた。

オリバー氏　当節、元来、州の肩にかかる仕事と全ての人が認めると思われるその種のサービスを、われわれは州に対していつまで続けるべきなのですか。[12]

この国会議員も、最初は能率の観点から議論をしているが、彼の心にある真の問題が組織の問題であることはあきらかである。州が実施する場合に正当な価値をもつかもしれない活動は、もし連邦政府機関が実施すれば、より低く評価されるべきである。なぜならば、それは、「元来、州の肩にかかる仕事だ」からである。われわれは、国会議員の「当節」という修飾句の最高の非論理を許すであろう。しかしながら、この非論理が、彼の論理と全く同じだけ、組織への一体化から生じることに意味がある。

◆一体化の心理学

一体化の現象は、一つあるいは単純なメカニズムによっては現実的に説明されそうにない。説明に寄与する要因のいくつかを列挙することができる。

一、組織の成功に対する個人的な関心　組織の価値の観点から行なわれる意思決定は、そのかぎりで非個人的である。しかし、組織への愛着は個人的な動機に由来する。個人は進んで、非個人的な組織の意思決定を行なう。なぜなら、さまざまな要因ないし誘因――サラリー、名声、友情、および他の多くのものが、彼を組織に結び付けるからである。

こうした個人的価値の多くは、彼と組織のつながりによってばかりでなく、組織自体の成長や名声、あるいは成功にも依存している。彼のサラリーおよび彼の権力は、ともに彼が治める組織単位の大きさと関係がある。組織の成長は、彼および彼の従業員に対し、昇給、昇進、および責任を果たす機会をもたらす。大きな予算によって、彼は他の組織に所属する職業上の仲間の関心や称賛をさそう活動やサービスを行なうことができよう。したがって、こうした動機が、存続目標への一体化をもたらす。

逆に、組織の失敗ないし予算の削減は、経営者のサラリーを下落させ、権力を失わせ、あるいは失業さえひき起こすかもしれない。少なくとも、それは彼に人員整理という不愉快な義務を強い、また彼の部下にとっての昇進可能性の誘因をいちじるしく害する。

二、私経営心理の移転　われわれの経済の私的分野は、経営者たちは個々の企業の利益の観点からその意思決定を行なうという仮定のもとに、作動している。選択のこの機関的心理は、経済の公的分野に、おそらく容易にもち込まれよう。それは、この二つの分野の基礎をなす諸仮定にある基本的相違が認められていないことによる。「私の」企業という観点から考えることになれている経営者は、「私の」郡、あるいは「私の」部門という観点から考えがちである。また、この動機は、特定の組織目的よりは、むしろ第一に、存続目的への一体化をもたらすであろう。経済の私的分野で経営責任をもったことはないが圧倒的に私経済の文化的環境からこれらの概念を吸収した人々には、おそらく、これと同様な態度がみられるであろう[13]。

どの程度まで、私経営の態度がソ連邦のような共産主義経済で通ずるかをみることは、興味深い研究テーマであろう。しかしながら、国有化された経済においてさえ、個人を組織に結び続けるであろう個人的なモチベーションの諸要素からこの要因を切り離すことは、きわめて困難であろう。

カリフォルニア州での公共福祉行政からの実例[14]は、組織の能率の「私的」概念から生じた結果の一つの好例である。州と郡の機関が、互いに、他者の「責任」である対象者を拒むのに熱心なあまり、疑いのある場合に雇用の可能性について判断を下すための、どちらの側にも偏しない医務委員会の設置は、州内の大部分の郡において政治的に不可能であることがあきらかになった。

三、注意の焦点　一体化の過程の第三の要素は、行政管理計画によってもっとも直接に影響される価値やグループに、行政管理者の注意を集めることである。行政管理者がバークレイの子供たちを教育する仕事をゆだねられていれば、彼は特定の計画が子供たちの健康に及ぼすかもしれない間接的影響より、それがかれらの学習に及ぼす影響について、よりはっきり知っているはずである――そして逆もまた同じである。つまり、彼は組織の目的に自身を一体化する。

特定の価値、特定の経験的知識の内容、および考慮のために特定の代替的諸行動を選び出すことによって、注意が視野の範囲を狭めて、他の価値、他の知識、他の可能性を除外するであろうことはあきらかである。したがって一体化は、合理的選択の問題に対処するさいの人間心理の限界に確かな根拠をもつ。

このような見地から、一体化は、決定の環境をつくるための重要なメカニズムである。一体化が誤っている場合には、それに由来する社会の価値と組織の価値の乖離によって、社会的な能率に損失が生じる。他方、組織の構造がよく考えられている場合には、一体化の過程は、多くの組織の取り決めが組織に参加する人々の決定を支配するのを可能にする。それによって、一体化の過程は、人間の合理性が、狭い注意の範囲がそれに課す限界を克服することを、可能にする。[15]

行政管理組織に参加する人々の注意の焦点が、その人の組織内の地位によってどう決まるかについて、著者がミルウォーキーでレクリエーション活動の行政管理の研究を行なっていた間に目にとまった一例がある。その市の運動場は、公共土木事業部門の運動場課によって建設されてきた。しかし運動場での諸活動は、教育委員会の公開講座部門によって監督されていた。運動場の保守も、またこの機関にゆだねられていた。そして、保守が不十分だと考えられることがあった。

施設拡張によって、突然、莫大な新たな債務に直面した公開講座部門が、監督活動から資金をまわすことを避けるために、保守費を最小にしようとすべきなのは理解できる。初期の建設作業が高度に実験的であった事実が、最初に予想した以上の保守費を生む結果になった。施設の建設がその仕事であった運動場課が、それらの施設の保守に十分に備えなければ、それを誤った節約と考えるべきことも、同様に理解できる。

たとえば、運動場の設計のさい、美化についての強調に差異があった。運動場課は、適切な美化が、運動場に対する公衆の態度に影響を与える点で重要であると力説した。運動場は近隣の外観にとって貴重な存在となるべきだと主張した。

公開講座部門は、その最初の一〇年、きわめて貧弱な施設で活動した。運動場は、大部分が暑くてほこりまみれで、美化は考えも及ばなかった。そうした一〇年の経験から、この部門は、運動場の成功は、物的設備よりむしろ第一にリーダーシップに依存することを知った。

それぞれの部門は、計画の執行で成功を収めるには、双方の目的が望まれるし、またある程度必要であることを、十分理解している。問題は、「どちらを」ではなく「どれだけ」にあり、また、資金を預っているのが公開講座部門であるために、保守活動はある程度そこなわれてきた[16]。

◆一体化と十分性

機能的一体化のもっともありふれた結果の一つは、経営的意思決定を行なうさいに、費用と価値を釣り合わせることができないことである。経営計画による組織目標の遂行は、十分性（その目標が達成された程度）あるいは能率（利用できた資源との比較において目標が達成された程度）の観点から測定されうる。きわめて粗野な例を用いれば、最近の戦争生産計画の十分性は、戦場に投入された軍隊の規模と装備によって測定されよう。その能率は、国家資金を最善に用いて達成されえたであろう生産と、実際に達成された生産の比較によって測定されよう。アメリカの戦争生産には高度の十分性があることが判明した。それが能率的であったかどうかは、全く別の問題である。

特定の目標に自身を一体化している経営者は、彼の組織を、能率よりむしろ十分性の観点から評価する傾向がある。[17] このサービスにどれだけ費用がかかるか、その資金のためにどの資源を使えるか、また、その特定のサービスを増すことによって、他のサービスないし組織の支出にどんな制限が必要となろうか、が知られなければ、特定の機能のための、いわゆる「望ましいサービスの基準」ないし「最低限の十分なサービスの基準」を案出する科学的よりどころは全くない。このことを、現時の専門家たちがつねに認めているとはかぎらない。

つぎのような勧告を含まないどんな年次報告書が、公表されうるだろうか。


この会計年度の終わりの主要かつきわめて緊急の勧告は、スタッフの増員のためである。これは、最高裁判所の決定が最低賃金法を有効として以来、その仕事が法外に増大した最低賃金課において特に必要である。依然、賃金法施行の初期の段階にある多くの州では、つぎの事柄について婦人局からの援助をあてにしている。すなわち、組織について、必要な賃金および時間資料を獲得することについて、および賃率設定とその執行活動に統一性を与えるきわめて重要な仕事について。州の職員はしばしば国をおとずれて、ワシントンでの州職員の会合に出席する必要がある。この課への要求を全て満たすことができないので、この課のスタッフが増やされなければならない。[18]

「予算が不十分である」、これは経営の普遍的な嘆きである。さて十分を白、不十分を黒とすれば、その間には十分さの程度に応じて濃淡さまざまのあらゆるグレイが存在する。さらに、人間の欲望は人間の資源との関係で貪欲である。この二つの事実から、経営決定の基本的な基準は、十分性の基準ではなく能率の基準でなければならない、と結論できよう。経営者の仕事は、限られた資源と比較して社会の価値を最大化することである。[19]

したがって、もし一体化の過程によって、経営者がかかわる特定の社会の価値に不当な重みが与えられることになれば、心理的にいって、彼は、彼の職務に割り当てられるべき金額について、あるいは公の資金に対する競合部門の要求にくらべた彼の要求の相対的価値について、満足な意思決定をする立場にない。[20]

予算手続は、十分性の問題を能率の問題に置き換えるもっとも重要な手段である。まず第一に、予算は、支持を求めて競合する全ての要求を同時的に考慮することを余儀なくさせる。第二に、予算によって、資金配分についての決定は、競合する価値が比較考量されるに違いない、また機能的一体化が誤った価値の重み付けを生むことのない管理階層の上部にまで移される。

組織を通じての一体化の修正

効果的な組織化の一つの主要な問題は、一体化の心理的な諸力が、正しい意思決定を妨げることなく、むしろそれに貢献するようなやり方で活動を専門化し細分化することのようである。

◆専門化の様式

諸活動を組織内に細分化する仕方が、一体化に主要な影響を与える。一つの機能を経営的に独立させることは、つぎの範囲で納得できるであろう。(1)その機能の遂行に伴う活動が、組織におけるその他の活動から独立している。(2)機能的な目的の観点からは測定できない、活動の間接的な結果がない。そして、(3)機能遂行の任にある組織単位にそれを首尾よく遂行するのに必要な知識を与えるコミュニケーション経路の確立が可能である。

この三つはすべて、技術的かつ事実的な問題であり、これはつぎのことを意味する。機関の機能を机上の空論的にその構成部分に分解し、これによってサービスを営むための経営組織をつくろうとする企ては、いずれも、本来、不毛である。それなのに、ここ約三〇年続けられてきた、いわゆる経営研究の大部分は、まさしくこの性格をもつ。

◆意思決定機能の配分

一体化が決定を制限するかぎり、意思決定機能の効果的配分はこうした一体化を考慮に入れなければならない。

なんらかの基礎的な原則がこの配分を支配するとすれば、それは、それぞれの決定が、十分性の問題としてでなく、能率の問題としてアプローチされざるをえないところにそれが配分されるべきだ、ということである。すなわち、ある機能に責任がある経営者に、その機能と他の機能の重要性を比較考量する責任を託することは健全でない。それらの相対的重要性を比較考量する仕事に有能な取組みができうる唯一の人は、両方に責任のある人か、あるいは、どちらにも責任のない人である。

しかしながら、これは、人々が、その属する組織単位に自身を一体化するであろうことを前提としている。われわれは、そのような一体化を助長する要因がいくつかあることを指摘したが、それがつねに完全あるいは矛盾がないと仮定されるべきでない。社会の価値と組織の価値の間の選択に直面する経営者は、組織の価値をより広い社会の価値に先行させるとき、通常、多かれ少なかれ、良心の痛みを感ずる。どの特定の一体化においても必然性はない。

したがって、経営者の決定を支配する一体化の領域を、ある程度まで広げうることが望まれよう。措置として、忠誠心をより小さな組織単位からより大きな組織単位へ、また、より狭い目的からより広い目的へと、移すことが行なわれよう。これが達成されるかぎりで、意思決定機能の正確な配置の重要性は減少する。

ハルデーン卿の委員会は、大蔵省とその他の省の間のいわゆる伝統的な敵対の姿勢を嘆いた。私自身、特にそれを意識してきたかどうかわからないが、多くの省に、「パンをくれる人のことをよくいう」というロシアのことわざを信じているようにみえる人々がいること、また、正しかろうと間違っていようと、特定の省を支持することによってその省に対する忠誠心と自分たちが考えるところを示すことが、その省のメンバーとしての義務だと考える人々がいることは、疑いない。そのような見解は、全く誤っていると私は信ずる。全ての国民の忠誠心は広く国に対してである。彼が食べるのは国家のパンであって、保健省、農務省、あるいは大蔵監査省のパンではない。もし彼が、それを指摘することが国家のためだと思うことを見つけたなら、自分自身の省で嫌われるかもしれないことや、あるいは、自身の個人的な昇進にさわるかもしれないことをおそれて、彼の明白な義務を果たすことを思いとどまるべきでない。このことはもちろん、いくつかの省を集合的にとり扱う場合や、また、ある省をもう一つの省に対してきわめてしっと深くさせ、もし領分の侵害があれば、怒りにもえさせ、これによって、省の間に、不毛の果てしないやりとりが起きる場合に、なおいっそう真である。[21]

あきらかに、ここに、めざすべき目的がある。しかし、そこに到達するには、希望や説教以上のものが必要であろう。個人的な動機、私企業の態度、および注意の範囲の限界が、狭い組織への一体化を助長する要因であるなら、そのような一体化を弱め、ないしは他へ移そうとする試みは、したがって、いずれも、こうした同じ要因を修正しなければならない。より大きいグループへの忠誠心は、それがたとえより小さいグループへの忠誠心と矛盾しても報いられる場合には、実現されよう。より大きいグループへの忠誠心は、私経済と公経済の考え方の相違があきらかに理解される場合に生じよう。より大きいグループへの忠誠心は、経営の状況が、十分性でなくむしろ能率の観点から理解される場合に、実現されよう。

◆決定の心理的類型

こうした考察は、決定の基礎となる種々の思考過程の観点から、経営の型がきわめて基本的に分類されうるかもしれないことを示唆している。このテーマを展開すれば、われわれはあまりにも主題から離れてしまうが、いくつかの所見が例証として役立つかもしれない。

観察によれば、経営組織の階層が高くなるにつれて、経営者の「内部」業務（彼の下位の組織との関係）は、その「外部」業務（組織外の人々との関係）にくらべて重要性が減少する。彼の仕事のこれまでになくより大きな部分は、「パブリック・リレーションズ」および「宣伝」の項目のもとにまとめられるかもしれない。組織階層下部および上部での経営者の役割に特有の心の習慣には、疑いもなく、機能のこうした差に対応する差異がみられる。

組織階層の下部では、決定がそのなかでなされるべき準拠枠が大部分与えられる。評価されるべき諸要因はすでに示されていて、残されたことは、特定の状況のもとでそれらの価値を決定することだけである。組織階層の上部では、業務は芸術的かつ発明的である。新しい諸価値が探し出され、比較考量されなければならない。新しい経営構造の可能性が評価されなければならない。そのなかで決定が行なわれる準拠の枠組そのものがつくられなければならない。

組織への一体化が、もっとも深刻な結果をもたらす可能性があるのは、こうした上部においてである。下部においては、一体化は、それぞれの状況に関係がある考慮事項を幅広くもたらすのに役立つ。それによって、意思決定は、責任をもって、かつ非個人的に行なわれることが保証される。上部においては、一体化は、決定を前もって予定すること、また未承認や未証明の価値をその仮定のなかに導入することに貢献する。

要約

この章では、決定の心理的環境における特殊なしかし基本的に重要な要素――すなわち、一体化の要素、を検討した。一体化とは、個人による組織の決定を左右する価値指標として、個人が自分自身の目的に代えて、組織の目的（サービス目的ないし存続目的）をとる過程である。

組織された社会は、一体化を通じて、個人的な動機に代えて社会の価値の体系を個人に課す。組織は、それが生む一体化の型が社会の価値と組織の価値の一致をもたらす範囲で、社会的に有益である。

一体化の心理的な根拠ははっきりしないが、そこには、少なくとも、三つの要素が含まれるように思える。すなわち、機関の成功に対する個人的な関心、私経営原理の公機関への移転、および注意の範囲の限界（それは、ある限られた価値の領域以上のものがその範囲内にはいることを妨げる）、である。

一体化のもっとも重要な望ましくない結果は、一体化によって、組織された個人が、自身を一体化している限られた価値の領域と、その領域外の他の価値を比較考量しなければならない場合に、正しい意思決定を行ないえなくなることである。この原因によってひき起こされる決定の偏りを最小限にするように、組織の構造が設計され、またそのなかに諸決定が配分されなければならない。二つの重要な応用を述べることができる。一体化の偏りを避けるために、予算の意思決定は、それが十分性からではなくむしろ能率の見地から考察される組織の場所で――すなわち、価値と同じく費用の実際の代替的選択肢も提示されるところで――行なわれなければならない。同様に、機能的な専門化の成功は、一部は、機能的な一体化の範囲外の価値結果がないことにかかっていよう。なぜなら、そのような結果があれば決定に深刻な偏りがもたらされるであろうからである。

もし一体化が、組織での選択を非個人化し、かつ社会的責任を強いるうえで、きわめて有用であるなら、それは、組織構造自体の設定に先だつ決定に色をつけ、かつ歪みを与える場合には、同様に有害であろう。社会的に有益な組織を築くには、関連する全ての価値が公平に評価されなければならない。もし評価者の判断が彼の一体化によって歪められれば、偏見が必ずはいるはずである。それゆえ、一般にはきわめて有益な組織での行動の一側面である組織の価値への個人の忠誠心は、それが捏造や煽動の分野において、すなわち組織階層上部の経営者の好みに関してみられる場合には、それ相応に有害であろう。

注1 Dewey, *The Public and Its Problems*, P. 22 参照。

2 「社会の価値」というのは、必ずしも全く適切な句ではない。本書第3章における倫理的相対主義の主張を考慮すると特にそうである。これ以上に記述的で正確な用語がないため、ここではこれを用いる。以下で、この意味するところを正確に説明することが試みられる。

3 A. C. Pigou, *The Economics of Welfare* (London: Macmillan, 1924)（気賀健三ほか訳『厚生経済学』全四冊、東洋経済新報社、昭和二八年～三〇年）.

4 たとえば、Elizabeth Ellis Hoyt, *Consumption in Our Society* (New York: McGraw-Hill, 1938), pp. 104-105 参照。広告はつねに社会的に価値がない、とここで主張しようとするのではなく、企業に対する広告の価値は、必ずしも社会に対するその価値を測らないことを指摘しようとするにすぎない。

5 C. I. Barnard, *op. cit.*, p. 77（山本安次郎・田杉競・飯野春樹訳『新訳・経営者の役割』）.

6 *Ibid.*, pp. 187-188.

7 Sigmund Freud, *Group Psychology and the Analysis of the Ego* (New York: Boni and Liveright, 1922), p. 62（フロイト著作集6（人文書院、昭和四五年）に小此木啓吾訳「集団心理学と自我の分析」が所収されている）.

8 *Ibid.*, p. 66.

9 H. D. Lasswell, *World Politics and Personal Insecurity* (New York: Whittlesey House, 1935), pp. 29-51. 引用は七頁より。

10 E. Pendleton Herring, *Group Representation Before Congress* (Baltimore: Johns Hopkins Press, 1929), pp. 1-12 他、および H. D. Lasswell, *Politics: Who Gets What, When, How* (New York: McGraw-Hill, 1936)（久保田きぬ子訳『政治』岩波書店、昭和三四年）, pp. 1-28, pp. 29-51, pp. 129-232 参照。

11 カリフォルニア州オークランド *Tribune* 一九四一年一〇月一三日号。

12 U. S. Congress, Subcommittee of House Committee on Appropriations, ***Hearing on Department of Labor Appropriation Bill for 1934***(Washington: Government Printing Office,1933), p. 74-76.

13 この研究の初期の草稿を読んだ数人は、私経営心理のこの移転があることに疑問をもった。筆者は、こうした移転があることを明確に証明ないし反証する経験的な証拠がないことを知っている。そのようなことがあるという仮定が筆者にとってもっともらしくみえ、また、移転の存在とその重要性(もしそれが真に存在するとすれば)の双方が、経験的調査のきわめて実り多い対象であろう、といいうるのみである。

14 本書の四三四～四三五頁参照。

15 本書第5章一六八～一七〇頁参照。K・マンハイムはこの同じ点を強調している(*op. cit.*, pp. 52-57, 290)。

16 H・A・サイモンの未発表原稿"Administration of Public Recreational Facilities in Milwaukee," 1935, p. 38.

17 第6章で指摘したように、そのような一体化は、営利企業の経営においてより行政管理においてより多いので、このセクションで議論された問題は主として(完全にではなく)行政管理の問題である。

18 U. S. Department of Labor, ***25th Annual Report of the Secretary, Fiscal Year Ended June 30,1937*** (Washington: Government Printing Office, 1937), p. 136.

19 われわれは、節約——すなわちサービスを無視した支出の削減——の観点から予算の意思決定を行なうという逆の間違いをおかしてはならない。これは、たとえば、英国政府委員会組織が勧告しているように、コントローラーないし大蔵機関に、予算問題で不当な影響力を与えることに対する基本的な異議であるように思える。「経験によれば、概してつぎのことがあきらかであるように思える。納税者の関心を、支出する局にとどめることはできない。その関心は、公共支出そのものに直接関係がないあるその筋による注意深い監督と同様に、公共支出の各事項を、他の事項および国家の用いうる資源との関連において、注意深く考慮すること、を要求する。そしてそのような監督は、要求される収益を調達する責任がある局によって、もっとも自然かつ有効に行なわれうる。」(Great Britain, Ministry of Reconstruction, *Report of the Machinery of Government Committee*, Cd. 9230〔London: H. M. Stationery Office, 1918, reprinted 1925〕, pp. 18-19.)

20 経営者の心理に対する「位置」の重要性は、しろうとの間でさえ、機関的思考の当然の特質として認められている。一九四二年二月一二日付の *Sun Francisco News* のゴシップ欄に報告された事件は、これをおかしく、しかし納得のいくように説明している。その記事は、市の水道部と、ヘッチ・ヘッチィ電力開発、および他の地方公益事業とを統制しているサンフランシスコ公益事業部に関係している。

公益事業部長ケイヒルが一〇日間(実は一か月になった)ワシントンにいた間、水道部長のN・エカートは自分自身の職務と故A・T・マクアフィーの、ヘッチ・ヘッチィの長の職と、ケイヒルの全体にわたる職務まで勤めた。エグゼクティブ・セクレタリーのF・ギボンは、彼がかぶっている帽子によって、彼がだれか、を理解しなければならなかった。

ケイヒルが帰ったときのエカートの最初の言葉は、「ここに火薬庫の鍵があります。ここにアスピリンのびんがあります。私は辞職します」であった。しかし、エカートを異常にさせかねなかった三重人格のもつれを全てケイヒルが発見するのに、何日かかかった。事実彼は、水道マンのエカートが、いっそうの水道設備のために資金を求めて書いた手紙、ヘッチ・ヘッチィのエカートが、いっそうのヘッチ・ヘッチィ資金を求めて書いた別の手紙を発見した。そして公益事業部長代理のエカートが彼自身の要求を二つとも否定して書いた最後の手紙を発見した。当然にケイヒルは、なんだこんなこととたずねた。

「物事はここ上からは、あちら下からと同じにはみえません」と、エカートは説明した。

T・ベケットは、きわめて機関化された人格の持主であったように思える——彼の忠誠心は、その職とともに変わった。*Encyclopaedia Britannica* 11th Ed.(Vol. III, p.609)に収められている彼の伝記を参照のこと。そこには、ヘンリー二世に対する彼の関係が機関的ないい方で説明されている。

21 Henry Higgs, "Treasury Control," *Journal of Public Administration*, 2: 129(Apr., 1924).

第10章のコメンタリー

組織の一体化の心理学的な根拠

第10章では、組織の一体化に対する心理的な基礎について簡単な議論を展開した(四四四〜四四七ページ)。組織行動についての今日のわれわれの知識は、その章に書かれているよりも、こうした一体化の強さについてより説得力のある議論をすることができる。認知的側面では、組織の下位目標の形成とその下位目標への忠誠心に対する説明として合理性の限界については、第10章の議論ではおそらくほとんど強調されていなかった。したがって、その結果として、この章が第5章に密接に依存していることについては曖昧になってしまっていた。そこでこのコメンタリーの最初の節では、このバランスを正してみたい。

同時に、利他主義の心理的な基礎に関する新しい分析は、動機的側面において、利他主義と組織の一体化の強い結び付きと、さらに、組織への忠誠心は組織目標の達成に伴う個人の利益とは独立して非常に強いものになりうる、ということを支持する新しい理由を示してくれる。そこでこのコメンタリーの第二節では、この利他主義と組織への忠誠心の結び付きについて議論をしたい。

一体化への認知的基礎[22]

第10章で議論した一体化のメカニズムに関する認知的要素は、以下のように記述することができる。

(1) 第9章でみてきたように、高度なレベルの目標は、その達成度の測定がむずかしく、また具体的な行為が成果に与える効果を測定することがむずかしいので、ほとんど行為を導く指針とならない。漠然とした目標(たとえば、「長期利益」「公共福祉」など)はしたがって操作的ではないし、代替的選択肢から効率的な選択をするために必要不可欠な、第9章で議論したような共通分子を提供するものでもない。

(2) 結果として決定は、操作的でもっとも高いレベルの目標――特定の行為がかなり明確な方法に関連付けることができる一般的目標で、到達度を評価するための基礎を与えてくれるもっとも一般的な目標――の観点から成される傾向にある。操作的目標は、意思決定者が世界の単純化されたモデルを結晶化する種品を与えてくれる。意思決定者はこれらの目標に論理的に直接関係する事柄だけを考慮し、他のことについてはあまり考えないか無視してしまう傾向がある。

(3) 下位目標を立てることとは、意思決定者を選択的に環境に注意を向けるようにさせるだけでなく、これらの目標達成のためにかれらがつくった経営構造やコミュニケーションのチャネルが、かれらを特定の種類の情報に向くようにし、その他の情報から遮断してしまうようにする。しかしながら、かれらが入手する情報の複雑さゆえに、この選択された情報でさえも部分的に、また不完全にしか分析されることはない。

知覚を非常に選択的なものにするこれらの諸条件がもたらす一つの重要な結果は、意思決定者が操作的目標に焦点を合わせ、付随する断片的情報によってそれらを解釈するような、かれらが働きかけている状況の表現を獲得するということである。このようにして、組織のある部門の意思決定者は、同じ組織における他の部門のメンバーのそれとは全く異なる、一連の目標と「世界観」に強く一体化することができる。

この現象は、経営者や組織の観察者の逸話としてはしばしば指摘されることではあるが、その現実を証明する体系的な証拠はほとんどない。このような証拠をいくつか示そうというのが、この節の目的である。

ここでわれわれが考えている命題は、組織に特有のものではない。それは選択的知覚を説明するさいの中心となる一般法則の、組織現象への単なる適用にすぎない。すなわち複雑な刺激があると、人間は彼または彼女が知覚しようと「準備」していたものをそのなかに知覚する。そして刺激がより複雑かあるいは曖昧になればなるほど、知覚は、刺激の「なか」にあるものというよりは、すでに主観の「なか」にあるものによって決定されやすくなる。

一体化における認知的メカニズムの証拠[23]

選択過程において、動機的メカニズムと認知的メカニズムが混ざり合っているが、それぞれの相対的な貢献度を評価することは有益であろう。ここで、つぎのいずれかを仮定しよう。(1)刺激の一部への選択的注意は、残りの部分をその主体の目標や動機に関係のないものとして慎重に無視することを可能にする。あるいは、(2)選択的注意は、特定の情報に接触した過去の歴史に起因する、学習された反応である。後者の場合には、われわれはどのような種類の情報が学ばれるべきかを決めるのに若干悩むであろう。しかし、選択性に対する直接的な動機をとり除いた状態をつくり出すことによって、われわれは第一のメカニズムと第二のメカニズムを分離することができるに違いない。われわれが証拠を得た状況はこの条件に合致しており、それゆえわれわれのデータは、選択的過程の内部化の証明となる。

◆実験

二三人の経営管理者の集団が――全員が一つの大規模製造会社に勤務している――ある会社が後援する経営管理者トレーニング・プログラムに参加したさいに、ビジネス・スクールの経営政策の授業で一般的に用いられているケースを読んでくるように指示された。このケースは、第二次世界大戦の終わりにシームレス鋼管の生産に特化していた中規模企業のカステンゴ製鉄会社（Castengo Steel Company）の組織とその活動について描かれたものであった。約一万語の長さのそのケースには、その会社と鉄鋼業界、さらにその両方の歴史（一九四五年までの）についても豊富な記述資料が含まれていたが、評価はほとんどなされていなかった。具体的事実が把握でき、読者ができるだけ余計な解釈をしなくてすむように工夫して書かれていた。

経営管理者たちがそのケースを検討するために教室に集まると、ケースの討議に入る前に、かれらはカステンゴ製鉄会社が直面しているもっとも重要な問題――新しい社長が最初に扱わなければならない問題——はなんだと思うかを簡単に書くよう指示された。このセッションまでに、そのグループは他のケースについて議論してきており、その都度、インストラクターによって問題を検討するさいには自分が会社の最高経営者の役割を担っていると仮定してのぞむよう指導されてきている。

この経営管理者たちはどちらかというと、地位という点では同質的な集団であり、会社組織の三つの異なる階層に属していた。一般的にかれらは「中間管理職」と呼ばれる層の人々で、大工場の一部門を統括する責任者であったり、その会社が製造している十の商品グループのうちの一つについて利益責任を負うプロダクト・マネジャーであったり、大工場で働いている医師などであった。部門別の基準でいえば、かれらはつぎの四つのグループに分けられる。

販売（六人）：五人のプロダクト・マネジャーないしアシスタント・プロダクト・マネジャー、一人の営業監督。
製造（五人）：三人の部門監督者、一人の副工場長、一人の建築技師。
経理（四人）：一人の経理部次長、三人の経営主任（一人は予算部門、二人は工場の部門担当）
その他（八人）：法務部門から二人、研究開発部門が二人、ＰＲ、労使関係、医療、購買の各部門から一人ずつ。

◆データ

経営管理者たちが書いた文章は比較的短かったので、全文をこの章の付録に再録した。われわれは「もっとも重要な問題」と指摘された問題と、それを指摘した者が所属する部門との間に有意な関係が

表1　もっとも重要と考える問題

		回答した管理者の数		
部門	管理者数合計	販売	組織の明確性	人間関係
販売	6	5	1	0
生産	5	1	4	0
経理	4	3	0	0
その他	8	1	3	3
合計	23	10	8	3

あるかどうかを決めることによって、仮説を検証した。経営管理者たちが二つ以上の問題をあげた場合は、その全部を統計に入れることとした。そして以下の三つの場合について比較を行なった。(1)問題として「販売」「マーケティング」「流通」のいずれかをあげた管理者と、そうしなかった者、(2)問題として「組織の明確性」または、同様のことを指摘した管理者と、そうしなかった者、(3)「人間関係」「従業員関係」「チームワーク」のいずれかをあげた管理者と、そうしなかった者。表1はこの結果をまとめたものである。

「販売」をもっとも重要な問題として指摘した販売部門の管理者（八三％）と、他の部門の管理者（二九％）との差は、統計的に五％レベルで有意であった。非販売部門の管理者で販売をもっとも重要な問題として指摘した五人のうち三人は経理部門に所属しており、その全員が製品の収益性分析に関連した地位にいる者であった。事実、この会社では経理活動はケース討論のさいに、かなりの重要事項として議論の対象になっていたし、経理部門の管理者は販売部門のプロダクト・マネジャーと頻繁かつ密接な連絡をとる関係にあった。もし販売部門と経理部門の管理者を一緒にしたら、一〇人中八人が販売をもっとも重要な問題として指摘したということがわかる。一方で、残りの十三人の管理者のうち二人だけしか、販売を重要問題として指摘しなかった。

組織の問題（マーケティング組織以外の）を重要だと指摘したのは、生産部門の管理者五人のうち四人、研究開発部門の二人、そして工場の医師一人であるのに対して、販売部門では一人、経理にいたっては一人もいなかった。製造部門の管理者（八〇％）と他の部門の管理者（二二％）の差も、また統計的に五％で有意であった。カステンゴ社のケースの検討からわかることは、この事例で製造に関係して議論されたおもな問題は、工場長と冶金技師および社長との関係が明確に決められていない、ということであった。この状況における冶金技師の存在によって、どうして二人の研究開発部門の管理者が（二人とも冶金学と関係があるが）この特定の問題領域に対して過敏なのかがあきらかになった。

PR、労使関係、医療関係の管理者たちが、なぜ皆なにかしらの人間関係に関連する事柄をあげたのか、そしてなぜ法務部門の二人の管理者の内一人が取締役会を問題として指摘したのかも、容易に推測できる。

◆結論

われわれは、経営管理者はそれぞれ自分の部門の活動や目標に特に関係する状況の側面を知覚する、という仮説を支持するケース課題に直面した産業企業の管理者たちの選択的知覚についてのデータを示してきた。問題の状況が、管理者たちが問題を部門の視点からではなく、全社的立場から考えるように動機付けられたものであったので、このデータはさらに、選択の基準は内部化されてきていることを示している。最後にわれわれが用いたデータ収集の方法は、経営管理者たちの態度や知覚を引き出す投影法として、かなり役に立つものであると考えられる。

◆付録：経営管理者たちの返答

経営管理者	販売部門
4	販売部門の潜在的能力についての直接的な知識のあきらかな必要性
	より広大な市場や高価格市場を獲得するための技術的能力を開発することに対するあきらかな必要性
	部署や操業コストのデータに対する明確な必要性
5	特注品市場で利用できる利点を最大限に発揮するために、いかにして会社をもっともよく組織化するべきか
6	ビジネスに精通している製品マネジャーの任命
	プラスチック市場の拡大に関する市場状況の分析
12	市場調査を行なうことができる販売組織の開発
20	戦後の製造・販売問題に対処し計画する組織の欠如
25	社長による幹部経営陣の選出

生産部門

1 新規顧客を重視しつつ既存の顧客に配慮する製品流通政策の再検討

15 責任の明確性の欠如

16 だれがトップ経営者になるべきか、だれがこの情報を部下の経営管理者たちに伝えるべきかの決定

18 組織の再検討

管理者の異動とともに、どうしてオフィスの頻繁な変更が起きるのか

24 政策の欠如――政策は会社のトップによって決められるべきである

経理部門

7 現代的でインセンティブに関連付けられた基準（インセンティブがあきらかに存在していない）

9 製品の市場性――製品の独自性――成長か維持か撤退（たとえば製品からの）かに関係した会社の将来

10 流通問題。必ずしも現在の流通における問題ではないが、疑いなく近い将来に起きるであろう問題――プラスチック、より大きな会社、他で

11 製品に対する失われた市場をとり戻し、新しい市場を探すための会社の再編成が最優先の問題

その他の部門

3 (法務) (a)競争市場で、より大きな設備をもつ多くのより大規模な製造業者と競争しており、(b)おそらく、ある関係製品に対して市場のほとんどを失うことになるような、製品の生産

4 (法務) 取締役会

8 (PR) 雇用関係への対処——特に労働組合との関係

17 (労資関係) コミュニケーションや協働の面でいろいろな部門が一緒になって、一つのチームを形成できるだろうか

19 (医療) 企業組織の再編成、権限と指令のライン、人事関係

21 (購買) われわれは平時の経済に対して考え、組織化し始めるべきである

22 (研究開発) 社長による行きすぎた中央集権

23 (研究開発) 職務が明確に定義された公式組織が存在しないこと

組織行動における利他主義[24]

現代の進化論は、利他主義的動機が人間にあるとすることに対して、私たちに警告してきた。自然淘汰の標準的なモデルでは、よい人間は一般的に適応的ではない——かれらは、自分より利己的な同胞ほど速くは増えてはいかない。この議論はしばしば、効用関数を利己的で個人的な経済的目標で説明するのに使われてきた。しかしこの議論は間違っている。限定された合理性を考慮に入れた自然淘汰のモデ

ルは、実際に多くの人が、組織から「利己的な」報酬を全く期待できないときでさえも、組織への忠誠心によって動機付けられるであろうという考えを、強力に支持しているのである。

◆どのようにして自然淘汰は利他主義を維持するのか

第一に、自然淘汰が増やすのは適合性、つまり成功した競合者の子孫の数である。しかし現代社会では、富の達成や他の利己的な報酬は、子孫の数と直接的なつながりがあるわけではない。だがこの点についての議論は差し控えるとして、通常利己的とされる目標の達成が進化的な適応に貢献しているとしよう。

そこでわれわれは第二のポイントにくる。個々の人間が生存できるかどうかは、目前の広範な社会環境にかかっている。人間は、個立した窓のないライプニッツのモナドではない。社会はわれわれが生きて成熟していく基盤を提供する。家族やその他の社会は、子供や青年時代には食料や避難場所、安全を、そして大人として行動するための知識や技術を提供してくれる。社会は人生の全ての段階で人々の活動に反応し、それらの手助けをする場合もあれば、ひどい邪魔をする場合もある。社会は人間の進化面での適応性を強化したり、減退させる大きな力をもつ。

個人的な強みや知能に加えて、どのような特色が、この社会に依存した生物としての適応性を高めるのに役立つのであろうか。そのような特徴、もしくは特徴の組合わせの一つは、従順さ（docility）と呼ばれるものであろう。従順であるということは、扱いやすいということであり、そしてなによりも教えやすいということである、従順な人々は、自分の行動を社会の規範や圧力に順応させる傾向が高い。「従順」という言葉は、おそらく消極的すぎるという感じを与えてしまうであろうが、私はこれ以上に適切な言葉を知らない。

ここで議論となるのは、人々が全てにおいて従順であるかとか、全体として利己的であるかとかいうことではなく、適応性が社会的影響に対して、適度の、しかし実質的な反応を必要とするということである。この反応は、ある状況では学習や模倣への動機付けを意味し、別の他の状況では、服従や順応への意志を意味したりする。進化という視点からは、適度に従順さをもつということは、利他主義ではなく見識ある利己主義である。

進化論によると、従順さが一つの特性として生き残るためには、平均的にそれをもった個人の適応性を高めるのに寄与しなければならない。しかし従順さは、社会的な影響の結果として、特別な場合には自己犠牲という行動へと導く可能性もある。このように、従順な個人は他の人たちよりもよりよく生存できるかもしれないが、しかし国家への忠誠心は、戦争時にはかれらを犠牲的行為へと導くかもしれない。いったん従順さがあらわれると社会は、社会には利益になるが、それを受け入れた個人にとっては真に利他的である価値を、つまり社会の適応性には役に立つが、個人の適応性には寄与しない価値を教えることによって、従順さを活用するであろう。唯一必要なことは、全てを考慮に入れたうえで平均的には、従順な個人は従順でない個人よりもより適応性が高くなければならない。

ここで、こうした主張の根底にあり、その論理的根拠を保証する代数学をスケッチしてみよう。kを従順さをもたない個人の子孫の平均的な人数、dを従順さによる子孫の総増加数、cを社会的に利他的行動をするような従順な人にとってその子孫にかかるコスト、pを従順でそれゆえに利他主義である人たちの割合、そしてbを個人の利他主義的な行動によって人口に加えられた子孫の数、とする。すると、利他主義者とそうでない人たち（従順でない個人）の正味の適応性の差は$d-c$であろう、ということが簡単にわかる。それゆえdがcよりも大きいとすると、利他主義者は利他主義者でない人よりも適応性が高いということになる。さらに社会は、利他主義者の割合も増えるにつれてより急速に成長し、そして、その社会における平均適応性の増加は$(d-c+b)p$となるであろう。

豊富な証拠が示しているように、ほとんどの人間はある程度の従順さをもっている。ここでの議論の目的は、この従順さとそれが引き出す利他主義は、最適者の選択という命題と完全に整合的であるということを示すことにある。事実、前でなされてきた議論からわかるように、自然淘汰は社会的動物における従順さと利他主義の出現を強く予測する。

◆利他主義と一体化

組織やその他の社会システムの生存可能性と適応性を高めるために従順さを利用する一つの方法は、集団のプライドと忠誠心を個人に繰り返し教え込むことである。これらの動機は「われわれ」と「かれら」の区別にもとづいている。「われわれ」は家族であったり、会社、都市、国家、または地域の野球チームであったりするが、この「われわれ」への一体化は、個人がこのようにして選ばれた単位の成功から満足感を経験できるようにする。このようにして組織への一体化は、物的な報酬やすでに議論された認知的要素とともに、組織の目標に向かって積極的に働く従業員にとっての動機となる。

ここで示してきたように、自然淘汰が社会的に導かれた集団への一体化に対しての強力な基礎を提供するということは、そのような一体化の望ましさについての道徳的な判断を示すものではない。われわれは、国家、宗教、そして人種的な集団に対する一体化が、過去にそして今日においても世界中の多くの場所で数え切れないほどの機会に、人間の間にもたらしてきたすさまじい集団間コンフリクトをあまりによく知っている。われわれの現在の関心は、組織の効率性を促進する集団への忠誠心の存在と、それらのはたす重要な役割(よきにつけ悪しきにつけ)を評価することではなく、説明することなのである。

注22 DeWitt C. Dearbornとの共同執筆であるこのセクションは、許可をとって*Sociometry*, 21:140-144(1958)に多少の修正を加え、再掲載したものである。

23 J. S. Bruner, "On Perceptual Readiness," *Psychological Review*, 64:123-152(1957).

24 このセクションは、H. A. Simon, "A Mechanism for Social Selection and Successful Altruism," *Science*, 250:1665-1668(1990), と"Organizations and Markets," *Journal of Economics Perspectives*, vol. 5, no.2, 25-44(Spring ,1991)にもとづいている。読者は最初の論文で利他主義モデルにおける技術的な詳細を、後者の論文で組織へ忠誠心に対する利他主義の影響についての議論をみることができる。

第11章 組織の解剖学

これまでの議論の糸をたぐりよせ、それらの糸が経営組織のためのなにかの型を織りなしているかどうかをみるときとなった。読者はまず、これまでにとりあげてきた話題を簡単に概観している第1章を復習したいだろう。

本章では、これまでの章と同様、組織がいかに構成されるべきであり、いかに運営されるべきであるかについての助言を与えようとする試みは、なんらなされない。すでに読者に警告したように、本書は組織の解剖学と生理学を扱うものであり、組織の病気のために処方をしようとしてはいない。本書の領域は、組織の医学というよりは、むしろ組織の生物学である。そして、本書が経営の実際問題に貢献するという唯一の主張は、健全な臨床医学は有機体の生物学についての完全な知識を基礎としてのみつくられうるということである。本書のなかに経営の実際に対する処方がなにかあるとすれば、それは記述および分析という本書の主要な目的に付随するにすぎないであろう。

本書で展開されている分析の中心にある主題とは、組織がとる行動は、全て現業員――組織の実際の「物理的」仕事を行なう人々――の行動にただ影響を与えることをねらった決定過程の複雑なネットワークだ、ということである。組織の解剖学は、意思決定機能の配分と割当を対象とすべきである。組織の生理学は、組織がその構成員のそれぞれの決定に影響を与える――これらの決定にその前提を与えている――過程を対象とすべきである。

合成された決定の過程

組織のなかで行なわれる意思決定で、一人の個人の仕事としてなされるものはほとんど皆無であることは、いうまでもない。特定の行為の最終責任はある定まった個人にあるといっても、その決定がなされるにいたった様子を研究してみれば、つぎのことに必ず気付くであろう。すなわち、そのさまざまの構成要素をたどると、公式および非公式の伝達経路を経て、その諸前提の形成に参加してきた多くの個人にまで達することができる、ということである。これら構成要素の全てが確認されれば、公式の意思決定をなした個人の貢献は小さいものであることがあきらかとなろう。[1]

株式会社の財務部長が、ある特定の企画のための資金調達として、ある金額を借り入れる契約に署名するというのは、よくあることである。その財務部長が、組織に代わってこの意思決定を行ない、組織をその決定に従わせる権限をもっていることはあきらかであるが、彼の決定の前にどんな段階があったのだろうか。おそらく技師長(彼は、疑いもなく部下から彼に伝達された情報と分析にもとづいて動いている)は、科学技術的システムを適切に操作するためには、彼の部門がデザインした予測コスト五〇万ドルの特定の建造物がなければならないと決定する。彼の直接の上司である全般管理者は、科学技術的な見地からは提案に反対しないが、それがこのような巨額の費用をかけてよいほどの価値があるかどうかに疑問をもつ。しかし彼は、意思決定をする前に、社長もしくは何人かの取締役に、この追加投資のリスクを承認する気があるかどうかについて、また資金調達の可能性ついて、さらに資金調達の時期について、相談する。この結果、その提案の修正と費用の削減を要求する決定がなされ、コストを四〇万ドルに切りつめるために技術部門で計画が書きなおされる。ついで提案が正式に作成され、技師長および役員たちによって承認され、取締役会に提示される。それからの問題は、この企画を承認すべきか、また、いかにして資金を調達すべきか、である。この企画は承認される。しかし、予測にあやまちがある危険を考慮して、四五万ドルの額まで資金調達を増すべきことが提議される。それは、そうしないと、万一コストが四〇万ドルをこえたら、会社の資金繰りが苦しくなるからである。ついで、議論をつくした後に、一定額をこえない利子率での担保つき融資によって、できればX社から資金調達することが決定され、役員がこれに着手することを取締役会が認可する。しかしながら、X社は、交渉を受けたときに示された利子率での提案に興味をもたず、またこの計画を検討してみて、技術面で改訂が必要だと考える。再び同じ過程を通って問題が繰り返されていく。

結局、最後の交渉を行なう、あるいは契約に署名する役員は、少なくとも主要な問題については決定するようにみえるけれども、その果たす機能は、余儀なくほとんど補佐的なものになっている。主要な意思決定は、取締役会によっても、またいかなる役員によっても、また公式にはいかなるグループによっても、行なわれたのではない。それは、多くの個人と委員会および、取締役会双方の多くの決定の相互作用を通じて、引き出されてきた。この過程に入れられた全ての決定について、もしくはだれがそれらを行なったかについて、あるいは諸決定をある点で修正したある期間を通じての相互作用について、知っていそうな人はだれもいない。決定がほとんど必ずこの種の合成された過程であることが、計画立案の過程を扱う本章の後の部分でさらに説明されるであろう。

この、過程という観点からすると、合成された決定を意思決定を行なう個人の立場からみることが、(a)各個人に実際にどれだけの自由裁量の余地が残されるか、および、(b)組織はどんな方法で、各個人が選択する決定の諸前提に影響を与えるか、を理解するのに役立つ。

◆影響の程度

影響は、一人の人間によって発表された決定が、別の人間の行動の全ての局面を支配するときに、もっとも完全な形で行使される。練兵場で行進している兵士は、いかなる自由裁量も許されない。彼の全ての踏み出し、彼の姿勢、彼の歩幅は、みな権限によって支配されている。フリードリヒ大王は、近衛兵の練兵の様子が、――「かれらは、呼吸している」と彼が不満をもらした一つの欠点があるのみで――全く完全であるのをみたといわれている。しかしながら、ほかにはほとんど、絶大な形での影響の行使の例は見当たらない。

通常では、影響は、自由裁量の行使に部分的な制限を加えるにすぎない。部下は、なにをなすべきかをいい渡されるであろうが、いかにしてその仕事を実行するかについては、相当の余裕が与えられるであろう。「なにを」は、もちろん、程度の問題であり、その指定される限界は狭いこともあろうし、広いこともあろう。都市の消防部門の機能を一般的ないい方で述べている憲章が消防部長の自由裁童に与えている限界は、大火事の現場で隊長の命令が消防隊員の自由裁量に与える限界と比較すると、はるかにゆるやかである。

影響一般について、また特に権限について現実的な分析をすれば、影響の行使には、あらゆる明細さの程度がありうることを認めなければならない。具体的な事例において行使される影響もしくは権限の範囲を決定するには、まず部下の決定をその構成部分に分解し、ついでこれらの部分のどれが上司によって決められ、またどれが部下の自由裁量にまかされるかを決めなければならない。

第3章において、合理的な決定は、二つの異なる種類の前提、すなわち価値前提と事実前提から引き出された結論とみられることが示された。完全な一組の価値前提と事実前提が与えられれば、合理性にかなった決定はただ一つだけある。すなわち、与えられた価値の体系と、指定された一組の代替的選択肢のもとでは、その他よりも好ましい選択肢が一つある。

それゆえ、合理的な人間の行動は、彼にとってその決定の基礎となる価値的および事実的前提があきらかにされるなら、コントロールすることができる。このコントロールは、全ての前提があきらかにされうるか、あるいは一部が自由裁量にゆだねられうるかで、完全にもなりまた部分的にもなりうる。したがって影響は、決定の前提に対するコントロールを通じて行使される。部下の決定は、上司が部下のために選んだ前提と両立することが必要である。権限の範囲、また逆に自由裁量の範囲は、あきらかにされた前提の数と重要性、およびあきらかにされずに残された前提の数と重要性によって決まる。

前に指摘したように、価値前提についての自由裁量の余地は、事実前提についての自由裁量の余地とは異なった論理的地位をもつ。後者は、つねに、客観的、経験的意味で「正」もしくは「誤」として評価されうる。前者には、「正」および「誤」という言葉はあてはまらない。したがって、もし事実前提のみが部下の自由裁量に残されるならば、一定の条件のもとでは、彼が「正しく」到達できる決定は、一つあるだけである。他方、価値前提が部下の自由裁量に残されるならば、決定の「正しさ」は、彼が選択した価値前提次第であり、また彼の選択に適用できる正もしくは誤の基準は存在しない。

決定の諸前提のうちのごく少数のものに権限が及ぶ必要があることが認められるときに、同じ一つの前提に二つの命令が及ぶことがないとすれば、二つ以上の命令が、一つの与えられた決定を支配できることになる。公式組織のメンバーが行なうほとんどどんな決定を分析しても、彼の決定のほとんどは非常に複雑な影響の構造に反応していることがわかろう。

軍隊組織がこのことのすぐれた説明を提供する。古い時代の戦いにおいては、戦場は練兵場と大差なかった。全軍隊は、しばしば一人の男によって命令され、彼の権限はもっとも階級の低い兵卒にまで非常に完全な形で及んでいた。これは、戦場の全体が一人の男の声と視野の範囲内であったから、また、戦術がたいていの場合に、いっせいに全軍隊によって遂行されていたから、可能であった。

近代の戦場は、非常に異なった情景を示している。権限は複雑な命令のハイアラーキーを通じて行使される。ハイアラーキーの段階のそれぞれは、その下の段階に自由裁量の広範な領域を残しており、兵卒ですら戦闘状態においては相当程度の自由裁量を行使している。

こうした状況のもとで、司令官の権限はいかにして兵卒にまで及ぶのであろうか。彼はいかにして兵卒の行動を限定し、また導くのであろうか。それはつぎのようである。すなわち、司令官はすぐ下の段階での各単位の全般的任務と目的を明確に指定し、各単位間の適正な調整を確保するような時間的空間的要素を決める。連隊長は、その連隊内の各大隊に対しその仕事を割り当てる。大隊長はその大隊内の各中隊に対し、中隊長はその中隊内の各小隊に対し、それぞれ仕事を割り当てる。通常では、将校が小隊をこえてより小さい単位に命令することはない。陸軍現地勤務規則の内規に、つぎのように規定されている。「命令は部下の職分を侵害してはならない。それは部下の独自の権限をこえるものは全て含むべきだが、それ以外のものは、なにも含むべきではない。[2]」

したがって、戦場の命令に関するかぎり、将校の自由裁量は、彼の部隊の目的の明細とその全般スケジュールによってのみ限定される。そして彼は、その部隊の仕事を完遂するのにさらにその下の各単位が果たす役割がなんであるかを指定する必要があるかぎり、彼の部下の自由裁量の余地をさらに狭めることになる。

このことは、将校の自由裁量が、彼の目的もしくは任務によってのみ限定されることを意味するであろうか。全く違う。確かに、野戦の命令はこの点をこえることはない。命令は、彼の行為がなにかを指定する。しかし、将校はどのようにをある程度詳細に指定している戦術原理および一般的訓令によっても、支配されている。中隊長が攻撃のために中隊を展開する野戦命令を受けるとき、彼は陸軍で認められている戦術上の原則に従ってその展開を実行することが期待される。彼は部隊を指揮するにあたって、なにをとともにどのようににも責任をもっている。

最後に、陸軍の仕事を実行している人間——兵卒——にわれわれの注意を向けてみるとき、彼の行なう意思決定に大量の影響が関係していることがわかる。彼が攻撃に参加する決定は、師団の、さらには軍団の司令官によってなされてきたことだろう。その攻撃にあたっての彼の正確な地理的配置と場所は、旅団長、連隊長、大隊長、中隊長、小隊長、班長によってつぎつぎと明細さの程度を高めつつ決定されるであろう。しかし、これが全てではない。中隊長の決定する攻撃の計画は、中隊長が受け取る野戦命令のみの結果ではなく、彼が受けた戦術的訓練、また敵の配置についての情報の結果でもある。同様に、兵卒も、散兵線での攻撃まで彼が前進するにつれて、彼の訓練と教化の影響を力にする度合いがますます大きくなるに違いない。

組織における決定の過程を理解するには、上司が部下に与えるその場の命令にとどまらず、それをはるかにこえる必要がある。部下が、服務規定によって、訓練によって、また彼の行為の事後検討によって、いかに影響を受けるかを知ることが必要である。彼の決定に関係するであろうどのような情報が彼に達するかを決着するには、組織におけるコミュニケーションの経路を研究することが必要である。部下に残された自由裁量の余地が広ければ広いほど、公式の権限の行使に依存しない種類の影響力が、いっそう重要となる。

◆影響の様式

組織が、その影響力を個人の決定に関連させるようにする方法は、第1章で列挙された。「外的」な影響は、権限、助言と情報、および訓練を含む。「内的」な影響は、能率の基準、組織への一体化を含む。これらのそれぞれは、これまでの諸章で詳細に論じられたので、ここでその議論を繰り返す必要はない。

これらの影響力の形態のそれぞれが使用されるべき範囲および方法を決定することは、組織の基本的な問題である。これら影響力のさまざまな形態は互換性が非常に高いが、このことは大組織においてよりも小組織におけるほうが、はるかにしばしば認められる事実である。

このもっとも簡単な例は、従業員がその職務になれてくるにしたがって、彼に許されうる自由裁量が次第に増加することである。秘書は、日常的な通信文を立案することを覚える。統計職員は、自分自身の計算結果のレイアウトを覚える。どの場合にも、従業員の決定を導くのに訓練が権限に取って代わっている。

「職能別監督」は、権限ではなく、むしろ助言の形をとることがしばしばある。権限に代わる助言のこの代用は、多くの場合、地理的な基準で組織されているラインの職員と、機能別の基準で組織されている専門家との間の、権限の衝突を防ぐために必要となろう。

影響のこれらの形態が、権限を補足する、あるいは権限の代用をする範囲で、影響の問題が内部的な教育およびパブリック・リレーションズの問題となる。つぎに示すのはこの種の影響の例である。

大きな部門の経営にとっては、部門の職員自体が一種の内部的「公衆」となる。相互の仕事交渉での互いに対する態度の正しい方向付けは、小さい組織では直接の個人的接触によって確保されるが、この接触が欠如せざるをえない大きな部門の職員は、一見したところ、外部の公衆に対する態度と全く同じ種類の注意、同じ「実践的心理学」あるいは「セールスマンシップ」を必要とするようである……。

たとえば、その職員に対して職務上の指示を用意する機構を考えてみよう。職務上の指示があまりに合理的に起草されすぎる傾向はないか。起草者の注意が、なにがなされるべきかを正確かつ包括的に示す論理的文案をつくることにのみ、しばしばとらわれすぎていないか……。しかし結局、指示の第一の目的は決して同じ局の批評家的な専門家から感心されることではない。指示は、行為の準拠となること、そして一般的に、批評的でもなく専門家でもない人々、また、同じ局にいない人々による指示が――いい換えると、その指示を最終的に受ける者が、それを受けるとき、求められていることにすぐ着手する考えになるように、それは意図されている。[3]

経営者は、近年、次第につぎのことを認めるようになった。すなわち、権限は、他の形の影響によって支えられなければ、比較的無力であり、消極的にしか決定を左右しない。もっとも常軌的なもの以外の全ての決定にはいっている要素は、非常に数が多くまた複雑で、積極的にコントロールできる要素はわずかであるにすぎない。部下がみずから決定の前提のほとんどを供給し、それらを適切に総合することができなければ、監督という仕事は救いようもなく難儀になる。

この見地からみるとき、組織の問題は必然的に採用の問題と交錯してくる。なぜなら、組織のなかで有効に使用されうる影響のシステムは、ハイアラーキーのさまざまな段階での従業員の訓練および能力に直接に依存するであろうからである。もし、福祉機関が、インタビューアーおよびケース・ワーカーとして訓練されたソーシャル・ワーカーを確保できれば、資格のあるなしを決めるにあたり、サンプルの検討と、特に困難なケースの検討さえ行なえば、広い自由裁量の余地をかれらに与えることができる。もし、監督者の職位にしか訓練されたワーカーが得られなければ、そのとき監督者は、その部下に対する監督をはるかにより完全に行なう必要があり、多分、全ての決定を検討し、頻繁に指示を出すであろう。これに応じて監督の問題は最初の例におけるよりも難儀となり、監督者が有効にコントロールできる範囲はそれに応じてより狭くなろう。

同じように、組織の単位が、決定のあるものにとって必要な専門能力をその単位内に保持するほど十分に大きいときには、それに応じて、組織の他の部分からの機能別の監督の必要は少なくなる。ある部門がみずからの法律的、医学的、あるいは他の専門的援助を確保できるとき、機能別組織のもつ問題はこれに応じてより簡単となり、部門に対する直接の権限の経路が助言的および情報提供的サービスによって補完される必要はより少なくなる。

したがって、組織の問題は、組織によって設けられた職位を埋めるべき従業員の特性の明細を離れては考えられない。職務分類の全ての問題は、組織の理論とさらにいっそう密接に調整されるようにする必要がある。最適な組織構造は、その形態がその機関の人員配置に左右される一つの変数である。反対に職位の分類は、組織の形態の運営において望まれるあるいは期待される、分権化もしくは集権化の程度に左右される一つの変数である。

合成された決定の過程における計画立案とレビュー

合成された決定の過程において、また、さまざまな影響を単一の決定に向けさせせることにおいて、決定的な重要性をもつ二つの経営の技術がある。これらについてはすでに随所で言及してきたが、組織の全般的な決定構造の一部分としてさらに体系的な議論がなされる価値がある。これらの第一のものは、計画立案である――これは、意思決定の公式の段階に達する前にさまざまな専門家の技能を一つの問題に向けさせることを可能にするテクニックである。第二のものは、レビューである――これは、個人が、その決定を決める「外的」および「内的」な諸前提に対して、責任をもつことを可能にするテクニックである。

◆計画立案過程

計画およびスケジュールは、おそらく、その権限を命令から引き出すので、おそらく厳密には命令と区別できない。それでもなお、この計画とスケジュールは、そのなかに莫大な量の細目を含むことができるために、また、その形成に必要ならば広く参加が得られうるために、決定に影響を与える手法として特別の重要性をもっている。広く参加が得られうるということを、まず考えてみよう。例を、サー・O・

マーリイから引く。

海軍本部の陣容には、たまたまそこにあるというもの、あるいは、離れ離れで連絡のないものは、ほとんどない。そこで注目すべきことは、部門の数や多様性ではなく、まさにこれらの間の密接な相互関係であり、また、私の論文の最初に述べた管理の目的に役立つためにこれらが結び合わされている仕方である。多分このことは、新しい戦艦の設計および建造において準拠される手続を簡単に記述することによって、もっともよく説明することができる。これは、私にはいつも協力のロマンスそのものと思われる。

まず、海軍本部委員会第一軍事委員およびその海軍参謀長補佐が、新しい設計のなかに盛り込みたいと望んでいる諸特徴――速力、航続距離、攻撃力、防御力 ――をだいたいのところ決めることから始まる。その後ただちに、建艦部長は経理部長のもとで相談して、望まれている艦の種類について略述した暫定計画を決め、同時に、異なる仕様別の規模と、かかる費用の見積りを決める。これを行なうために、建艦部長および部員は、広い範囲の問題――砲術、水雷、機関操縦術、装甲、砲撃管制、航法、信号、宿泊設備など――についての最新の発展と考え方の一般的知識――本来これらの事柄を担当している人々との親密な接触によってのみ得られるものである――をもたなければならない。それは、実際の協力が始まったとき、建艦部長の暫定計画に含まれる設備が、これら全ての問題についての専門家を満足させそうなものであることを、だいたい確実にしておくためである。

これらの代替的な暫定計画が海軍本部武官委員に提出され、委員が新しい軍艦の概括的な線を承認する。これがなされると、実際の設計の真の準備が始まる。軍艦の大きさおよび形態は、建艦技師たちによって、だいたいのところが決められる。それから、機関部長および機関部員が呼ばれ、推進機関の配置、シャフト、プロペラ、燃料庫、煙突の位置などの承認が求められ、同時に海軍軍需部長の協力が要請されて、大砲と砲塔および弾薬庫と砲弾庫の位置、および発砲している大砲に弾薬を供給する手段が決められる。

これら三つの主要部門の間の意思疎通によって、いっそうの進捗をみることができる。水雷部長と電気技術部長の協力が求められ、それによって、水雷武装、発電機関、照明などの計画が決められる。このように設計が進捗し、下部の部分から上部へ向かって精密化されていき、やがて建艦部長は、錨、錨鎖はもちろん、装備すべきモーター・ボート、スチーム・ボート、ローイング・ボート、およびセーリング・ボートの大きさおよび積込所について、提案の仕様を艤装部長と協議することができ、また、無線通信装置については信号部長と、操縦装置については航海部長と、というように協議することができる。このようにして、暫定計画は試験的な方法で次第に成長し、その進捗はつねにそれぞれの部分の能率に依存し、やがて最後には、多少とも完全な全体が、いちおう全ての合意を具体化した図面および設計明細書の形で、できあがる。この段階が実はもっとも困難で興味深い。それは、概してこの時点で、さまざまな要請がかち合うこと、また請負人たちに示された限界内では可能な最善案が多くの点で達成できないこと、があきらかになるからである。これらの困難は、円卓会議での討論によって解決され、艦の価値をそこなうことがもっとも少ないような妥協案が合意される。こうして完成された設計は、委員会の承認を受けるために最終的に提出される。約一四の部門が、最終的な詳しい仕様の決定までに関係する。[4]

ここで、非常に明確に説明されているのはつぎのことである。すなわち、計画立案の手続は、全ての種類の専門能力を、組織のなかの権限の経路によって課せられる困難を全く伴わずに、決定のなかに引き入れることを、可能にする。最終の設計は、確かに権限による承認を受けた。しかし、形成過程全体にわたって、「命令の一元性」の問題を引き起こすことなく、組織の全ての部分から自由に示唆や提案が流れた。このことから、つぎのようにいうことができる。すなわち、計画立案の手続が決定に達するのに使われる範囲内では、公式組織は全過程の最終段階に関係するにすぎない。適切な専門家たちが協議にあずかるかぎり、権限のハイアラーキー内でのかれらの正確な職位は、決定に大きく影響するとはかぎらない。

この説は、一つの重要な保留条件で限定されなければならない。もし、幾分相互に共存できないような多くの競合的な価値の間での妥協を、その決定が要求するならば、組織的な要因が相当の重要性をもつ傾向がある。このような場合には、実際に意思決定をする人間の注意の焦点と組織への一体化が、組織内のほかの場所にいる人々から彼が受ける助言に実際に彼が影響される程度に、影響を及ぼす傾向がある。この要因は、たったいま引用した軍艦の例に示されている。

この同じ説明が、先に言及した計画立案の手続の他の面——すなわち、計画は、行動の全体の複雑な様式を、きわめて細かいところまでコントロールしうる——を浮彫りにしている。戦艦の完成された計画は、艦の設計を最後のリベットにいたるまで明細に述べることになろう。建艦にあたる人々の仕事はこの設計によって細かく指定される。

◆レビューの過程

経営のハイアラーキーにおいて権限をもつ職位にある者は、レビューによって、部下が実際になにを行なっているかを確認することができる。

レビューの方法　レビューは、部下の活動をその目的に照らして測定した結果、もしあるとすれば部下の活動の目にみえる成果、あるいは、部下が活動を遂行する方法、に及ぶことができよう。

組織単位の目的の明示を通じて権限が行使されるときには、レビューの第一の方法は、組織の目的が達成される程度――結果――を確認することである。たとえば市長は、市の各部門をレビューする主な手段として結果の測定値を用いることができる。彼は、消防部門を火災損害で評価できよう。警察部門を犯罪および事故発生率で、公共事業部門を街路状況および廃物収集の頻度で、評価できよう。

非常に重要な第二のレビューの方法は、完成された仕事が量および質の要求を満たしているかどうかをみるために、その一部を検査するという方法である。この方法は、完成された仕事の質および量を、レビューする職員がある程度の能力をもって判断できることを仮定している。こうして、上司は部下が書く全ての発信書簡をレビューすることができ、また、タイピストの仕事を事務長は調べることができ、また、道路補修班の仕事を監督者は検査できよう。

仕事のレビューは、なされた仕事からランダムに選んだサンプルに限っても、なされた全てに対して行なったのと同じようにできる場合が多いことは、十分には認められてきていない。農業金融局の人事管理に、このような高度に発達したサンプリング手続の例をみることができる。この組織は、標準および手続を決める少数の中央スタッフ以外は、人事管理職能を、ほとんど完全な地方分権的基準で実行している。地方での実践がこれらの標準に従っていることを確かめる手段として、現場監督者が地方機関の仕事を検査するが、職務分類、給与基準の設定、さまざまなテストの作成のような、一定の人事手続の場合、サンプルを実際に検査することによって、仕事の質を確保している。同じ形の手続が、通常、地方の課税査定をレビューする州の査定平準局でもとられている。最後に、カリフォルニア、ニューヨーク、またおそらく他の州においても、福祉機関は、地方福祉機関の仕事をレビューするために、サンプリングにもとづく監査手続を発達させてきた。

第三の、そしておそらくもっとも簡単なレビューの方法は、仕事をしている従業員が、要求されている時間数だけ就業しているかをみるか、あるいは、そのまま続ければ仕事が完了するような一定の動作を行なっているかをみるか、とにかく、仕事をしている従業員を監視することである。この場合には、製品や結果に対してより、むしろ手続とテクニックに対して、レビューがなされる。これは、職長級の階層で広く行なわれているレビューの形態である。

レビューの機能　ある具体的な経営の状況においてどのようなレビューの方法を用いるべきかを決定するには、その特定のレビューの過程がなにを果たすことができるかについて、完全に明白になっていることが必要である。レビューの過程が果たすであろう機能には、少なくとも異なる四つのものがある。すなわち、部下によってなされている意思決定の質の診断、その後に続く決定への影響を通じての修正、すでに行なわれた誤った意思決定の是正、および部下に対してかれらが意思決定をするさいに権限を受容するよう制裁を強制すること、である。[5]

まず第一に、レビューは、意思決定が正しくなされているか、もしくは誤ってなされているか、比較的下部の階層で仕事がよく行なわれているか行なわれていないかを、経営のハイアラーキーが知ることのできる手段である。したがってそれは、基本的な情報源であり、比較的上位の階層では、その決定のために主としてこれにたよらなければならない。この情報の助けがあって、意思決定の過程に改良を加えることができる。

これは、レビューの第二の機能——つぎに続く決定に影響を与えること、を導く。この機能は、さまざまな方法によって達成される。誤った意思決定がなされた特定の諸点にかかわる命令、あるいは決定を支配する新しい政策を述べる命令が発せられよう。従業員の仕事をレビューして間違っているとわかった面について、従業員に訓練または再訓練を与えることができよう。情報がなかったために誤った決定を招いたのなら、それを従業員に供給することができよう。要するに、決定に影響を及ぼすことのできるいくつかの方法のどれについても、変化をもたらすことができよう。

第三に、レビューは、上訴の機能も果たしうる。もし一つの決定が容易ならぬ重要性をもつとき、その決定が正しいことを確保するために、それをより高い権限がレビューすることができよう。このレビューは当然のことかもしれないし、あるいは利害関係者の訴えがあって初めて行なわれるかもしれない。レビューのこのような過程を正当化する理由は、(1)この過程によって決定を二回考察できるようになること、(2)上訴のレビューは当初の決定と比較して決定に時間がかからず、そのため、よりよく訓練された職員の時間をより困難な決定のために確保できることである。上訴のレビューの要は、行政法の言葉を使うと、改めて考慮すること、にあるかもしれない。あるいは、上訴のレビューは当初の決定が政策の重要な規定に本質的に従っているかどうかレビューするにすぎないかもしれない。

第四に、レビューは、権限の有効な行使のために不可欠であることがしばしばある。第7章でみたように、権限は、ある程度それに強制力を与える賞罰の利用可能性に依存している。権限が尊重されたとき、また、それが背かれたときを確認するなにかの手段がある場合にだけ、賞罰を適用することができる。レビューは、権限のある人間にこの情報を提供する。

「予期反応の法則」を想起すれば、レビューに先だってなされる意思決定は、レビューの予期と賞罰の発動によって、権限に従うように保証されることがわかる。レビーがこれに先だつ決定に影響を及ぼすことができるのは、この理由のためである。

集権化と分権化

合成された決定の過程、そして特に組織におけるレビューの方法と機能について、われわれが行なってきた検討は、決定の過程を組織内に最適に配分する方法、および、決定の過程を集権化することによる相対的な利益と不利益、をあきらかにするのにかなり役立つ。

この点に関してすでに論及したところがある。第7章においては、意思決定の専門化と集権化が三つの目的、すなわち調整、専門能力、および責任を確保する、のに役立つことが指摘された。第3章においては、立法者と行政管理者の間の機能を区分するために多少の実際的なテストが提案された。第8章では、決定の集権化とコミュニケーションの問題の関係が探究された。第10章では、組織のメンバーの誤った制度的な一体化から、集権化が必要となることがときにはある、ということをみた。さらに、本章では、組織のメンバーの能力が、可能な分権化の程度を決める一つの要因となりうることを主張した。決定の配分において重きをなすべき考慮事項は、すでに論及したもののほかにもあるだろうか。

最初に、一つの重要な区別を明確に理解しておかなければならない。集権化には二つの非常に異なった面がある。一方では、意思決定の権力は、部下の自由裁量に制限を加えるために一般的な規定を用いることによって、集権化できよう。他方、意思決定の権力は、部下の手から意思決定の実際の機能を奪うことによって、集権化できよう。この二つの過程を、ともに「集権化」と呼ぶことができるのは、いずれも結果として、競合する複数の考え方の実際の考量を部下の手から奪うことになり、また組織の他のメンバーが出した結論を部下が受け入れることを要求することになるからである。

さらに指摘されるべきことは、レビューは、レビューの機能の行使の仕方と分権化あるいは集権化の程度との間の非常に密接な関係である。レビューは、決定を評価することにより、またその評価を通じて部下に規律と統制を受け入れさせることによって、決定に影響を与える。レビューは、ときには、間違った決定を見出し、また、それを矯正する手段として考えられることがある。この考え方は、個人の権利あるいは民主主義的責任を維持するために、上訴の手続が必要なところで非常に重要な決定に適用されれば、非常に役立つであろう。しかしながら、通常の状況のもとでは、間違った決定に導く部下の決定の過程を訂正する機能のほうが、間違った決定を訂正する機能よりも重要である。正しい意思決定をするために部下のもつ諸資源が強化されてくると、次第に分権化が可能となってくる。したがって、レビューは、三つの結果をもちうる。すなわち、(1)レビューが個々の決定を訂正するために使われるならば、それは集権化、および意思決定機能の実際の移転を招く。(2)部下がいっそうの指図を必要とするところを発見するためにレビューが用いられると、それは部下の自由裁量を制限するより完全な規定と規則の制定に至り、集権化を招く。(3)部下自身のもつ諸資源を強化する必要のあるところを発見するためにレビューが用いられると、それは分権化を招く。これら三つの要素は、全てさまざまな割合で混在しうるし、また通常は混在している。

しかし、どうして経営は分権化をめざすのであろうか。この点までのわれわれの分析は全て、意思決定の集権化が果たす重要な役割を強調してきた。しかし、経営について注意深く研究している者は、集権化に不信を表明し、集権化の利点を素朴に容認しないよう警告している。たとえばサー・C・ハリスが、つぎのように述べている。

私が分権化の徹底した主唱者としてあらわれるとすれば、中年のときにこの信念に変わった者としてである。……官務についた当初、私の目にとまった地方の決定と行為が、一般的な知識もなくまた中心的な原則が理解されずになされていることを強く印象付けられた。数年の間に中央からの積極的な統制を増大させることが、経営の能率のためにも、また経済性のためにも、役立つという確信がこうじてきた。そして今日、特定の末梢的なことと、当面の結果だけについていうとすれば、この点についてはは依然、少しの疑問もはさみえないと感じるであろう。この確信が霧散するのは、C・ブラウンの見解に立ちもどり、樹とともに森をみようとするときである。

……単純な集権化は、決定と認可の機能を最高位の中央に追いたて、決定された後に、行為は残されて、下位の権限によって実行される。

下の人が間違いをおかしたからと、今後高い権限への服従を要求することによって、下の人あるいはその階層の自由裁量を削減してはならない。彼に教えてもう一度ためしてみなさい。しかし、もし教導できないならば、彼を除きなさい。[6]

ほとんど全ての人は、長い目で結果をみるのでなければ、部下に委譲せずにみずから意思決定するのが「より安全だ」と感じる。上司は、さまざまな立場からこの集権化を合理化する。すなわち彼のほうが部下よりも高度に熟達あるいは訓練されている。自分が意思決定を行なえば、自分が望むままに確実に決定することができる。彼がつねに自覚しているとは限らないことは、決定の機能を完全に彼に集中することによって、彼の仕事を増加させ、かつ部下を不必要にしていることである。

上司が部下よりも高度に訓練されている場合でも、決定を分権化する二つの大きな理由がある。その第一は、第9章における能率と十分性の区別に立ちもどる。決定の正確性を考慮するだけでは、十分でない。その費用も、同じように重視されなければならない。上司は、多分部下よりも高い給与を受けている。彼の時間は、組織の仕事のより重要な側面に留保しておかれなければならない。彼が、ある特定の意思決定を行なうために、より重要な決定にささげるべき時間を犠牲にするならば、その特定の決定の正確性が増したとしても、それはあまりに高くつきすぎるであろう。

集権化より分権化のほうがしばしば望ましい第二の理由は、ハイアラーキーの上位に決定の伺いをたてることが、意思決定の過程にさらに新しい金と時間をかけることになることである。中央で意思決定がなされるときの正確性という利点に対して、決定を伝達する費用とともに、決定の過程を重複させる費用を、はかりにかけなければならない。

レビューの不経済な基準の費用を強調するためには、I・ハミルトンが自分の経験を述べた例を引用するのがもっともよいであろう。

一八九六年に、私はインドのシムラで主計副総監をやっていた。当時それは、おそらく現在でもそうであろうが、アジアでの職ではもっともきついものの一つであった。長い一日の仕事が終わると、私はいつも、三フィートから四フィートの高さがある書類の山につきまとわれながら、夕食に帰ったものだ。私の上司であった主計総監は頭がよく、とても愉快な、猛烈な働き手であった。だからわれわれは汗水流して働き、一時は書類の山を相手に互角の競争を行なった。しかし私のほうは若かった。彼のほうが先に、医者からヨーロッパへ帰ることを命令された。そのとき私は四三歳で後継者となり、インドの主計総監の役目を務めることになった。不運にもそのときの政府は、非常にけちな雰囲気にあり、私の後任者となるべき者の給料を支給しないことになった。最高司令官のサー・G・ホワイトは、私に、二人分の仕事をするよう要求した。私はがっかりしたが、ためしてみるよりほかに道がなかった。その日がきた。主計総監は帰国し、そして、彼とともに彼の仕事の分担も全て立ち去ってしまった。私自身の分担はというと、十二時間の重労働がある手品によって消えて、一日六時間労働という社会主義者の夢が実現した。どうしてだろう。その理由は、ある部門から問題が出されたとき、かつての私は、その実情を説明し、私自身の見解を示して、主計総監がそれを承認するよう説得するのに努力しつつ、それについて長い覚え書をつくるよう強制されていた。彼は、高度に良心的な男で、もし彼が私と意見を異にするなら、彼の理由――数頁にわたる理由を公表したがった。それどころか、彼が私に賛成したときでさえ、依然彼は彼自身の言葉で賛成し、「その言葉を公表」したがった。さて、私が主計総監兼主計副総監になったときには、かつてと同様に実情は研究したが、そこで私の仕事は終わった。すなわち、私は自分の部下を説得する必要はなかったし、一人にされて喜んでいる最高司令官以外には上司もなかった。私は命令を出すだけだった――それも、人が恐れないかぎり、全く簡単なことであった。私のいうことといえば、「イエス」か「ノー」であった。[7]

集権化に対する反対は、すでに考察してきたこと以外にもある。これまでのところ、上司は十分な時間さえ与えられれば、部下よりも正確な意思決定ができると仮定してきた。しかしながら、この仮定は、決定の基礎となる情報が上司にも部下にも平等に得られるときだけ事実となろう。意思決定が時間ぎりぎりでなされなければならないとき、あるいは組織の特徴が地理的分散にあるときは、この仮定はおよそあてはまらないだろう。「実情についての事実」は、部下には直接手にはいるものかもしれないが、それを上司に伝達することは非常にむずかしいかもしれない。経営のハイアラーキーの上位の階層が、下位の階層では直接に知りうる多数の事実から絶縁されることは、よくある経営の現象である。

集権化が仕事の専門化に必然的に伴うものとして促進されることもある。仕事が専門化されると、その集団メンバーの間での調整を確保するための手続が導入されなければならない。そして、調整手続のもっとも強力なもののなかに、決定の集権化がある。そのとおりであるが、この結論を認めても、専門化に伴うきわめて現実的な不利益と費用に対して、われわれは目をとじてはならない。

個人間の調整には、計画のコミュニケーションが含まれる。このような調整のために使いうる手法が、いかに複雑かつ強力であっても、その有効性は、個々の人間がもつ神経システムの調整力とは比較しようがない。船とか橋の設計の場合のように、計画の諸要素を図表と図解にまとめることができるとき、個人間の調整は詳細な細目にまで及ぶことができる。しかし、熟達したピアニスト、あるいは技術と知識の全てを設計の問題に向けているエンジニアがもつ調整のメカニズムは、これよりはるかに複雑である。

能率を増大させるために専門化の方法をうまく使えるのは、仕事全体の専門化した部分の間では調整を必要としないか、あるいは個人間の調整に使えるテクニックでこの調整をやり遂げられるか、のいずれかの場合であろう。この二つの条件のどちらも満たされないとすると、そのときには、調整のメカニズムとして個人の頭脳を使用できるようにしておくために、専門化を犠牲にしなければならない。もしある人が糸をもち、別の人が針をとると、針に糸を通すことはとても簡単ではない。ここでは、同じ場所に糸と針をもってくることが仕事である。この仕事を、個人間の調整でやりとげようとしても、一人の人間の神経システムによる二つの手の動きの調整よりもはるかにまずいことになる。

戦艦を設計する手続を描いた引用も、[8]もう一つの適例である。その手続を丹念に分析してみると、そのなかには、戦艦の設計のさまざまな面での専門家のみでなく、「戦艦設計のなんでも屋」といってよいような職員のグループも含まれていることがわかる。建艦部長および機能別の専門家でない者が、艦の概要を決める。引用を繰り返してみよう。

その後ただちに、建艦部長は経理部長のもとで相談して、望まれている艦の種類について略述した暫定計画を決め、同時に、異なる仕様別の規模と、かかる費用の見積りを決める。これを行なうために、建艦部長および部員は、広い範囲の問題――砲術、水雷、機関操縦術、装甲、砲撃管制、航法、信号、宿泊設備など――についての最新の発展と考え方の一般的知識――本来これらの事柄を担当している人々との親密な接触によってのみ得られるものである――をもたなければならない。それは、実際の協力が始まったとき、建艦部長の暫定計画に含まれる設備が、これら全ての問題についての専門家を満足させそうなものであることを、だいたい確実にしておくためである。[9]

「なんでも屋」がその任務をすませた後に、初めて専門家が呼ばれて提案を求められうる。つぎに会議という個人間の調整のテクニックが用いられて、専門家の競合する要求を調停する。最後に計画は、認可を受けるために再び専門家でない者に引き継がれる。

そこでわれわれは、つぎのように結論できよう。ある程度の集権化は、組織のもつ利点すなわち、調整、専門能力、および責任を確保するために不可欠である。他方、集権化の費用も忘れてはならない。それは、給料の高い者に、かれらが注意する価値のない決定をまかせることになろう。それは、機能の重複を招いて、不必要な部下を存在させることになろう。ときには相当な費用がかかっても、コミュニケーションがとれるように設備を整えておかなければならない。正しい決定のために必要な情報は、部下にしか手にはいらないかもしれない。最後に、集権化は、人間の神経システムという強力な調整の能力を無駄にしたままで使わずにおき、これに代えて個人間の調整のメカニズムを使う。これらは、決定を集権化あるいは分権化すべき程度を決める場合に、考量されなければならない問題である。

経営理論のための教訓

現在受け入れられている「経営の諸原則」は、ほとんど曖昧かつ相互に矛盾したことわざにすぎず、一貫性をもった有用な経営理論をうちたてるには新しいアプローチが必要である、という立場が第2章においてとられた。これは、経営の文献において認識され始めた事実である。ムーニーおよびライリーから、ギューリック、大統領諮問委員会論争を経て、S・ウォレスおよびベンソンにまでいたる出版物のつながりを研究すると、「経営の諸原則」自体から、競合する諸原則がそれぞれ適用できる条件の研究に、着実に強調が移行していることがわかる。われわれは、決して組織は目的別であるべきだというのではなく、むしろ、これこれの条件のもとでは目的別組織が望ましいが、別のこれこれの条件のもとでは過程別組織が望ましい、というのである。経営の諸原則の適用可能性の基礎にあるこれらの条件の理解は、決定の観点から経営の過程を分析することによって得られうる、ということがこの研究の中心的論題である。

このアプローチがとられると、決定の合理性——すなわち、特定の目標の完遂のためのその適切さ——が、経営の理論の中心的な関心事となる。しかしながら、すでに第2章で指摘したように、もし人間の合理性に限界がなければ、経営理論は無益なものとなろう。その場合の経営理論には、ただ一つの教えしかない。すなわち、利用できる諸代替的選択肢のうちから、あなたの目標をもっとも完全に達成させるものをつねに選び出せ、ということである。経営理論は、人間の合理性には実際には限界があり、これらの限界は静止していず、個人の決定がそこで行なわれる組織的な環境に左右される、という事実から必要とされるのである。個人がその決定において、合理性（組織目標の観点から判断して）にできるかぎり近づくように、この環境を設計することが、経営の仕事である。

◆合理性の領域

これもまた第2章で説明したように、合理性への限界を個人の立場からみるとき、それは三つの範疇に分けられる。すなわち、彼は、彼の無意識的な技能、習慣、および反射作用によって制限されている。ついで、彼は、組織の目標とは相違しているであろう彼の価値観、および目的の認識によって制限されている。第三に、彼は、その知識および情報の程度によって制限されている。個人は、彼がある特定の行為のコースをたどることができ、行為の目標を正しく認識し、また彼の行為をとりまいている諸条件を正しく知っているい範囲でのみ、組織の目標からみて合理的となりうる。これらの要因によって決められた限界内で、彼の選択は合理的――すなわち、目標志向的――となる。

したがって、合理性が行動を決定するのではない。合理性の領域のなかでは、行動は、能力、目標、および知識に対して、完全に弾力的であり、適応的である。その代わりに、行動は、合理性の領域を制限する非合理的および不合理的な要素によって、決定される。合理性の領域は、これら不合理な要素に対する適応性の領域である。二人の人間が同じ可能な諸代替的選択肢と同じ価値観と同じ知識を与えられると、二人は、合理的には、同じ決定だけに到達できる。したがって、経営理論は合理性の限界を扱わなければならないし、また人が意思決定をする場合に組織がこの限界に影響する仕方を扱わなければならない。理論は――第10章で示唆したように――制度化された意思決定が、いかにすればより広い組織的構造のなかで展開された価値観に一致するように行なわれうるかを、決めなければならない。理論は、組織の構造がその構成部分および個々のメンバーの決定に与える影響（組織全体の見地から判断して）の評論でなければならない。

右に列挙した三つの型の限界のそれぞれを組織が変えうる方法の実例が、多分この問題をより具体化するであろう。

限られた代替的選択肢　満足な速度で仕事を進められない煉瓦積み職人を考えてみよう。彼の行動に合理性がないわけではないだろう。事実は、彼の技能が十分に上達していなくて、煉瓦をすばやく積むことができない、ということであろう。しかしながら、もし技能それ自体に注意してみて、適正な方法で教育と訓練が彼に与えられるとするならば、不可能はたやすく可能となりえよう。技能は、短期的には適応性あるいは合理性の範囲を限界付けるが、長期的には訓練によって全く新しい行動の可能性をひらく行動様式の例である。

価値観の新しい方向付け 合理性は、ときに個人が全体の組織目標に正しく一体化できないことによって、制限される。少なくともある状況においては、組織の下位目標への一体化から、より広いより包括的な目標への一体化に、個人を新しく方向付けることが可能である。筆者は、別の文脈において、価値観の枠組を変えることによって、「合理的人間」の行動を新しく方向付けるこの方法を示す機会をもった。その状況で扱った問題は、ある経営的な試みに参加していた一団のソーシャル・ワーカーのモチベーションを、コントロールし修正することであった。すなわち、

ソーシャル・ワーカーにとってこの試みは、彼が日常の職務で達成しようとしていた諸目的と両立しないようにみえるだろう。そのようなワーカーの協力は、研究を彼のより基本的な価値観から説明することによって、また、彼の当面の目的や態度のあるものを一時的に犠牲にすることがこれらのより広い価値観に役立つであろうことを彼に示すことによって、初めて得られよう。この方法で、彼の仕事の正規の日常スケジュールが彼に強いたより狭い準拠枠——いわば条件反射——から、彼の注意が引き離されえよう。[10]

知識の限界 決定において、特定の事項の知識が繰り返し必要とされるところでは、組織は、この必要を予測することができ、また決定に先だってこの知識を個人に与えることによって、彼の合理性の領

域を広げることができる。これは、決定に時間の制約があるときに特に重要である。このようにして、警官は逮捕術、無法な囚人などの扱い方を訓練されて、必要が起きたときにその場でこれらのことを考えて解決する必要がなくされる。

◆個人および集団合理性

決定は、それに到達するまでに個人が比較考量した価値観、代替的選択肢、および情報と一致しているなら、個人の見地から合理的（主観的に合理的）である。また、決定は、それがグループを支配している価値観、グループがその決定に関連してもっている情報と一致しているなら、グループの見地から合理的（客観的に合理的）である。したがって、組織は、決定を行なう個人の見地から（主観的に）合理的である決定が、グループの見地から再評価されるときもなお合理的であるようにつくられなければならない。

士官が彼の命令下にある一人の兵隊に、特定の丘を占領せよと命令するとしよう。合理性（主観的な）は、その兵隊に、この目的あるいは価値を、敵の位置に接近するために彼がもつ技能と、彼の状況について彼が感覚によって得る情報に、結合させることを要求する。

他方、合理性は、その士官に、彼がその兵隊に割り当てた目的が彼の組織単位のより広い目的に寄与するようにすること（これは通常、兵隊の目的が、うまく達成できるある程度の可能性をもたねばならないことを意味している）、および、兵隊の任務に役立つであろう全ての入手できる情報を兵隊に与えることを、要求する。士官が合理的であるということは、兵隊の行動を士官の地位からのより広い見地から評価しても、その兵隊の行動が、なお引き続き合理的にみえることを意味する。

これこそ——すなわち、それぞれの「現業の」従業員にある決定の環境を与えること、すなわち、この環境の見地から合理的である行動はグループの価値観およびグループの状況からもまた合理的であるような種類の環境を与えることこそ——経営の基本的な仕事である。さらに、個人にとっての決定の環境の確立は、組織にとってはコミュニケーションの問題を伴うことを、考慮に入れなければならない。したがって、これらが、組織の理論が樹立されうる基礎的な要素である。すなわち、(1)現業レベルより上層でなされた意思決定は、伝達されなければならない、(2)意思決定がなされるところはどこでも、その意思決定の質は、意思決定を行なう人間の合理性の領域を限界付けている環境次第である。第一の要素については、コミュニケーションの技術（もっとも広い意味での）が制約要因である。第二については、個人の合理性の領域を限界付けている要因そのものが、制約要因である。

◆組織内配置の重要性

経営理論は、不合理的な人々のコントロールにかかわるから、合理性の領域が大きければ大きいほど、経営の組織の重要性はそれだけ少ないことになる。たとえば、計画の準備あるいは設計の機能は、もしそれが、困難なく個人間に伝達されうる書式化された計画を生むなら、組織内のほとんどどこに置かれてもよく、その結果には影響がない。必要なことは、その計画に権威ある地位を与える手続だけであり、それには多くの方法がありうる。したがって、計画もしくは設計する単位の適正な配置についての議論は、とうてい結論に達しない傾向があり、組織の中の各人の個性、および計画職能に対するかれらの相対的な熱意あるいはその欠如によって、決まるであろう。[11]

他方、コミュニケーションもしくは一体化の諸要因が意思決定に決定的に重要であるとき、組織の中の決定の場所はきわめて重要である。たとえば、軍隊の中で決定を配分する方法は、少なくとも実際の戦闘前に、他の決定と調整するための知識が得られるところでそれぞれの意思決定がなされることに、自動的に（急いでつけ加えると、かつ「理論的に」）決められている。同様に、予算の割当についての最終の決定は、許可される特定の費目のみに一体化せず、この費目を他の代替的な費目と比較考量するに違いない経営者につねにまかされることに、われわれは気付くであろう。

経営者の役割

経営者の役割と訓練について簡単に述べることによって、本書を結ぶことが適切であろう。先に示唆したことであるが、「経営的」決定という独特な呼び方ができる決定は、意思決定の過程そのものと関連している決定である。すなわち、このような決定は、組織の仕事の内容を決めるのではなく、その特定の組織のなかで意思決定の機能がどのように配分され、また、どのように影響を受けるべきかを決める。

しかし、ある「経営的」意思決定がどのような組織においてもなされなければならないということは、その組織でたまたま「経営者」と呼ばれている人間は、経営的意思決定のみを行なう、あるいは行なうべきだ、ということではない。経営的意思決定だけにその仕事を限定した職員が存在することが望ましかろうとなかろうと、経営者の仕事をそうしたいい方で定義することは、今日存在している経営組織を正確に描くものでないことは確かである。

ほとんど全ての組織において、経営者は組織構造を確立し維持する責任をもつのみでなく、組織の行なう仕事の内容について、比較的広くかつ重要な意思決定を多少行なう責任をもっている。これらの決定の一つだけをいってみても、より高い地位の経営者は、通常、予算の決定——すなわち、組織の努力が向けられるべき方向についての決定——に相当の責任をもっている。さらに、彼は、彼の自由裁量の限界内で、組織目的——すなわち、組織のより低い階層の全てでの決定を導く価値観——を形成する責任がある。

したがって、ハイアラーキーを上に進むにつれて、「経営的」義務が経営者の時間をますます多く占めるようになり、「技術的」義務は少なくなるといういい方は、相当に注意して解釈しなければならない。「経営的義務」という言葉が組織を決める機能のみをいうようにとられるならば、それは正しくない。経営者の受けもつより広い決定の機能を「経営的義務」と考えるならば、それは正しい。

経営者の受けもつより広い決定の機能と、ハイアラーキーのより低い階層での「技術的」機能との間の差異は、なんであろうか。簡単にいうと、より高い地位の経営者の組織の仕事の内容についての決定は、より低い地位の経営者の決定と比較して、より最終的な目的およびより一般的な過程を扱う。より低い地位の経営者の目的が高い地位の経営者の過程であるといってもよい。

速記者の合理性は、一枚の原稿を、その内容は問題とせずにタイプした原稿に形を変えることに行使される。速記者の雇主の合理性は、速記者がかかわる要素それ自体——すなわち、タイプ書きへの変形——は問題とせず、その原稿の内容を決めることに行使される。

技師長の決定が、彼の設計技師の決定と比較して工学技術にかかわることが少ないならば、その決定はなににかかわるのであろうか。保健担当長の決定が医学的知識の詳細を含んでいないならば、それはなにを含むのであろうか。こうした決定は、組織のより広い目的に対する能率の基準の適用を含んでいる。政府組織（および程度は少ないが商業組織）のもつより広い目的は、圧倒的に社会的であり、また、その手段のより大きな問題はおもに経済的かつ財務的であるので、これが意味するところは、高い地位の経営者の決定には、社会科学の諸原則および経済計算が含まれる、ということである。

さらに、もう一つの点に注意すべきである。それは、組織の構造そのものを扱う決定にさえあてはまる。すでに示唆したように、経営理論が、組織の仕事の内容との関係を完全に断つことができないとすれば、健全な組織の決定には、仕事の内容についての知識もまた必要である、ということになる。

したがって、われわれはつぎのことを理解する。組織が構成されるときの経営者の仕事は、(1)組織の構造についての決定、および、(2)組織の仕事の内容についてのより広い決定を含んでいる。これらの二つの決定は、いずれも、経営理論の知識あるいは経営理論による才能に完全にたよることはできないし、主としてたよることさえできない。組織の構造についての決定は、組織の科学技術にしっかり基礎を置いていなければならない。仕事の内容についての決定は、組織の科学技術に基礎を置かなければならないうえに、さらに、(a)能率の理論の完全な認識、および、(b)より広い組織の目的に関連した社会科学の諸局面の知識、を必要とする。

もし、この分析が正しければ、これは、「経営層」の訓練すなわち、より高い階層での経営で熟練を要する人々の訓練に直接関係があることになる。第一に、それは、ハイアラーキーの最高位にいる者を除いて、内容についての能力を離れて経営の能力を育成できる可能性について、大きな疑問を投げかける。第二に、それは、「経営者」の正しい訓練は、経営理論の狭い分野だけでなく、社会科学一般のより広い分野にかかっていることを示している。

結論

われわれの研究からは、決定的な経営原則はなにも出てこなかった。しかしながら、この研究は、経営の状況の分析と記述のための枠組をあきらかにし、また経営組織に有効などんな提案に達するにも考量されなければならない一組の諸要因をあきらかにした。さらにこの研究では、現在受容されている経営の「諸原則」は、内容が曖昧であり、かつ相互に矛盾していることが示された。

今後研究を進めなければならないつぎの段階はなんであろうか。第一に、現存の経営の状況についての十分な事例研究を進めなければならない。この事例研究は、小さい規模——すなわち適度の大きさの組織単位を詳細に扱うこと——から始めるのがよいであろう。浅薄さを避けるには、この方法しかない。

第二に、特定の経営のやり方の成功を測定するテクニックを発達させ改善しなくてはならない。特に、経営の研究で非常にしばしばなされている仮定、すなわち、あるやり方はそれが存在しているから有効であるという仮定は、最悪の種類の循環論法的な議論である。経営の研究者は、経営組織を単にみることによって、それが「機能している」か否かを決めうる神秘的な洞察力をもっていない。評価の手続で多分確実な根拠をもちうるただ一つのものは、代替的な経営の企てを客観的な結果で比較することである。

最後に、本書の研究で記述された「決定の」枠組を利用することによって、異なる経営の諸原則が有効に適用される「諸条件」についてのすでに着手されている貴重な研究が、さらに進展するかもしれない。

注1　私はバーナード氏から文通によって、「合成された決定」という言葉と、またここで用いられる合成された決定の特定の例について、教えを受けている。読者は、疑う余地もなく、みずからの組織で経験したこれに匹敵する多くの例を補充することができる。

2　*U. S. Army Field Service Regulations*, 1923, p.7.

3　H. Townshend, "'Practical Psychology' in Departmental Organization," *Journal of Public Administration*, 12:66.

4　Sir Oswyn A. R. Murray, "The Administration of a Fighting Service," *Journal of Public Administration*, 1:216-217 (July, 1923).

5　レビューの機能の幾分類似しているが同じではない分析は、Sir H.N. Bunbury の論文"Efficiency as an Alternative to Control," *Journal of Public Administraton*, 6: 97-98（Apr., 1928）にみられよう。

6　Sir Charles Harris, "Decentralization," *Journal of Public Administration*, 3:117-133（Apr., 1925）.

7　Sir Ian Hamilton, *The Soul and Body of an Army*（London: E. Arnold & Co., 1921）, pp.235-236.

8　本書の四八四〜四八五頁をみられたい。

9　Sir Oswyn A. R. Murray, *loc. cit.*

10　Simon and Divine *op. cit.*, p.487.

11　たとえばつぎをみられたい。Robert A. Walker, *The Planning Function in Urban Government*(Chicago: University of Chicago Press, 1941), pp. 166-175. ウォーカーは最高管理者に計画機関を所属させることに賛成している。しかし彼の主張の全ては「しかしながら、計画機関が政府組織の外にあるかぎり、計画は公務員たちからかれらの責任および管轄権の侵害として抵抗を受けることになろう」という、むしろ頼みにならないことにたよっている。「になろう」という動詞は、主張の申し立ての事実としては、全く強すぎるように思われる。

第11章のコメンタリー

第11章では第1章から第10章までのおもなテーマを集めて要約してきたので、このコメンタリーであらためて第11章をまとめ直す必要はないであろう。その代わりにここでは二つのことを述べようと思う。まず一つは、この『経営行動』の初版が出版されてから今日にいたるまでの経営理論の発展について簡単なコメントをすること。第二は、組織と環境の相互作用について、二つの追加的例をとりあげることである。この二つの例は、私が個人的にかかわってきた組織であり、一つはその組織の誕生という決定的なときにであり、もう一つは誕生時も含めて四七年間の付き合いがあった。どちらのケースにおいても中心的な課題は、その表現（あるいは組織文化ともいえようが）にある。つまり組織がどのように組織自身を、そして組織構造の環境依存性を考えるかということである。

半世紀にわたる組織理論の発展

ここまでの章のコメンタリーでは、この『経営行動』が初めて出版されてから半世紀にわたって行なわれてきた研究や観察の結果によって組織理論に導入されてきた新しく重要なアイデアについておもに考察してきた。この最後のコメントでは、どのようにこれらのアイデアがこれに先立つ本文と関連しているか、ということをみていきたい。

一連の議論において、私が「古典的な」組織理論と今日の理論には強い連続性があると思っていることがあきらかになるであろう。しばしばこの連続性は、管理理論の「学派」[12]を語ることによって、また特別なアイデアが研究者の注意を集めて広まるときに（その過程において新しい名前が付けられる場合もあるが）、新しい専門用語が生まれることによって、文献のなかで曖昧になってしまう。連続性を強調することによって「全て一九四七年にすでにあったことだ」という誤解が生まれないことを望む。反対に管理理論には、広範囲にわたるそして継続的な発展があるのだ、ということをこのコメンタリーに反映できればと思っている。新しい知識というものは、われわれがすでに知っていることを脱構築するのではなく、むしろ拡大させるものなのである。

◆人間関係

管理におけるいわゆる人間関係運動は、その起源は『経営行動』が出版された約二〇年前に求められるが、この本の権限と一体化についての扱い方に影響を及ぼし、また概して管理一般における心理学的メカニズムの強調に影響を及ぼしたことを示している。もっとも早い段階の人間関係の課題は、意思決定への労働者の参加であった。そしてそれにより、参加の勤労意欲への影響の研究と、従業員の勤労意欲と生産性の関係についての研究が多く生まれた[13]。

参加という課題は、その後一九六〇年代と七〇年代に出てきた権限とハイアラーキーに関するより一般的な非難のためのある基礎と、職場における人間の自己実現への関心をもたらすこととなった。これらの発展については、誘因と貢献のバランスに関連して第6章のコメンタリーで、また権限と関連しては第7章のコメンタリーで議論されている。[14]

◆合理性と直観

モチベーションと情動を強調しているために、人間関係の研究は、他の管理モデルの極端に合理的な姿勢と考えられていたものへの異議を生み出すという役割も果たしてきた。しかし合理性対直観という問題提起にとってより重要なのは、おそらく人間関係よりも第二次大戦後に台頭してきたオペレーションズ・リサーチや経営科学、経済分析といった数量的手法への熱狂に対する懐疑論者の反応であった。『経営行動』は著書自体がこの論争の直中で興味深い立場にあることになり、たいていの中間の立場をとるものがそうであるように、しばしば両方の側から攻められることがあった。一つの側、古典派経済学者は「限定された合理性」という句の形容詞に抵抗し、そしてごく最近になって厳格な効用最大化モデルから離れようとする意志を示し始めた。もう一方の側、数量的分析をしない管理の研究者は、合理性は人間の思考の直観的構成部分のための余地をほとんど残さないと信じているので、「合理性」という名詞に対して拒否反応を示した。両者の論点については、第5章のコメンタリーでやや詳しく述べている。

伝統的な知恵によると、このような論争において、真実は極端論のなかにはみつからないという。それゆえ私は『経営行動』がほぼ中間的立場にあることに安心感を覚えている。一方で本書は、大部分の経済分析が限定されない合理性に執着していることに挑戦しながら、「直観的」な思考が、神秘のベールを必要としない(限られた)合理的な過程としてどのように分析されうるかということを示している。

直観は専門家が慣れ親しんだ刺激によって特徴付けられる状況をすばやく認識し、それに反応するということを可能にする。それによって訓練や経験によって構築された大量の知識を利用することができるのである。この専門家の頭のなかの索引を付された百科事典は、専門家の行動や組織のルーティンの基本的なメカニズムを提供するものとなる。

◆コンティンジェンシー理論

異なったタスクや環境は、異なった組織構造を必要とするというアイデア、このアイデアが一般的に「コンティンジェンシー理論」と呼ばれるが、これは組織構造の普遍的な原則としての経営の格言に対して第2章で行なわれた挑戦からそのまま出てきている。第2章のコメンタリーでは、会計組織と製品開発組織を例にとって説明しながら、格言の批判とコンティンジェンシーの関係を述べている。さらにより精緻な二つの事例については、このコメンタリーの最後で紹介する。

◆権限関係

『経営行動』において挑戦された格言の一つは、命令の一元性の原則であった。そしてこれはバーナードのより洗練された権限関係の理論によって置き換えられたのであった。今日、権限の本質とその実際の作用に関しては多くの一致した意見があるように思われるが、一方で権限が組織においてどのように使われるべきか、そして使われるとしたらどの程度が望ましいのか、に関してはほとんど意見の一致はみていない。これらの問題については第6章と第7章のコメンタリーで述べている。

◆コンピュータとコミュニケーション

この『経営行動』の初版が出版されたのと時を同じくして台頭してきた新しい電子技術は、もちろんそうあるべきであったが、非常に多くの注目を集めてきた。そしてとりわけたいていの工学計算と多くの日常的な事務作業の自動化という側面において、すでに組織に非常に大きな影響を与えてきた。組織構造に対する影響についてははっきりさせることはやさしいことではないが、将来の主要な変化の可能性は忘れられるべきではない。これらの問題については、ほどほどに暫定的であることを願いつつ、第8章のコメンタリーで議論がなされている。

◆一体化と組織への忠誠

一体化が、有形の報酬と雇用契約がもたらす組織の目標に向けて働くモチベーションを飛躍的に強める、ということがここ何年間で次第によりはっきりとしてきた。同時に、一体化の心理学的根拠については多くのことがわかってきている。これらには、限定された合理性と環境に対する選択的注意から引き出される認知的根拠と、組織による人間の利他主義の活用から生み出される情緒的根拠の二つがあり、後者の情緒的根拠は、限定された合理性と従順さとの相互作用によって説明される。これらの事柄については、第10章で議論がなされているし、その章のコメンタリーでは最新の情報について述べている。

◆組織文化

組織文化へのいくぶん新しい関心は、使われている言語を除いては、組織メンバーが自分たちの環境と組織を特色付ける仕方について長い間もってきた関心と同じであるように思われる。それゆえこの組織文化の問題は、コンティンジェンシー理論および組織の目標と表現に非常に密接な関係がある。これらのトピックについては第5章と第10章の本文とそのコメンタリー、第2章のコメンタリー、そして本章のコメンタリーの残りの部分で論じている。

組織の誕生[15]

われわれは今日、組織には「ビジョン・ステートメント」や「ミッション・ステートメント」が必要であるということをよく耳にする。この想像された必要に反応してつくられる声明の多くは、否定できないことぐらいしか含んでいないようである。企業が高品質なものをつくり、消費者が必要とし欲しているものを与え、従業員を公平かつ寛大に扱い、さらには株主に最大の利益をもたらすと宣言することは、意思決定やほかの企業行動になんら顕著な影響を及ぼすものではない。表現されている感情は賞賛に値するが、企業がどうすべきかという暗示さえも与えてはくれない。

しかし、陳腐な言葉の効果についての皮肉な態度によって、われわれは、取締役と非管理職従業員が共に組織の目標について共通の認識をもつことが重要ではないとして退けてしまうべきではない。そしてこの場合の共通の認識とは、競争的ニッチを確立し、維持していくためにもっともよく使いうる特別な強みと比較優位性、そしてこれらの強みと優位性を活用し高めるためにもっともよくデザインされた「スタイル」と戦略を意味する。前諸章で私は組織が自分自身を特徴付ける仕方をいうのに「表現」という言葉を使った。適切な表現をみつけることは、新しくまた成長過程にある組織では有効な協働の達成にとってとりわけ重要である。そしてそのような表現が、組織の決定過程全体に浸透するまで理解され、さらにまた広められる、ということを確実にすることが、重要なリーダーシップの責任である。

効果的な表現とそれを広めるための効果的な方法は、第2章のコメンタリーですでに簡単ではあるが言及した「経済協力局」の事例をより十分に詳しく述べることによって、もっともよく説明することができる。

◆経済協力局の創立

一九四八年四月三日、アメリカ合衆国議会は、第二次世界大戦後のヨーロッパ諸国の虚弱な経済を助け回復させるために、いわゆる「マーシャル・プラン」を実行するなかで、経済協力法を承認した。そして七月の終わりまでには、経済協力局（ECA）は継続事業体となり、すでに海外援助計画の管理で相当な経験を積んでいた。

つぎの報告は、ECAの創立過程でのいくつかの段階について述べたものである。私のこれらの出来事に関する知識の多くは、私がこの機関——ECAの組織管理部のなかという有利な立場にいたために得られたものである。私は、この機関のほかの部署で働いていた人に私が観察したことをチェックしてもらう若干の機会はもったが、かれらと私がみたことが全く同じということは決してありえないし、また私がみたことが「真実」であるとする理由も全くないと思っている。実際にここから得られる一つの教訓は、初め、組織は主として異なった人々の心のなかに描かれた異なった絵から構成された、ということである。これらのいくつかの組織の表現は一致からはほど遠いものであったので、組織化とは多かれ少なかれ共通の一つの絵に到達することを必要とした。[16]

◆産みの苦しみ

この機関の急激な成長期における歴史の多くの部分は、ほぼ毎日のように改訂された電話番号表で読みとることができる。四月十三日頃に発行された最初の電話表には十五人の名前が載っていた。この電話表には事務的な仕事に携わる人の名前は含まれていなかったので、最初の一週間半の間に着任した人数は、多分全部でおよそ三〇人であったと思われる。四月二二日までには、事務職も含めて一三八人の名前が掲載されるようになり、七月二六日までには七四一人となり、その時点で急速な成長期は終わりを告げている。

成長の過程は細胞分裂の過程であった。ポール・ホフマンは、行政管理者として任命された数日後には、二人の補佐官に加えて、業務部長としてW・C・テイラーを任命した。そして最初はコントローラー代理だったが、すぐ後に正式のコントローラーとしてE・L・コーラーを、そして管理部長としてドナルド・C・ストーンを任命した。ホフマンはまた三人の経済学者も雇用した。かれらは、この機関が正式に創立される以前に展開されていたかなりの量の計画を見直してホフマンに報告するという役割を担っていた。このグループの責任者は、対外援助の大統領諮問委員会の事務局長であったリチャード・H・ビッセルであった。

この機関の計画の面では、細胞分裂過程は非常にゆっくりであった。しかし組織機構の面においては非常に速く進んでいた。この相違については理由が二つある。第一は、すでに国務省のなかに「暫定援助」部門が存在していたことである。この部門は初期の段階でオーストリア、フランス、ギリシャ、イタリア、そしてトリエステに与えられた援助資金を管理しており、初期に供給のパイプラインを満たし続けており、後に間もなくECA内の物資調達取引部門として吸収された。[17]

第二は、機構問題のほうが実質的な内容よりもはるかに明確であった。この機関は、事務室、電話サービスや他の管理維持的なサービスが必要であろうし、多くの従業員を雇わなければならないだろう。報道機関との関係機能すらも見落とされなかった。どのようにこの機関が海外援助を管理するかということは、はるかにはっきりとしていなかった。

四月の中頃までに、管理部長は予算部長、組織および文書部長、人事部長、および総務部長を任命した。四月の第三週までには、六三％の人間がこれらの部門に、別の十三％がコントローラーのもとに配属されて、二四％が実質的な計画に関連する全ての活動のために残されることになった。しかし七月二六日までに、計画部門の人員はワシントン事務所の全スタッフの四分の一から二分の一に増大した。

四月の中頃、ＥＣＡは工場をもたない製造企業にさえ似ていない存在であった。事務所の机や電話は数時間のうちに据え付けられた。この機関がはいっていた新しくて部分的にまだ工事中の建物のなかで、内装の仕切りは驚くべき速さで組み立てられた。しかしそこで生まれる製品がどのようなものであるにせよ、それらは国務省のグループによってつくり出されていた。国務省のグループは、新しい機関（ＥＣＡ）との接触は最低で、またそこからの指示もほとんどない状況で運営されていた。この事態の推移は、完全に理解可能である。ワシントンは行政機関がどのようにみえるかについて明確な概念をもっていたために、枠組みはつくることができた。しかし計画についてはなんら一致した見解が存在しなかったために、その骨組みは、肉、血、そして神経が備わったものになる準備はまだできていなかった。

◆代替的表現

それではいったい、どのようにしてＥＣＡの計画とその計画を実行する組織は生まれたのか。ＥＣＡ

の組織については少なくとも六つのアプローチがあったと認めることができる。この機関の初期の経営の歴史は、これらのアプローチと、それらに関連した管理部門の盛衰によって記述することができる。これらのアプローチは互いに全く矛盾しないものではないし、ＥＣＡを創立させた法律によってあきらかに支持されたものは一つもなかったので、生み出される最終的構造にはいくつかのアプローチが残されていた。

商品選別　戦時中の援助計画と戦後の暫定援助計画を通して、外国援助の管理についてかなりの経験を得てきていた。管理に関連する記憶は、主に商務省の輸出ライセンス部門と国務省の暫定援助グループにあった。さらに農務省と内務省の何人かもこれらの初期の計画に参加したことがあった。

このグループの外国援助の概念は、特定の商品に対する諸外国の必要性を決定し、個々の商品の出荷を承認するかあるいは不可とすることであった。この決定は、帰するところ、国の防衛や栄養状態のためのその国の商品の必要性を考慮して、および希少な商品をどの程度調達できるかを考慮して、これらのとり扱いを選別することであった。[18] この選別過程は、必要性と調達可能性の二つの特別な知識を必要とした。前者は商品と地域特性のなんらかの組合わせを提案し、後者は商品特性を指し示した。

貿易収支アプローチ　マーシャル・プランの立法化に先立って、ヨーロッパが必要としている援助の規模を知るために経済調査が行なわれていた。ヨーロッパ経済協同体委員会（ＣＥＥＣ）は、受容可能な消費レベルを維持するために不可欠な商品の輸入量と、輸入計画から導き出される国際収支についての見積りを一九四七年の秋に行なった。このようにして算出された「ドル不足」が要求される援助額の基礎となった。後に改訂されたこれらの見積りは、ＥＣＡの法律制定とそれに続く予算割り当て承認を導くことになった。[19]

計画の全体像のなかでは、それぞれの商品の購入は従属的な役割を演じた。いったん各国への援助の総額が決められてしまえば、特定の輸入がＥＣＡからのドルで資金が出されるのか輸出によって得られたドルでなのか、ということは重要なことではなかった。外国援助問題は「ドル不足」を埋め合わせる問題であったという考え方は、国際貿易理論の中心であった国際収支論にもとづいている。組織の観点からは、このことは各国に対するドルの援助額の全体的な決定が経済分析によって到達できることを示唆していた。

ヨーロッパ協同体アプローチ　前段階のもう一つの考え方として、西ヨーロッパにおける国際貿易、経済協力、そして産業合理化をよりいっそう進めるというものがあった。このアプローチは、すでに述べてきた研究における基本的な要素であり、また国務省と議会の政策にとって不可欠なものであった。[20] その意味は、第一に計画作成の主導権は協同活動をしているヨーロッパ諸国次第であるべきだということ、第二に計画のもとでのアメリカとヨーロッパ諸国との関係は、二国間ではなく多国間のものであるべきであり、ＥＣＡのワシントン事務所よりも主としてパリ事務所を通してチャネルが開かれるべきである、というものであった。

二国間公約アプローチ　援助についてのやや異なった考えに、個々の参加国とアメリカ合衆国との間の二国間の公約を条件とすべきであるというものがあった。[21] 必要とされる協定における一つの要素は、参加国がその他の国々と協力するという意欲であったので、この二つの考え方は直接対立するものではなかった。それにもかかわらず、二国間の協定によって、国務省を通しての個々の国々との直接交渉が求められて、それによってCEECとECAのパリ事務所が接触の主たるチャネルであるという立場が弱まった。また二国間の協定は、戦略的物資の継続的な入手可能性といったような、ある種の特別なアメリカの目標を強調するものでもあった。

投資銀行アプローチ　経済協力法では、初年度の援助額五三億ドルのうち、一〇億ドルはローンで行なわれ、輸出入銀行がこの貸し出し機関として定められた。このことは、工場建設の個々の計画や他の資本改善計画が、経済的に健全であるかどうかを決める必要性があることを示唆した。議会自体はローンの承認の基準を規定する点で、曖昧であった（たぶん意図的にそうしたのであろう）。投資の収益力と国の返済能力は、両方とも考慮されるべきものであった。[22]議会が収益力を基準として含めたという事実、そしてホフマン氏によって業務部長に任命されたW・C・テイラー氏が、輸出入銀行からECAに来たという事実は、最初の数か月の間に、ECAの組織に重大な結果をもたらした。

政策管理アプローチ　予算局は、ECAの内部組織のための暫定計画を作成していた。援助計画について明確な概念がなかったために、これらの計画は四月初めに展開し始めた組織――機構に非常に重きが置かれ、生産はほとんど考慮されない――と似ていた。政策調整局、計画局、業務局、そしてコントローラーについては規定がつくられた。最初の局は、ヨーロッパの復興のより広い側面に関係し、二番目の局は商品リストの検査に、三番目の局は実際の商品の調達に、そして四番目の局は文書管理と資金に対する会計に関係することになっていた。

複雑な問題――どのような問題であれ――を扱う場合には、最初に大まかな意思決定を行ない、つぎにより特定化された決定によってこれを実施し、さらに今度はこの特定化された決定を実施する、このようにすべきだというのが普通の考え方である。しかしこの計画は、統治の過程の記述を、計画を遂行する上で必要な管理単位のリストであるととり違えた。ＥＣＡという組織のなかで後に生じたある要素は、予算局によって提案された組織単位と同一であるとみなされうる。しかしコントローラーを除いては、これは偶然起きたことであり計画されたのではない。次第に適応していくことによって組織が修正されていくにつれて、政策調整に対応する組織単位はよりいっそう計画局の機能をもつようになり、計画局は業務局を完全に吸収していった。この理由は、おそらくこの後にいたってあきらかとなろう。

◆計画組織の発展

細胞分裂の過程が続くなかで、われわれが描いた計画の概念の各々が、誕生してくる組織単位の一つ以上にはっきりと具体化されてきた。個々の単位が被る運命は、二つの事柄に依存する傾向があった。第一に、どのくらい容易に計画の概念が実際に実行されえたか、に依存していた。それぞれの計画の概念は、具体的な管理活動と意思決定責任の実行可能な配分という観点から詳しく説明されるべきであった。五〇億ドルを西ヨーロッパ諸国に配分し、これらの配分を特定の商品やサービスを購買する権限へと変換するための意思決定過程へと精緻化されうるのでなければ、計画の概念は実行可能とはみなされえなかった。この意味において、全てのアプローチが実行可能であったわけではなかった。

第二に、組織単位の運命は、ＥＣＡの計画の概念を共有していたＥＣＡをとりまく強力なワシントンの他の機関との既存の自然な同盟にかかっていた。[23] このような同盟が、ともに実行可能だが競合するアプローチの一つのようになんらかの結果を決定するであろう。

続いて起きた権力闘争において、考え方――特に計画の概念――は、帝国を形成するための武器としてまた動機として主要な役割を演じていた。概念は、計画のなかで組織単位の要求をより大きな場所に押し進めるために使われうる武器であった。また概念は帝国形成のための動機でもあった。なぜならこれらの組織単位は、その機能を拡大することを計画の概念を実行するための主要な手段とみなしていたからである。この種の闘争はＥＣＡに特別なものではなかった。政府内や企業内における帝国形成の分析は、これらの要素がつねに存在し、非常に頻繁にきわめて重要であるということを示すであろう。それらは、自然淘汰の過程をすでに終えてしまっている機関においてよりも、初期のＥＣＡの歴史のなかであきらかにするほうが容易であろう。

ＥＣＡの計画のなかの商品選別という見方は、物資調達取引部（国務省の暫定援助グループの新しい名称）と、商品を基礎として設立された二つの計画単位、食品部と工業部、に普及した。食品部は主として農務省の影響下にあり、これの三つの部門とも商務省のなかの国際貿易局と非常に密接な業務関係をもっていた。商品選別はまたＥＣＡのコントローラー部においても広く用いられた概念であった。

商品選別アプローチの実行可能性は、法案それ自体のいくつかの規定によるところが大きかった。これらの一つは、援助はアメリカ人が絶対に必要とするものを満たすことを妨げてはならないと要求していた。原油は可能な限り、アメリカ合衆国以外のところで購買されなければならないし、馬肉以外はアメリカでは肉は買うことはできなかった。そしてアメリカ経済を守るためにほかにも条項があった。それは、これらの物資の調達に民間の貿易チャネルができるだけ用いられるべきであり、少なくとも物資の半分はアメリカの貨物船で運ばれなければならないというものであった。これらのすべての規定のために、個々の取引には調査が必要とされた。

逆説的にいえば、これらの規定はまた商品選別アプローチの基本的な弱点をつくり出した。希少な商品選別の際のもっとも重要な決定は、購入がＥＣＡの資金によってなされるかどうかではなく、アメリカから輸出されるかどうか、ということであった。それゆえ、それぞれの商品の全船積量の割当量が確定されなければならず、これらの割当量は資金の承認よりもむしろ輸出認可によって実行されなければならなかった。その結果、主たる認可の責任はＥＣＡよりも商務省と農務省にゆだねなければならなかった。[24]

同じ弱点によって、個々の取引を検査する目的は、ヨーロッパの国々が資金を「必要な」品物だけに使っていることを確かにすることによってアメリカの納税者の金を節約しようとすることであるという、より素朴だが強く支持されてきた考えが、むしばまれた。ヨーロッパ諸国の輸出ドル額の五〇％は通常の国際貿易で得られたものであり、残りの五〇％だけがＥＣＡからの援助金であったので、取引が承認されなかった場合は、問題となった特定の品物は国際貿易で得られた資金で調達され、他の品物がその代わりにＥＣＡのリストに載ることとなった。

最終的にＥＣＡという組織は、⑴調達取引の選別ではなく、輸出認可が個々の取引を統制するのに効果的な手段であり、⑵選別はヨーロッパ全体の輸入計画を統制することはできない、という二つの事実に適応せざるをえなかった。コントローラー部だけがその監査責任と共に商品選別アプローチの唯一の権力の中心として残ったが、これもしだいに計画部門の概念からは消えていった。

貿易収支の概念はその基礎を――初めは非常に不安定な基礎であったが――主としてビッセルによっ

てコンサルタントの立場でこの機関に採用された経済学者たちの間に求めた。ホフマン氏、および彼とすぐに関係をもった上級管理者の大部分は、初期には外部問題で手がいっぱいであった。かれらは国務省との関係をつくりあげ、二国間協定の交渉をしなければならなかった。さらに誕生したばかりのパリ事務所のための指導書も作成しなければならず、アメリカ議会での予算審理の準備もしなければならなかった。

このことは、計画手順を確立し、外国援助の第2、第3四半期の計画を評価するという仕事を、経済学者たちに残したことになる。実際の計画の修正は、少数の有能で、精力的で、非常に若くて、全くといっていいほど目立たない専門家で、CEECの最初の提案を評価する部門間委員会に参加していて、いまはビッセルのもとで働いている人々、おそらく多くて六人、の仕事であった。

ヨーロッパ協同体アプローチは、実行するよりも記述するほうが簡単であった。[25] ヨーロッパ協同体アプローチは、ヨーロッパ諸国自体によってつくられた計画を通してOEECを強化することが必要であった。パリ事務所はOEECを扱うのにあきらかに適した組織であり、協同体の目標は計画と財政援助とほとんど関係がなかったので、このアプローチはワシントン事務所においては決して強く組織化されることはなかった。その中心となったのはパリ事務所であった。

しかしながら、この協同体アプローチには、ワシントン事務所についての考えに影響を及ぼす否定的な含みがあった。計画局に「国別の部局」を設立したいという衝動が強く存在していた。それは第二次世界大戦海外経済局（FEA）の組織――「地域」部と「商品」部をもつ――を真似ることになっていた。この考えはしかしながら、個別の国々の間での協力よりも、個別の国との二国間関係を促進するようなものであった。このような批判が、さもなければ急速に拡がったであろう、国別の部局の急速な拡大への妨げとなった。貿易収支の見積りを計画して合意するのに個別の国々の知識が必要とされる部門内では、その展開を全く妨げることにはならなかった。

経済協力法が求める二国間合意交渉は、国務省のリーダーシップを伴う高レベルの事項であった。ＥＣＡのワシントン事務所でも、総合相談部が深く関与しただけである。いったん公約が調印された後は、その施行については必然的にパリ事務所と協力する国々におけるＥＣＡ特別使節団がほとんどを行なっていた。それゆえこの合意は、ワシントン事務所の組織には決して重大な影響を与えなかった。

投資銀行アプローチは、主として業務部長であるＷ・Ｃ・テイラーからの内部支持と、輸出入銀行からの外部支持を得ていた。この概念は、全くゼロではなかったにしても、全計画のほんの一部分にしか適用されえなかった。テイラーの部門は、間もなく機関の日常的な取引の流れからは孤立してしまい、次第に失敗とみなされていった。この部門の急速な衰退は、スタッフの人数、名称の変更（テイラーは「行政管理者補佐」となった）、そして事務所の場所から、容易にわかった。

この組織単位は、当初はローン承認の権限をもつものとして権利を確立したが、ローンに対する投資の基準と国際収支の基準との間の対立が次第に大きくなっていった。ローン資金の大部分がまだ使われていなかったときに、一九四八年秋の危機が起き、これが投資銀行アプローチは実行可能でないことの証拠だという確信を与え、貿易収支のアプローチを選択するという方向で、このコンフリクトを解消することになった。

結果は最初の二か月あるいは多分三か月の間に全てのＥＣＡの業務部門が三つに分けられる、というものであった。第一の、ホフマン氏と少数の援助の高官によって構成されたグループは、議会、国務省、その他の連邦政府の省庁、そして参加国と、ＥＣＡとの外部関係を扱った。かれらは二国間合意の交渉を進め、議会で予算案を通した。第二のグループは、ビッセルの事務所の人々であったが、四半期ごとの援助計画を立て、後に受け入れられるようになった計画の手順を具体化した。第三のグループは、国務省から受け継がれたものであったが、実際に援助請求を処理し、援助ルートを完全に保つ役割を果たした。これらの三つのグループは、その事務的な手伝いの人たちを含めても七五人までで、おそらくもっと少ない人数で構成されていた。この期間、この機関のその他の部門は仕事を「行なって」いたというより、仕事をしようと準備をしていた。

◆組織・管理部

ＥＣＡという組織は、一度もはっきりと計画されることなしに、相応に筋の通った形態を形成してきた。この期間、組織・管理部はなにをしていたのであろうか。初期のころは、だれも、なにが起きているのかを断片的にしか知ることができなかった。業務を遂行している人々は、自分たちはすべき仕事があり、それをする時間がほとんどないと考えており、手続の専門家に話しかけたり、組織の通知状を読んで時間を使いたくなかった。組織・管理部は、手続が実際にどんなものかをみつけ出し、それらを記録するという勇敢な努力を行なったが、この部門が組織の形態に及ぼす影響はいずれも、より非公式なやり方で達成された。

四月の初旬に、この部門に組織計画をつくる目的で配属された数人のスタッフは、二週間夢中になって、援助計画の独自の概念とその組織的な意味合いに至るよう努力した。よかれあしかれ部門のなかで最大の賛意をもって受け入れられた二つの代表的な考えは、貿易収支アプローチとヨーロッパ協同体アプローチであった。組織がこれらの考えを実施するようにもっていくために、謄写版のメモ──「ＥＣ

A組織の基本原則」——が草案のかたちで四月三〇日に組織・管理部によって配布された。このメモは提案されていた予算局の計画を大部分否定するものであり、貿易収支アプローチを強調し、商品選別アプローチと投資銀行アプローチの弱点を指摘した。それはまた二国間ではなく、多国間交渉を促進するために、パリ事務所を強化することが必要であると強調し、「国別部局」に対して警告を発した。

このメモに対しては、正式な承認は要求されなかったので、うんざりするような、おそらく果てしなく長く続く過程は避けられた。このメモの内容は、組織の青写真というよりも、一組の基礎的仮定とその組織への含意（「ミッション・ステートメント」？）として系統的に述べられた。この約二〇〇〇字の比較的短い草案メモは、実際に少数の影響力のある人々に読まれるであろうこと、そして中心となる概念のいくつかは組織の将来の考え方に吸収され、影響を及ぼすであろうことが考えられていた。この文書はあきらかに無視はされなかったが、正確にどのような影響を及ぼしたかを評価するのは不可能であろう。

同じ頃、組織・管理部は人事部に、職務が分類されてさまざまな部門で任命が正当と認められうるように、職位の記述書を提供しなければならなかった。このことは、組織・管理部を、各部門の成長に影響を及ぼす戦略的な立場におくことになった。各部門は、自分たちの機能を組織・管理部に説明し、組織構造のなかでの役割について受け入れてもらうまでは、任命の許可を求めても官僚的形式主義の壁にぶつかっていた。人員は、相談によって、信念の固い部門長によって維持されえたが、組織の一覧表がなかったために各部門の地位は非常に不確定なものとされ、拡張は抑制されていた。この手続があったために、国別の部局の設立と、統計部門の拡大を効果的に遅らせることが可能であった。

状況がもっとも悪かった部門は業務部長の下にあった。というのは、組織・管理部の分析家たちは、W・

C・テイラーのタスクについての概念をECAで生じていた全体的なパターンと調和させることができないことがわかったからである。長期的にみれば、その部門の運命は同じであったであろうが、最初の数週間、この部門の拡張が止められたことによって、ビッセルとその補助スタッフたちは、かれらの活動を首尾一貫した型に体系化する時間を与えられることになった。

組織・管理部門は幸運な偶然によって、第三の道具をもつことになった。予算審理においてホフマン氏は、ワシントン事務所では何人が必要かと尋ねられ、およそまず「六〇〇人」と答えた。この数字を答えた以上、ホフマン氏はこの数字と共に歩まなければならなかった。彼はまた、いまや組織の細胞分裂の過程が進むにつれて、より多くの人員を求めるワシントン諸部門の要請に対して対抗する手段を手に入れたのである。

六月初旬に個々の部門の「必要な」人員を合計すると、その数は六〇〇人をかなり上回り、管理補佐は、個々の部門の長に対する聞きとり調査を行なうことによって釣合いのとれた組織の一覧表をつくるために、組織・管理部に助けを求めた。もちろん最終的には、人員の天井は膨らまざるをえなかった。七月の終わりまでにワシントンのスタッフは七〇〇人をこえていた。しかしこの機関は何年もの間、同じ程度のタスクを遂行する連邦政府のどの機関と比較しても驚くほど人数が少なく、七月末までに増加率が急減したのは人員の上限が決まっていたのが唯一の理由であるといえる。

七月二六日にECAのワシントン事務所の最初の公式の組織図が作成された。この組織図は新しい組織編成を創出したものではなかったが、暫定的につくられていた形態を正式に追認し固定化した。八月の初めからは、この組織図は、新しい領地の要求には議論を要するという、一組の歴史的な上限を設定したことになった。

組織・管理部が、最終的なＥＣＡ組織の形態に支配的な影響を与えたことが決してなかったことは、これらのできごとの列挙からかなり明白であるだろう。その形態は、四月三〇日に配布された「基本原則」メモに示されていた見解の大部分を具現化したものであったが、関係はほんの少ししかなかった。このメモは組織に影響を与えるというよりもむしろ、そのタスクと目標の要求――「実行可能性」の条件――によって組織が強いられる型の正確な予測といえるものであった。

◆余波

一九四八年の一二月一日にワシントン事務所の組織構造を描いた組織図によれば、計画活動の焦点は計画担当の管理副補佐であったビッセル氏の事務所にあったことを示している。[26] ビッセル氏のもとで、貿易収支アプローチは、食糧部、工業部、財政・貿易政策部の助けを借りて、計画調整部によって実施された。中心となる計画機能に関係のない法律の規定は、他の部が扱っていた。コントローラー部は監査機能を遂行し、統計・報告部がヨーロッパ経済への計画の影響を「監査」していた。組織図上のその他の重要な部門は、通常の管理部門――管理サービス、人事、組織と管理、予算、保安、そして情報――である。テイラー氏は少人数のスタッフをもつ行政管理者補佐となっていた。物資調達取引部はビッセル氏の事務所に付属した小さな計画方法統制スタッフへと縮小されていた。合計して七七〇人の人員がワシントン事務所に雇用され、二九〇人がパリ事務所に、そして一一二七人が国の在外使節団で雇用された。

七月二六日までの四か月足らずの間に、この機関は事実上最終的な形態に達していた。それは(1)この機関のタスクについての異なった概念に対する相対的な政治的支持、(2)ＥＣＡをとり囲むその他の政府機関の確認と概念、そして(3)有力なこの機関のタスクの概念を実行するための組織構造の適切さ、によって求められる形態であった。この形態はある程度予想しうるものではあったが、それは間違いなく計画されたものではなかった。ＥＣＡの機関の内部や周囲で行なわれた細胞増殖と権力闘争の過程が、急速な適応と有効な組織の展開をもたらしたおもな過程であった。展開された組織は、機関のタスクを単純化しすぎていた——そのある面を過度に強調し、他の面を比較的無視していた。しかしこの組織は、タスクの中心的な特徴と必要とされる政治的な強調点を全て含み、かつ、それを相対的に効果的に行なった。

この意味において、ＥＣＡの組織構造は、外国援助問題が、その複雑性にとり組む努力をする人間の精神によって構造化される仕方の反映とみなすことができる。各組織単位は、問題についての競合する概念化の一つに確認できるある要素と、ほぼ同一視されうる。

短期間の、特に大きく急速に動いている瞬間の組織の変化を観察するとき、われわれには、環境の力が人間の精神の介在を通じて組織を形づくることがわかる。われわれは、問題を扱う人間が、目の前にあらわれた問題について次第に洞察を深め、継続的に問題を再構成することが、組織それ自体の構造的要素に反映されていくという学習の過程を理解する。この見方は、組織の再編成にとって重要な示唆を与える。まず第一に、再編成は計画目標を変更しないで能率に影響を与えうることはまずないということを意味する。組織を変えるとき、われわれは組織でなされるべき具体的なタスクや達成すべき具体的な目標を描いた絵——計画の表現——を変える。われわれが計画の概念を変えるときは、複雑な全体のなかのいくつかの部分の相対的な重要性を変え、資源の配分および目標のなかの優先度を変更する。

第二に、この見方が公式組織の意味にある光をあてている。組織の計画は、少なくとも二つの方法で行動に影響を与える。一つは、組織の計画が正式に承認されると、この計画は正当性の動機付けによって力をもつようになる――従業員は、計画を承認した権限のシステムを受け入れるために、この計画を守るべきであると感じる。二つ目は、計画がおそらく行動に影響を与えるであろう、ということである。なぜならこの計画は、この機関の計画の概念図式を従業員に提供していて、その図式は決定と行為の枠組みとして役立つからである。もしもこの図式が機関の複雑な問題を、その問題を解決しなければならない人にとって明確で理解できる言葉へと翻訳するのであれば、もしもこの図式が比較的単純な活動の分割に行きつき、決定の指針として役立つのであれば――そのときにはその実行可能性は、それを受容するための強い力となるであろう。

ビジネス・スクール：組織デザインにおける問題[27]

一九四九年に、私はカーネギー工科大学に、新しいビジネス・スクール、産業経営大学院（Graduate School of Industrial Administration（GSIA））の組織づくりを助けるために着任した。このビジネス・スクールの中心となる教育使命は、管理のキャリアに備えたいと思っている人々に工業管理の修士号を授与することであったが、同時に計画は経営学と経済学の博士課程の設置を求め、また研究に大きな力点がおかれるよう求めていた。

新しい教授陣の上級者たちのだれ一人として、ビジネス・スクールの経歴をもつ者はいなかった。そしてすぐにかれらはビジネス・スクールの教育を、工学と医学の専門訓練に以前よりいっそう似たものにすることを自分たちの目的として公言することになった。この二つの分野において、その当時、専門職にとって基本的な知識ベースとなる科学、物理学、生物学をそれぞれ重要視していく強い傾向があった。

ビジネス・スクールにおける研究は、もちろん人間行動、経済学、そして数学も含む基礎的知識の進歩を目的とした研究から、むしろ実際のビジネスを改善することを目的とした研究まで広範囲にわたっていよう。研究がこの範囲のなかでのどこに位置しているかにかかわりなく、それがビジネス・スクールという環境のなかで行なわれるという事実は、直接若しくは間接にその研究がビジネスと関係がある、ということをおそらく意味している。この関係の基準については後で議論したい。

◆プロフェッショナル・スクールの情報ベース

全てのプロフェッショナル・スクールの目的——工学・医学・法律・教育・経営・建築など——は、(1)専門分野における将来および現在の実務家への、(2)プロフェッショナル・スクールで研究をしたい、専門職の実務に関係する知識を進歩させたいと望んでいる人たちへの、教育と訓練であると表現できる。それゆえ適度な水準で一般化すれば、全てのプロフェッショナル・スクールの組織デザイン問題は本質的に同じであろうとわれわれは期待すべきである。[28]

プロフェッショナル・スクールの教育と研究の目標を達成するために適切な情報[29]は、主として二つの源から得られる。第一は実務界からのものである。その制度上の環境や専門的な問題を扱うための技能や技術といった情報である。第二は、プロフェッショナル・スクールはその専門的実務の改善に関係する諸科学の情報や技能を得られるようにしなければならない。ビジネス・スクールの場合、これらの科学には、経済学、心理学、社会学、応用数学、そしてコンピュータ科学が含まれる。ビジネス・スクール（つまりその教授陣全体）は、限界主義の原理、人間の動機付け、政治的過程、リニア・プログラミング、問題向きのコンピュータ言語、そして確率論といったことを理解しなければならない。

知識を所有している二組の社会システムが、プロフェッショナル・スクールが必要としている情報と技能の二つの主な集合体と、一対一の対応関係にある。知識を所有している二組の社会システムとは、一つは実務家たちの社会システムであり、もう一つは関係のある学問分野の科学者たちの社会システムである。これらの社会システム自体は、知識を蓄え、伝達し、発展させ、応用する精巧な制度や手続をもっている。ビジネスにおいては、制度は企業であり、業界団体であり、専門経営者の団体である。科学の世界では、制度は大学院であり、研究所であり、学会である。組織が社会システムによって蓄積されて伝達される情報や技能を手に入れうるおもな方法は、その社会システムに参加することである。それゆえ、ビジネス・スクールは一方でビジネスの社会システムに効果的に参加し、他方で関連のある諸科学の社会システムに効果的に参加しなければならない。

◆一般教養教育と専門職教育

われわれは、学問分野からの知識と専門職からの知識の区別と、通常行なわれている「一般教養的な」知識と「実利的な」知識の区別とを、混同してはならない。ピアソンは、アメリカのビジネス教育の研究で、大学のことを「二つの明白な、そしてしばしば矛盾する伝統の産物」として述べている。第一の伝統によると……知識はそれ自体のために追求される……。この見解の支持者の大部分は……特定の職業のための直接的な準備は、学問的な仕事の目的とは基本的に関係ないとみなすであろう……もう一つの大きな伝統は……特定の職業のために準備したいと望む学生に対して十分な機会を残すであろう。この伝統に従えば、真理の探究はそれが有用であると判明するからといって非難されはしない。[30]

産業経営大学院を組織する責任を負う人々は、大学の目標は、知識それ自体の追求と、知識を実務の遂行に応用するという二つを含むということを仮定した。しかし、かれらは、物理学や歴史学に関する知識がどうして無駄であるかという理由はわからなかったし、在庫管理や組織構造に関する知識がどうして知的かつ審美的に挑戦的なものでないかという理由もまたわからなかった。有用性がプロフェッショナル・スクールにおける適切性の唯一の試金石であり、また有用性がないことが学問分野における唯一の試金石であるという考えは、両方の領域での教育に表にはあらわれない悪影響をもたらした有害な教義であると、かれらは考えた。教育は、知的挑戦と興奮がなければ満足には進まない。プロフェッショナル・スクールは、教育と同様に研究も活発でなければならないし、その関係する学問分野の部分とともに専門職にとっての信頼できる知的核心を提供しなければならない。

◆研究のために必要な知識

発明は全く異なった二つの種類の知識を必要とする。それは、満たされるべき要求についての知識と行なうことができることについての知識（すなわち、自然法則についての知識とその法則でなにができるかについての知識）である。最終用途の必要条件から自然法則に至る範囲の一方の端あるいは他方の端で、発明が行なわれうる場合にそれはもっとも容易となる。一方の端にいる有能なセールス・エンジニアや製品開発エンジニアは、どのような製品を顧客が好むのか、現在の製品のなにを改善してほしいのか、を発見しようとして最終用途の環境からの情報に夢中になる。そしてかれらは既知の技術を用いて新しい製品を開発したり、製品を改良したりする。

他の端では、科学者が自然科学からの知識に夢中になる。自然現象でまだ答えの出ていない問題を見極めようとし、またこれらの問題の答えをみつけるべく既知の研究技術を利用する（または新しい技術をつくりだす）。

研究は、全ての範囲に沿ってさらに拡げようとすると、よりむずかしくなる。製品工学は、顧客がどのような要求を自らがもっているかわかっていると仮定しても、顧客によって報告される要求をこえて顧客がもつであろう要求を推察しようとすると、いっそうむずかしいものとなる。これを成し遂げる一つの方法は、科学的知識の環境へと向かい、そこに存在する原料や過程にどんな用途があるかを尋ねることである。同様に純粋科学も、科学それ自体の環境をこえて、答えのない問題のために応用領域に関心を向け、これらの問題に答えるために科学の方法を適用しようとするときに、いっそうむずかしいものとなる。釘と金槌を別々に改良する方が易しいであろうが、釘と金槌がとくによく合う効果的な新しい組合わせをデザインするほうが一般的には価値がある。

純粋科学における非常によい問題の多くは、外部から提起されてきた。工業化学は、生化学の基礎研究に大きな刺激となったし、電子コンピュータの計算と通信装置は固体物理学の基礎研究の大きな刺激となった。第二次世界大戦中、経済学が軍事作戦の問題とかかわりをもったことが、オペレーションズ・リサーチと企業の理論における革命をもたらした。大恐慌を理解しこれに対処しなければならなかったことで、ケインズ経済学がもたらされた。基礎科学にとって重要な多くの発明を含めて、実に、必要は重要な発明の母、である。

科学を行なうこれらの代替的諸方法は、ビジネス・スクールにとっての全ての機会をあきらかにしている。ビジネス・スクールは、応用に強い興味をもつ研究者が、既知の経済学や心理学の原理あるいは統計学の方法を、実際のビジネスの問題を解決するために使えるといった単なる場所ではない。ビジネス・スクールは、基本的な研究問題の生成者、またデータの源として「実際の世界」に近付ける有利さを理解して活用できる基礎研究者にとって、生産的で挑戦的な環境でありうる。ビジネス・スクールは、その役割を果たすためには、そのような科学者たちにとって魅力的なものにならなければならない。

◆他の専門職スクールにおける基礎研究

ここまで、ビジネス・スクールにおける基礎研究について述べてきたことは、全てエンジニアリングのスクールや医学のスクールにも同様にあてはまるといえよう。特に第二次大戦直後の何十年間の主要なエンジニアリング・スクールは、エンジニアリングのスクールというよりサイエンスのスクールといったほうがほとんど適切であろう。かれらが追求した研究テーマの大部分は、物理学、化学、あるいは数学の学部に適切なものであり、エンジニアリング・デザインを目ざす研究は比較的少ししかなかった。同様に主要な医学スクールにおける研究も、医療の実践よりも生物学や生化学により近い関係をいろいろな側面でもっている。これまでの半世紀に行なわれてきた生化学の多くの基礎的な研究は、医学スクールで行なわれてきた。

実際に、力のあるエンジニアリング・スクールと力のある医学スクールのいずれにおいても、純粋科学が強調されているために、実務的専門職の必要性を満たしているかどうかについて深刻な懸念が生じていた。今日、エンジニアリング・スクールでは、エンジニアリング・デザインについてかなり研究が進んできている。この発展は、デザイン過程を思考の過程や意思決定の過程として探究し理解するための基礎を提供した、人工知能や人間の認知の基礎的な研究によって可能となった。

◆知識ベースへの接近：ビジネス

どのようにしてビジネス・スクールは、効果的にビジネスのシステムに参加できるのであろうか。歴史的に、ビジネス・スクールはいくつかの方法でこの問題に答えようとしてきた。ビジネス・スクールは実務経験のある教授陣を求めてきた。教授たちがコンサルタント活動を行なうのを奨励し、ビジネス・スクール自身が企業に対してコンサルタント活動と応用研究のサービスを提供し、企業家を非常勤講師や特任教授として招いてきた。また経営者をビジネス・スクールの内側にもってくるもう一つの方法として、キャリア途中の人々のコースも提供してきた。これらの方法はどのくらいうまくいっているのであろうか。

ビジネス経験のある教授陣　経営経験のある教授陣を求めてきたことは、数多くの目立った成功をもたらし、また数え切れない失敗と月並みな結果をももたらした。問題は、そのビジネスキャリアとは離れてこうした役割をうまく遂行できるような経営者の心を引きつけることにある。比較的低い階層の管理者でビジネスでこれ以上の昇進の見込みのあまりない人は、ビジネスの世界でよりも他の世界でより明るく輝くことはありそうにない。そのような管理者たちがビジネス・スクールにもたらすのは、ビジネス経験ではなく、能力である。というのは、かれらの経験が教育で多くの価値をもつにはかれらの地位が低すぎたからである。

退職に近づいている経営者は、しばしばビジネス・スクールが実際のビジネスよりもストレスが少ない環境と考える。もちろん半退職の望みが、専門的な卓越を生み出すという証拠はない。このような経験を積んだ経営者は、また、よいビジネス教育とは「自分がそれをどう行なったかを学生に語ること」

だという危険な幻想に病むかもしれない。

新しい経験の領域を求め、知的な物事が好きで、第一級の大学環境に知的な興奮を覚える経営者は、ぜひとも網で捕まえなければならない珍しい鳥である。そしてかれらが捕まえられた後には、学校側はかれらが求めている挑戦となる活動を与えなければならない。そしてかれらが同僚のなかでいっそう象牙の塔にこもった人たちと実りある接触をするように助けなければならない。

しかしながら、典型的なビジネス・スクールの教授陣は、カリキュラムの応用的な分野でさえも、経営者としての経験をたくさん、あるいは全くもつことがないであろう。ビジネス・スクールはアカデミックなキャリアで育ってきた人間に、ビジネス環境に接近できる手段を提供しなければならない（これらの手段は、ビジネスの経験をもっている人々にさえ提供しなければならない。なぜならその経験はたちまち過去に遠のいていくからである）。


コンサルタント活動と実地研究　コンサルタント活動は、ビジネス環境に接近する方法として非常にすぐれた可能性をもっているが、この可能性は、ルーティン化されているコンサルタント活動に逆らって、高い専門的水準でのルーティン化されていないコンサルタント活動の強い制度的伝統がある場合においてのみ、実現されるであろう。その活動は、また適度な時間の範囲内——平均して一週間に一日というのが多くのビジネス・スクールが実際的だと考えている経験則である——にとどまらなければならない。

企業のなかで教授陣が何時間も研究を行なうこと——観察や面接によってデータを集めたり、経営者たちと共同研究をする——は、おそらくコンサルタント活動と少なくとも同じ程度には価値がある。コンサルタント活動と研究を明確に区別する必要はないが、つぎの場合は例外である。(1)教授陣と企業の双方がいつコンサルタント活動をしているか、いつ研究をしているかに関して非常に明瞭であるべき場合。(2)教授陣が、コンサルタント活動に対しての報酬は受けとるべきであるが、研究に対しての報酬はそうでない場合。(3)価値ある結果が生ずるのは歓迎されるべきであるが、研究協定が企業にとって価値のある結果を約束すべきでない場合。(4)研究がスクールと企業の間の協定を必要とするのに対して、コンサルタント活動は教授個人と企業の間の直接の関係にもとづく場合。

研究は、若い教授たちとカリキュラムの応用分野からもっとも遠いところに位置する教授たちを、ビジネスの環境に近付けるために、特に非常に重要な役割を演じている。研究が「応用」なのか「基礎的」なのかは関係ない。重要なのは、研究の遂行が、教授陣が企業内部の実際の行動に接触できる機会を豊富にもたらすことである。

◆知識ベースへの接近：科学

ビジネス・スクールの教授陣の何人かは、ビジネスに関連のある科学的な学問分野から採用されるであろう。あるやや困難な条件が満たされるならば、この教授陣たちは自分たちの学問分野に関係した多くの科学的知識への接近をもたらしてくれるであろう。もちろん、その質が一番重要なことである。われわれは、第一級の経営者よりも第一級の科学者のほうが、ビジネス・スクールの教授陣に加わりたいとはるかに多く切望すると思わないほうがよい。ほとんどの科学的学問分野の価値構造では、「基礎的」という言葉はプラスの意味を含んでいるのに対して、「応用」という言葉はマイナスの意味を含んでいる。基礎的な研究は高く評価される位置にある。

これは、ビジネス・スクールが教授陣の計画をするさいに考慮しなければならない事実である。ビジネス・スクールは、有能な科学者たちに、重要で基礎的な仕事がビジネス・スクールの環境下でも行なえるということ、そしてそれはかれらの学問分野の伝統的な学部でよりももっと効果的に行なえる、ということを納得させる条件を提供しなければならない。高い給与は説得に役立つであろうが、それだけではうまくいかないであろう。

科学者たちに、ビジネス・スクールは優れた研究環境であることをもっともよく納得させるための議論は、ビジネス・スクールでは、科学者はビジネスの環境で生ずる最終用途からの問題にさらされ、それを基礎研究の刺激的な非日常的な問題へと転換できる、というものである。ほとんど半世紀、多くのビジネス・スクールがこの戦略で成功を収めてきたために、一世代前よりもこの議論は説得力をもつようになっている。しかし今日でさえも、このことに興味をもつ相手は、冒険心に富む者か、異端者がほとんどである。

ビジネス・スクールは、もしそこで行なわれる全ての研究がビジネスと直接関係がなければならないと固執するならば、第一級の科学者を採用したり、留めておくことはないであろう。ビジネス・スクールは、ビジネスとは明白に関係がない仕事をしているが、仕事がその学問分野においては高い尊敬に値する教授が少なくとも何人かおり、かれらを重んじることによって、基礎的研究が尊重されていることを示すことができる。同様に重要なことだが、関連性のテストは、それが適用される場合、基礎的な知識が次第に実際の問題に生かされるようになり得るには曲がりくねった多段階の過程があり、それを考慮に入れることが不可欠である。

優秀な科学者をプロフェッショナル・スクールの教授陣に採用し、かれらが生産的になるような環境をつくり出すことは可能である、ということが示されてきた。このことは、科学者の、自分の科学的学問分野への一体化と、またその分野による承認に対する欲求を尊重することによってなされてきた。経済学者に尊敬されない経済学者は、経営科学に貢献したとしても自尊心を満足させることはないであろう。そのような教授陣の活動の一部は、特にビジネスに関係のない単にすぐれた科学で終わることがあろう。もしも、教授陣の活動の全てがこの種のものであれば、ビジネス・スクールでのかれらの存在意義は失われている。

◆大学におけるプロフェッショナル・スクール

プロフェッショナル・スクールが、大学のなかの他の学部に学問分野での教育上どのくらい依存すべきか、またどのくらい自分たちで教育すべきか、という質問に対しては、唯一の答えはない。しかしながら、プロフェッショナル・スクールの教授陣から学問分野を完全に排除しないように、ということは強く主張できる。最低でも、関連のあるそれぞれの学問分野は、プロフェッショナル・スクールの内部で効果的な足がかりをもつべきである。ビジネス・スクールでは、社会心理学者や組織心理学者、応用数学者、および統計学者、経済学者がそれぞれ何人か必要である。ビジネス・スクールでは、これらの学問分野が大学のどこかほかのところで教授陣のなかにみられようとみられまいと、かれらを必要とする。

ビジネス・スクールは、関連のある学問分野を代表する学部の教授たちと効果的なコミュニケーションをもたなければならない。名目ではなく「兼任」という形で協力するという任用は、そのようなコミュニケーションを維持するためには欠かせない。兼任者がその職務を遂行できるのは、最低限ではなく、学問分野の仲間たちにそれ以上に受け入れられているときだけである。一流の学者ではうまくいかない。兼任の何人かは、ビジネス・スクールでの職務に十分に強い一体感をもち、ビジネス・スクールでのスタッフおよびカリキュラム計画において積極的な役割を果たす必要がある。

プロフェッショナル・スクールが学問分野との結び付きを強めるための一つの方法は、その使命に広い意味で関連している領域の基礎的研究に対して資金を提供することである。そしてこれらの資金を、学問分野の適切な科学者、特にプロフェッショナル・スクールと学問分野の架け橋になっているグループが使えるようにすることである。

◆知識のベース：合成

これまで描写してきたビジネス・スクールは、第一に科学的学問分野からの教授陣と、第二にビジネスの課題のなかで訓練された、より「応用的」な分野の教授陣を含むであろう。これらの二組の社会的システム間の壁は、外部の世界からビジネス・スクール内部へもち込まれるのを許してはならない。社会システムはそのままにしておくと、均衡の状態——いわゆる最大のエントロピー——に向かっていく。プロフェッショナル・スクールにとっての最大のエントロピーの状態とは、専門職分野で訓練された教授たちは、専門職の文化に埋没し、その一方で基礎的な学問分野で教育された教授たちは、その学問分野の文化のなかに埋没していて、両者の間に深い溝が残されている状態である。

この均衡状態においては、ビジネス・スクールはその教育と研究機能を効果的に実行することができない。教授陣で「実務的」な人たちは、ビジネスの世界を知識を仕入れる唯一の源として頼るようになり、ほぼ現在行なわれているビジネス実務のやや時代遅れの仕出し屋となりがちである。同様に、均衡状態の下ではプロフェッショナル・スクールの学問志向の教授たちは、その目標、価値、そして承認を、原点の学問分野に依存するようになる。実務家の環境から全く切り離されるために、そのような環境は、資料、研究問題、あるいは革新の開発と適用の源として、かれらにとっては近づくことのできない、無関係のものとなる。間もなく、スクールのそれぞれの学問分野のメンバーたちは、「無関係な」専門職の目標にかまわずに、学問分野の目標を追求できるように自律性の増大を要求してくる。同時に、プロフェッショナル・スクールの環境は研究と教育の場所としての魅力を失い、第一級の科学者たちを惹きつけてとどめておくことがますますむずかしくなってくる。

こういったいくつかの動きは、アメリカのビジネス・スクールの歴史的な展開のなかにみることができる。ビジネス・スクールは、たいていの場合、初めは経済学部のなかで生まれ、「純粋」な経済学者が独立した少数派を形成するにいたるまで、次第にビジネス環境へと向かっていった。このことが、次には経済学者がビジネス・スクールから離れようとする動きへと導くことになった。[31] 同様の歴史は心理学の学部と教育学のスクールとの関係、および自然科学の学部とエンジニアリング・スクールとの関係においてもみることができる。

プロフェッショナル・スクールの経営陣は、そのままにしておけばシステムが均衡状態へと向かうのを防ぐ、というタスクを絶えず抱えている。この均衡状態とは、プロフェッショナル・スクールには凡庸を意味し、その特別な機能が遂行できない状態を意味する。この死ともいうべき状態を防ぐ努力の全ては、学問志向と専門職志向の両教授陣たちの間のコミュニケーションを妨げている障壁を低くすることをめざさなければならない。この目的をもっともよく達成する方法は、単純で具体的なものから、複雑で微妙なものまで幅が広い。研究室の場所といった「ささいな」ことも重要であろう。同類の教授陣の研究室を一つの場所に集めること——同じような人たちが昼食に集まり、普段の会話も仲間うちだけに限られることにまずなる——は起こりうる最悪のものである。しかしこれは注意深く避けられなければ、通常起こりうることである。

プロフェッショナル・スクールのなかに、部門構造を発達させることを許してはならないし、もしこれを避けることができないなら、その重要性は最小限にとどめられなければならない。専門化された部分集団に、その専門の範囲内で教員の採用と評価のためにある特定の責任——自治権ではなく——を与えることは必要かもしれない。カリキュラム計画もまた、学問分野の境界を越える集団によってもっともよく立案されうる。マーケティングは企業において重要な機能の一つである。しかし影響の過程は社会心理学での重要な論題であり、消費者の選択は経済学の論題である。これらは全て同じ人間行動に関係しており、カリキュラムのなかでは、分離されずに一緒に扱わなければならない。ほとんど全てのカリキュラム領域は、実務的な経営の問題が、経済学、心理学の理論、また数理的技法と調和するように編成されうる——また逆の場合もある。

境界をこえたコミュニケーションの同時並行的機会は、研究において求めることができる。学際的研究には保証された魔法があるわけではない。しかし異なった学問分野の教授たちが、互いにしばしば接触をすれば、二人あるいは三人の教員がときには共同研究をしたくなるような共通の興味のある分野を発見することもあろう。ビジネス・スクールの経営陣のタスクは、学際的な研究に対して不毛の形式的計画を立てることではなく、プロジェクトが自然に発展するような交流を奨励することである。博士課程の学生にいくつかの学問分野の教員たちとの共同研究を必要とするような博士論文を勧めれば、これによってしばしば教員たちは互いの研究をよく知ることになる。

これらの例だけで、学問分野間のコミュニケーション障壁を低くする全ての可能性を論じ尽くしたわけではない。もしも、プロフェッショナル・スクールの経営陣が障壁を低くすることをその政策のおもな目標とするならば、さまざまな可能性もありえよう。これを行なうためには、組織は、さもなければ学問分野の環境との均衡に組織を向かわせる社会的な力に対抗するために、すすんで絶えずエネルギーを用いなければならない。

◆技法と科学

プロフェッショナル・スクールの学問志向と実務志向の教授陣のコミュニケーションの困難さの深い原因は、科学と技法、分析と総合、説明とデザインの間の違いから生じている。純粋科学者は現存する現象を説明したいと思っている。それに対して、実務家はある特定の目的の役に立つ行為や過程、あるいは物理的な構造を考案したいと思っている。

説明にいたる分析は、一般的にそれ自体分析と体系化が可能なものと考えられているので、教えることが可能だと思われる。デザインを狙った総合は、一般に直観的であり、判断的であり、完全には明白ではないと思われており、それゆえ技法である。医学、工学、経営学、そして教育も技法である。

プロフェッショナル・スクールの組織問題の完全な解決は、総合やデザインの過程の、明白で、抽象的で、知的な理論を発展させることができるかどうかにかかっている。その理論とは、化学、生理学、経済学の法則が分析可能であり、教育可能であるのと同じように、分析可能で教育可能な理論である。前にも述べたように、この発展に向かって大きく進歩してきた。なぜなら、いまやデザインの基礎をなす意思決定過程が十分によく理解されていて、コンピュータ・プログラムがそれをオートメーション化し、また重要な場面で、それをシミュレーションできるからである。

厳密な知的学問分野としての総合とデザインに接近するためのわれわれの増大しつつある能力は、有効なプロフェッショナル・スクールの組織づくりのために欠けていた部分を埋めてくれる。なぜならこれらの新しい学問分野は、専門職志向の教授たちに一つの焦点を与えることになり、さらに企業環境における情報システムを単に監視したり、解釈することよりも、あるいはさらに企業の問題に既存の知識を適用するよりも、より挑戦的な一組のタスクを与えてくれるからである。それゆえ、それらはわれわれに、スクールにおける実務家志向の問題の知的な魅力を増大させるための手段を与えてくれ、また、学問志向とビジネス志向の教授たちの間に有意義なコミュニケーションを確立するのをより容易にする手段を与えてくれる。

◆類似の問題：研究開発

全体を通して私が強調してきたことは、ビジネス・スクールの組織問題は全てのプロフェッショナル・スクールに共通なものである、ということである。それは科学的知識を生み出す社会システムと、専門職の実務が行なわれている場である社会システムとの間の、ギャップに橋を架ける問題である。しかしこの問題は、また全ての種類の研究開発組織に存在する。私は、すでに第2章のコメンタリーの終わりの部分で、こうした点から研究開発組織を議論している。

◆結論

この節の中心的課題は、プロフェッショナル・スクールや研究開発部門を組織することは、全く油と水を混ぜ合わせるようなものである、ということである。意図した製品について説明するのは簡単であるが、実際に製造するのは容易ではない。そして目標が達成されたからといって、タスクが終わるわけではない。そのまま放っておけば、油と水は再び分かれてしまおう。学問分野と専門職分野もまた同じであろう。こういった状況の下で、組織化は一度限りの活動ではない。それは事業の持続的な成功にとって決定的に重要な、継続的な経営責任である。

注12 「管理理論の学派」という観点からマネジメントの文献を分析することが無益あるいは有害と考える私の理由は、H. Koontz, ed., ***Toward a Unified Theory of Management***（New York: McGraw-Hill,1964）（鈴木英寿訳『経営の統一理論』ダイヤモンド社、昭和四三年）の"Approaching the Theory of Management"に詳しく述べている。

13 Kurt Levin はこの研究に着手した重要人物であった。彼の ***Selected Papers on Group Dynamics, 1935-1946***（New York: Harper, 1948）（末永俊郎訳『社会的葛藤の解決―グループダイナミックス論文集』東京創元社、昭和二九年）を参照。この研究はまた Roethlisberger と Dixon によって ***Management and the Worker***（Cambridge, Mass: Harvard University Press, 1939）で報告された Western Electric 研究によって刺激を受けている。Western Electric の証拠についてのより最近の検討としては、R. H. Franke, "The Hawthorne Experiments: First Statistical Interpretation," ***American Sociological Review,*** 43:623-643（1978）, "Worker Productivity at Hawthorne," ***American Sociological Review,*** 45:1006-1027（1980）を参照。

14 ここでの一連のトピックについては、***V.H.Vroom, The New Leadership: Managing Participation in Organizations***（Englwood Cliffs, N.J.: Pretice-Hall, 1988）, K.E.Weick, The Social Psychology of Organizing（Reading, Mass.: Addison-Welsy, 2nd ed. 1979）（遠田雄志訳『組織化の社会心理学』第二版、文眞堂、平成九年）, と H.J.Leavitt

and Homa Bahrami, *Managerial Psychology: Managing Behavior in Organizations*（Chicago: University of Chicago Press, 1988）で論じられている。

15　このセクションは、*Public Administration Review*, 13:227-236（1953）に発表された同じタイトルの論文を多く利用しており、許可を得て掲載している。

16　おもな参考文献としては以下のものがある。

PCFA：President's Committee on Foreign Aid（Harriman Committee）, European Recovery and American Aid, November 7, 1947; HSC-80th Congress, Second Session, House Select Committee on Foreign Aid（Herter Committee）, Final Report H.R. 1845, May 1, 1948; ECA1-Economic Cooperation Administration, First Report to Congress, for the Quarter Ended June 30, 1948; ECA2-Economic Cooperation Administration, Second Report to Congress, for the Quarter Ended September 30, 1948.

これらの報告書は、示されているイニシャルによって参照されよう。最初の二つは法が制定される以前の時期に関係しており、後の二つはＥＣＡが創立されてからの最初の六か月に関係している。

17　暫定援助組織の記述については、HSC,pp.758-763を参照のこと。

18　輸出統制のための商品選別の概念については、HSC, pp.638-643, 646-687で議論されている。

19　PCFAとHSCの見積りの手続は、はっきりと貿易収支アプローチにもとづいている。

20　HSC, pp.21-56, 603-604; PCFA, pp.4-6,31-32.

21　HSC, pp.869-877; PCFA, pp.108, 273-277; ECA1, Appendix I.

22　HSC, pp.634-636, 718-719.

23　HSC, pp. 698-730, 755-778; ECA1,pp. 42-45.

24 PCFA, p.113; HSC, pp. 672-686; ECA1, pp. 14-18, 44.

25 ECA1, pp.6-13, 46.

26 ECA2, p.85; また、ECA1, pp.37-42.

27 このセクションの記述は、*Journal of Management Studies*, 4:1-16(1967)に掲載されている同じタイトルの論文から引用している。

28 N. B. Henry, ed., *Education for the Professions*, First Yearbook of the National Society for the Study of Education, Part II(Chicago: University of Chicago Press, 1962). *Education for Professional Responsibility*, Proceedings of the Inter-Professions Conference on Education for Professional Responsibility, Buck Hill Falls, April 12-14, 1948 (Pittsburgh: Carnegie Press, 1948).

29 簡潔のために、私はしばしば「情報」と「知識」という言葉を、単に「~についての知識」(すなわち、事実と原理)をさすだけではなく、また、いかに結果を生み出すか、いかに探究を進めるか、いかに問題を解決するか、といった「いかにの知識」をさすためにも用いる。こうした種類の技能は、どのような専門職にも関係のある知識の多くの部分を構成する。

30 F.C.Pierson, *The Education of American Businessmen* (New York: MacGraw-Hill, 1959), pp.16-17.

31 F. C. Pierson, *op. cit.*, chap.3.

付録　経営の科学とはなにか

第3章で倫理的なものと事実的なものを区別したが、この区別は、経営の科学の本質を説明するのに役立つ。第3章で述べたことだが、科学的命題とは、観察できる世界およびその世界の動き方についての記述である。他方、倫理的命題とは、好みの表現である。このように定義するとき、経営の諸原則は、科学的命題としての資格があるだろうか。あるいは、それらは倫理的要素を含むだろうか。

理論科学および実践科学

科学には、理論的なものと実践的なものの二種類があろう。そうであるとすると、科学的命題がつぎのような形で述べられていれば、それは実践的と考えられよう。すなわち、「これこれの事態を生み出すためには、これこれがなされなければならない」。しかし、このようなどんな文章に対しても、同じ検証の条件をもつ全く同等の理論的命題を、純粋に記述的な形で述べることができる。すなわち、「これこれの事態は、つねにこれこれの条件を伴う」と。この二つの命題は同一の事実的意味をもつので、その差異は倫理的な領域にあるはずである。より正確には、第二の文章に欠けている命令的な性質を第一の文章がもつことに、その差異がある。第一の文章は、この命令的な側面が無視される場合だけ、それが「真実」である、あるいは「虚偽」であるということができる。

この状況は、われわれが決定について妥当すると考えた状況と全く類似している。決定を「正しい」といいうるかぎり、それを事実的命題になおすことができる。決定の倫理的要素が排除されて初めて、その決定に対して、「真実」と「虚偽」の言葉を適用することができる。同様に、実践科学の命題は、それから倫理的要素をとり除くためには、仮定の形で述べられなければならない。

一つの命令からもう一つの命令を引き出すのに有用であることをおもな理由として事実的命題が選ばれるとき、それは実践的と考えられよう。他の場合には、事実的命題は理論的である。それらが互いに異なるのは、その命題を用いる人間の動機に関してだけであることはあきらかである。

前述の議論から、二つの明確な結論を導き出せる。すなわち、

第一に、科学は、文章の検証に関してのみ、文章にかかわる。したがって科学は、意味の事実的側面と関係があり、倫理的側面とは関係がない。

第二に、実践科学と理論科学は、これらの用語がここで用いられたように、その倫理的側面においてだけ異なる。

◆経営の科学の諸命題[1]

経営過程についての命題は、事実という点からそれが真実か虚偽かを断定できるかぎりにおいて、科学的であろう。逆にいえば、もし経営過程に関する命題について真実か虚偽かを断定できれば、その場合、その命題は科学的である。

経営の研究者が書く文章には「良い」「悪い」の言葉がしばしば出てくるので、経営の科学は本質的

な倫理的要素を含むと考えられることがある。もしこれが真実ならば、経営の科学はありえないことになる。なぜなら、経験的基礎に立って倫理的な代替的選択肢の間から選択を行なうことは不可能だからである。幸い、それは真実ではない。経営についての研究に「良い」「悪い」という言葉が出てくるとき、それが純粋に倫理的な意味で使われることはめったにない。手続が特定の目的の達成に役立つとき、それは「良い」といわれ、特定の目的の達成に役立たないとき、「悪い」といわれる。手続がそのように役立つあるいは役立たないということは、純粋に事実の問題であり、経営の科学の真の実体をなすのは、この事実的要素である。たとえば、経済学の分野では、「A策は良い」という命題は、二つの命題に翻訳できよう。その一つは倫理的であり、他の一つは事実的である。すなわち、

「A策は最大利潤をもたらすであろう。」

「利潤を最大にすることは良い。」

これら二つの文章の初めの文章は、倫理的内容をもたず、企業の実践科学の文章である。第二の文章は、倫理的な規範であり、いかなる科学にも含められない。

科学は、われわれが利潤を最大化すべきか否かを語ることはできない。科学は単に、どのような条件のもとでこの最大化が起こり、また最大化の結果がどうなるであろうかを語ることができるだけである。

この分析が正しいとすれば、一つの科学の文章と別の科学の文章を区別する論理的な差異はないことになる。どのような差異があろうと、それは、いくつかの科学の内在的性質からよりむしろ、それらの主題から生ずるはずである。

自然科学および社会科学

これまでの論議は、社会科学の方法論学者たちが論争してきた一つの問題に解決を与えることになる。社会科学は倫理的規範を含み、したがって自然科学のもつ客観性を欠くと、しばしば論じられてきた。最近では、R・S・リンドの『なんのための知識か』のなかに、この見解が述べられているのがみられよう。[2] 当為の文章については、真実か虚偽かを断定しえないことがあきらかであるから、この区別は妥当でありえない。もし、自然科学と社会科学の間に基本的な差異があるとすれば、それはなにか他のところにあるはずである。

もう一つの区別の主張は、妥当ではあるが、皮相的なものとして退けられなければならない。第一に、社会現象は、おそらく、自然科学が関係するデータよりもはるかに複雑である。したがって、社会現象の基礎にある法則性を発見する仕事はより困難であると予想されよう。第二に、社会科学においては、実験の対象に対する結果を無視して実験を行なうことはできない。『アロウスミス』の医師は、統制された条件のもとで種痘の実験をするまたとない機会をもった。しかし、人間的価値が優先して、彼は、実験の対照群に治療の利益を与えないでおくことはできないと知った。これらの区別の妥当性はともに認められようが、これらの区別が基本的であるとはまず考えられえない。複雑性は程度の問題であり、自然科学で扱われてきたより複雑な現象のあるものが、より単純な社会現象のあるものほど複雑でないかどうかを問うのはもっともである。実験もまた、真の区別とはまずなりえない。なぜなら、自然科学で最初に発達した天文学は、その法則を発見するのに決して実験室の利益を受けることはなかった。

◆社会的行動の要因としての期待

もし、社会科学と自然科学の間に基本的な差異があるとすれば、それは、社会科学が、知識、記憶、および期待によってその行動が影響される意識的な人間を扱う、という事実に由来する。したがって、人の行動を形づくる諸力を人間自身が知れば、そのことがその行動を変えるかもしれない（しかし変える必要はない）。たとえば、以前の世界大戦のときに宣伝が利用されたことを大衆が知っていたことが、第二次大戦時の宣伝に対する大衆の反応にある程度まで影響を与えたことは、今日ではあきらかである。

このことは、人間行動の有効な法則を述べることが不可能であることを意味しない。それは、社会法則の言明に含まれるべき変数の一つに、その法則が記述しようとする人間行動の、その当人の知識と経験の状態がある、ということを意味するにすぎない。[3] 科学の主題となる行動が熟考したものであればあるほど、知識と経験の果たす役割はますます重要になる。

目的志向行動のこの特質、すなわちそれが信念あるいは期待に左右されることは、集団行動を伴う社会的場面においてより大きな影響をもたらす。集団のそれぞれのメンバーの決定は、集団のその他のメンバーの行動に対する彼の期待に依存するであろう。すなわち、Aの決定はBの行動に対するAの期待に左右されるだろうし、一方、Bの決定はAの行動に対するBの期待に左右されるだろう。このようにして、ある不確定性が、まさに株式市場のような社会制度において生じるように、生じよう。株式市場で成功裏に行動するには、これらの期待に関して市場の他の参加者を出し抜かなければならない。[4]

社会制度の基本的特質は、その安定性およびその存在さえもが、この種の期待に依存することである。他人の行動は、それが正確に予測されうるかぎりで、客観的な環境の一部をなし、その本質において環境の人間外の部分と同じになる。

これらの考察を経営の分野に適用すると、まず第一に、経営組織は、その参加者の側での目的志向行動を意味する、ということがわかる。それゆえ、これらの参加者の期待は、かれらの行動を決定する要因となろう。さらにかれらの期待の一部には、経営組織の他のメンバーの行動についての期待が含まれよう。

この意味で、経営は演技に似ていないことはない。よい俳優の仕事は、役によって内容が大きく異なっても、自分の役を知ってそれを演ずることである。公演のできばえは、脚本のできばえと、それが演じられるときのできばえに依存しよう。経営過程のできばえは、組織のできばえと、そのメンバーがその役割を演ずるときのできばえに応じて変わるであろう。

経営原則の本質

ここにわれわれは、経営の科学に関してこれまでに得た結論を要約できる。第一に、経営の科学はあらゆる科学と同様、事実的な言明にのみ関係する。科学の本体には、倫理的な主張がはいる場所はない。倫理的な言明が出てくる場合には、いつでもそれは、事実的な部分と倫理的な部分の二つに分離されうる。そして前者のみが科学となんらかの関連をもつ。

「理論的」および「実践的」という言葉を、この付録で定義してきたように使えば、経営の科学はこれら二つの様式のいずれをもとりうる。一方において、経営についての命題は——個々の組織に関して、あるいは組織一般に関して——人間が組織された集団のなかで行動する仕方の記述であろう。これは、経営の社会学とも呼びえよう。

他方、経営の実践科学は、人々がその活動によって経営の目的を限られた手段で最大限に達成したいと望むならばかれらはいかに行動するか、についての命題から成っている。

経営の科学のこれら二つの代替的形態は、経済科学がとる二つの形態とまさに類似している。第一に、経済理論と制度派経済学は、市場における人々の行動の一般化された記述である。第二に、企業理論は、利潤の最大化をもたらす企業行動の諸条件を述べている。

この著書には、経営の社会学と経営の実践科学の両方の論議が含まれている。第4章、第6章、第8章および第10章は、主として経営の社会学にかかわり、第3章、第9章および第11章は、主として経営の実践科学にかかわっている。

注1　L・ギューリックは経営の科学の性質について実質的にこれと同じ見解を示している。"Science, Values, and Public Administration," in Gulick and Urwick. eds., *op. cit.*, pp. 191-193 参照。

2　Robert S. Lynd, ***Knowledge for What? The Place of Social Science in American Culture***(Princeton: Princeton University Press, 1939)（小野修三訳『何のための知識か』三一書房、昭和五五年）.この見解を幾分より洗練させたものが、Frank H. Knight の著作にみられる。特に彼の評論"Bertrand Russell on Power," ***International Journal of Ethics***, 49 : 253-285(Apr., 1939)および ***Risk, Uncertainty and Profit***（奥隅栄喜訳『危険、不確実性および利潤』文雅堂書店、昭和三四年）の再刊への序文、pp. xv-xvi を参照。

3　社会科学の方法論の文献に、この点の論議を注意深く探索したところ、W. Edwin Van de Walle によるつぎの論文に、この命題の簡潔だが明解な叙述があった。"A Fundamental Difference Between the Natural and Social Sciences," ***Journal of Philosophy***, 29 : 542-550（Sept. 29, 1932）. その区別は、"Lester F. Ward. ***Dynamic Sociology***（New

York: D. Appleton, 2nd ed., 1926）によって社会学の分野に導入された人工的なものと自然的なものの差別に非常に類似している。Joseph Mayer, "Scientific Method and Social Science," *Philosophy of Science*, 1:338-350（July, 1934）参照。しかし、ウォードの著作においても、またこの同じ問題のF・ナイトの論議（*Risk, Uncertainty and Profit*, pp. xv-xxxii）においても、社会の「人工性」は社会学という科学が必然的に倫理的な仮定を含むことを意味する、という見解があきらかにとられている。この研究では、反対の見解がとられている。

4　F・ナイトの基本的論題は、この「（相手）を出し抜くこと」が競争的な経済体制における利益のための説明メカニズムである、ということである（*Risk, Uncertainty and profit*, pp.35-37, 333-335）。また、つぎの文献における複占の経済問題の分析もみられたい。そこでは（相手を）出し抜く現象が極端にあらわれている。R. G. D. Allen, *Mathematical Analysis for Economists*（London: Macmillan, 1938）（高木秀玄訳『経済学者のための数学解析』改訂版、全二冊、有斐閣、昭和四〇年）, pp. 200-204, 345-347, およびそこに引用されている参考文献。

5　経営の社会学とその実践科学の区別の、より完全な論議については、つぎをみられたい。Richard A. Musgrave, "The Planning Approach in Public Economy: A Reply," *Quarterly Journal of Economics*, Feb., 1941 p.324 および Herbert A. Simon, "The Planning Approach in Public Economy: Further Comment," *ibid.*, p.329. この区別ができないことから生じる誤解の例として V.O. Key, "The Lack of a Budgetary Theory," *American Political Science Review*, 34:1143f.（Dec., 1940）に述べられている経営の研究のための勧告をみられたい。

【や行】

【ら行】

【ま行】

【な行】

【は行】

【た行】

【さ行】

【か行】

N

O

P

Q

R

S

索　引

[訳者紹介]

二村　敏子（ふたむら　としこ）

東京大学大学院社会科学研究科修士課程修了。東京大学大学院経済学研究科博士課程教育課程修了。現在、帝京平成大学現代ライフ学部教授、東京都立大学名誉教授。組織学会理事および産業・組織心理学会常任理事を経て、人材育成学会理事、しごと能力研究学会常任理事、産業・組織心理学会名誉会員。
主要著書—『現代経営学』（全集）（共編）有斐閣、『組織の中の人間行動』（責任編集）有斐閣、『現代経営学説の系譜』（共責任編集）有斐閣、『現代ミクロ組織論』（編）有斐閣、E.H. シャイン『キャリア・ダイナミクス』（共訳）白桃書房。

桑田耕太郎（くわだ　こうたろう）

横浜国立大学経営学部卒業。東京大学大学院経済学研究科博士課程単位取得退学。東京都立大学経済学部教授を経て、現在、首都大学東京大学院社会科学研究科経営学専攻教授。
主要著書—『組織論』（共著）有斐閣、『現代経営行動論』（共著）白桃書房、"Strategic Learning:The Continuous Side of Discontinuous Strategic Change," *Organization Science*, Vol.9,No.6,1986.

高尾義明（たかお　よしあき）

京都大学教育学部教育社会学科卒業。京都大学大学院経済学研究科博士課程修了。流通科学大学情報学部助教授等を経て、現在、首都大学東京社会科学研究科経営学専攻教授。
主要著作—『組織と自発性』白桃書房、『現代ミクロ組織論』（共著）有斐閣、『日本型MOT』中央経済社。

西脇暢子（にしわき　のぶこ）

京都大学大学院経済学研究科博士後期課程修了。経済学博士。京都産業大学を経て、現在、日本大学経済学部准教授。
主要著書—『現代ミクロ組織論』（共著）有斐閣、『組織行動の社会心理学』（共著）北大路書房、『非合理組織論の系譜』（共著）文眞堂。

高柳美香（たかやなぎ　みか）

アメリカ・ノースウエスタン大学大学院修了。筑波大学大学院博士課程日本文化学際カリキュラム退学。高柳記念電子科学技術振興財団、専修大学経営学部准教授を経て、現在、明治大学経営学部准教授。
主要著書—『新版経営学』（共著）実教出版、『ショーウインドー物語』勁草書房、『日米企業のグローバル競争戦略』（共著）名古屋大学出版会、『遊芸文化と伝統』（共著）吉川弘文館。

[著者紹介]

ハーバート・A・サイモン（Herbert A. Simon）

1916年生まれ。2001年没。最後はカーネギー・メロン大学リチャード・キング・メロン記念教授。シカゴ大学でB.A.およびPh.D.を取得し、哲学、心理学、社会学、行政学、経済学、経営学、コンピュータ科学、認知科学などさまざまな分野で輝かしい業績を残した国際的社会科学者であり、世界最高の権威。日本では、特に経営学者、組織理論研究者として広く知られる。1978年に組織における意思決定過程の研究でノーベル経済学賞を受賞。
著書にはほかに *Public Administration*（『組織と管理の基礎理論』）、*Organizations*（『オーガニゼーションズ』）、*Models of Man*（『人間行動のモデル』）、*The New Science of Management Decision*（『意思決定の科学』）、*The Sciences of The Artificial*（『システムの科学』）、*Models of My Life*（『学者人生のモデル』）などがある。人間の限られた合理性と問題解決に、終生果てしない関心があった。

新版
経営行動
——経営組織における意思決定過程の研究——

2009年7月16日　第1刷発行
2013年4月17日　第3刷発行

著　者——ハーバート・A・サイモン
訳　者——二村敏子／桑田耕太郎／高尾義明／西脇暢子／高柳美香
発行所——ダイヤモンド社
〒150-8409　東京都渋谷区神宮前6-12-17
http://www.diamond.co.jp/
電話／03・5778・7234（編集）03・5778・7240（販売）
装丁——工藤央（東京図鑑）
製作進行——ダイヤモンド・グラフィック社
印刷——勇進印刷（本文）・加藤文明社（カバー）
製本——ブックアート
編集担当——石田哲哉

ISBN 978-4-478-00913-0